ro
ro
ro

«Wenn ich zurückschaue, so ist mir, als hätte ich sieben Leben gelebt: Das erste war meine behütete Kindheit in der Schweiz. Dann ging es nach Sumatra, wo ich dem wichtigsten Menschen dieses Lebens begegnen durfte und mit ihm die Freuden und Leiden eines Pflanzerehepaars zu kosten bekam. 1940 stürzte der Himmel für uns ein, und mein drittes Leben in Gefangenschaft in Indonesien begann. Mein viertes Leben verbrachte ich in Japan und Shanghai, danach folgten die Heimkehr und das ersehnte Wiedersehen, aber ein bescheidener Neubeginn auf Trümmern, mein fünftes Leben in Hamburg. Nummer sechs war unser gemeinsames Alter, eine stille, friedvolle Zeit der Einkehr, die so jäh mit dem Einzug ins Altersheim und dem Abschied von meinem geliebten Gustel endete. Mein letztes und siebtes Leben als Witwe ist ein Leben des Rückblickes und des Richtens. Vielleicht schreibe ich auch deshalb meine Lebensgeschichte auf.»

Nicoline Hake, geboren 1960, ist Claire Hakes Enkelin und lebt mit ihrer Familie in Kassel. Ihre Großmutter Claire, die 1990 im Alter von fast 90 Jahren verstorben ist, hat die letzten sieben Jahre ihres Lebens damit verbracht, ihre Lebensgeschichte aufzuschreiben. Diese Aufzeichnungen vermachte sie Nicoline Hake, die das Manuskript ergänzt hat.

Claire Hake
Nicoline Hake

Mein geteiltes Herz

*Eine große Liebe
zwischen Sumatra,
Shanghai und Deutschland*

ROWOHLT
TASCHENBUCH
VERLAG

Für meinen Vater

Die Wiedergabe von Zitaten und Dialogen basiert auf den Tagebucheinträgen
von Claire Hake. Diese sind keine 1:1-Wiedergabe, sondern
sollen vor allem den übergeordneten Sinn des Gesagten darstellen.

Veröffentlicht im Rowohlt Taschenbuch Verlag,
Reinbek bei Hamburg, August 2011
Copyright © 2010 by Rowohlt Verlag GmbH,
Reinbek bei Hamburg
Redaktion Claudia Göbel
Lithographie im Tafelteil Grafische Werkstatt
Susanne Kreher, Hamburg
Innengestaltung Daniel Sauthoff
Umschlaggestaltung ZERO Werbeagentur, München,
nach einem Entwurf von PEPPERZAK BRAND
Umschlagabbildungen: privat;
Hilary Simon/Private Collection/Bridgeman Berlin
Satz ITC Legacy Serif und FF Strada PostScript (InDesign)
bei KCS GmbH, Buchholz bei Hamburg
Druck und Bindung C. H. Beck, Nördlingen
Printed in Germany
ISBN 978 3 499 62607 4

MIX
Papier aus verantwor-
tungsvollen Quellen
FSC® C019821

Das für dieses Buch verwendete FSC®-zertifizierte Papier
Lux Cream liefert Stora Enso, Finnland.

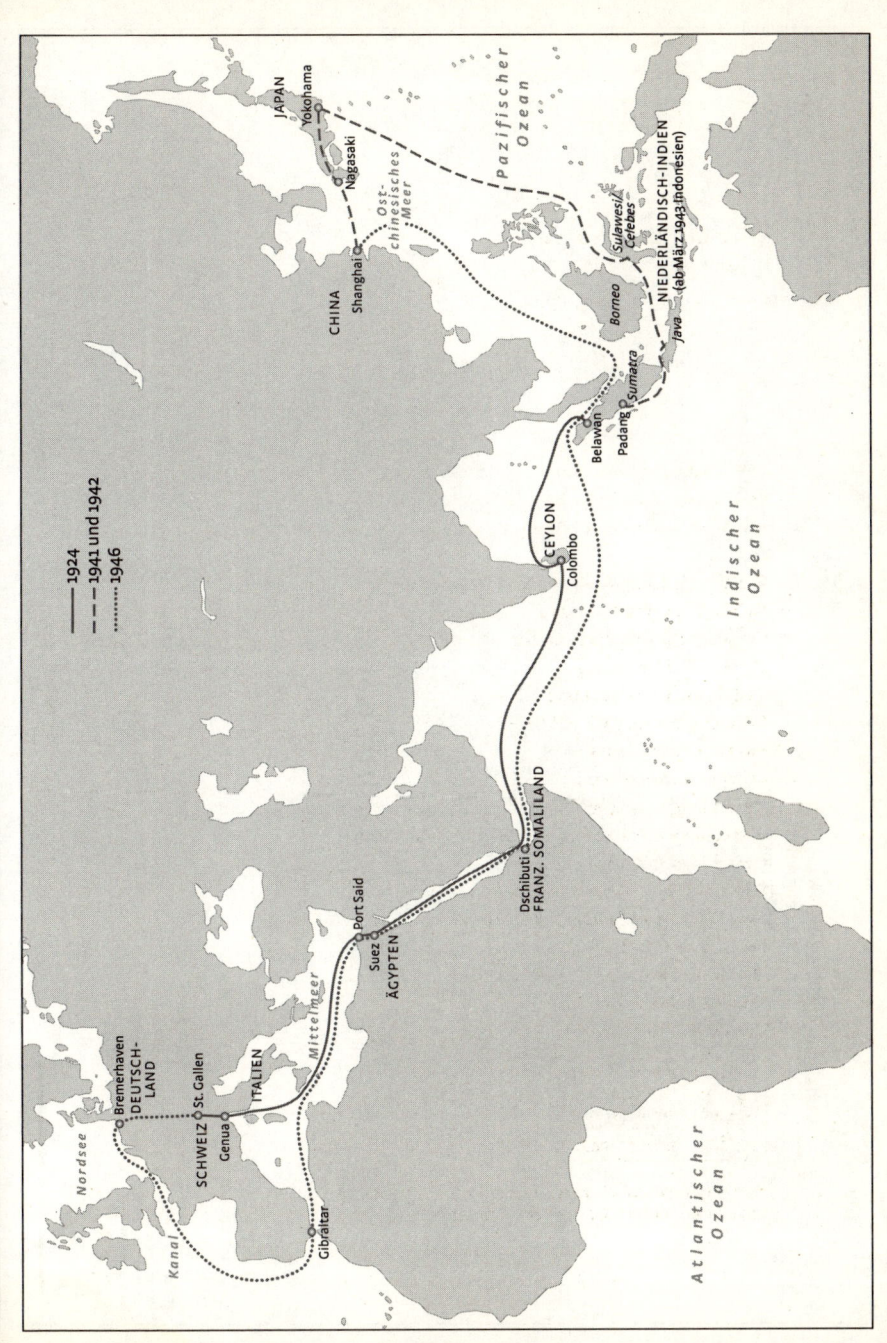

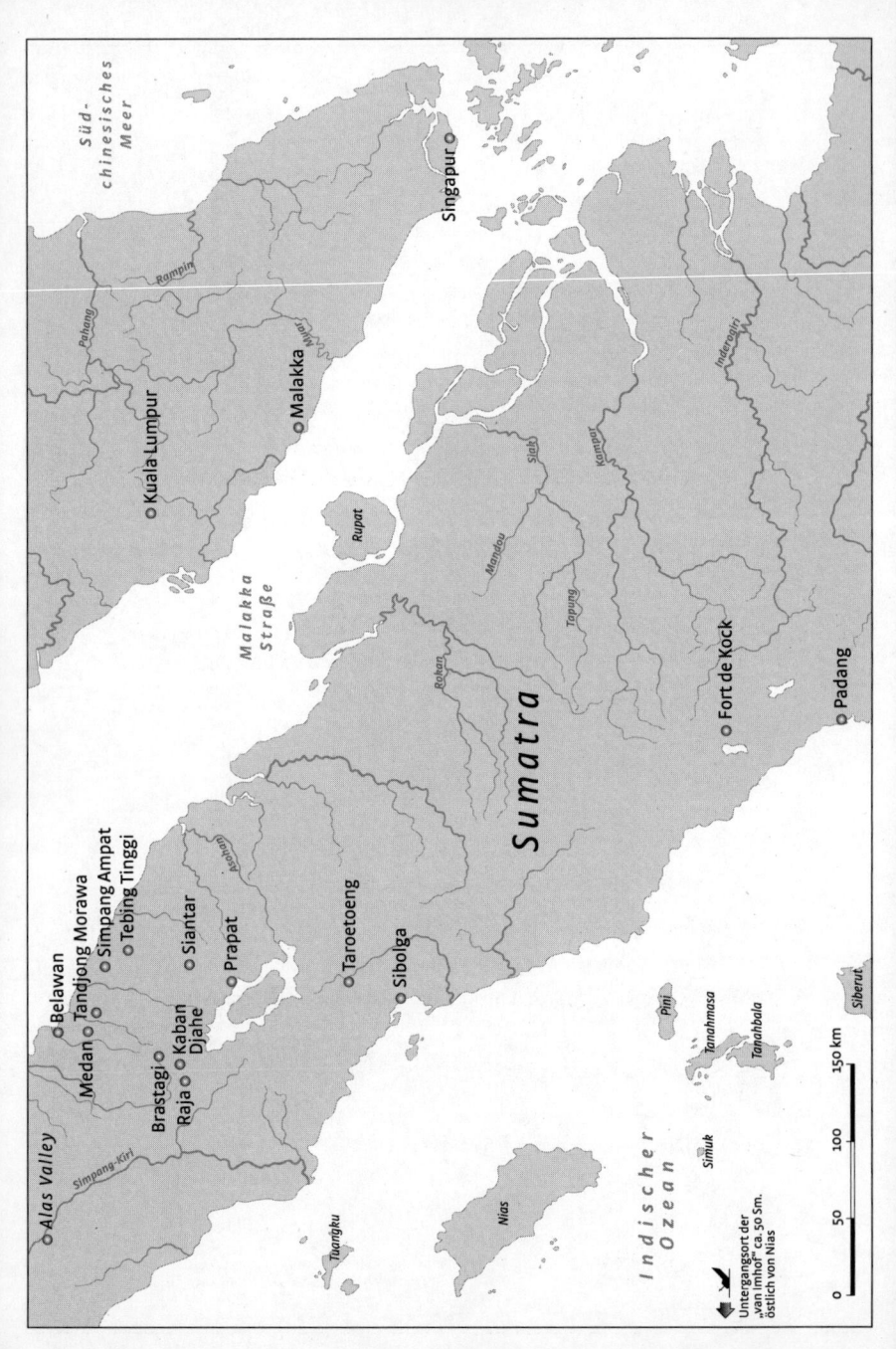

Inhalt

Prolog

Jeder Tod, selbst der vorhersehbarste, trifft meine Familie in den Grundfesten. So weit ich zurückdenken kann, war das Sterben eines Menschen aus dem persönlichen Umfeld etwas, das meine Eltern kopflos machte, obwohl es sich immer um alte Menschen handelte. Mit Staunen registrierte ich ihre Hilflosigkeit, als die Nachricht vom Freitod meines neunzigjährigen Großvaters Gustav eintraf. Es folgte ein besinnungsloses Agieren aller Beteiligten. Das hatte mich schon als Kind irritiert und irgendwie gestört, vertraute ich doch selbst unerschütterlich in ein Weiterleben nach dem Tod. Obwohl sein Weggang auch für mich ein Schock war, empfand ich sein Handeln zwar als nicht richtig, aber als stark und bei aller Tragik konsequent in seiner Biographie.

Doch wie sollte seine Frau Claire, meine Großmutter, weiterleben können, wenn sie vom Tod ihres Mannes erfuhr? Sie wartete seit drei Tagen im Krankenhaus auf die erste von mehreren komplizierten Operationen. Keiner wusste, ob die Zweiundachtzigjährige mit dem schwachen Herzen sie überhaupt überleben würde. Der Eingriff sollte nun am Todestag ihres Mannes durchgeführt werden, ohne dass ihr jemand die Wahrheit sagen mochte.

Noch unter Schock entschied mein Vater, seine Mutter dürfe vorläufig nichts erfahren. Er wolle persönlich die Hunderte von Kilometern zu ihr fahren und ihr die Nachricht überbringen. Dies hielt ihn allerdings nicht davon ab, sämtlichen Verwandten Traueranzeigen zu schicken, mit dem Ergebnis, dass meine Großmutter noch vor unserer Ankunft die erste Beileidspost erhielt. Als meine Eltern mit mir, der Enkelin, endlich im Krankenhaus ankamen, fanden wir eine erschütterte und tiefverwundete Witwe vor, die fest darauf hoffte, die bevorstehende Folgeoperation nicht zu überleben. Sie weinte und war kaum in der Lage, mit uns zu sprechen. Es war klar, dass sie ahnte, auf welche Weise ihr Mann gestorben war.

Sechzig gemeinsame Jahre lagen hinter ihnen, in denen sie im Taumel der Weltgeschichte zwischen Ostasien und Europa hin und her gerissen worden waren. Den größten Widrigkeiten zum Trotz und über die Kontinente hinweg hatte ihre tiefe Liebe sie immer wieder zueinanderfinden lassen. Bis Claires Zuneigung in ihren letzten gemeinsamen Jahren auf einmal in Hass umschlug. Nun stellte sie sich immer wieder die schmerzende Frage, ob sie ihren Mann im Stich gelassen hatte. Aber sie sollte eine Antwort darauf erhalten.

***

Meine Großmutter konnte gut erzählen. Ihre Geschichten entführten mich in den Urwald Sumatras mit seinen fremden Geräuschen und der unerträglichen Hitze, zu den Bier saufenden, syphilitischen Pflanzern und den fremdartigen malaiischen Bediensteten. Es war eine versunkene Welt, die Welt, in der sie einmal glücklich gewesen war und die ihr der Krieg grausam geraubt hatte. Manches schien so unwirklich, dass ich, älter werdend, beruhigt feststellte: Da wurde selbst über viele Jahre hinweg niemals etwas ausgeschmückt. Wie meine Großeltern sich kennengelernt hatten, hörte ich Hunderte Male von ihr. Was für eine Liebesgeschichte.

Claire hat ihr Leben in schonungsloser Offenheit erzählt. Dass sie beim Schreiben durchaus an eine Veröffentlichung dachte, zeigen einige Schriftstücke, die sie ihrem Manuskript beilegte. Sie enthalten sowohl verfremdende Namensänderungen als auch Listen mit Lebensdaten. Es existiert sogar eine Aufstellung der jungen Männer, die sie als Mädchen und junge Frau in der Schweiz verehrte.

Mir erschien ihre Lebensgeschichte nicht vollständig ohne einige ergänzende Erklärungen zum historischen Hintergrund und zu unserer Familiengeschichte. Wo es mir nötig erschien, habe ich Fachliteratur zurate gezogen. Um den Lesefluss nicht durch Anmerkungen zu behindern, habe ich im Literaturverzeichnis genau aufgeführt, welche Werke für welche Abschnitte benutzt wurden.

Eine große Hilfe war mir mein Vater Gustav Hake jun., der nicht nur die erste Abschrift des handschriftlichen Manuskripts seiner Mutter besorgte, kommentierte und korrigierte. Er steuerte auch seine eigenen Erinnerungen an sein Leben als Kind in Sumatra bei und lieferte mir so viele wichtige Details, die meine Großmutter im Eifer des Schreibens übersehen hatte. Einige Namen von Personen und Firmen wurden aus Gründen des Persönlichkeitsschutzes geändert.

Nicoline Hake

1   Kleine Fluchten

Wenn unser geliebtes Hausmädchen Babett in der Küche Kupfer, Silber oder Messing putzte, sang sie mit voller Stimme unzählige Volkslieder und Balladen. Ich kleines Ding hockte auf einem kleinen Schemel ihr zu Füßen und fraß die Melodien mit offenen Augen und Ohren nur so in mich hinein. Damals gab es noch keine Aluminium- oder Edelstahltöpfe. Milch kochte man in Messingpfannen, für Braten und Kuchen gab es Kasserollen und Formen aus Kupfer. All dies wurde mühsam poliert und blinkte dann von den Regalen. Das kupferne Wasserschiff des Holzherdes, seine Messingknöpfe und der Wasserhahn funkelten stolz mit.

Mucksmäuschenstill saß ich da und ließ die schaurigschönen Balladen in mein Herz dringen. So auch das Lied von dem Mädchen, das ins Kloster geht und von seinem Liebsten gesucht wird. «Da kam sie hergeschritten, / schneeweiß war sie gekleid't, / ihre Haar war'n kurz geschnitten, / zur Nonn' war sie bereit.» Wie hoffte ich jedes Mal, dass die Geschichte doch ein gutes Ende nehmen möge, aber immer wieder blieb der arme Jüngling allein zurück, und ein trauriges Gefühl bemächtigte sich meiner.

Vor einem Lied aber fürchtete ich mich geradezu, und das eigentlich ohne Grund. Bei der vierten Strophe graute es mir so, dass ich Tränen vergoss: «Was trübt dich sehr? Ich kann nicht nach Hause, hab keine Heimat mehr.» Ich lief zu meiner Mutter und warf mich schluchzend in ihre Arme: «Keine Heimat mehr? Kein Zuhause! Gibt es das denn?»

«Ja», antwortete sie, «dann muss man sich eine neue Heimat im Herzen schaffen.»

. . . .

Meine Großmutter Clara Elsa, genannt Claire, wird am 11. August 1900 in dem kleinbürgerlichen Städtchen Sankt Gallen geboren. Nie zuvor hat jemand aus ihrer Familie außerhalb der Schweiz gelebt, man ist stolz auf seine Herkunft und verkehrt mit Ausländern eher verhalten oder als Arbeitgeber. Fast alle Hausmädchen, von denen meine Großmutter erzählt, sind arme Schwabenmädchen, so auch die erwähnte Babett aus Tuttlingen.

Auf ihrem Verlobungsbild tragen die Eltern meiner Großmutter hochgeschlossene, unbequem wirkende Kleidung. Zu dieser Zeit lächelt man nicht in die Kamera, und so sehen beide recht verkniffen aus, sie etwas dicklich, er ebenso klein wie seine Frau, mit abstehenden Ohren. Es soll eine Liebesheirat gewesen sein, Ende des 19. Jahrhunderts keine Selbstverständlichkeit.

Mein Urgroßvater ist Kaufmann und verkehrt am Abend in verschiedenen Männervereinigungen. So übernimmt er stets zuverlässig Vormundschaften für arme, verwaiste Mündel und lässt sich Ehrenamt um Ehrenamt aufbürden. Meine Urgroßmutter bleibt zu Hause, erzieht die Kinder und beaufsichtigt das Dienstmädchen. Die beiden interessieren sich nicht besonders für die Politik, geschweige denn für Kultur. Wichtig sind allein Geschäft und Haushalt. Doch vielleicht lesen sie im St. Galler Tagblatt, dass es am Tag der Geburt ihrer Tochter in Paris einen Kongress über «koloniale Soziologie» gibt. Und möglicherweise erfahren sie einen Tag später, dass der Boxeraufstand in China vom internationalen Heer der Kolonialmächte niedergeschlagen worden ist. Fünfundzwanzig Prozent der Weltbevölkerung leben in Kolonien. Während die Herrscher der Reiche damit beschäftigt sind, den Rest der Welt unter sich aufzuteilen, wiegen sich die Bürger Europas in Sicherheit und blicken erwartungsvoll in die Zukunft. Nie kämen meine Urgroßeltern auf den Gedanken, dass ihre Tochter als gebürtige Schweizerin eines Tages zwischen die Fronten der Kolonialmächte geraten könnte.

• • • • • • •

Mein Eintritt in diese Welt bereitete meinen Lieben mehr Enttäuschung als Freude. Mein Vater befand sich zu dieser Zeit als Reservist zu einem Wiederholungskurs beim Militär. Er war nicht entzückt von der Nachricht, dass ihm eine Tochter geboren war, hatte er sich doch so sehr einen Sohn gewünscht: Vor vier Monaten war ihm sein vergötterter Junge an einer damals kaum heilbaren Hirnhautentzündung gestorben. Wie hatte meine Mutter um das Leben ihres Ältesten gekämpft, war wochenlang Tag und Nacht nicht von seinem Krankenbett gewichen. Dem neuen Leben unter ihrem Herzen konnte sie nur wenig Aufmerksamkeit schenken. Aller aufopfernden Pflege zum Trotz verloren sie den aufgeweckten vierjährigen Sohn. Vater war untröstlich und beachtete die dreijährige Tochter Louise überhaupt nicht mehr.

Meine Schwester hatte sich unter dem neuen Geschwisterchen etwas vorgestellt, mit dem sie spielen konnte wie mit dem entschwundenen Bruder. Und nun lag da im Korbwagen etwas Winziges, Schreiendes. Meine Mutter stillte nicht selbst, dies galt als unmodern, geradezu peinlich. Es wurde eine Pflegerin engagiert, mit der man allerdings großes Pech hatte. Sie gab mir gleich unverdünnte Kuhmilch zu trinken und verdarb mir damit den Magen für das ganze Leben. Die Krämpfe, die mich als Säugling überfielen, ließen alle das Schlimmste befürchten. Der Arzt riet zu einer Amme, aber schon den Gedanken daran fanden Mutter und die Familie schockierend.

So blieb ich bis zu meinem vierzehnten Lebensjahr ein zartes, mageres Ding. Vater begann erst, Freude an seinen Töchtern zu haben, als wir Backfische wurden, die Jungen sich nach uns umdrehten und seine Freunde ihm Komplimente machten. Aber wir gingen ihm immer etwas aus dem Weg und fanden nie ein wirklich herzliches, vertrautes Verhältnis zu ihm.

Unser Vater führte *das* Möbel- und Aussteuergeschäft von Sankt Gallen: Wenk & Wildhaber. Direkt über den Verkaufsräumen in der Brühlgasse 35 wuchsen wir in einer geräumigen Wohnung auf. Sie bestand aus der Winterstube mit dem großen Kachelofen, der das angrenzende Elternschlafzimmer mit warm hielt, der Sommerstube und dem Kinderzimmer. Unter dem Dach schlief unser jeweiliges Hausmädchen in seiner kleinen Kammer. Heizbar waren unsere Schlafzimmer nicht, und im Winter prangten am Fenster die schönsten Kristallblumen. Eine Stunde vor dem Zubettgehen wärmte man unsere Betten mit Kirschkernsäcken an, die tagsüber auf dem Kachelofen Wärme speicherten.

Aber Frühling, Sommer und Herbst machten alle Unannehmlichkeiten des Winters wieder gut. Der erste Sonnenstrahl fiel in unsere Fenster, der erste Vogelgesang entzückte unsere Ohren, und der Blick in die Gärten und Bäume des nahen Parks ließ unsere Mädchenherzen mit jedem Jahr erwartungsvoller schlagen.

An den Fenstern zur Gassenseite drückten wir uns an den Scheiben die Nasen platt, denn es war mehr als vergnüglich, auf die belebte Gasse hinunterzuschauen. Vor unserem Geschäftshaus wurden mehrmals in der Woche Brautfuder aufgeschlagen und zurechtgemacht, besonders an Samstagen konnten wir ein reges Treiben beobachten. Da fuhren vormittags die Brautpaare vom Land, die in unserem Geschäft ihre Aussteuer bestellt hatten, mit zwei bis drei leeren Tischwagen vor, die von je zwei Pferden gezogen wurden. Die Pferde wurden ausgespannt und in einem nahen Gasthaus, in dem die Brautleute zu Mittag aßen, untergestellt. Um die Wagen vor dem Haus begann nun eine große Geschäftigkeit. Vaters Arbeiter, Schreiner und Tapezierer luden die Möbel auf und zurrten sie fest. Der erste Wagen, der vom Brautpaar kutschiert wurde, trug das vollständig aufgestellte Wohnzimmer mit Buffet oder Vertiko, Sofa oder Kanapee, Tisch und Stühlen. Auf dem zweiten kam die Küche, und der dritte trug das Schlafzimmer mit den zwei Betten, Matratzen, Federdecken, Kissen, alles weiß bezogen und hoch aufgebettet, daneben die Nachtkästchen, der Spiegelschrank und die Kommode. Ganz hinten stand die Wiege. Zur vereinbarten Zeit erschienen dann Brautleute und Fuhrknechte mit den Pferden. Aufs genaueste besah man die Möbel und rüttelte daran, um zu prüfen, ob auch alles stabil stand. Dann zogen Braut und Bräutigam mit unserem Papa in die gegenüberliegende Wirtschaft, um bei einem Wein die Rechnung zu begleichen. Unterdessen wurden die Pferde eingespannt, das Brautpaar stieg mit auf den Kutschersitz des vordersten Wagens, und unter lautem Peitschengeknall, Adieu-Rufen und Jauchzen ging es stadtauswärts, ihrem Dorf oder Städtchen zu, wo das Brautgut dann stolz durch Gassen und Straßen gefahren und bewundert wurde.

An der Hand meiner großen Schwester eroberte ich mir die Welt, erst den Garten mit der hohen Schaukel, dann den dahinter gelegenen Gymnasiumspark, und schließlich Stück für Stück die kleine Innenstadt. Im Gegensatz zu meiner Schwester saß mir der Schalk im Nacken, ich gab mir alle Mühe, meinen verstorbenen älteren Bruder durch Wildheit zu ersetzen. Großvater Wenk schlachtete manche seiner Tauben für mich, damit ich endlich dicker würde, aber bei meiner Lebhaftigkeit war dies gar nicht möglich: Meine Beine mussten hüpfen und springen, Lachen und Singen mit meinen Freundinnen gehörten einfach zu mir. Meine Mutter sagte manchmal kopfschüttelnd zu uns: «Kinder, wenn ihr im Leben so viel weinen müsst, wie ihr jetzt lacht, dann könnt ihr mir heute schon leidtun.» Über diesen Ausspruch kicherten wir von neuem los. Das Leben war ja so schön und lustig, warum sollte man denn weinen?

· · · · · · · ·

Claire wird eine gute Schülerin, sie liebt ihre Lehrer, besonders diejenigen, die lebendig und anschaulich unterrichten. Trotz hervorragender Noten besucht sie nur die Realschule. Es ist undenkbar, dass die Tochter eine höhere Schulbildung erlangt als die Eltern. Geradezu allergisch reagiert Claire auf den Religionsunterricht. Ihre innere Gewissheit vom Aufgehobensein und Leben im Jenseits verträgt sich nicht mit der Vorstellung vom zornigen und strafenden Gott der reformierten Kirche. Claires Revolution gegen den zuständigen Pfarrer mündet in völliger Unterrichtsverweigerung, sodass ihre Eltern sich gezwungen sehen, sie in eine andere Ge-

meinde zu geben. Ihr Vater, selbst katholisch aufgewachsen, kurz
vor der Ehe aber konvertiert, um seine reformierte Frau heiraten
zu dürfen, verkneift sich das Lachen, als er die Argumente seiner
kleinen Tochter gegen den Pfarrer hört.

• • • • • • •

Bereits als Kind hegte ich jedoch auch sehr ernste Gedanken und fühlte oft eine Sehnsucht in mir, die ich nicht recht
fassen konnte. Mit neun Jahren hatte ich einen seltsamen,
unvergesslichen Traum. Lange meinte ich, es sei gar kein
Traum, sondern ein wirkliches Erlebnis gewesen. Es war
Herbst, und den ganzen Nachmittag hatte ich mit einer
Freundin im Park unter dem alten Nussbaum gespielt und
von seinem raschelnden Laub eine Art Nest gebaut.

In der Nacht darauf sah ich mich wieder auf dem Blätter-
haufen sitzen. Da zupfte mich etwas am Kleid: Ein freundliches Männlein stand vor mir im grünen Wams und mit
einem roten spitzen Mützchen. Es winkte mir, ich erhob
mich und folgte ihm unter den Nussbaum. Es klopfte an
den Stamm, und ich sah, dass da eine kleine Tür war, die
sich öffnete. Der Zwerg ergriff meine Hand, und da war ich
plötzlich genauso groß wie er. Ein kleiner Wagen mit zwei
Sitzen stand unter der Tür. Kaum eingestiegen, ging es in
rasender Fahrt abwärts. Tiefste Finsternis umgab uns, immer weiter hinunter fuhren wir. Da war ein Lichtschein,
und schon hielt unser Gefährt. Um mich herum nahm ich
unzählige fröhlich lärmende Zwerglein wahr, die mich zum
Schmausen einladen wollten. Mein Freund aber winkte mir,
ihm zu folgen. In einen tiefen, dunklen Gang ging es hinein,
vor einem hohen, metallbeschlagenen Holztor hielten wir

an. Dreimal klopfte mein Begleiter, dann tat es sich auf, und wir betraten ein hohes Gewölbe. Dort, ganz am äußersten Ende saß an einem Tisch, auf dem nur eine Kerze brannte, ein wunderschöner blonder Knabe, dessen blaue Augen fest auf uns gerichtet waren. Ich wollte meinen Gefährten fragen, was der Junge da machte, so allein und verlassen. Aber das Zwerglein legte den Finger an den Mund. Wieder blickte ich stumm und voller Mitleid auf den bleichen, ernsten Knaben. Da durchfuhr es mein Herz wie mit einem Messer: Gefangen ist er, gefangen!

Hastig ergriff das Männlein meine Hand und zog mich hinaus, das Tor fiel zu. Da stand der kleine Wagen, wir stiegen ein, und er rollte mit uns davon und hielt oben vor der Tür im Stamm des Nussbaums, die sich öffnete und uns ins Tageslicht entließ. Da war ich plötzlich wieder viel größer als das Männchen, das lächelnd zum Gruß seine Kappe zog und durch die Tür verschwand, die sich hinter ihm schloss.

Im selben Augenblick erwachte ich, meinte aber, ich befände mich immer noch im Park unter dem Nussbaum. So lebendig war und blieb dieser Traum in mir, dass ich ihn für Wirklichkeit hielt. Ich konnte kaum den Morgen abwarten und rannte über die herbstliche Wiese zu dem Nussbaum. Rund um den dicken Stamm suchte ich nach der verborgenen Tür, fand sie aber nicht. Später, längst erwachsen, wurde mir klar, dass ich mich selbst dort unten gesehen hatte, gefangen in der verklemmten und engstirnigen Gesellschaft Sankt Gallens.

Am Heiligen Abend hatten unsere Eltern geschäftlich stets viel zu tun, die Läden waren bis zwanzig Uhr geöffnet, der Verkauf lief noch rege. Danach folgte die Abrechnerei

mit den Angestellten und unserem Lieferknecht. So verleb-
ten wir diesen «schönsten Tag des Jahres» still für uns. Erst
am Abend des ersten Feiertages kamen wir zusammen. An
ein Weihnachtsfest erinnere ich mich noch ganz genau, denn
mitten in die Bescherung hinein platzte unser Onkel. Mit
verbissenem Gesicht saß er lange auf dem Sofa, während die
Familie mit dem Auspacken der Geschenke fortfuhr. Man
ließ ihn in Ruhe, denn er war durch nichts zum Reden zu
bewegen. Später beim Essen platzte es dann aus ihm heraus:
Er habe seiner Frau doch verboten, den Töchtern Ski-Aus-
rüstungen zu schenken, schließlich wolle er keine Mannwei-
ber zu Töchtern haben, sondern richtige Mädchen. Und nun
hätten alle vier von seiner Frau komplette Wintersport-Mon-
turen bekommen, da sei er mitten aus der Bescherung weggelaufen. Seine Frau habe doch alles, was sie sich wünsche,
eine Köchin, ein Stubenmädchen, ihre Waschfrau, dürfe
zweimal im Jahr zur Kur und würde doch in keinster Weise
von ihm unterdrückt. Aber wer kämpfe fürs Frauenstimm-
recht, wer wolle die Töchter «modern» erziehen? Seine Frau,
diese Suffragette! Er mache da jetzt nicht mehr mit.

. . . .

Claire ist wild, lebendig, phantasievoll und eigensinnig, ihre drei
Jahre ältere Schwester eher still und folgsam. Vermutlich hat Louise als Ältere früher lernen müssen, sich so zu verhalten, wie man
es von einem Mädchen erwartet. Aber bei Streit, und den gibt es
häufig, kann sie piesacken, reizen und hemmungslos petzen. Claire
rächt sich regelmäßig mit unkontrollierbaren Faustschlägen. Auf
diese Weise zertrümmert sie einmal das Glas der Wohnungstür
und zerschneidet ihrer Schwester dabei das Gesicht. Einige Jahre

später schlägt sie Louise die Polypen aus der Nase. Die Stube schwimmt in Blut, aber der Arzt ist begeistert: Die Operation, die einige Tage später stattfinden sollte, ist nicht mehr nötig.

Zur Erholung werden die beiden Mädchen im Sommer zu Verwandten aufs Land geschickt. Dies ist allein schon wegen Claires ewigen Hals- und Ohrentzündungen wichtig, denn sie fehlt häufig in der Schule. Im Jahr 1907 gibt es eine schicksalhafte Begegnung. Claire ist gerade wieder von einer Mittelohrentzündung genesen, und der Arzt rät dringend zu einer Luftveränderung. Die beiden Mädchen weigern sich aber, wie bisher in den Ferien zu einer Tante zu reisen. Da wird der Mutter ein Sankt Gallener Lehrerehepaar empfohlen, das alljährlich Kinderferien auf einem Hof in den Alpen anbietet. Die beiden, selbst Eltern von drei Söhnen, haben einen guten Ruf, man hört, dass die Kinder mit heller Begeisterung jedes Jahr wieder dorthin fahren. Schnell werden die Mädchen angemeldet, und ein paar Tage später macht Frau Abderhalden, die Lehrergattin, einen Besuch bei Claires Eltern.

· · · · · · ·

Bei meinem Anblick schlug sie schier die Hände über dem Kopf zusammen, so blass und mager sah ich aus. Aus reinem Mitleid mit dem sichtlich erholungsbedürftigen Kind nahm sie mich in ihre Liste auf, all ihren Befürchtungen zum Trotz, ich könne ihr durch Krankheit einen Haufen Mehrarbeit verursachen.

· · · · · · ·

Claire blüht geradezu auf in der Gruppe und nimmt sogar ein Kilo zu. Sie ist die Jüngste von etwa achtzig Kindern und Jugendlichen, der Älteste ist Abiturient. Mit dabei sind auch die drei Söhne der

Abderhaldens, wobei Louise besonders der jüngste, der vierzehn-
jährige, blondgelockte Urs, beeindruckt. Dieses erste zarte Band
zwischen den beiden soll in der Folge auch für Claire schicksals-
bestimmend werden. Immerzu wird gespielt, gesungen, getanzt,
und für den geselligen Abend studiert man Sketche, Scharaden
und Gedichte ein. In den Folgejahren bilden sich Freundschaften
quer durch Sankt Gallen.

Auch Claire lernt in diesen glücklichen Zeiten ihre erste Liebe
kennen. Max ist Gymnasiast und trifft die Sechzehnjährige täglich auf dem Schulweg oder holt sie vom Klavierunterricht ab.
Obwohl nie mehr als ein verliebter Blick zwischen den beiden ausgetauscht wird, versucht Vater Wildhaber, der Sache bald ein
Ende zu machen.

• • • • • • •

«Wer holt dich jeden Samstagnachmittag von der Klavierstunde ab?», stellte Papa mich zur Rede.

«Max Hungerbühler», antwortete ich wahrheitsgemäß.

«So, und ich habe mich blamiert, indem ich behauptete,
du würdest noch keine Buben angucken und noch mit Pup-
pen spielen. Darauf wird mir erklärt, jede Woche sehe man
dich mit der Klaviermappe an der Seite eines Gymnasias-
ten einen Spaziergang an den Klosterweihern machen. Wie
lange geht diese Geschichte schon?»

«Seit den Sommerferien.»

«Und wie weit bist du mit diesem Hungerbühler?»

«Wie weit bist du denn mit deinen Mädchen gegangen?»

«Frech wirst du auch noch!», brüllte er mich an. «Dem
alten Hungerbühler werde ich Bescheid sagen über seinen
Filius!»

«Den kennst du ja gar nicht», wagte ich anzubringen.

«Natürlich kenne ich ihn, ich bin sogar per du mit ihm.»

Innerlich grinste ich, denn ich wusste, dass er einen ganz anderen Hungerbühler im Sinn hatte.

«Also, die Geschichte hat ein Ende. Mama holt dich von jetzt an von der Klavierstunde ab.»

So zottelte ich das nächste Mal brav an Mutters Seite die steile Straße zur Stadt hinunter. Misstrauisch beäugte sie mich von der Seite, ob ich meinen Verehrer wohl gewarnt hatte. Leider freute ich mich zu früh, denn, sichtlich in Eile, nahte Max, sah uns, stutzte und kam auf uns zu. Er begrüßte mich, und ich stellte ihm Mama vor.

«Sie sind Herr Hungerbühler und wollen unsere Claire von der Klavierstunde abholen. Sicher begreifen Sie, dass dies nicht länger sein darf, denn meine Tochter muss an ihren guten Ruf denken.»

«Natürlich begreife ich das», antwortete Max und entschuldigte sich vielmals, gab meiner Mutter und mir die Hand, zog schneidig die Gymnasiastenmütze und ging mit Riesenschritten davon.

«Guter Ruf, so ein Quatsch», maulte ich vor mich hin und wäre vor Wut und Herzweh am liebsten aus der Haut gefahren. So rasch, dass Mama kaum folgen konnte, rannte ich heimwärts und wurde dort von Papa in Empfang genommen.

«Warum hast du mir nicht gesagt, dass es ein anderer Hungerbühler ist als der, den ich kenne? Da hab ich mich ja fein blamiert! Geh ich zu ihm ins Geschäft und sage: ‹Du Willy, sag deinem Sohn gefälligst, er soll erst trocken hinter den Ohren werden und nicht schon meiner Tochter nachsteigen!› – ‹Welchen Sohn meinst du?›, fragt der mich. ‹Na, den Max!› – ‹Ich habe keinen Sohn Max, außerdem ist mein Jüngster in Paris, und der andere hat gerade geheiratet. Bist also an die falsche Adresse geraten, dein sauberes Töchterli hat dich schön reingelegt!›»

«Aber, Papa», wagte ich da einzuwenden, «ich habe dir gestern doch gesagt, dass du Max' Vater nicht kennst.»

«In Grund und Boden habe ich mich blamiert. Ich stecke dich ins Mädchen-Besserungsheim auf den Rosenberg und nicht ins Pensionat.»

«Fein», lachte ich, «da darf ich dann jeden Samstag auf dem Markt Gemüse verkaufen und sage allen Leuten: Ich bin dem Wildhaber seine Tochter, dann bist du blamierter als ich.»

Mutter war inzwischen in die Stube getreten: «Aber Claire!», tadelte sie mich, und zu Papa gewandt: «Den jungen Mann habe ich abgefangen. Er versprach mir, Claire nicht mehr abzuholen.» – «Wie sieht er denn aus?» – «Gut, er ist ein netter, wohlerzogener Junge.» «Wenigstens einen guten Geschmack scheinst du zu haben», sagte er.

· · · · · · ·

Die Affäre ist längst nicht beendet, heimlich wurden Briefe ausgetauscht und in der Folge erste zarte Küsse eingefordert. Dies geht Claire dann doch zu weit, und sie rennt davon. Der junge Mann verliert kein Wort über seine Entgleisung und probiert es nicht wieder. So dauert die Freundschaft auch an, als Claire für das obligatorische Jahr ins Mädchenpensionat in der französischen Schweiz fährt.

Louise hat es gerade hinter sich und wird abgeholt, ihre Schwester kann ihr Bett übernehmen. Claires Busen ist kurz vor der Fahrt zu unnatürlicher Größe angewachsen, denn dort ruhen all die Liebesbriefe ihres Freundes. Was der mitfahrenden Mutter nicht auffällt, bemerkt Louise sofort. Die Schwestern vertrauen sich ihre Geheimnisse an, und Claire erfährt, dass Louisli fest gewillt ist, auf Urs Abderhalden zu warten. In ihrem Dekolleté trägt Louise eine Fotografie des gelockten Jünglings in weißem Tropenanzug mit Kneifer auf der Nase. Er versucht sein Glück als Kautschukpflanzer auf der Insel Sumatra in «Hinterindien», dem späteren Indonesien.

Während im Rest von Europa der Erste Weltkrieg tobt, sind Männer aus der neutralen Schweiz gern gesehene Arbeiter auf den Sunda-Inseln, dem späteren Indonesien. Wer Glück hat und lange genug durchhält, hat berechtigte Chancen, eines Tages als Millionär nach Hause zu kommen. Viele Schweizer verlassen die Heimat, Urs ist nur einer der Ersten aus dem Freundeskreis. Die jungen Männer gehen zunächst als Junggesellen in die unbekannte Ferne und kehren erst nach sieben Jahren auf «Europaurlaub» zurück, um zu heiraten – wenn sie Glück haben und in den acht Monaten Ferien ein Mädchen finden. Louise muss also noch einige Jahre auf ihren Urs warten.

In der Pensionatszeit steht Claire im Mittelpunkt der Mädchen, sie lernt gutes Benehmen und besseres Französisch. Mit der Musik von Schubert, Schumann und Wolf tut sich eine neue Welt für sie auf. Wie gern würde sie ihre Altstimme ausbilden lassen, aber Sängerinnen zählen, wenn sie nicht gerade berühmte Primadonnen sind, gemeinhin zum Gesindel. Ein wenig singen darf eine höhere Tochter durchaus, aber nur für den Hausgebrauch.

Ihre Gedanken wandern immer öfter zu Max, sie schreibt ihm jede Woche. Welche Enttäuschung, als seine anfangs ausführlichen Briefe nach und nach ausbleiben. Irgendwann ist klar, dass er ein anderes Mädchen hat. Für Claire bricht eine Welt zusammen. Alle kindlichen Vorstellungen von einem gemeinsamen zukünftigen Leben sind mit einem Schlag weggewischt. Nach einem Jahr, das Handelsschulexamen in der Tasche, kehrt eine sichtlich gereifte Claire nach Sankt Gallen zurück.

Eines der wichtigsten «Mitbringsel» aus der Pensionatszeit ist die sexuelle Aufklärung. Dieses Thema wird an der Schule nicht unterrichtet, aber wo viele Mädchen und junge Frauen miteinander das Zimmer teilen, kommt es über kurz und lang auf den Tisch. Zu dieser Zeit spricht man nicht über das Geschlechtsleben, schon gar nicht im kleinen Sankt Gallen und erst recht nicht in der Familie Wildhaber. Claire kommt also zwar von der Liebe enttäuscht, aber auf entschlossene Weise neugierig auf das Leben zurück ins engstirnige Elternhaus.

Hier ist man in Aufruhr. Alles dreht sich um Louises Aussteuer. Doch nicht Urs Abderhalden gilt das unermüdliche Nähen, sondern einem fremden Deutschen! Auch Louise hat also ihren Liebeskummer. Kaum war ihre Pensionatszeit zu Ende, erhielt sie keine Post mehr von ihrem geliebten Urs. Der weiß als gut erzogener junger Mann, dass Mutter Wildhaber auf den Ruf ihrer Mädchen achtet und keine Post von Männern duldet. Dem hat er sich gefügt, und der Strom der Liebesbriefe ist einfach abgebrochen. Louise ist am Boden zerstört, vermutet, er liebe sie nicht mehr, und beginnt kopflos, Ersatz zu suchen. Der findet sich schnell in der Handelsschule, die sie besucht. Die Eltern sind entsetzt, gestehen der Tochter aber zu, dass sie eine Reise nach Deutschland antritt, um die zukünftige Familie kennenzulernen. Danach solle sie entscheiden.

• • • • • • •

Nun sollte auch ich an meiner Aussteuer werkeln. Ich fand es blöd, en gros Wäsche zu nähen und dann in einer Wäschetruhe zu versenken, wo sie zu warten hatte, bis vielleicht ein Bräutigam aufkreuzte. Mama hatte so viele Freundinnen, die nie geheiratet hatten und wehmütig ihre ganze Aussteuer betrachteten. Während die arme Louise nähte, sprang ich durchs Zimmer und sang herausfordernd:

«Spinn, spinn, mein Töchterlein, / Morgen kommt der Freier dein. / Tochter spann, Träne rann, / niemals kam ein Freiersmann.»

Ich ging dann auch auf die Handelsschule, lernte gern und leicht und beschloss, mir eine Stelle als Sekretärin zu suchen. Kaum hatte ich meiner Schwester dies im Vertrauen mitgeteilt, wusste es Mama schon. Einen Tag später wurde ich von Papa zur Rede gestellt, ob ich mir wirklich eine kaufmännische Lehrstelle suchen wolle. Als er meinen Entschluss hörte, wurde entschieden, dass ich bei ihm im Geschäft anfangen solle. Er brauchte ohnehin Entlastung. Ich willigte ein, über Gehalt, geschweige denn Taschengeld wurde nicht gesprochen. Als ich einmal davon anfing, hieß es: «Was willst du denn, hier hast du doch alles, was du brauchst. Wenn du etwas nötig hast, kannst du es ja sagen.»

. . . .

Claire kocht vor Wut, weiß aber nicht, wie sie etwas an der Situation ändern könnte. Ihr Vater ist ein ungeduldiger, harter Lehrer, nie gibt es ein aufmunterndes Wort. Er bittet nicht, er befiehlt. Sie kann sich ein Bein ausreißen und sogar am Sonntag die salbungsvollsten Briefe abtippen, der Vater lobt nicht. Und dann seine ganzen Ehrenämter mit den Verpflichtungen: Waisenhaus, Mündelversorgung, Krankengelder verteilen. Während die Spanische Grippe grassiert, die auch den Vater wochenlang ans Bett fesselt, wird all dies nun auf die Tochter abgewälzt. Die hat bald die Nase voll von der Aussicht, ein Leben lang mit ihrem Vater im muffigen Büro zu sitzen. Aber die einzige Möglichkeit, dem Trübsinn zu entgehen, ist die Ehe.

• • • • • • •

Heiraten war das Einzige, aber wen? Max, der wieder versuchte, mit mir anzubändeln? Niemals! Außerdem studierte er noch und war ein unfertiges Mannsbild. – Dann Papas Mündel Ludwig, der sich vor dem Militärdienst drücken wollte und so wasserscheu war? Vor dem ekelte mir. – Vielleicht der Bankbeamte Hüberli, der fast aus seinem Schalter herauskroch, wenn er mich sah? Der macht bestimmt Karriere, würde Mama sagen. Aber wenn ich nur an seine Stecknadelaugen dachte, wurde mir schlecht. – Dann war da noch Wachtmeister Gyger, der mir in der Jahrmarktszeit ganze Hände voll Freikarten für Rutschbahn, Zirkus, Kino und Achterbahn zusteckte, mit denen ich alle meine Freundinnen einladen konnte. Der war zwar noch ledig, aber mindestens zwanzig Jahre älter als ich. – Blieb noch der junge Bäckermeister Hofeli. Wenn er mich auf der Straße antraf, fiel er vor Verlegenheit schier über seine Füße, lief lilarot an und konnte kaum ein Wort herausbringen.

• • • • • • •

Der Zufall kommt Claire zu Hilfe, sie hört im Büro unfreiwillig ein Gespräch zwischen ihrem Vater und einem Geschäftsfreund mit. Erstaunt vernimmt sie, dass der Vater sie geradezu in den Himmel lobt. Nun gibt es kein Halten mehr: Beim Essen tut sie kund, den Bäcker Hofeli heiraten zu wollen. Die Bombe schlägt ein, der Vater ist entsetzt, die Mutter irritiert. Es folgt ein klärendes Gespräch. Zwar bleibt der Vater bei seiner Ansicht, Lob verderbe den Charakter, auch über Gehalt wird nicht gesprochen, Claire aber avanciert zur anerkannten zweiten Kraft im Büro.

Dann kommt ihre Schwester todunglücklich aus Deutschland zurück. Sie ist unsicherer als je zuvor, ob sie den jungen Mann heiraten will. Ganz schlimm wird es, als man ihr zuträgt, Urs Abderhalden komme bald auf Europaurlaub und wolle sich mit einem anderen Mädchen aus Sankt Gallen verloben.

Claire steht fassungslos vor diesem «Kommunikationsproblem». Warum kann denn niemand ehrlich sagen, was in ihm vorgeht? Ein Liebesdrama nimmt seinen Lauf, das schließlich mit einer Absage nach Deutschland und der heißersehnten Verlobung mit Urs endet. Alles ist wieder gut, Louise heiratet und verschifft sich nach Sumatra. Claire bleibt im Büro. Die Eltern hoffen stillschweigend, dass sich daran auch nie etwas ändern wird, man will ja nicht auch noch die zweite Tochter und mit ihr die gute Arbeitskraft verlieren.

Claire begibt sich nun immer öfter auf kleine «Fluchten», wie sie es nennt. Zunächst besorgt sie sich heimlich eine Laute und nimmt hinter dem Rücken der Eltern Unterricht. Das Instrument muss zu Hause versteckt werden, weil die beiden keine «Wandervogelallüren» dulden. Erst als ihnen zu Ohren kommt, welche sängerische und musikalische Begabung unter ihrem Dach lebt, darf die Tochter zu Hause üben. Nur üben, wohlgemerkt, nicht jedoch in der Öffentlichkeit musizieren.

Eines Tages spielt das Schicksal Claire eine junge Frau zu, die wie keine andere geeignet ist, der strengen Herrschaft der Eltern ein Schnippchen zu schlagen: An der achtzehnjährigen Els sind zuvor schon zwei Vormunde gescheitert. Vater Wildhaber kann nicht nein sagen und hat plötzlich ein großes Problem: Das Mädchen ist absolut nicht folgsam und lässt sich praktisch nicht beaufsichtigen. Da bleibt als letzte Rettung die dreiundzwanzigjährige Claire: Sie wird dazu verurteilt, die junge Frau bei allen Unternehmungen zu begleiten und sie zu festgesetzten Zeiten bei der völlig überforderten Mutter, einer Witwe, abzuliefern.

Eine Zeit der Freiheit beginnt: Sie laufen abends auf der Eisbahn Schlittschuh und besuchen, oft heimlich, Vorträge und Tanzveranstaltungen. Claire behauptet einfach, bei Els zu sein. Wunderbar, die Eltern so hintergehen zu können, und das alles mit der ausdrücklichen Erlaubnis des Vaters. Der ist nur zu glücklich darüber, wie gut sich das problematische Mädel macht.

Da Els katholisch war, gerät Claire in einen kleinen Tanzzirkel mit katholischen jungen Leuten, die ihr auf Anhieb gefallen. Hier wird anders gesprochen, ernster und tiefer, als sie es gewohnt ist. Eine besondere Beziehung entwickelt sich zu einem etwa vier Jahre jüngeren Mann, der bald ihr Tanzpartner wird. Zu dem stillen und gebildeten Heinz fühlt sie sich schicksalhaft hingezogen. Aber der Altersunterschied und seine Konfession machen eine Verbindung unmöglich. Claire fühlt sich innerlich zerrissen und hadert mit ihrem Leben. Wie soll es weitergehen?

Die Rettung naht in Gestalt des alten Hausarztes, der Claire schon auf die Welt geholt hat. Für eine Fortbildung benötigt sie ein ärztliches Attest und geht zu ihm in die Sprechstunde. Ihre stille Hoffnung ist, für eine längere Zeit dem Einflussbereich der Eltern entfliehen und außerhalb Sankt Gallens leben zu können. Ohne das Formular eines Blickes zu würdigen, wirft Dr. Jenny es in den Papierkorb und sieht sie über seine Brille hinweg verschmitzt an.

• • • • • • •

«Nein, mein Kind! Glaubst du, ich lasse dich von einer über-heizten Stube in die nächste ziehen? Was du brauchst, ist fri-sche Luft, etwas Freiheit, weg von zu Hause. Lass mich nur machen, sag Papa, er soll mich um vier Uhr anrufen!»

Vater wurde zu Dr. Jenny bestellt und kehrte besorgt nach Hause zurück. «Wusstest du, dass Claire nicht gesund ist und der Doktor sich Sorgen um sie macht?», fragte er seine Frau. «Wir sollen sie so bald wie möglich an die Riviera oder nach Kairo in die Sonne, in ein wärmeres Klima schicken.»

«Aber da haben wir doch niemanden!» Mama wurde blass.

«Das genau habe ich ihm auch gesagt», fuhr Papa fort, «aber dann fragte ich, ob wir sie nicht zu Louise nach Suma-tra fahren lassen könnten, ob sie denn tropentauglich wäre? Ja, das sei wohl kein Problem.»

• • • • • • •

Ein Telegramm aus Sumatra erreicht die Familie als Antwort auf die Frage, ob Claire kommen dürfe: «Hurrah, come!» Louise ist begeistert, sie erwartet gerade das zweite Kind und kann Hilfe brauchen.

2 Von einer, die auszog, das Fürchten zu lernen

Am frühen Morgen des 18. Mai 1924 bestiegen Vater und ich den Zug nach Genua. Es war eiskalt auf dem Bahnsteig, und ich spürte die Frostbeulen an meinen Fingern. Jeden Winter kamen diese widerlichen Dinger wieder, kein Wunder, wenn man über vier Monate jeden Morgen das Eis auf dem Wasser der Waschschüssel aufkratzen musste. Was für eine wunderbare Gewissheit, dass ich mich in allernächster Zukunft nicht mehr über Kälte beklagen musste. Ich rieb mir die Hände und schob alle naselang den Tragegurt meiner Laute wieder über die Schulter. Auf dem Bahnsteig mochte ich das wertvolle Instrument nicht abstellen.

Es war erstaunlich, wie Mama trotz des Abschiedsschmerzes die Haltung bewahrte, schließlich war ich die zweite Tochter, die nach Ostindien ging. Die Angst um mich merkte ich ihr aber doch an, denn wer wie sie niemals aus Sankt Gallen herausgekommen war, musste daran zweifeln, ob man auf der anderen Seite der Erdkugel überhaupt leben konnte. Außerdem würde ich sicher nicht vor Ablauf der nächsten zwei Jahre wieder nach Hause kommen. Frühestens zu diesem Zeitpunkt würde mein Schwager Europaurlaub erhalten und könnte mit meiner Schwester und den Kindern für einige Monate nach Sankt Gallen zurückkehren. Dann, so hoffte Mama, würde ich für immer bei ihr und Papa bleiben. Wir waren uns nie sehr nahe gewesen, aber jetzt erleichterte ihre unnachahmliche Fähigkeit, sich in Momenten wie diesen zusammenreißen zu können, unseren Abschied. Ich gestattete mir keine weiteren Bedenken und riss mich los. Ich konnte nicht wissen, dass ich sie niemals wiedersehen sollte.

Die Fahrt war lang, noch lag Dunst über der Schweizer Landschaft. In Italien genoss ich die ersten Sonnenstrahlen, die durch das Abteilfenster schienen. Ich zog meinen Mantel aus, hielt meine schmerzenden Hände in das blendende Licht und bedauerte Papa, der mir steif und aufrecht in seinem zu eng sitzenden Reiseanzug gegenübersaß. Wir sprachen nicht viel miteinander und hingen jeder seinen Gedanken nach. Kilometer um Kilometer fiel die entsetzliche Last der Zweifel und Bedenken von mir ab. Der Entschluss, zu meiner Schwester nach Sumatra zu reisen, war weder für mich noch für meine Eltern leicht gewesen.

Ich schreckte auf, denn Vater war aufgestanden und sah nervös aus dem Fenster. «In ein paar Minuten müssten wir da sein.» Und wirklich, in der Ferne sahen wir immer öfter das Blau der offenen See schimmern. Ich wurde ganz aufgeregt, denn ich war noch nie am Meer gewesen. Da eröffnete sich die ganze Weite des Wassers. Wie Sekt sprudelte das Blut durch meine Adern.

In Genua logierten wir im Hotel Britannia nahe dem Bahnhof. Wir erfuhren gleich, dass mein Schiff, die Königin der Niederlande, am kommenden Tag gegen Mittag einlaufen würde, so unternahmen wir an diesem herrlich warmen Abend noch einen Bummel durch die Stadt. Auf einer Bank mit Blick auf den Hafen ließen wir uns nieder. Sofort stand ein gutaussehender Offizier vor uns, der uns offenbar schon länger gefolgt war. Er ergoss einen Schwall italienischer Worte über Papa, der höflich nachfragte, ob die Unterhaltung nicht auf Französisch geführt werden könne. In einem deutlich langsameren Französisch bat der junge Kerl Papa dann tatsächlich, mich näher kennenlernen zu dürfen, denn er beabsichtige, mich zu heiraten.

«Nein, das ist nicht möglich», antwortete Vater erstaunlich ruhig, seine Tochter würde morgen nach Indien reisen, um dort zu heiraten, worauf der junge Mann stramm salutierte und sich entfernte. Trotz meines Schrecks musste ich lachen: «Ich fahre also zum Heiraten nach Sumatra! Gut, dass ich das jetzt weiß, dann werde ich die männlichen Mitpassagiere unter ganz anderen Gesichtspunkten betrachten.» Papa reagierte nicht, irgendwie war er verstimmt, und als wir in der Stadt noch eine Bouillabaisse aßen, rückte er mit seinen Sorgen heraus: «Möchtest du nicht wieder mit heimkommen? Wir könnten es doch so schön miteinander haben, ich gebe einfach ein paar von meinen Ämtern auf und habe dann viel mehr Zeit für dich und Mama.» Einen Augenblick lang taten mir meine Eltern leid, und ich sah mich in meinem Entschluss wanken. Da erinnerte ich mich daran, dass ich unter keinen Umständen nachgeben durfte, weil ich mich damit selbst aufgeben und immer Kind bleiben würde. Diese Warnung hatte mir eine kluge Frau mit auf den Weg gegeben, deren Bekanntschaft ich kurz vor meiner Abreise aus Sankt Gallen gemacht hatte.

Zwei Wochen bevor ich meine Reise antreten sollte, hatte meine Freundin Sophie mir ganz aufgeregt von dem Schneider ihres Vaters berichtet, dessen Frau wahrsagen könne. «Ich möchte wahnsinnig gern hin, aber allein traue ich mich nicht. Du musst unbedingt mitkommen, denn du fährst so weit weg, vielleicht kann sie dir etwas über deine Zukunft sagen.» Das war etwas für mich. So trafen wir uns gleich am nächsten Tag vor dem Haus der angeblichen Wahrsagerin. Eine aparte dunkelhäutige Frau öffnete uns die Tür und fragte nach unseren Wünschen. Sophie stammelte, dass wir uns gern wahrsagen lassen wollten. Die Frau blickte uns ernst an: «Ich bin heute nicht in Stimmung, kommen Sie in der nächsten Woche wieder.»

Wir waren enttäuscht, fühlten uns aber doch seltsam ernst genommen. Eine Woche später standen wir wieder vor der Tür, und diesmal wurden wir tatsächlich hereingelassen. Sophie war die Erste und wurde in einen anderen Raum geführt. Mit hochrotem Kopf kam sie fünf Minuten später wieder heraus, dann war ich dran.

Im Nebenzimmer setzten wir uns an einem kleinen Tisch einander gegenüber, und die Schneidersfrau schaute mich erst nur lange und ruhig an. Dann erhob sie sich, nahm meinen Kopf in beide Hände und murmelte etwas. Schließlich ergriff sie meine Hände und vertiefte sich intensiv in meine Handflächen. «Sie werden zwei Kinder bekommen.»

«Hoffentlich von *einem* Mann», versuchte ich zu witzeln, aber mein Gegenüber blieb verschlossen.

«Von einem Mann ist noch nichts zu sehen. Sie haben noch recht kindliche Handlinien, kommen Sie in zwei Jahren wieder, dann kann ich Ihnen mehr sagen. Aber das eine sehe ich schon: Sie werden ein sehr unruhiges Leben haben, viel reisen, viel unterwegs sein, ich möchte fast sagen: ein Nomadenleben führen. Einen Rat gebe ich Ihnen: Setzen Sie Ihren Kopf mehr durch, denn was Sie wollen, ist gut! Geben Sie nicht immer nach, gehorchen Sie nicht immer, werden

Sie selbstbewusster, selbstsicherer, dann wird schon alles richtig laufen. Kommen Sie in zwei Jahren wieder!» Damit war ich entlassen. Nur einige Schweizer Franken hatte sie für diese Beratung genommen, wahrhaft wenig Geld für diesen schicksalhaften Augenblick. So jedenfalls kamen mir die Minuten bei ihr vor. Nie zuvor hatte ich mich so erkannt und als Persönlichkeit «wahr-genommen» gefühlt.

An diese Prophezeiung musste ich denken an diesem Abend in Genua. Da konnte ich zu meinem eigenen Erstaunen ruhig antworten: «Nein, Papa. Ich freue mich so auf die Reise und habe doch noch nichts von der Welt gesehen. Und Louise braucht mich auch bald, wer soll auf ihr Kind aufpassen, wenn sie Nummer zwei bekommt?»

Als wir am nächsten Morgen den Frühstückssaal betraten, erhob sich ein glatzköpfiger Herr, der in der Nähe der Tür saß, verbeugte sich und grüßte. Vater nickte etwas irritiert zurück, und als wir an unserem Tisch saßen, flüsterte er mir zu: «Das ist sicher der Saalchef.» An unserem Tisch kam ich so zu sitzen, dass ich auf die Eingangstür schaute. Der vermeintliche Saalchef ließ keinen Blick von mir, ganz ungeniert fixierte er mich mit seinen auffallend engstehenden Augen. Rattenaugen, schoss es mir durch den Kopf. Papa saß mir gegenüber, und ich bat ihn, unsere Plätze zu tauschen, da es mir auf den Hals ziehe. Kaum hatten wir das Frühstück beendet und machten Anstalten, den Saal zu verlassen, erhob sich der Glatzkopf wieder von seinem Platz und verbeugte sich. Sein Blick war süffisant und zog mich regelrecht aus. Noch als wir das Hotel verließen, schien er an mir zu kleben.

Papa und ich spazierten wieder zu der kleinen Bank, von

der aus man so herrlich den Hafen überblicken konnte. Die
Morgensonne wärmte, und das Meer glitzerte derart, dass
ich die Augen halb schloss und mit den Lichtern spielte.
Vom Horizont her sah man nun einen schneeweißen Dampf-
fer langsam näher kommen, bald erkannten wir die niederländische Flagge: rot-weiß-blau, das musste die Königin der
Niederlande sein. Eine halbe Stunde später schon fuhr sie
majestätisch in den Hafen ein, mein Zuhause für die nächsten drei Wochen. Wir eilten zurück ins Hotel, packten unsere
Sachen und nahmen noch ein kleines Mittagessen ein. Wieder saß da der unangenehme Herr, erhob sich und nickte mir
zu. Die gleiche Prozedur beim Verlassen des Saales, warum
merkte Papa von alledem nichts?

Mit dem Taxi fuhren wir zum Hafen hinunter, bei mir
hatte ich nur einen Koffer, eine Reisetasche und meine Laute.
Die großen Gepäckstücke waren von Sankt Gallen aus direkt an Bord geschickt worden. Ein Offizier nahm uns gleich
unten an der Gangway in Empfang, besah sich meine Fahrkarte, rief einen der malaiischen Stewards und zeigte auf
mein Gepäck, das der Chauffeur am Fuß der Treppe abgestellt hatte. Uns übergab er einem Herrn ganz in Weiß, den er
uns als «Hofmeester», also Obersteward, vorstellte und der
uns in meine Kabine zweiter Klasse führte. Letztere teilte ich
mit einer jungen holländischen Krankenschwester, einem
Fräulein de Lange, die aber noch nicht an Bord gekommen
war.

Mein Vater war entsetzt über all die malaiischen und chinesischen Gesichter, die vielen «Mischlinge», die unter Passagieren und Personal in der Mehrzahl waren. «Komm wieder mit nach Hause», sagte er, «ich kann dich nicht so allein

unter diesen wildfremden Menschen reisen lassen.» Wieder
lachte ich ihn aus, wovor sollte ich mich denn fürchten?

Der geschniegelte Obersteward war mir absolut nicht
sympathisch, aber er sprach sehr gut Deutsch und führte
uns auf dem Dampfer herum. Papa sprach mit ihm über
seine Ängste. «Herr Wildhaber, seien Sie ganz unbesorgt, ich
werde mich Ihrer Tochter voll und ganz annehmen, Sie können mir völlig vertrauen.» Ich sah, wie Vater ein Riesenstein
vom Herzen fiel, und mit einem festen Händedruck besiegelten die beiden Männer ihre Abmachung. Mir selbst war bei
dieser Verabredung nicht so wohl, warum, wurde mir nicht
ganz klar. Wichtig war allein, dass Papa sich entspannte.

Wir gingen an Deck und sahen von oben dem lebhaften
Treiben am Kai zu: Passagiere kamen zu Fuß, in Kutschen
und Autos bis zur Gangway. So viele verschiedene Menschen:
Arme und Wohlhabende, Familien mit Kindern samt fremd-
ländischer Dienerschaft und auffallend viele junge, alleinreisende Männer. Wie wir so an der Reling standen und uns
in Schweizerdeutsch unterhielten, wurde ich plötzlich von
hinten umfasst. Ich fuhr herum. Da stand eine ältere Dame:
«Sie sind Schweizerin, nicht wahr?» Während ich erleichtert
nickte und mich wunderte, warum ich mich so erschreckt
hatte, sprudelte es schon aus ihr heraus: «Reisen Sie auch
nach Singapur? Wissen Sie, wir sind auch Schweizer, und
meine Tochter fährt ganz allein auf diesem Schiff, ich habe
solche Angst um sie.» Damit wies sie auf eine sich uns nä-
hernde junge, etwas üppige Dame, die keineswegs aussah,
als ob sie Hilfe brauchte. Papa brachte der redseligen Mutter
schonend bei, dass auch ich völlig allein reisen würde, inzwischen beschnupperten wir beiden jungen Frauen uns ein

wenig und beschlossen auf der Stelle, uns gernzuhaben. So lernte ich Miggi Pfeiffer kennen. Unsere Eltern waren über-froh, dass wir jungen Mädchen versprachen, ein Auge auf-einander zu haben. Dies erleichterte allen vieren von uns den Abschied. Gegen 16 Uhr ertönte aus den Lautsprechern: «Alle Nichtpassagiere von Bord!»

Der Abschied von Papa war etwas herzlicher als der von Mama. Da es kein Zurück gab, waren wir beide sehr unsen-timental und fröhlich. Miggi und ich standen an der Reling und winkten zu unseren Lieben hinunter, während sich das Schiff langsam vom Pier entfernte. Dann hieß es: «Volle Kraft voraus!», und wir fuhren hinaus ins offene Mittelmeer.

«Komm, ich zeige dir meine Kabine», schlug Miggi vor. Gerade als wir in den Flur der ersten Klasse einbiegen woll-ten, verstellte mir jemand den Weg. Ich dachte, mich trifft der Schlag, es war der Mann mit den Rattenaugen, der ver-meintliche Saalchef vom Hotel. «Padberg!», stellte er sich vor – also ein Deutscher. «Ich freue mich außerordentlich, in so netter Gesellschaft zu reisen.» Miggi und ich nickten nur, gingen aber zielstrebig an ihm vorbei. Der hatte mir gerade noch gefehlt.

Kaum standen wir in Miggis komfortabler Erster-Klasse-Kabine, da begann das Schiff, leicht zu schlingern. «Ich werde seekrank, mir wird ganz übel», rief meine neue Freun-din, «ich muss mich hinlegen.» Ich spürte das Schwanken des Schiffes kaum, aber Miggi hielt sich stöhnend den Kopf. Um sie abzulenken, erzählte ich ihr die ganze «Saalchef»-Ge-schichte. Bald hatte sie ihr Unwohlsein vergessen, und wir lästerten nach Herzenslust.

Sie reiste nach Singapur, um dort ihren Verlobten zu treffen, den sie fünf Jahre zuvor auf einer Reise von Amerika nach Rotterdam kennengelernt hatte. Miggi sollte ihm folgen, sobald ihre Aussteuer fertig wäre. Fünf volle Jahre waren inzwischen vergangen. Nun wollte sie den guten Derk, dem langsam die Geduld ausging, nicht mehr länger hinhalten und an Ort und Stelle prüfen, ob sie ihn noch liebte und ob ihr das Leben in den Tropen gefallen würde. Sie hatte vor einiger Zeit zwar einen netten Schweizer kennengelernt, der ihr auch sehr zusagte, aber da hatte Papa Pfeiffer ein Machtwort gesprochen: «Fahr hinaus und sieh dir den Kerl nochmals an! Gefällt er dir noch, heirate ihn, gefällt er dir nicht mehr, nimm das nächste Schiff und komm wieder heim!»

Schon war es Zeit zum Abendessen, und ich war noch nicht einmal in meiner Kabine gewesen. Miggi wollte lieber liegen bleiben. So begab ich mich hinüber in die zweite Klasse zu meiner Kabine, wo ich Fräulein de Lange kennenlernte. Sie verstand kein Deutsch und ich kein Niederländisch, aber auf Französisch konnten wir uns ausgezeichnet unterhalten. Mein Bett lag direkt unter dem Bullauge, und ich schaute noch eine Weile auf das Meer.

Dann machte ich mich auf zum Speisesaal. Der Steward wies mir meinen Platz an einem runden Tisch an, rechts und links von mir junge, alleinreisende Holländer, die mit mir ganz ordentlich deutsch sprachen. Padberg saß an einem anderen Tisch, weit genug entfernt, was ich mit großer Erleichterung feststellte.

Es war nach elf Uhr am Abend, als ich, nachdem ich nochmals nach Miggi gesehen hatte, zu meiner Kabine aufbrach. Die Salons und Musikräume, an denen ich vorbeikam, lagen verlassen. In den Bars und im Tanzsaal dagegen herrschte

Hochbetrieb. Und auf den Schiffsgängen hockten und lagen die malaiischen Diener, die «Boys», und die Kinderfrauen, die «Babus», auf dem Boden und hüteten die Kinder ihrer europäischen Herrschaften. Was für ein Anblick: Die Europäerkinder waren zum Umpusten dünn, bleiche, zerbrechliche Kreaturen, die zwischen ihren Betreuerinnen hin und her rannten, von ihnen aufgefangen und umhergewirbelt wurden. Die ganz Kleinen krabbelten durch die Gänge und schliefen zwischen Boys und Babus. Es war kaum ein Durchkommen. Mir stand das Herz still beim Anblick dieser zarten Wesen, die, mit den Eltern aus den Europaferien kommend, kein bisschen erholt aussahen und für die die eigenen Mütter nicht die Zeit fanden, sie ins Bett zu bringen. Während die Eltern an den Bars hockten und die letzten drei Wochen auf dem Schiff genossen, bevor sie wieder für viele Jahre im indonesischen Urwald auf Zerstreuung verzichten mussten, lagen ihre Kinder auf dem Fußboden der Korridore.

Die ersten zwei Tage verbrachte Miggi seekrank im Bett. Oft saß ich bei ihr und lenkte sie ab. Das Wetter war herrlich, doch es ging eine steife Brise. Zwei Liegestühle ließ ich auf Deck an einen windgeschützten Platz bringen, und sobald es Miggi etwas besserging, lagen wir dort zusammen und erzählten uns unser Leben.

Port Said in Ägypten war unser erster Halt nach Genua. Miggi und ich gingen an Land, ein junger Schweizer aus der dritten Klasse schloss sich uns an. Noch am Morgen hatte ich mich heftig gegen zwei aufdringliche Muselmanen wehren müssen, die mir in allen Sprachen der Welt anboten, uns Port Said zeigen zu wollen. Ich musste richtig grob werden, um diese Kerle loszuwerden.

Wir besichtigten das Denkmal von Ferdinand de Lesseps, dem Erbauer des Sueskanals, und das große Warenhaus des Tabakproduzenten Simon Arzt, aber Geld gaben wir keines aus. In Port Said gab es mehrere berühmte Warenhäuser, in denen die Verkäufer alle Sprachen der Welt zu beherrschen schienen. Mit unglaublichem Geschrei handelte man in Sekundenschnelle einen Preis aus und berechnete ihn in den verschiedenen Währungen. Wie betäubt kehrten wir aus dem Völker- und Menschengewirr, dem Lärm und Dreck wieder an Bord zurück und waren froh, als die Reise weiterging.

Gespannt erwarteten wir die Einfahrt in den Sueskanal. Er war damals noch nicht so breit, und uns wurde gesagt, dass wir bequem die Ufer auf beiden Seiten beobachten könnten. Die Schiffe aus Europa hatten Vorfahrt, und die aus dem Osten kommenden mussten ankern, um die anderen vorbeizulassen. Miggi und ich standen an der Reling des Promenadendecks, als hinter uns plötzlich Bewegung entstand: Stühle wurden gerückt und im Kreis aufgestellt. Einige Niederländer, alles Männer, setzten sich. Dann sah ich Padberg, das Rattengesicht, mitten unter ihnen. Offenbar hatte er die Versammlung hier einberufen, denn er war eindeutig ihr Wortführer. Er rief immer mehr Männer herbei, man versammelte sich, wie ich vermutete, zu einem Spiel. Miggi und ich wollten uns gleich verdrücken, aber Padberg versperrte uns den Weg. Nein, wir müssten mitspielen, er hätte eine Wette abgeschlossen, dass Fräulein Wildhaber ihm keine zehn Minuten in die Augen sehen könne, ohne sie errötend niederzuschlagen. Noch keine Dame hätte dies je fertiggebracht.

Ich dachte nicht daran, an dieser blödsinnigen Wette teilzunehmen. Aber aller Protest nutzte nichts, ich wurde auf einen von zwei Stühlen gedrückt, die in der Mitte des Zuschauerkreises standen. Auf den zweiten setzte sich Padberg und rutschte ganz dicht vor mich hin. Die Zuschauer holten ihre Uhren hervor, einer rief: «Los!», und da hockte der Kerl und stierte mich süffisant an. Ich sah notgedrungen zurück. «Saukerl, eingebildeter Affe», dachte ich und ließ meinen Blick nicht eine Sekunde von seinem miesen Gesicht. Als dann einer der Männer rief: «Die zehn Minuten sind vorbei!», erhob ich mich und wollte den Kreis verlassen, aber die Zuschauer klatschten und gratulierten lautstark. Padberg kam auf mich zu: «Sie müssen doch ihren Preis entgegennehmen. Sie sind die erste Frau, die meinem Blick standhalten konnte.» Und damit zog er aus seiner Jackentasche eine bunte Kette mit einem Tutanchamun-Anhänger hervor, die er mir um den Hals hängen wollte: «Ein Andenken an mich.»

«Ich brauche kein Andenken an Sie», rief ich lachend, riss ihm die Kette aus der Hand und warf sie über die Reling in den Sueskanal, von dem ich bisher noch gar nichts zu sehen bekommen hatte. «Komm», sagte ich zu Miggi, «es ist Zeit zum Abendessen.» Mir war klar, dass ich nur einen vorübergehenden Sieg errungen hatte, das Leben auf diesem Schiff war also wirklich gefährlich für alleinreisende Frauen. Ich nahm mir vor, in Zukunft vorsichtiger zu sein. Meine Zimmergenossin und ich schlossen unsere Kabinentür nun immer ab, und wir vereinbarten ein Klopfzeichen.

In Sues drängten sich die Boote der Händler mit ihren Waren um unser Schiff. Lange Leinen wurden wie Lassos über die Reling geworfen, die oben aufgefangen und befestigt wurden. Dann begann das Geschrei der Händler, und vom Schiff wurde kräftig zurückgebrüllt. Wer mehr als die Hälfte des verlangten Preises für die Ware bezahlte, war entweder blutiger Anfänger oder einfach dumm, wie uns erklärt wurde. Je weiter wir nach Osten fuhren, desto weiter wurden die Preise heruntergehandelt.

Noch am selben Tag wurde ich wieder belästigt: Am Esstisch saß mir ein Holländer mit einem riesigen Mund gegenüber, und er versuchte alles, um mit mir ins Gespräch zu kommen. Irgendetwas an ihm war mir ausgesprochen unsympathisch. Ich nannte ihn bei mir nur «Haifischmaul» und versuchte, seine Annäherungsversuche auf die leichte Schulter zu nehmen.

Im Roten Meer war es brütend heiß, ich zog mich zu einem Mittagsschlaf in meine Koje zurück. Fräulein de Lange würde gleich nachkommen, nur deshalb verriegelte ich die Tür nicht. Kleid und Unterrock hatte ich ausgezogen. Ich wollte von meinem Bett gerade ein Buch nehmen, in dem mein neuer Brieföffner als Lesezeichen steckte, eine silberne Eidechse, etwa dreißig Zentimeter lang. Da hörte ich hinter mir ein Geräusch und fuhr herum: Vor mir stand das grinsende Haifischmaul. Blitzschnell zog ich den Brieföffner aus dem Buch, nahm ihn wie einen Dolch in die Hand und schritt langsam auf den Eindringling zu: «Raus», zischte ich, «sofort raus!» Unzweideutig kam ich ihm mit meiner Waffe näher, bis er merkte, dass ich keinen Spaß machte, und wich rückwärts langsam zurück. Das dreckige Grinsen verschwand aus seinem Gesicht, er öffnete die Tür und verschwand blitzschnell. Wie hätte ich diesen Kerl zugerichtet, wenn er nicht von sich aus das Weite gesucht hätte.

Nach der Fahrt durch das Rote Meer vergingen viele Tage,

ohne dass Land in Sicht kam. Unser nächster Hafen lag noch in weiter Ferne: Colombo in Ceylon, dem heutigen Sri Lanka. Seit der Hitze im Roten Meer trugen die meisten Männer ihre Tropenanzüge. Das Bild an Bord veränderte sich durch die weiße Leinenkleidung mit dem hohen, geschlossenen Kragen. Selbst der unscheinbarste Europäer verwandelte sich darin in eine, an europäischen Verhältnissen gemessen, «leuchtende» Gestalt, man ging erhobenen Hauptes über Deck. Trotzdem begannen die Passagiere, sich offensichtlich zu langweilen, und die Männer wurden noch aufdringlicher. Zwar gab es verschiedenste Veranstaltungen an Bord, Sportkämpfe, Konzerte und Vorträge, allerdings auf Niederländisch, das ich noch nicht gut verstand. Abends gab es sogar Kino oder Tanz, wovon ich mich aber wohlweislich fernhielt.

Eines Mittags lag ich in meinem Liegestuhl auf dem ruhigen Oberdeck und musste eingeschlafen sein. Plötzlich fühlte ich etwas Feuchtes auf meinem Mund, etwas schob sich zwischen meine Zähne. Augenblicklich biss ich zu. Ein Schrei, und mein Liegestuhl, dessen Kopfende heruntergedrückt worden war, sauste in seine richtige Stellung zurück. Pfui Teufel! Mein Mund war voll Blut, auch mein Kleid. Ich schoss hoch: Vor mir bog sich, stöhnend vor Schmerz, der Haifisch, die Hände auf seinen blutenden Mund gepresst. Ich spuckte aus, rannte an die Reling und übergab mich vor lauter Ekel. So schnell ich konnte, lief ich in meine Kabine hinunter, zog mich aus, warf den Kimono über und rannte ins Duschbad. Dann zog ich mich frisch an, Mund und Zähne putzte ich immer wieder. Meine blutverschmierten Kleider gab ich dem malaiischen Steward, der sie zum Waschmann brachte. Immer wieder musste ich mich erbrechen.

Kurz danach erschien Miggi in meiner Kabine, fuchsteufelswild. «Ich bin wegen meiner Schlaflosigkeit zum Schiffsarzt gegangen. Der kam mir rotzfrech, sodass ich ihm eine Ohrfeige gab. Von da ging ich schnurstracks zum Ersten Offizier auf die Brücke, um mich zu beschweren, und der kam mir noch frecher, sodass ich auch dem eine runtergehauen habe. In Singapur werde ich gleich zur Reederei gehen und Beschwerde einlegen. Hier ist eine Frau ja ihres Lebens nicht mehr sicher!» Darauf erzählte ich ihr, was ich mittlerweile erlebt hatte. «Dem Saukerl hast du sicher die Zungenspitze abgebissen», feixte sie, «der wird uns nun in Ruhe lassen.»

Zum Mittagessen erschien kein Haifischmaul, auch zum Abendessen nicht. Anderntags saß er an einem anderen Tisch und trank mit einem Strohhalm seine flüssigen Mahlzeiten. Alles grinste und sah vielsagend zu mir herüber. Nach dem Abendessen wollte mich der Hofmeester, dem ich mittlerweile hinten und vorn nicht traute, unbedingt sprechen. Ich betrat sein kleines Büro, er sprang von seinem Stuhl auf und bot mir den Platz an, aber ich setzte mich nicht. «Fräulein Wildhaber», begann er, «ich habe für Sie eine prachtvolle eigene Kabine, Sie werden sicher lieber allein als mit Fräulein de Lange zusammen sein.»

«Ganz im Gegenteil», entgegnete ich, «ich bin gern mit Fräulein de Lange zusammen und habe keinen Bedarf an einer eigenen Kabine.» Damit verließ ich sein Büro.

Bevor ich meiner Zimmergenossin beim Zubettgehen davon erzählen konnte, platzte sie schon heraus: «Eben hat mich der Hofmeester angesprochen und mir eine schöne Einzelkabine angetragen, aber ich habe abgelehnt, ich bleibe lieber mit Ihnen zusammen.» Als sie nun von mir hörte, dass mir dasselbe Angebot gemacht worden war, zweifelten wir beide nicht daran, dass eine große Gemeinheit dahinterstecken musste, und wir versprachen uns gegenseitig, weiter zusammenzuhalten.

Als ich am nächsten Morgen den Frühstückssaal verließ, sprach mich ein älterer Engländer an, er wolle mich kurz allein sprechen. Was er mir denn zu sagen habe, fragte ich misstrauisch zurück. «Hier kann ich es Ihnen nicht mitteilen, kommen Sie doch bitte mit mir aufs Oberdeck.» Skeptisch blickte ich ihn an, da lachte er und zeigte auf seine weißen Schläfen. Na, dachte ich, oben an Deck kann ich ihm auch eine langen, wenn es nötig sein sollte. Er stellte sich als Mr. Honeyball vor und berichtete mir, er habe ein Gespräch zwischen dem Obersteward und Herrn Padberg mitgehört, man würde mir eine eigene Kabine anbieten. Ich solle dies um Himmels willen nicht annehmen und möchte ihm doch erlauben, sich immer etwas in meiner Nähe aufzuhalten. Er habe zwei Töchter in meinem Alter und wolle mich wie diese beschützen. Eine junge Kinderschwester sei heute Nacht überfallen worden und habe sogar über Bord springen wollen. Die habe er leider vorher nicht warnen können.

«Und sehen Sie, ein wenig Verständnis muss man für die jungen Burschen ja auch aufbringen. Die meisten von ihnen sind Sinkeys, Assistenten. Das sind die Anfänger auf den Plantagen und bei den Öl- oder Bergwerksgesellschaften. Sie wissen genau, dass sie vor Ablauf der nächsten sieben Jahre nicht mehr nach Europa kommen. Manche von ihnen haben eine Verlobte zurückgelassen, die meisten von ihnen aber wissen nicht einmal, an wen sie denken sollen, wenn sie die

Sehnsucht nach einer Frau überkommt. Deshalb schlagen sie hier so über die Stränge.»

«Dann muss es meinem Schwager damals wohl auch so gegangen sein», bemerkte ich. «Er kam nach sieben Jahren zurück in die Schweiz und heiratete dann meine Schwester. Sie sind jetzt seit ein paar Jahren wieder in Sumatra, und ich fahre hin, um meinen kleinen Neffen zu hüten.»

«Sie sind noch nicht verlobt, Fräulein Wildhaber?»

«Gott behüte, nein!», antwortete ich prompt.

«Nun, schon deshalb sind Sie hier an Bord Freiwild für die Herren. Normalerweise sind alle alleinreisenden Frauen irgendwie schon gebunden oder wenigstens ‹versprochen›. Deshalb dürfen Sie sich nicht wundern, dass die Jungs alles versuchen, Sie zu erobern! Vielleicht hätten Sie sich einen Verlobungsring zur Tarnung anstecken sollen. Aber seien Sie unbesorgt, ich werde mein Bestes tun, um Sie zu beschützen.» Von nun an stellte er seinen Deckstuhl immer in unsere Nähe, und siehe da, alle Übergriffe hatten ein Ende.

Ab Colombo, wo unzählige Händler mit ihren Booten um unser Schiff herumfuhren und Früchte, Schnitzereien und große Muscheln anboten, wurden die Passagiere auffallend freundlicher und ausgeglichener. Ich sah die ersten Bananen meines Lebens. In Colombo war es schon richtig warm für uns Europäer, bis zu dreißig Grad, was ich aber genoss. Nun waren es nur noch drei Tage bis Sumatra! Miggi und ich genossen jede gemeinsame Stunde, in Belawan sollten sich unsere Wege trennen, da sie mit dem Schiff bis nach Singapur zu ihrem Verlobten weiterfuhr.

Die Luft, das Wasser, alles roch anders seit Colombo. Wir waren eindeutig in den Tropen. Es gab kaum mehr eine Mor-

gen- oder Abenddämmerung, der Tag begann und endete
schlagartig. Am letzten Morgen liefen die Schiffsmotoren
deutlich langsamer. Wir fuhren schon an der Küste Sumatras entlang, und fremdartige Geräusche und Gerüche drangen zu uns herüber. Bald war das Land greifbar nahe, noch
eine Stunde, und wir sollten in Belawan, dem Hafen von
Medan, anlanden.

· · · · · · ·

Medan liegt an der Ostküste Sumatras, der Ort zählt zu der Zeit
etwa siebzigtausend Einwohner, davon sind nicht einmal zweitausend Europäer. Sumatra und Java gehören zur Kolonie Niederländisch-Indien. Auf den ehemaligen «Gewürzinseln», die jahrhun-
dertelang erst den Arabern, dann den Portugiesen und schließlich
den Holländern Reichtum garantiert hatten, ist im 19. Jahrhundert
alles zusammengebrochen. Die niederländischen Gesellschaften
machten Bankrott, der Staat übernahm die horrenden Schulden.
Innerhalb kürzester Zeit mussten die Besatzer sehen, wie möglichst schnell der größte Profit herauszuholen war. Die Lösung
hieß: Kultivierung des Bodens, also der Zwangsanbau von land-
wirtschaftlichen Produkten, die man exportieren konnte.

Auf Sumatra haben zwangsverpflichtete Arbeiter, «Kulis», mit
der Rodung des undurchdringlichen Dschungels begonnen. So sind
riesige Plantagen von Kautschuk, Tee, Tabak und Zucker, dazu Öl-
raffinerien und Zinnminen entstanden und haben die fruchtbare
Insel reich gemacht. Das heißt: Die Europäer werden reich durch
Unterdrückung der einheimischen Bevölkerung und durch «im-
portierte» Sklaven: Kulis aus China und Java, die man für geeigne-
ter zur Feldarbeit hält. Nichts von den Exportprodukten bleibt zum
Nutzen der einheimischen Bevölkerung im Land. Bis zum Ende des
19. Jahrhunderts wird vornehmlich Tabak angebaut. Nach Erfin-

dung der Automobile und durch den Ersten Weltkrieg gibt es einen
großen Bedarf an Gummi, und Kautschuk gedeiht prächtig in dem
feuchtwarmen Klima. Dies ist der Beginn des unglaublichen Auf-
schwungs. Auch private Unternehmer können von den einheimischen Herrschern oder der Kolonialregierung große Flächen Land
für längere Zeit pachten. So hat man die Grundlage für eine moderne Plantagenwirtschaft im großen Stil gelegt, und immer mehr
Investoren aus aller Welt wollen hier Gewinne machen.

Als meine Großmutter an Land geht, ist gerade ein frischer
Kuli-Transport in Belawan angekommen: arme Javaner, die als
Vertragsarbeiter in ein vermeintliches Paradies gelockt wurden,
um dann unter unmenschlichen Bedingungen ausgebeutet zu
werden. Als Europäerin kennt Claire keine anderen Völker aus der
Nähe und akzeptiert die vorgefundenen Bedingungen. Die Weißen sind die Herren und Gebieter, zuallererst die Niederländer, danach kommen die Briten, die Deutschen und Schweizer. Ihnen folgen im Ansehen die Chinesen, die sich schnell zu Geschäftsleuten
und Bordellbesitzern hochgearbeitet haben, was häufig zu Spannungen innerhalb der Bevölkerung führt. Unter ihnen stehen die
Javaner, und ganz am Ende der Leiter, meist «unbrauchbar» für die
Arbeit auf den Feldern und in den Minen, die eigentlichen Einheimischen der Insel, die Batak, Atjehs und Minangkabau.

Die Europäer haben auch einen gewissen Wohlstand ins Land
gebracht: Es gibt Straßen, Eisenbahnlinien, Krankenhäuser und
Schulbildung, doch auch dabei funktioniert vieles auf Kosten der
alten Traditionen und der Rechte der Einheimischen. Wo es früher
Ackerbau gab, sind Plantagen entstanden. Die alten Dorfgemein-
schaften mussten den neuen Strukturen von großflächigem Anbau
und Verwaltung weichen. Im Jahr 1924 macht sich niemand Sorgen
darüber, wie die kleinen Niederlande auf Dauer die Kolonie werde

halten können, eine Kolonie, die sich nicht einmal selbst verteidigen kann. Dies erledigen nämlich die Engländer für sie mit. Immer wieder gibt es auch Kämpfe mit einheimischen Rebellen oder aufbegehrenden Kulis. Ab und zu werden Pflanzer ermordet, aber das, so meint man, gehört zum Geschäft.

• • • • • • •

Mein Schwager Urs kam an Bord, um mich abzuholen, auch er in einem weißen Leinenanzug, der ihm ausnehmend gut stand. Dass er seiner Gummiplantage seit kurzem als Manager vorstand, sah man ihm an: Er strahlte eine ungeheure Autorität aus, anders als die jungen Kerle, die ich auf dem Schiff kennengelernt hatte. Ich konnte seinem Charme wohl etwas abgewinnen, empfand ihn aber schon immer als zu autoritär meiner Schwester, ja, allen Mädchen gegenüber. So einen Mann würde ich nie heiraten, war ich mir immer sicher gewesen. Jetzt aber umarmte ich ihn, selig darüber, Familie in der ungewohnten Fremde zu haben. Der Abschied von Miggi war tränenreich.

Mit einem Mietauto – Urs besaß noch keinen eigenen Wagen – fuhren wir zunächst ins nicht weit entfernte Medan, die Provinzhauptstadt der Ostküste. Unter Kokospalmen rechts und links der Straße und durch Erdnussfelder ging es dahin, die vielen Eingeborenen, die uns begegneten, schienen mir alle gleich auszusehen in ihren Sarongs und Kebaya-Blusen. Spielende Buben sah man allerorts. Sie standen gaffend vor den Türen ihrer kleinen Häuser, splitternackt, und drehten an ihren «Zipfelchen». Mir fielen ihre dicken Bäuche auf, und ich fragte Urs nach dem Grund. «Es ist das Ideal jeder Mutter, dass die Söhne dick werden, obwohl die holländische Regierung dies längst verboten hat. Hier sind viele kleine Jungen an Darmverschlingung gestorben. Dicke Mädchen wirst du nicht finden. Im Islam gilt die Frau nicht viel, deshalb werden die Töchter schon früh in der Hausarbeit eingesetzt.» Spielende Mädchen habe ich in den nächsten Jahren auch nie gesehen, schon die kleinen trugen ihre noch jüngeren Geschwister im Tragetuch herum.

In Medan sah ich endlich meine Schwester wieder. Auf der Veranda ihres Zimmers im noblen Hotel de Boer – «der Bauer» – fielen wir uns in die Arme. Schon immer war sie, anders als ich, eine Schönheit gewesen. Nun glich sie trotz der unglaublichen Hitze einer erblühten Rose, trotz – oder gerade wegen – ihrer Schwangerschaft. Natürlich hatte ich gehofft, meinen kleinen Neffen auch gleich kennenzulernen. Ich staunte nicht schlecht, als ich auf meine Frage: «Wo ist denn Ursli?», die Antwort bekam: «Den Sauknochen haben wir bei Hanna und Jules Käppeli in Tebing Tinggi gelassen.»

«Mein Gott, wie kannst du so von deinem Kind sprechen!»

«Lerne du ihn erst einmal kennen, dann redest du auch so.»

Nach einem kleinen Imbiss brachen wir auf in Richtung Tebing Tinggi, wir hatten uns unterwegs so viel zu erzählen. Während der zweistündigen Fahrt wurde es schlagartig dunkel, dann stockfinstere Nacht. Hanna und Jules Käppeli begrüßten mich überschwänglich. Wir kannten uns schon aus Sankt Gallen, so fühlte ich mich auch hier nicht so fremd. Mein Neffe sei von der Babu Sum bereits ins Bett gebracht worden, berichtete Hanna, die mir meine Enttäuschung anmerkte, dass er wieder nicht da war. Ich konnte es kaum erwarten, den Kleinen zu sehen, und folgte Hanna, die selbst im siebten Monat schwanger war, ein Stück durch den Garten, hinüber zum Gästebungalow. Die Türen standen weit offen, eine Petroleumlampe beleuchtete den Raum, in dessen Mitte ein großes Eisenbett stand. Das Moskitonetz war zur Hälfte aufgeschlagen, darunter lag, nur mit einem kurzen Hemd bekleidet, ein blasser, mickriger Bub mit geschlossenen Augen, um die tiefe Schatten lagen. Neben dem Kind hockte eine dunkelhäutige Babu.

«Jetzt schläft er endlich langsam ein», sagte sie, und Hanna übersetzte es mir. Schon nahm die Kinderfrau ihre unterbrochene Tätigkeit wieder auf. Sie tätschelte zwischen den Beinchen des Kindes Bauch und Geschlechtsteil zu ihrem eintönigen Singsang: «Sayang – sayang – sayang.» – «Mein Liebling, mein Schatz.» Dazwischen schnalzte sie mit der Zunge und begann wieder das monotone Singen. Ich staunte nur über dieses seltsame Wiegenlied und die verrückte Tätschelei und war mir sicher, dass ich noch viel zu lernen bekommen sollte.

Auf Zehenspitzen verließen wir das Zimmer. Wir mussten bei Käppelis noch zu Abend essen, um dann auf die Kautschukpflanzung meines Schwagers, «Mendaris», zu fahren. Dabei hatte ich Gelegenheit, das erste Mal eine malaiische Bedienung zu erleben. Mir gefielen die devoten, eher kleinen Menschen mit den kindlichen Gesichtern. Ich verstand allerdings kein Wort von dem, was Hanna oder Jules mit ihnen sprachen, und beschloss, so bald wie möglich Malaiisch zu lernen.

Ich weiß nicht, wie lange wir nochmals an diesem Tag mit dem Auto unterwegs waren. Die Gummiplantage lag etwa vierzig Kilometer von Käppelis Pflanzung entfernt, aber es kam mir so vor, als nähme die Fahrt durch die Finsternis und über schlechte Pisten kein Ende. Mein Neffe lag quengelig und ungnädig auf den Knien der Babu und wurde unsanft hin und her geschüttelt. Beim Einsteigen hatte ich nur ein paar kleine, böse blickende Augen bemerkt, die nicht viel Kindliches an sich hatten. «Genau wie die Kinder an Bord», dachte ich. Doch dafür konnten nur Louise und ihr Mann verantwortlich sein.

Als wir endlich, mitten in der Nacht, Mendaris erreichten, bot sich mir ein Anblick wie aus dem Märchenbuch: Das Herrenhaus der Plantage lag oben auf einem Hügel. Hinauf führte eine breite Treppe, auf beiden Seiten von Kokospalmen begrenzt. Malerisch lag der weiße Aufgang im vollen Mondlicht, die Palmenblätter glänzten wie Silber, wie Marmor wirkten die Stufen, und herab schritt langsam, in der einen Hand einen langen Stab, in der anderen erhoben eine Laterne tragend, ein hochgewachsener bärtiger Bengale, ein Nachtwächter mit weißem Turban und langem weißen Gewand.

Viel besichtigen konnte ich in dieser Nacht nicht mehr. Ich wurde gleich in mein zukünftiges Zimmer geführt. Als wir den Raum betraten und Licht auf den Fußboden fiel, verschwanden etliche kleine Tiere blitzartig in alle Richtungen. Unwillkürlich schreckte ich zusammen. «Mäuse», durchfuhr es mich. Doch Louise beruhigte mich: «Das sind die Hausgeckos. Du wirst sie noch schätzen lernen, denn sie fangen Moskitos. Den Einheimischen sind sie heilig.» Tatsächlich wollte ich die nachtaktiven Tiere schon bald nicht mehr missen.

Ich bemerkte nun einen großen Käfig aus Moskitogaze, in

dem zwei Betten standen, durch einen Nachttisch voneinander getrennt. In einem sollte ich, im anderen von morgen an mein Neffe schlafen. Außerhalb des Moskitozeltes standen ein Kleiderschrank und ein Waschtisch mit Schubladen, darauf Schüssel und Wasserkrug. Im Bett selbst gewahrte ich eine große, mit Leinen überzogene Schlummerrolle, für die mir auch gleich eine Erklärung geliefert wurde.

«Das ist die ‹Dutch wife›, die ‹holländische Ehefrau›», grinste meine Schwester. «Allerdings ist sie wirklich eine wunderbare Erfindung, das wirst du selbst bemerken. Du klemmst sie beim Schlafen einfach zwischen die Beine, sonst schwitzt du dich da unten tot.» An diesem ersten Abend wurde mir noch der Umgang mit dem Moskitonetz erklärt, und wie man möglichst sorgfältig vor dem Zubettgehen die Mücken totschlug oder spätestens am Morgen die schweren, vollgesogenen Biester erledigte. Dann war ich allein. Lange konnte ich nicht einschlafen, die Eindrücke waren einfach zu mächtig. Draußen und drinnen waren die merkwürdigsten Geräusche zu hören, die mich langsam in einen unruhigen Schlaf begleiteten.

• • • • • • •

Am nächsten Morgen werden alle durch die dumpfen Schläge des Ton-Tongs geweckt, eines ausgehöhlten Baumstamms, der auf jeder Pflanzung bei den Kuliunterkünften aufgehängt ist. Zum Zeichen, dass es Zeit zum Aufstehen, zur Arbeit oder zur Ruhe ist, wird mit einem Holzknüppel daraufgeschlagen. Mit Sonnenaufgang wird es heiß. Rasch kleben die Kleider am Körper, und man zieht sich wieder um. Das Personal besorgt die Wäsche, während die Europäer sich ein Bad gönnen.

Das Pflanzerhaus besteht meist aus Holz, das vornehmere Gebäude des Managers aus Stein. Es hat einen quadratischen Grundriss, ist wegen des Ungeziefers und des unberechenbaren Regens auf Pfählen gebaut und mit Blättern der Atap-Palme gedeckt. Bei einem einfachen Assistentenhaus kann man an vielen Stellen durch die Ritzen hindurchschauen und den Termiten bei der Arbeit zusehen.

Jedes Haus hat vorn eine offene Veranda, die Vorgalerie, von der man Rollos herablassen kann, um sich vor der Mittagshitze zu schützen. Im Haus gehen von einem Flur mehrere Zimmer ab. Da gibt es ein moskitosicheres Wohnzimmer, das Klambuzimmer, das ganz mit Gaze ausgekleidet ist und wohin man sich abends zurückzieht.

Weiter gibt es zwei bis drei Schlafräume, in denen die mit Netzen verhängten Betten stehen, und ein Esszimmer, das meist am Ende des Flurs liegt. Von hier aus gelangt man über ein paar Stufen hinab in einen mit Atap überdachten, ansonsten aber offenen, etwa zwanzig Meter langen Gang, den Kolong. An seinem Ende steht ein Querbau, in dem sich die Wirtschaftsräume und die Unterkünfte der Bediensteten befinden. Da ist der Wasserträger, dessen lebenswichtige Aufgabe es ist, zuverlässig und stetig Wasser aus der gegrabenen Quelle in die vorgesehenen Behälter zu füllen. Der Boy hilft dem Hausherrn und ist meist auch der Koch, die Babu arbeitet der Hausfrau und den Kindern zu. Reiche Pflanzer haben auch einen Chauffeur hier wohnen.

Der Kolong führt meist direkt auf die Küche zu, damit die Speisen möglichst schnell auf den Tisch kommen. Rechts davon liegen die erwähnten Bedienstetenräume, links Speisekammer und Vorratsraum und ganz am Ende schließlich das Badezimmer für die weißen Herrschaften. Ein schlichter gekalkter Raum mit Moskitoleichen an den Wänden. Dann kommt das Klosett, je nach Vornehmheit aus Holz oder Porzellan, es fällt ohnehin alles in eine Grube. Daneben steht ein gemauerter Bottich, in dem das Wasser gesammelt wird. Es hat normalerweise mindestens achtundzwanzig Grad, bei einer Außentemperatur von fünfunddreißig oder mehr Grad und fast hundert Prozent Luftfeuchtigkeit. Zur Desinfektion gibt man Tabletten hinein, und der Bottich wird regelmäßig geleert und gereinigt, was wiederum die Aufgabe des Wasserträgers ist. Hier also, im «Badezimmer», übergießt man sich mit dem erfrischenden Nass, um die Haut wenigstens ab und zu salzfrei zu bekommen. Dazu hängt am Bottich eine große Kelle. Doch gerade im Bad muss man auf allerlei Viehzeug aufpassen, das sich hier besonders wohlfühlt.

Jeder Abend hat sein Ritual: Um sechs Uhr reinigt der Boy die Glaskolben der Petroleumlampen, um diese pünktlich um halb sieben anzuzünden. Man hat mindestens zehn bis vierzehn Stück im Hause verteilt hängen. Die Dunkelheit bricht innerhalb von sechs Minuten herein, und es ist schlagartig tiefste Nacht. Dann beginnt der lange Abend für die Europäer, der meist mit dem Schreiben von Briefen und der Lektüre von Büchern gefüllt wird.

Kautschukplantagen wie Mendaris werden für mindestens zwanzig Jahre bewirtschaftet, die Häuser für den Administrator, wie man den höchsten Verwalter nennt, für die Manager und Assistenten müssen lange halten. Beim Tabak ist dies ganz anders. Dessen Pflanzer müssen sich darauf einstellen, ständig umzuziehen, oft mehrmals im Jahr, weil Tabak eine einjährige Pflanze ist. Ein Gummipflanzer wechselt dagegen nur als Assistent seinen Standort, weil er zu lernen hat.

Auf den älteren Pflanzungen wie Mendaris gibt es prächtige Gärten, zwischen den Kieswegen blühen die herrlichsten Lilien,

Bougainvilleen und Bäume. Louise kennt nur diese Plantage und hat hier verhältnismäßig viele Gelegenheiten, soziale Kontakte zu knüpfen. Um die großen Pflanzungen herum liegen die Kampongs, die Dörfer der Einheimischen und Kulis, dann die Häuser für die Mitarbeiter und die dem jeweils angebauten Produkt entsprechenden Wirtschaftsscheunen. Dies alles ergibt eine Siedlung, die umgeben ist von schier undurchdringlichem Urwald.

Manager und Assistenten verlassen früh morgens im weißen Tropenanzug samt Tropenhelm das Haus, beaufsichtigen die Arbeiter oder legen selbst mit Hand an. Dann kommen sie schweißgebadet gegen Mittag heim, ziehen sich um, halten einen Mittagsschlaf, um danach wieder bis zum Abend auf der Pflanzung zu sein. Es ist ein harter Job. Die Mittagsruhe gibt es nur deshalb, weil bei der Hitze an Arbeit nicht zu denken ist. Alles glüht, und Mensch und Tier dösen vor sich hin.

Die Frauen der Pflanzer stehen dagegen vor der Aufgabe, die Langeweile totzuschlagen. Sie haben fast nichts zu tun. Den Haushalt besorgen die Angestellten, das Kochen, die Wäsche, alles wird erledigt, selbst die Kinder werden gehütet. Für die Pflanzerfrau, die nicht mit den Bediensteten umzugehen weiß, wird das Leben zur Hölle. Sie muss also schnell Malaiisch lernen, um mit dem Boy und der Babu kommunizieren zu können, und selbstbewusst sein, um autoritär auftreten zu können. Sonst wird sie nicht anerkannt, und die Bediensteten kommen ihren Anweisungen nicht nach. Während man also «nach unten» malaiisch spricht, muss man für die dienstliche Kommunikation «nach oben» die Sprache der Kolonialherren, Niederländisch, lernen. Dies ist unumgänglich, um einen möglichst guten Eindruck bei den Chefs zu machen.

• • • • • • •

Am anderen Morgen lernte ich endlich meinen zweijährigen Neffen etwas näher kennen. Kein Wort verstand ich von dem, was der lebhafte, aber miserabel aussehende blonde Junge sprach. Er brüllte nach seiner Babu, die dann immerfort um ihn herumscharwenzelte, er spuckte mich an, als ich ihn begrüßen wollte, und beschimpfte mich in einer fremden Sprache. Er verstehe nur Malaiisch, Javanisch oder Chinesisch, erklärte mir meine Schwester, sie selbst würden malaiisch mit ihm reden. Das war ja eine gute Voraussetzung für mich als neues Schweizer «Kindermädchen».

Das Frühstück, das wir gemeinsam einnehmen wollten, verweigerte der Kleine. Er esse so schlecht, klagte Louise, man müsse alle Tricks anwenden, nur um einen Löffel voll in ihn hineinzubekommen. Beim Abendessen, das er in seinem Kinderstuhl im Wohnzimmer mit den moskitosicheren Fenstern und Türen einnehme, müsse sein Vater vor jedem Happen einen Kopfstand vollführen, dann noch einen, bevor er den Bissen herunterschlucke. Ich schüttelte nur den Kopf. Wirklich glauben konnte ich es auch nicht, aber als ich meinen Schwager dann das erste Mal beim Essen «tanzen» sah, lachte ich mich über dieses Affentheater halb tot.

Mit den Spielsachen, die ich ihm als Geschenke von seinen Großeltern mitgebracht hatte – Bausteine, Zusammensetzspiele, Bilderbücher –, wusste der Kleine nichts anzufangen. Er war es nur gewohnt, bei der auf dem Fußboden kauernden Babu auf dem Schoß zu sitzen und «gesajangt» zu werden, dabei klimperte er mit ihren Goldstücken, die sie vorn an ihrer Jacke oder wie eine Traube in ihrem Haar trug. Zu einem anderen Spiel war er nicht fähig.

Ich beobachtete den Jungen während der ersten Tage intensiv. Es hatte mich zutiefst erschreckt, dass er kaum auf seine Eltern reagierte. Später musste ich feststellen, dass die meisten Europäerkinder ähnlich aufwuchsen. Dass ich dies damals nicht wusste, erklärt, warum ich die Sache schon nach zwei Tagen sehr streng und bestimmt in die Hand nahm.

Zunächst musste der Junge von seiner Babu getrennt werden. Er wollte natürlich nicht um alles in der Welt bei mir im Zimmer schlafen, tobte, schrie nach seiner Babu und brüllte: «Ada momo, ada hantu!» Louisli übersetzte es mir: «Es sind Geister da, es sind Dämonen hier.» Er zeigte in alle Ecken, als fürchte er sich.

«Das hat er von der blöden Babu», sagte Louise, die, das war mir schon aufgefallen, mit ihrer Bedienung nicht gerade verständnisvoll umging. Ich schlief nun keine Nacht mehr durch. Der kleine Bub spielte unentwegt an sich herum und nässte drei- bis viermal pro Nacht ein. Morgens war er erschöpft und blass und schrie nach der Babu. Zweimal holte ich ihn aus ihrem Bett, wo er nackt an ihrem Busen lag und mit ihrem Schmuck spielte. Es waren echte Goldstücke, die die javanischen Frauen, die in Europäerfamilien oder in den Pflanzungen arbeiteten, im Haar oder an ihrer Kleidung trugen, denn sie legten ihr Erspartes in Goldstücken an.

Ich bestand auf einer Art Laufstall, damit der Kleine zwar Bewegung im Zimmer haben, mir aber nicht davonlaufen könne. Louise und ich drückten es tatsächlich gegen die Bedenken ihres Mannes durch, dass ein chinesischer Schreiner kommen und in die drei Türöffnungen des großen luftigen Kinderzimmers etwa achtzig Zentimeter hohe, herausnehmbare Gitter einbauen durfte. Auch der untere Teil des großen

Fensters bekam eine Absperrung, sodass der Knabe nirgends hinausklettern konnte. Es war wie ein großer Laufstall, luftig, kühl und sicher. Diese Vorsichtsmaßnahme war schon wegen des vielen Ungeziefers wichtig, das zwar weniger in den Häusern, dafür um sie herum und unter ihnen hauste. In den Tropen standen alle Häuser auf ungefähr einen Meter hohen Pfählen, um Schlangen, Skorpione und sonstiges Kleingetier fernzuhalten.

In meiner Hilflosigkeit sprach ich den Schweizer Arzt Dr. Senn an, den ich bei einer Einladung kennengelernt hatte und der ab und zu bei uns vorbeischaute. Ich wollte wissen, ob dieses Spielen an den Geschlechtsteilen bei Jungen normal war. Louise hatte sich bei meiner Fragerei immer nur gewunden und sich vor einer Antwort gedrückt. «Sehen Sie zu, dass die Babu verschwindet», sagte er zu mir. «Ihre Schwester ist eine ausgesprochen liebenswürdige Person, aber sie kann sich gegen ihren Mann nicht durchsetzen. Der kennt nur seine Arbeit. Und nehmen Sie dem Kleinen seine ‹Dutch wife› weg. Darauf rutscht er herum. Notfalls binden Sie ihm die Arme beim Schlafen an den Leib.» Daraufhin sprach er noch mit Louise und Urs. Die Babu wurde mit ihrem Mann, dem Koch, entlassen, und es meldete sich ein anderes, ausgesprochen sauberes und zuverlässiges Ehepaar. Es hatte sich herumgesprochen, dass meine Schwester einen Sparfimmel hatte, weswegen sie eine Weile keine guten Bediensteten bekommen hatte. Dies schien endlich vergessen zu sein.

Nun setzte ich mich morgens zu meinem Neffen in einen der kleinen Kinderstühle an sein Tischchen und versuchte, mit europäischen Liedern und Handgestenspielen Kontakt zu ihm aufzunehmen. Der erste «Erfolg» war, dass er

in die Hose machte und in einem unbeobachteten Moment
Wände und Spielzeug mit seinem Kot verzierte, das neue Zu-
sammensetzspiel schwamm in seinem Urin. Da sah ich rot,
packte den Jungen, trug ihn ins Badezimmer, schrubbte ihn
unsanft ab und schimpfte derart, dass er fortan erstaunlich
aufmerksam war. Irgendwie muss er mich verstanden haben,
denn plötzlich ließ er sich auf mich ein, schien mich überhaupt als Menschen zu beachten.

Er lernte erstaunlich schnell deutsch sprechen, Türme und
Häuser bauen und wollte bald alle Bilder in seinen Büchern
und die dazu passenden Geschichten kennenlernen. Man
musste nur immer aufpassen, dass er nicht durchbrannte
oder einer der Bediensteten nicht heimlich ein Türgitter öffnete und ihn unten durchkriechen ließ.

· · · · · · ·

**Auf einer Pflanzung wie Mendaris gibt es kilometerlange Reihen
Abertausender Bäume. Neben jedem einzelnen steht ein Pflock,
darauf ein umgestülpter Porzellannapf. Der wird morgens an einem Eisendraht unter einer Blechröhre am Baum befestigt, durch
die der Kautschuk in den Behälter fließt, wenn der Baum ange-
zapft ist. Der Anschnitt erfolgt nur morgens, ehe es zu warm ist,
sonst trocknet der austretende Milchsaft zu schnell und verklebt.**

· · · · · · ·

Mit meiner hochschwangeren Schwester machten wir lange
Spaziergänge durch die Gummipflanzungen, und dabei
lernte ich allerhand: Langsam begriff ich, wie sehr ich bei
unseren Eltern hinter dem Mond aufgewachsen war. Alles,
was sich auf die Beziehung zwischen Mann und Frau bezog,

hatte ich mir ohnehin hinter ihrem Rücken aneignen müssen. Auf unseren Spaziergängen kamen wir nämlich an den Häusern der europäischen Assistenten vorbei. Bei einem davon stand jedes Mal auf der Vorgalerie eine dunkelhäutige Schöne, die sich oben an die Treppe stellte, die Hände zusammenlegte und zu uns heruntergrüßte: «Tabe mem tuan besar!» – «Guten Tag, Frau des großen Herrn!»

«Scheißweib», murmelte Louise dann und machte ein böses Gesicht.

«Was hat dir die arme Frau denn getan?», fragte ich ahnungslos.

«Nichts», zischte sie. Ich aber blieb hartnäckig und wollte endlich den Grund ihrer schlechten Laune erfahren. «Das sind doch bloß die ‹Pflaumen› der Assistenten.»

«Die armen Kerle müssen doch jemanden haben, der sie versorgt und bekocht und den Haushalt macht», war mein Einwand.

«Und mit ihnen ins Bett geht», kam es giftig aus Louise heraus. Das also war es.

«Sag mal», hakte ich nach, «hat dein Urs auch so eine ‹Dulcinea› gehabt, bevor ihr verheiratet wart?»

«Ja, natürlich, drum hab ich doch eine solche Wut!»

«Wenn dein Urs, der Musterknabe, für den er sich immer hielt, auch so eine Haushälterin im Haus hatte», erwiderte ich und konnte mein Lachen kaum unterdrücken, «dann müssen ja alle europäischen Männer hier so leben. Jetzt weiß ich auch, warum du oft so wüst zu deinem Mann bist und ihn anfährst, wenn er gar nichts getan hat. Also, ich heirate nie, oder ich müsste den Mann schon ganz verrückt lieben.»

«Und wie müsste der aussehen?», fragte Louise neckend.

«Dunkelhaarig und ganz blaue Augen», schwärmte ich.

«So etwas gibt's doch gar nicht», lachte meine Schwester, «eins aber rate ich dir gleich zu Anfang: Hier gibt es einen Haufen unverheirateter Männer, die nur auf dich gewartet haben. Verliebe dich aber ja nicht in einen Assistenten, als Assistentenfrau bist du gar nichts, erst vom Manager an ist man etwas.»

«Ich heirate mal nicht den Manager oder Assistenten, ich heirate den Menschen», entgegnete ich mit Bestimmtheit, «und eins kann ich dir jetzt schon sagen: Die Männer, die ich hier seit meiner Ankunft zu Gesicht bekommen habe, heirate ich bestimmt nicht.»

· · · · · · ·

Bei den obligatorischen Besuchen mit Urs und Louise bei anderen Pflanzern hat Claire schon die verschiedensten Exemplare der europäischen «Hochkultur» kennenlernen dürfen: Die hier lebenden Assistenten- und Manager-Junggesellen sind entweder notorische Alkoholiker, oder sie zeigen zwar viel Arroganz, aber wenig Bildung und Anstand. Sie genießen es, so unerwartet viel Macht zu haben, Macht über die Kulis und Bediensteten, Macht über die jeweiligen Untergebenen. Es geht darum, in der Gesellschaft aufzusteigen, und dies kann im Prinzip jeder, der zuverlässig, tüchtig, am besten aber gewissenlos und intrigant ist. Vom Legionär, Akademiker, Abenteurer, vom armen Bauernsohn bis zum alten deutschen Adel ist alles vertreten. Nach der anstrengenden körperlichen Arbeit sind die Männer am Abend vollkommen erschöpft. Dann geht man entweder ins Bett oder feiern: Bei Letzterem fließen Unmengen Alkohol, meist Gin, Genever, Whiskey und Bier. Die Isolation von der übrigen zivilisierten Welt, die abendliche Langeweile führen zu regelrechten Gelagen. Auch wenn die meisten Männer anständig und idealistisch nach Sumatra kommen, sie verrohen, je länger sie auf abgelegenen Pflanzungen Dienst tun.

Dass die Männer in den ersten sieben Jahren möglichst ledig bleiben sollen, hat ganz praktische Gründe: Durch ihr malaiisches, chinesisches oder indisches «Hausmädchen» lernen sie erstens die Sprache wesentlich schneller, und, was ebenso wichtig ist, sie wachsen rascher in die gesellschaftlichen Verhältnisse in den Tropen hinein. Die Babu hat schließlich auch soziale Kontakte, und auf diese Weise wird der Tuan anerkannt oder nicht, und er erfährt über sein «Mädchen» auch allerlei. Man lebt mit ihr, solange man Bedarf hat. Unter den Pflanzern gehört es quasi zum guten Ton, dass man eine hat. Heiratet man dann eine Europäerin, wird die junge Frau entlohnt und entlassen, und es ist selbstverständlich, dass sie ohne Murren geht.

Ist man aber endlich glücklich «europäisch» verheiratet, wird das Leben eher schwieriger: Die vom ewigen Alleinsein unzufriedene europäische Ehefrau stellt hohe Ansprüche und will am Abend unterhalten werden; man muss gesittete Feste geben und gehört nicht mehr zum Klub der Junggesellen.

• • • • • • •

Am 10. August 1924 weckte mich Urs um vier Uhr morgens, bei Louise hatten die Wehen eingesetzt. Ich packte den Koffer für sie und half ihr beim Anziehen. Ihr Mann fuhr sie ins Krankenhaus Tandjong Kassau, wo sie ihren zweiten Sohn Peter zur Welt brachte. Sie stillte dann unentwegt. Mich aber hielt sie von morgens bis abends zur Arbeit an, und ich wusste bald nicht mehr, wo mir der Kopf stand.

Meine Laune wurde auch nicht besser, als ich einen Brief

von zu Hause erhielt. Mutter schrieb, ihr sei zu Ohren gekommen, ich hätte einen Verehrer in Sankt Gallen zurückgelassen, der zu ihrem Entsetzen auch noch katholisch sei. Sie sei froh, mich nach Sumatra geschickt zu haben, damit ich zur Vernunft käme. Louise solle mir nur ordentlich viel zu tun geben.

Ich kochte vor Wut. Mein «Verehrer» Heinz war der anständigste und gebildetste junge Mann, der mir jemals in unserer bornierten Stadt begegnet war. Uns beide verband nicht nur der Tanzkreis mit einigen anderen netten jungen Menschen, und wir hatten viel über Religion und Philosophie gesprochen. Mehr als Händchenhalten oder ein verstohlener Kuss war zwischen uns nie vorgekommen, da wir zu genau wussten, dass es für uns schon wegen seiner katholischen Konfession keine gemeinsame Zukunft geben könnte. Vielleicht war Vater wegen seiner eigenen Erfahrungen mit der «religiösen Mischehe» so allergisch, wenn das Gespräch in eine entsprechende Richtung ging. Mit ihm war einfach nie zu reden gewesen, mit Mama versuchte man es nicht einmal.

Meine Abreise nach Sumatra half Heinz und mir, Klarheit zu finden. Seine letzte Nachricht lautete, dass er mit dem Gedanken spiele, zugunsten seiner Schwester in einen Orden einzutreten. Es war damals in katholischen Kreisen nicht unüblich, ein Kind der Kirche zu weihen, in diesem Fall war Heinz' Schwester dazu ausersehen worden. Zum Leidwesen der Familie aber war plötzlich ein standesgemäßer Verehrer aufgetaucht, und das junge Mädchen war wild entschlossen, ihn zu heiraten.

Meinen Eltern hatte ich natürlich weder vom Tanzkreis

noch von Heinz erzählt. Ich glaube, mein Vater hätte mich eingesperrt, wenn er davon erfahren hätte. Und jetzt verfolgte mich Mutters erhobener Zeigefinger sogar bis ans andere Ende der Welt. Louise lachte, als ich ihr den Brief vorlas, aber ich konnte nicht heraushören, ob über Mama oder mich. Sie selbst war immer allen Konfrontationen aus dem Weg gegangen, hatte sieben Jahre brav auf ihre Kinderliebe gewartet und im Umgang mit den Eltern nur ja und amen gesagt. Daran musste ich denken und wusste genau, dass meine mir so liebe Schwester mich nie verstehen würde.

· · · · · · ·

Briefe nach Europa brauchten mindestens drei Wochen, bis sie den Adressaten erreichten, so lange währte allein die Schiffsreise. Es dauerte also rund sieben Wochen, bis man möglicherweise eine Antwort in Händen hielt. Ende der zwanziger Jahre begann man, die Post über den Luftweg zu transportieren, was erheblich weniger Zeit in Anspruch nahm.

· · · · · · ·

Und dann kam ein Brief, der den Abstand zwischen Louise und mir noch vertiefte: Unsere gemeinsame Jugendfreundin Lilly aus Sankt Gallen schrieb, sie würde nach Sumatra reisen und, entgegen aller vorherigen Verlautbarungen, doch ihren Willy heiraten, einen ehemaligen Mitschüler von uns, der mittlerweile Tabakpflanzer geworden war. Die Hochzeit sei am 16. Mai 1925 in Medan. Wir sollten doch bitte dabei sein. Wir waren überrascht, denn das Letzte, was die «Urwaldpost» uns überbracht hatte, war, dass Lilly die Verlobung von sich aus gelöst hatte. Deshalb freute ich mich jetzt ganz ungemein und wollte natürlich unbedingt zur Trauung fahren. Meine Schwester aber blieb merkwürdig reserviert, und ich erfuhr auch bald den Grund: Mein Schwager Urs verbot mir, nach Medan zu fahren, weil jede gesellschaftliche Veranstaltung in den Tropen eine Art Heiratsmarkt war, und da Willy nur Assistent sei, würde er mir nicht erlauben, daran teilzunehmen. Louise sei immerhin die Gattin eines Managers und dürfe schon aus diesem Grund nicht mitfahren.

Ich sah ihn entsetzt an: «Willy ist auch dein Freund! Kannst du das einfach so wegwischen?»

«Nein, das tue ich auch nicht», gab er in bestimmter Weise zurück, «aber hier in den Tropen habe ich bestimmten Regeln zu gehorchen, wenn mir mein Ansehen einigermaßen wichtig ist. Die Holländer sind hier die Chefs. Sie stellen die Regeln auf, und wir haben uns daran zu halten, wenn wir vorwärtskommen wollen. Hier ‹feiert› man sich nach oben und nicht nach unten, Claire. Alles andere wäre sentimental und realitätsfern. Und damit basta!»

Mein Traum von Selbstbestimmung und Freiheit hatte einen Tiefschlag erhalten. In meiner Not rief ich Hanna Käppeli an, bei der wir an meinem ersten Abend in Sumatra Gäste gewesen waren und die wir regelmäßig sahen. Sie hatte in der Zwischenzeit Furchtbares durchgemacht und ihr Baby, nach mehreren vorherigen Fehlgeburten, verloren.

«Natürlich fährst du hin!», machte Hanna mir Mut. «Ich lade dich für eine Weile zu uns ein, und dann fährst du einfach nach Medan zur Hochzeit. Mir tut die Abwechslung auch gut. Urs hat nicht ganz unrecht mit seinen Bedenken, was die Etikette betrifft, aber er ist wie immer in der Auslegung der Regeln viel zu pedantisch. Sieh halt zu,

dass du nicht mit einem Verlobten von der Hochzeit zurück-
kommst!»

«Das kann ich dir jetzt schon garantieren», sagte ich lachend. Urs und Louise schienen keinen Verdacht zu schöp-
fen, ich aber fragte mich, wann dieses Leben voller Heimlich-
keiten endlich ein Ende haben würde.

· · · · · · · ·

Medan ist zu der Zeit ein Konglomerat aus allen Ethnien des Wes-
tens und Ostens. Hier leben auch Japaner, Inder, Sihks, Tamilen und
Menschen aus vielen anderen Regionen. Die Europäer steigen im
Hotel de Boer ab. Es liegt an einer großen Rasenfläche. Im Parterre
speist und tanzt die Gesellschaft, in den oberen Stockwerken lo-
giert man. Aus einem Brunnen hört man es plätschern, Rikschas
fahren fast lautlos über den Asphalt, die nackten Oberkörper der
Kulis glänzen vor Schweiß. Pflanzer lassen sich mit offenem Ver-
deck durch die frische Abendluft chauffieren: Einige Händler bieten ihre Waren an: Sarongs, Silber, Porzellan, Dolche.

· · · · · · · ·

In Medan konnte ich meine liebste Freundin Lilly nach so
langer Zeit endlich wieder in die Arme schließen. Wir nahmen Zimmer im Hotel de Boer und feierten unser Wiedersehen erst einmal mit einem ausgedehnten Abendessen. Lilly
war gerade mit Willys Bruder Ferdinand aus Europa angekommen. Auch Ferdinand kannte ich von daheim und erfuhr, dass er Teepflanzer war und nun seinen ersten Europaurlaub hinter sich hatte.

«Und du bist ohne Verlobte zurückgekommen?», neckte
ich ihn.

Er grinste: «Ich hatte ja genug Arbeit mit der Verlobten meines Bruders, da gab's nicht viel Zeit zum Umsehen.»

«Wie soll ich das verstehen?», fragte ich naiv.

«Das verrate ich dir später», warf Lilly schnell dazwischen und wurde rot. Die beiden Männer feixten: «Wir lassen euch auch allein zum Tratschen. Klär deine Freundin nur früh genug auf, Lilly!»

Der Tonfall gefiel mir gar nicht, aber ich wollte nicht schon am ersten Abend für schlechte Stimmung sorgen, deshalb schwieg ich. Nach einem Abend im malaiischen Schauspielhaus hatten Lilly und ich Gelegenheit, im Hotel miteinander zu plaudern. Die Männer verschwanden ziemlich schnell, und zwar nicht ins Bett, das war mir gleich klar.

«Nun erzähl», drängte ich Lilly, «warum heiratest du Willy jetzt doch? Ich dachte, du hättest die Verlobung gelöst.»

«Ein Bekannter von mir, der lange Zeit in Indien gelebt hatte, fragte mich, ob ich gar keine Angst hätte, draußen ‹black children› anzutreffen. Ich war schockiert und verstand ihn erst nicht. Am nächsten Tag gab er mir ein Buch: *Die Blume von Sukabumi.* ‹Lesen Sie das, meine Liebe, und wenn Sie dann immer noch nach Ostindien reisen wollen, sind Sie wenigstens vorbereitet!› Natürlich las ich es gleich und war völlig fertig. Ich konnte mir einfach nicht vorstellen, dass Willy auch mit so einer einheimischen Frau lebte. Und da hab ich ihn einfach direkt in einem Brief gefragt. Aber Willy hat gar nicht reagiert. Daraufhin war ich so enttäuscht, dass ich ihm schrieb: ‹Keine Antwort ist auch eine Antwort›, und schickte ihm den Ring zurück. Dann kam ganz schnell ein Brief von Willy: Sein Bruder Ferdinand fahre jetzt auf Urlaub und würde mich über die Zustände in den Tropen aufklären. Ferdinand hat dann versucht, mir klarzumachen, dass Männer eben anders seien als Frauen, und er könne mir garantieren, dass Willy ein treuer Ehemann sein werde. Und nun bin ich also hier.»

«Scheißkerle», murmelte ich nur.

Die Trauung fand am nächsten Vormittag in der evangelischen holländischen Kirche statt, einige Schweizer Männer, manche von ihnen mit ihren Frauen, lernte ich vor dem Kirchenportal kennen. Der Pastor, ein Niederländer, gab sich redliche Mühe, deutsch zu sprechen. Anschließend gab es ein gutes Mittagessen im Hotel. Dann verabschiedete man sich von den Gästen, badete und zog sich um und fuhr mit Rikschas in die Stadt. Das frischgebackene Brautpaar hatte eine meterlange Einkaufsliste, den halben Basar klapperten wir ab und amüsierten uns bestens. Ich genoss es, so frei und ungezwungen mit guten Freunden zusammen zu sein. Ferdinand war reizend zu mir, kaufte mir Kleinigkeiten, war charmant und lustig, und ich konnte mich des Eindrucks nicht erwehren, dass er mir ein wenig den Hof machte.

Nach dem Abendessen im Hotel saßen wir vier noch eine Weile bei einem Whiskey-Soda auf der hell erleuchteten Veranda des Hotels. Vor unseren Zimmern sagten wir uns gute Nacht. Ich sah noch, wie Lilly ihres allein betrat und Willy mit Ferdinand in dessen Schlafraum verschwand. Mein Zimmer lag neben dem von Lilly. Ich schlief schon halb, da klopfte es an der Wand neben meinem Bett. Ich klopfte zurück. Schon stand meine Freundin vor meiner Tür. Sie sei immer noch allein und glaube nicht, dass Willy noch komme. «Kannst du nicht zu mir rüberkommen? Ich halte dieses Alleinsein und Warten einfach nicht mehr aus!»

Rasch zog ich meinen Kimono über, hockte mich in ihr Zimmer auf das Bett ihres Ehemannes und tröstete die heulende Braut. «Ich bin sicher, da steckt Ferdinand dahinter», sagte ich und sollte recht behalten. Wir plauderten noch lange, dann schliefen wir ein, Lilly in ihrem, ich in Willys Bett, Händchen haltend wie ein Liebespaar. Im Dunkel dachte ich noch lange darüber nach, was ich mit einem Mann anstellen würde, der mich in der Hochzeitsnacht allein hocken ließe.

Das Frühstück verlief trotzdem harmonisch. Willy brachte zu seiner Entschuldigung vor, Ferdinand habe ihn zurückgehalten, die beiden könnten auf der Plantage noch genug flittern. Hier im Hotel, wo alle Türen und Fenster Ohren und Augen hätten, schicke sich dies nicht. Willy gehorchte, und Lilly machte gute Miene zum bösen Spiel.

Nach dem Mittagessen fuhr das Brautpaar mit dem neuen Wagen, einem Hochzeitsgeschenk des Brautvaters, zurück auf die Plantage. Ich hoffte für Lilly, dass die «Erstfrau» ihres Mannes wenigstens ausgezogen war, mittlerweile traute ich diesen Kerlen alles zu. Mein Zug nach Tebing Tinggi zurück zu Hanna fuhr um drei Uhr am Nachmittag, doch schlug Ferdinand vor, noch länger zu bleiben: «Heute Abend ist hier im Hotel Frühlingsfest, da gehen wir zusammen hin. Wir rufen einfach Käppelis an und sagen Bescheid.» Ferdinand war nett und sah gut aus, aber seine bestimmende Art, die keinen Widerspruch erlaubte, und seine sarkastischen Äußerungen störten mich. Man musste ewig auf der Hut sein und schlagende Antworten parat halten. Für eine Weile machte mir das sogar Spaß, aber immer? So fuhr ich zu seiner sichtlichen Enttäuschung nach Tebing Tinggi zurück.

Nur einige Tage später brachte mir Schwager Urs ein süßes Geschenk mit nach Hause: «Fass mal in meine Rocktasche, ich hab dir etwas mitgebracht.» Ich griff hinein: Meine Hand umschloss etwas Warmes, Wolliges , und heraus zog ich ein kleines Tier mit spitzem Schnäuzchen, großen, kugeligen Nachtaugen und einem langen, buschigen Schwanz, silbergrau und schwarz. «Das ist ein junger Musang», verriet mein Schwager. «Du bist doch schon immer so vernarrt in alles Viehzeug gewesen.»

Mit Kondensmilch zog ich die kleine Schleichkatze groß. Sie schlief in meinem Bett, am Fußende in einer Falte der Steppdecke und liebte mich heiß, ich war ihre Mutter und Ernährerin. «Müsi», wie ich das Tier taufte, rief mich laut mit seinem gackernden Stimmchen und turnte an mir herum, wobei ihm sein buschiger Schwanz als fünftes Bein diente. Peter in seinem Laufstall spielte vergnügt mit ihm, durfte ihn knuddeln und an sich drücken, es biss nie. Der kleine Urs jedoch war sein Feind. Der bald dreijährige Junge musste die Abneigung gegen Tiere von den Einheimischen übernommen haben. Sobald Müsi den Jungen nur hörte, sah oder roch, sträubten sich ihm sämtliche Haare. Bananen und Papayas waren Müsis Lieblingsfrüchte, und wenn er sich abends mit uns im Klambuzimmer, dem moskitosicheren Wohnraum, aufhalten durfte, turnte er darin herum und stöberte Gottesanbeterinnen, Zikaden und sonstiges Kleinzeug auf, das er mit Wonne verzehrte. Sein Ruf glich dem eines leise gackernden Huhnes. Ich hatte eine Riesenfreude an meinem «Kindchen», wie Urs ihn lachend nannte.

Ganz unvermutet schien diese glückliche Zeit von heute auf morgen ein Ende zu haben. Mit Schrecken erfuhr ich, dass mein Schwager schon vorzeitig von seiner Direktion auf Europaurlaub geschickt werden würde, und natürlich sollte ich mit, um auf dem Schiff die beiden Kinder zu hüten.

«Die zwei Jahre sind noch nicht herum, die Papa und Mama mir bewilligt haben. Ich denke nicht daran, schon nach Hause zu fahren!»

«Aber wir brauchen dich doch an Bord, und wo willst du sonst hin?», fragte Louise. Einen Augenblick lang sah ich mich schon im Verein mit den Babus auf dem Schiffskorridor liegen.

«Ich habe Hanna versprochen, zu ihr ins Haus zu kommen», behauptete ich schlagfertig. Dies war zwar eine Notlüge, aber Hanna war, wie erwartet, von meinem Vorschlag begeistert. Sie hatte in Tebing Tinggi seit einiger Zeit eine neue Bedienung, mit der sie mehr als unzufrieden war. Nirgends aß man so schlecht wie im Managerhaus Käppeli. Hanna hatte auf dem Konservatorium in Zürich Geige studiert und konnte nicht kochen. Sie war eine feine Frau, die immer wieder schwere Schicksalsschläge zu erleiden hatte. Nun hoffte sie, dass ich ihr beim Anlernen des chinesischen Kochs zur Hand gehen könnte, Platz war genug. Jules war einverstanden: Ich dürfe bleiben, solange ich wolle. Louise war sauer und Urs ungehalten, aber ich ließ mich durch nichts irremachen. Mama und Papa bekamen einen Brief von mir, in dem ich unmissverständlich darauf bestand zu bleiben, und so reiste die Managerfamilie von Mendaris ohne Kindermädchen heim nach Sankt Gallen.

3 «Ich suche mir meine Männer selbst aus»

Hanna und Jules sahen keineswegs gut genährt aus, als ich zu ihnen zog. Ich merkte sofort, dass dem Koch mein neues Regiment gar nicht gefiel, also sauste er gleich ins Kontor des «Großen Herrn» und drohte mit der Kündigung. Jules rief uns an, er war entsetzt, Hanna noch entsetzter, ich nahm ihr den Telefonhörer aus der Hand: «Jules, lass den Kerl laufen, ich lerne euch einen anderen an.»

Der Koch kam zurück und tat, als sei nichts geschehen.

«So, du willst gehen?», fragte ich ihn in der Küche, «das kannst du machen.»

«Nein», erwiderte er, «ich bleibe.»

«Gut, aber das Büchlein für den Kaufmann schreibe ich von nun an selbst», gab ich unmissverständlich zur Antwort. «Es ist ja unmöglich, dass Tuan und Memtuan vier- bis fünf-hundert Eier im Monat essen, dazu die vielen anderen Dinge, die wir aber nie auf dem Tisch zu sehen kriegen. Was zu viel ist, ist zu viel! Du kannst gehen, wenn du willst.»

Doch er blieb. Umso erstaunlicher war es, dass er, wann immer ich fortan sagte: «Heute kochen wir dies, und es wird so und so gemacht», antwortete: «Ich weiß.» – «Warum hast du dieses Gericht denn früher nie gemacht?», fragte ich erstaunt. Grinsend antwortete er: «Die Memtuan kann überhaupt nicht kochen.»

Unter meiner Aufsicht kochte er ausgesprochen gut und kannte fast alle meine Rezepte. Trotzdem inspizierte ich jeden Morgen vor dem Frühstück die Küche und besprach mit ihm das Menü des Tages.

Hanna und ich standen früh auf, dann gab ich meine Küchenanweisungen. Anschließend gingen wir, solange es noch kühl war, eine Stunde spazieren und musizierten danach immer eine Stunde gemeinsam.

Zum Tee oder Abendessen hatten wir oft Besuch, bei Käppelis aß man plötzlich gut, das hatte sich herumgesprochen. Das Essen bei den Engländern war damals schlecht, sie ließen sich gern bei anderen einladen. Die Damen blickten in ihrer so eigenen Art auf eine Europäerin einer anderen Nation herab, wenn sie sich selbst um ihre Küche kümmerte. Zweimal wurde ich von Britinnen hochnäsig gefragt, ob ich die Köchin sei, weil ich mich um das Dinner kümmere. «In der Schweiz ist es üblich, dass sich die Gastgeberin oder die Tochter des Hauses um das Abendessen kümmert, damit die Gäste zufrieden sind», versuchte ich so höflich, wie es ging, zu antworten. Darauf rümpften die beiden die Nase, während ihre Ehemänner mir verstohlen zunickten und beim Essen gewaltig zugriffen.

An den Abenden versammelten sich häufig Musikfreunde bei uns, und mit Streichern und Klavier brachten wir wunderbare Werke zu Gehör. Eines Abends zwang Jules mich zum Singen, seither war ich als «die kleine Schweizerin mit der schönen Stimme» bei den Europäern in aller Munde, was mir nicht immer recht war.

Etwa einen Monat wohnte ich bei den Käppelis, da erhielt

ich einen Brief von Lilly, sie habe so Heimweh, ob ich nicht eine Weile zu ihr kommen könne? Ich hatte eigentlich nicht im Sinn, zu einem jungvermählten Paar in die Ferien zu fahren, und schrieb ihr, sie solle mit Willy schön weiterflittern. Da schrieb Willy postwendend und auffallend herzlich zurück, ich solle doch bitte kommen, Lilly habe Depressionen und Angst vor den Einheimischen und sei nur unglücklich hier draußen. Ich besprach die Sache mit Hanna, sie riet mir, wenigstens für vierzehn Tage zu Lilly zu fahren und zu sehen, wie ich helfen könne.

Das Paar bewohnte ein großes Assistentenhaus inmitten von Kautschukplantagen, ziemlich abseits gelegen, wie meist bei Assistenten. Lilly als verwöhnte, einzige Tochter eines vermögenden Vaters langweilte sich furchtbar in der Einsamkeit und hatte Angst vor allem und jedem. Nicht einmal ein paar Brocken Pidgin-Malaiisch beherrschte sie. Der Bedienung gegenüber war sie unsicher und wunderte sich, dass diese ihr nicht gehorchte. Während Willy tagsüber auf der Plantage war, saß sie im Haus herum und bemitleidete sich. Kam ihr Mann dann abends erschöpft von der Arbeit zurück, verlangte sie von ihm, im Auto zu Bekannten oder nach Medan gefahren zu werden, sie wolle doch auch etwas vom Tag haben. Der treue Willy erfüllte ihr jeden Wunsch, obwohl er spürte, dass dies auf Dauer seine Kräfte überstieg.

Jetzt aber war ich da, und Lilly hatte Gesellschaft. Sie fragte mich nach einigen Tagen, ob ich meinem Mann verzeihen könnte, wenn er mich nachts im Bett im Schlaf auf Malaiisch ansprächе oder wenn seine vorherige «Haushälterin» einmal im Monat vorbeikäme, um Geld abzuholen. Da verschlug es mir die Sprache. Ich überlegte. Sagte ich jetzt, nein, ich könnte ihm dies nie verzeihen, packte Lilly ihre Koffer, und es gäbe es Trennung und Scheidung, also sagte ich: «Ja, wenn ich meinen Mann sehr lieben würde.»

Zwei Tage später war «Hari besar», der freie Tag nach dem großen Zahltag. Hier draußen wurde zweimal im Monat der Lohn ausgezahlt, und der jeweils folgende Tag war frei für alle Arbeiter. Ansonsten wurde durchgearbeitet, auch an Sonn- und Feiertagen. In aller Herrgottsfrühe wurden wir durch Pistolenschüsse geweckt. Willy und Lilly hörte ich lachend aus ihrem Schlafzimmer rennen: «Das kann nur Ferdinand sein!» Rasch zog ich den Kimono über meinen Pyjama, und schon gab es eine stürmische Begrüßung. Ferdinand ging gleich an den Eisschrank und holte heraus, worauf er Lust hatte. Der Boy brachte Brot und den Kuchen, den Lilly und ich am Vortag gebacken hatten, von dem blieb kein Krümel mehr übrig, also muss er gut geschmeckt haben. Trotzdem machte unser Besuch bei jeder Mahlzeit Kommentare wie: «Aber Mama hat da immer noch dies oder jenes hineingetan, da hat's noch besser geschmeckt.» Und sein Bruder Willy pflichtete ihm bei. Als Ferdinand mich nach zwei trotz allem lustigen Tagen beim Abschied fragte: «Sag mal, wollen wir beide es nicht zusammen versuchen?», antwortete ich so schlagfertig, wie ich konnte: «Nein, Ferdinand, heirate deine Mutter, dir liefe ich nach nicht einmal drei Wochen fort!» Er grinste, machte Witze, nannte mich «Jungfer Tugend» und schlug vor, ich solle doch meinen Musang heiraten, von dem ich ihm so vorgeschwärmt hatte. Dass er jetzt versuchte, mich zu verletzen, zeigte, dass ich ihn mit meinem Korb tiefer getroffen hatte, als er zugeben konnte.

Obwohl er mir leidtat, wusste ich, dass meine Entscheidung richtig war, ich scherzte also auf seinem Niveau mit und stieg in den Zug, der mich zu Hanna und Jules zurückbrachte.

Während der langen Fahrt ging ich schwer mit mir ins Gericht: Vielleicht war ich ja irgendwie komisch und verklemmt, dass ich seit der Abfahrt aus der Schweiz alle Annäherungsversuche abgewiesen hatte. Kein Mann war mir gut genug, an allen hatte ich etwas auszusetzen. Ob das normal war? Ich musste an Heinz denken und sehnte mich augenblicklich nach Verständnis und Zärtlichkeit. Bei ihm war es so anders gewesen, so verständnisvoll. Meine Trauer nahm so überhand, dass mir die Tränen kamen, die ich mir heimlich abwischte, um nicht aufzufallen.

Hanna hatte während meiner Abwesenheit die Frau eines Schweizer Arztes kennengelernt, die Klavier und Violine spielte. Sie hätten abgemacht, einmal im Monat zusammen zu musizieren. Doch am Morgen des Konzerttages erreichte mich ein Telegramm: «Mama bei Gallen-OP gestorben. Warte auf Louisli. Papa»

Mutter war tot? Eine Welle von Trauer, Scham und Wut überrollte mich. Ich schämte mich plötzlich für all die patzigen Briefe, die ich meinen Eltern in der letzten Zeit nach Hause geschrieben hatte. Die Verletzung, die Mamas Anschuldigungen in mir bewirkt hatte, nagte noch lange an mir. Wut spürte ich, weil sie sich so einfach aus dem Staub gemacht hatte, bevor ich ihr nach meiner Rückkehr als erwachsen gewordene Tochter hätte entgegentreten können. Zugleich war ich unsäglich traurig darüber, sie nie mehr wiedersehen zu können.

Louise und Urs waren noch unterwegs auf dem Schiff, in etwa drei Tagen mussten sie in Genua ankommen. Ob Vater auch ein Telegramm an Bord geschickt hatte? Was sollte ich jetzt nur tun – so schnell ich konnte nach Hause reisen? Ich wäre, wenn ich überhaupt so rasch eine Schiffspassage hätte bekommen können, frühestens in vier bis fünf Wochen drüben gewesen, da wäre Mama längst beerdigt gewesen. Auch grauste mir vor der Vorstellung, allein bei Papa leben zu müssen. Ich würde also bleiben und Louises Rückkehr in acht Monaten abwarten. Sie hätte auch weiterhin ein Kindermädchen nötig.

Hanna und Jules sagten kein Wort, sie nahmen mich nur lieb in die Arme und drückten auf diese Weise ihr Beileid aus. Nach dem Mittagsschlaf, ich hatte nur eine Weile geruht und geheult und war gerade wieder angezogen, kamen die beiden in mein Zimmer – um sich zu verabschieden, wie ich dachte. Sicher erwarteten sie nicht, dass ich mit zum Musizieren ging. Aber Jules nahm mich einfach auf seine Arme, setzte mich ins Auto, und ab ging die Fahrt nach Simpang Ampat zum Haus von Dr. Stricker. Ich war viel zu betäubt, um zu protestieren, und döste während der Fahrt vor mich hin. Erinnerungen an Mutter rollten in ungeordneter Folge an mir vorüber, und ich überließ mich wehrlos dieser Bilderflut.

Bei der Ankunft war ich völlig benommen. Dr. Stricker war mir recht sympathisch, seine Frau aber konnte ich nicht einschätzen, trotz aller Freundlichkeit wirkte sie irgendwie falsch und berechnend auf mich. Zunächst wurde uns die neun Monate alte Tochter vorgeführt, ein richtiges Babu-Kind, für das die Mutter wenig Zeit zu haben schien. Es schrie und verkroch sich zwischen den Rockfalten der Kinderfrau.

Wir setzten uns an den Teetisch auf der Vorgalerie. «Ich habe übrigens eine große Überraschung für Sie», sagte die Dame des Hauses und lächelte geheimnisvoll. «Ich habe einen Cellisten kennengelernt, Junggeselle, Deutscher. Der will heute auch kommen, dann können wir im Trio spielen.» In diesem Augenblick fuhr ein Auto vor, wir alle standen auf und sahen von der Galerie hinunter auf die breite Treppe und den Vorplatz. Aus dem Mietwagen stieg ein großgewachsener Europäer, er wechselte noch einige Worte mit dem Chauffeur und kam die Treppe herauf. Ich hielt mich im Hintergrund, um die Begrüßungszeremonie noch etwas hinauszuzögern. Ich hatte einfach keine Lust mehr auf «Junggesellen» und bereute schon, mitgekommen zu sein.

«Fräulein Wildhaber», hörte ich Frau Stricker sagen und reichte mechanisch meine Hand hin. Dann erst blickte ich auf und sah in ein paar staunende, tiefblaue Augen. Vor mir stand der schönste Mann, der mir in meinem Leben je begegnet war. Nimm dich in Acht, der ist nichts für dich, seine Augen sind zu faszinierend, Deutscher ist er auch noch, sein Haar dunkel – nein, die Schläfen schon etwas grau, also bestimmt kein unbeschriebenes Blatt, Finger weg! Dies alles ging mir rasend schnell durch den Kopf, während er weiter meine Hand festhielt und mich mit verwundertem Blick ansah.

«Kommen Sie, Herr Hake, wir setzen Sie neben unsere kleine Nachtigall», zwitscherte unsere Gastgeberin, was mich in die Realität zurückbrachte.

«Ich finde es einfach erstaunlich, dass hier draußen ein

junges Mädchen nach über einem Jahr noch unverheiratet herumläuft», begann er die Unterhaltung, aber anders als bei Ferdinand klangen seine Worte nicht ironisch, sondern ehrlich interessiert. Er sah mich freundlich an. «Dazu müssen Sie natürlich nichts sagen», meinte er lächelnd, «entschuldigen Sie meine Forschheit!»

«Ich habe hier draußen meine Schwester besucht», erwiderte ich, «sie ist mit Mann und Kindern auf Europaurlaub gefahren, und ich wohne jetzt bei den Käppelis. Vom Heiraten halte ich übrigens nicht viel, denn was man mir hier präsentierte, war nicht auszuhalten: rote Nasen, dicke Bierbäuche, schlechtes Benehmen. Ich habe hier einen süßen, jungen Musang, der genügt mir.» Alle lachten, Herr Hake am meisten, und seine schneeweißen Zähne blitzten. Ich fühlte mich wie in Trance und ärgerte mich darüber, dass ich mich so wenig unter Kontrolle hatte. Dann wurde musiziert. Herr Hake hatte Noten für ein Mendelssohn-Trio mitgebracht, ich las oben auf einem Notenblatt «G. Hake». Wie der wohl hieß? Sicher Gerhard, der Name hatte mir schon immer gefallen, er drückte etwas Helles und Ritterliches aus. Doch worüber spann ich denn jetzt schon wieder, es war doch egal, wie er hieß.

Die drei spielten erstaunlich gut. Die Melodien schmeichelten sich in mein Herz, ich dachte wieder an Mama und spürte einen Druck auf meiner Seele. Herr Hake musste mich aus den Augenwinkeln beobachtet haben, denn beim Einpacken der Instrumente fragte er mich für die anderen unhörbar: «War der Mendelssohn zu traurig für Sie?»

«Nein, eigentlich liebe ich die Romantik. Aber ich habe heute Morgen erst vom Tod meiner Mutter erfahren.»

«Verzeihen Sie vielmals, heute scheine ich nur in Fettnäpfchen zu treten. Mein herzlichstes Beileid! Ich bin aber froh, dass Sie trotz des Schmerzes um Ihre Mutter hierhergekommen sind.»

Ich verlebte eine unruhige Nacht. Meine Mutter und dieser Herr Hake geisterten durch alle meine Träume, ich ärgerte mich, dass er einen solchen Eindruck auf mich gemacht hatte. Ich wollte auf keinen Fall wieder so eine aussichtslose Liebe wie mit Heinz erleben, das würde ich nicht durchhalten. Außerdem war Herr Hake «nur» Assistent und, was schwerer wog: Deutscher. Mein Schwager würde ihn wegen des niedrigeren gesellschaftlichen Ranges nicht akzeptieren, und Papa lehnte einen Deutschen als Schwiegersohn ohnehin ab. «Wenn der bei mir zur Treppe hoch ist, liegt er schon wieder unten», hatte er uns Töchtern zu drohen gepflegt.

In aller Frühe rief Frau Stricker an. Ich hätte einen gewaltigen Eindruck auf Herrn Hake gemacht, er hätte eben bei ihr angerufen und sie nach mir ausgefragt. Ich hätte riesige Chancen bei dem Mann, der Pflanzer bei der niederländischen Senembah-Gesellschaft für Tabakproduktion sei und einen sehr guten Ruf habe. Er würde in gut einem Monat auf Europaurlaub fahren und hoffe, mich vorher noch näher kennenlernen zu dürfen. Als ich nicht gleich begeistert antwortete, bohrte sie weiter: «Fräulein Wildhaber, das ist der schönste Mann der Senembah, diese Gelegenheit müssen Sie einfach ergreifen. Sieht er nicht aus wie ein Filmschauspieler? Der könnte doch jede Frau haben!»

Je länger sie sprach, desto schlechter wurde meine Laune. Ich wurde geradezu wütend auf diesen unverschämt schönen Kerl. Warum sah er nicht einfach ein bisschen unscheinbarer aus, was sollte ich mit einem «Filmschauspieler», der mir

schon übermorgen untreu sein würde? Ich versuchte scheinbar belustigt zu antworten: «Frau Stricker, ich lasse mich
nicht verkuppeln, ich suche mir meine Männer selbst aus!»
Über die «Männer» mussten wir dann beide lachen, und ich
konnte das Gespräch ohne schlechtes Gewissen beenden.

Schon eine Woche später waren wir wieder bei Strickers
eingeladen. Diesmal mussten Hanna und ich mit der Bahn
nach Simpang Ampat fahren, da Jules auswärts zu tun hatte
und später nachkommen wollte. Wer holte uns am Bahnhof ab? Herr Hake mit Frau Stricker. Mein Herz klopfte bis
zum Hals, gleichzeitig kostete mich alles so viel Kraft: Ich
wollte und durfte mich nicht in diesen Mann verlieben.

Zu Fuß gingen wir zum Arzthaus, wo erst Tee getrunken,
dann musiziert wurde. Jules kam und brachte, ohne mich
gefragt zu haben, meine Laute mit. Alles jubelte, ich solle
doch bitte meine schönen Schweizer Lieder singen. Ich fand
es grässlich, dass ich mich «produzieren» sollte, aber Herr
Hake bat inständig darum, er habe schon von meiner schönen Stimme gehört. Na warte, dachte ich, ich werde dir ein
paar Lieder vorsingen, dass dir Hören und Sehen vergeht!
So eine Liebste hast du dir sicher nicht vorgestellt. Und ich
begann: «Weib, Weib, sollst heimgeh'n,/dein Mann dir ist
krank./Ist er krank, Gott sei Dank!/Lieber Franz, jetzt
noch ein' Tanz,/nachher will ich heimgehn.»

Aber dies schreckte ihn nicht, im Gegenteil, er klatschte
begeistert. Kein Lied vermochte ihn zu treffen, und er reagierte niemals ironisch auf meine Provokationen, im Gegenteil, sein Blick wurde immer wärmer. Wann immer ich versuchte, ihn verstohlen zu beobachten, blickte auch er zu mir,
ich war irritiert und selten hilflos.

«Wo haben Sie so gut Cello spielen gelernt?», fragte ich beim Dinner, um meine Unsicherheit irgendwie zu überspielen.

«In meiner Jugend in Wiesbaden hatte ich ein paar Jahre lang mehr schlecht als recht Unterricht», antwortete er, «aber dann hat die Weltpolitik mir jede Menge Zeit zum Üben geschenkt. Ich war fünf Jahre in Kriegsgefangenschaft, da muss man sich ja irgendwie sinnvoll beschäftigen.»

«Und da haben Sie Cello gespielt?», fragte Herr Stricker erstaunt. «Wo um alles in der Welt waren Sie denn Soldat?»

«Das ist eine längere Geschichte: Meine ältere Schwester lebte in Japan, so war es für mich nicht ungewöhnlich, auch nach Asien zu gehen. Das liegt bei uns sozusagen in der Familie. Ich ging nach Tientsin in China und hatte dort eine recht gute Anstellung bei der Filiale einer Hamburger Handelsfirma. Bei Ausbruch des Krieges versuchte ich, in Tsingtau unsere kleine Kolonie ausgerechnet gegen die Japaner zu verteidigen. Da ich aber offenbar ein schlechter Kämpfer war», er lächelte, «geriet ich sofort in Kriegsgefangenschaft. Die Japaner gingen recht ordentlich mit uns um, ich konnte regelmäßig Besuch von meiner Schwester empfangen, und nach den ersten Jahren bildete sich ein stattliches Lagerorchester. Wir hatten viele professionelle Musiker und Dirigenten unter uns. Wissen Sie, gemessen daran spiele ich eigentlich miserabel.»

Dem widersprachen wir entschieden. «Lebt Ihre Schwester immer noch in Japan?», fragte ich.

Er zog die Augenbrauen zusammen. «Nein, mittlerweile lebt sie in Shanghai.»

«Ist sie verheiratet?»

«Das erzähle ich Ihnen ein anderes Mal, vielleicht.»

«Entschuldigung, das hätte ich nicht fragen dürfen, aber es war alles so spannend, was Sie zu erzählen hatten.» Ich war rot geworden und hatte das Gefühl, eine Grenze überschritten zu haben. Er gab jedoch zurück: «Nein, ich freue mich, wenn Sie fragen. Ich erzähle Ihnen gern mehr, nächstes Mal.»

Beim Abschied vereinbarten wir ein neues Treffen: Am ersten November sollten alle zu uns nach Tebing Tinggi kommen. Besuch bei uns bedeutete: Ich war für das Abendessen zuständig. Der Koch hatte alle meine Anweisungen genau befolgt.

Nun stand ich in meinem Zimmer und wollte mein neues Stilkleid aus goldgrün changierender Taftseide überziehen, ins Haar wollte ich ein goldenes Band flechten. Nein, sagte ich mir, ich will dem Mann ja gar nicht gefallen. Ich ziehe das andere Seidenkleid mit den Chrysanthemen um den Ausschnitt an, das ist schön genug.

Schnell warf ich es über und hörte schon die beiden Autos vorfahren. Eine innere Unruhe ließ mich in die Küche laufen, wo ich mit dem Koch plötzlich noch allerhand besprechen musste, dabei gab es doch gar nichts mehr zu regeln.

«Was machst du denn noch hier?», ertönte Hannas Stimme hinter mir. «Herrn Hakes Augen suchen dich überall, er ist sehr enttäuscht, dass du nicht da bist. Ach Claire, warum hast du nicht das Grüne angezogen?» – «Ich will ihm nicht gefallen!» Ich hatte ganz weiche Knie. Mit einem kleinen Glas Cognac trank ich mir den nötigen Mut an.

Als er mich eintreten sah, leuchteten seine Augen auf. Ich entschuldigte mich bei den Gästen mit meinen Küchenpflichten, Hanna grinste mich an. Nach dem Essen erhoben alle ihr Glas, und Frau Stricker sagte: «Ich stoße an auf das jüngste Paar an diesem Tisch.» Ich prostete mit, als wenn ich nichts verstanden hätte.

«Sie wollten heute noch mehr über sich erzählen», meinte Hanna zu Herrn Hake. «Wie sind Sie nach Sumatra gekommen?»

Er sah freundlich in meine Richtung: «Wo waren wir stehengeblieben? Richtig, bei der Kriegsgefangenschaft. 1921 wurde ich also entlassen. Am liebsten wäre ich sofort zurück nach China gegangen, aber die Engländer sorgten dafür, dass keine Deutschen angestellt wurden. Zurück ins ausgeblutete Deutschland wollte ich auf gar keinen Fall, so bin ich erst mal bei meiner Schwester in Kobe untergekrochen. Mein Schwager war dort bei der Deutschen Bank.»

«Während des Krieges?», warf ich dazwischen.

«Ja, sogar während des Krieges, er war so eine Art Restposten in dem Unternehmen, hatte kaum mehr zu tun und fiel meiner anspruchsvollen Schwester immer mehr auf die Nerven.» Er sagte das ungewohnt scharf.

«Entschuldigen Sie meine vorwitzigen Fragen!»

«Sie müssen sich nicht entschuldigen, im Übrigen glaube ich, dass Sie völlig anders sind als meine Schwester.» Er lächelte wieder. «Ich habe Vera wirklich gern, auf ihre Weise ist sie ein Pfundskerl, doch dürfen Sie den Vergleich durchaus als Kompliment auffassen.»

«Sie haben unsere Frage aber immer noch nicht beantwortet», hakte Hanna nach, «wie kamen Sie denn nun nach Sumatra?»

«Bei Vera lernte ich den Hauptdirektor der Senembah aus

Amsterdam kennen, dem schien ich zu gefallen, vielleicht
hat Vera auch ihre Beziehungen spielen lassen, ich weiß es
nicht. Jedenfalls gab er mir ein Empfehlungsschreiben für
die Direktion in Sumatra mit. Dort wurde ich sofort eingestellt und habe mich vom Kaufmann in einen Tabakpflanzer
verwandelt. Die Arbeit macht mir viel Freude, und ich bin
froh, nicht im heißen Büro sitzen zu müssen. So viel zu mir.»
Er sah mich freundlich an.

«Hat Ihre Schwester Kinder?» Diese Frage konnte nur
Frau Stricker stellen.

«Ja, einen Jungen und ein Mädchen. Warten Sie, ich habe
ein nicht mehr ganz aktuelles Bild in meiner Brieftasche.»
Noch während er sprach, hatte er schon eine kleine Fotografie aus dem Lederetui gezogen und reichte sie herum. Zwei
entzückende Kinder im Alter von etwa vier bis sechs Jahren
lächelten den Betrachter an. Beide steckten sie in japanischen
Kimonos, das Mädchen, offensichtlich die Jüngere, hatte sich
verschmitzt bei seinem Bruder eingehakt. Dieser wiederum
hielt seinen aufgespannten Papierschirm schützend über die
kleine Schwester. Ich konnte mich an dem entzückenden
Bild nicht sattsehen und mochte es gar nicht mehr aus der
Hand geben. Hier blickten mich wache und intelligente Kinder an, nicht diese unglücklichen Babu-Geschöpfe, wie sie
mir in Sumatra in jedem Haushalt begegnet waren.

«Gefallen Ihnen die beiden?», fragte er. Ich nickte und
erwiderte: «Es müssen glückliche Kinder sein.»

«Es waren glückliche Kinder, ich habe sie in Japan ab und
zu gesehen. Besonders der Bub hing sehr an mir.» Sein
Gesicht hatte einen ernsten Ausdruck angenommen. «Mittlerweile leben sie bei meiner Mutter in Hamburg.»

Das darauf folgende Schweigen mochte keiner unterbrechen, und Herr Hake fuhr fort: «Entschuldigen Sie, dass ich die Stimmung so gedämpft habe. Aber Sie haben gefragt, und ich habe geantwortet. Meine Schwester hat sich scheiden lassen, und das, glauben Sie mir, hat mich schwer getroffen, vor allem der Kinder wegen. Ich hoffe inständig, dass meine Mutter ihnen die Eltern ersetzen kann!» Während er sprach, war das Foto wieder in seine Hände zurückgekehrt, und er betrachtete es versonnen. Er mag die beiden Kinder, stellte ich zu meiner Freude fest. Und ich ärgerte mich, dass es mir überhaupt wichtig war.

Anschließend wurde eine Weile musiziert. In einer Pause wollte man plötzlich meinen Musang sehen. Jules holte seine Stablampe und leuchtete uns durch die pechschwarze Finsternis zum Haus des Tieres, das mich schon gehört hatte und freudig gackernd nach mir rief. Ich schloss die Tür auf: Schon kletterte es an mir hoch und machte sich an meinen Zöpfen zu schaffen. Ich nahm es auf den Arm, und da machte Jules den Fehler und leuchtete ihm direkt ins Gesicht. Der Musang zuckte zusammen, ballte sich blitzschnell um meine linke Hand und biss wie verrückt hinein. Ich schüttelte ihn ab ins Gras, wo er eilends in der Dunkelheit verschwand. Nun erst bemerkte ich meine blutende Hand. Dr. Stricker rannte zu seinem Auto, holte den Verbandskasten, behandelte meine Wunde mit Jod und verband sie.

Aus dem Musizieren wurde dann nicht mehr viel, Herr Hake war sehr unaufmerksam, machte Fehler und warf mir immer wieder besorgte Blicke zu. Vielleicht war ich etwas bleich um die Nasenspitze, aber was mich mehr plagte als der Schmerz war der Gedanke, dass ich meinen Musang nun bestimmt verloren hätte. Mit einem Mal standen alle auf und begaben sich ins Herrenzimmer nebenan. Ich wollte mit, spürte aber, dass dies ein abgesprochenes Spiel war, denn Herr Hake blieb zurück, und Frau Stricker versperrte mir den Weg mit den Worten: «Nur über meine Leiche!» Da setzte ich mich wehrlos zurück in den Sessel, und Herr Hake setzte sich daneben.

Ende dieses Monats würde er ja nun auf Europaurlaub fahren, begann er. Ich schnitt ihm das Wort ab: «Ich wünsche Ihnen alles Gute! Suchen Sie sich eine nette deutsche Frau und stellen Sie sie mir vor, wenn Sie zurück sind.» Damit stand ich auf und verließ den Raum. Als die anderen nach einer Weile nach uns sehen wollten, fanden sie den jungen Mann allein im Zimmer sitzen und waren enttäuscht: Sie hatten fest mit einer Verlobung gerechnet. Zum Abschied erschien ich wieder, freundlich lächelnd, niemand sollte mir ansehen, wie es in mir aussah. Es ging mir miserabel, ich war kreuzunglücklich, den netten Mann so vor den Kopf gestoßen zu haben. Hanna sagte nur zu mir: «Du bist ein sonderbares Mädchen.»

Nach drei Tagen rief Stricker bei uns an: Seine Frau habe die Ruhr, die ganze Bedienung sei ihnen weggelaufen, und für seine Tochter habe er niemanden. Ich sei seine letzte Hoffnung, er würde mir sofort sein Auto schicken. Obwohl ich Frau Stricker nicht recht mochte und die Kleine so gar kein Kind zum Knuddeln und Liebhaben war, sagte ich doch zu und packte meinen Koffer.

Nun bekam ich mehr als genug Arbeit, das Baby musste versorgt, Diätkost für die verwöhnte Madame hergestellt, Essen gekocht werden für den Hausherrn und zeitweise für

einen europäischen Patienten im gegenüberliegenden Krankenhaus. Einen neuen javanischen Boy für das Servieren und
Abwaschen hatte Dr. Stricker auftreiben können, aber ich war
von früh bis spät auf den Beinen. Dass mit dem Boy etwas
nicht in Ordnung war, merkte ich nach ein paar Tagen, ich
sprach mit Stricker darüber. Der untersuchte ihn: «Lepra!»
Der Boy wurde sofort entlassen. Damit war ich allein für die
ganze Arbeit zuständig. Jeden Mittag lief ich noch mit einem
Essensbehälter zum Hospital hinüber und lieferte dem etwas schmuddeligen Hospitalassistenten die Mahlzeiten ab.

Frau Stricker wollte mich am liebsten stundenlang an ihrem Bett haben und unterhalten werden. Ich war froh, wenn
ich mich mit meiner vielen Arbeit entschuldigen konnte. Die
kleine Barbara war ein seltsames Kind, es lachte selten und
beschäftigte sich kaum mit seinem Spielzeug in dem großen
Laufstall. Die Kleine lag nur apathisch herum und schien
an nichts Anteil zu nehmen. Höllisch aufpassen musste ich,
dass sie nicht ihren Kot aus der Windel nahm und aß.

Mit Dr. Stricker unterhielt mich während unserer gemeinsamen Mahlzeiten angeregt. Einmal erwähnte er ganz ne-
benbei, Hake sei ein gesunder, hochanständiger Mann und
sei in seiner Gesellschaft und bei seinen Vorgesetzten ausgesprochen beliebt. Das versetzte mir einen Stich, denn nun
hatte alles ohnehin keinen Zweck mehr.

Hanna rief an, es sei ein Brief von Herrn Hake an mich
gekommen, ob sie ihn aufmachen und mir vorlesen dürfe.
«Natürlich», sagte ich und spürte die Panik in mir aufsteigen. «Sehr geehrtes Fräulein!» So begann er und sprach
dann die Hoffnung aus, dass meine Hand wieder gut verheilt sei. Er habe seine sämtlichen Arbeiter mobil gemacht,

sie sollen ihm einen jungen Musang bringen, bis jetzt leider noch ohne Erfolg. Er hoffe, mich vor Antritt seiner Reise nochmals zu sehen. Unterschrift: Gustav Hake. Also Gustav, ein Name, den ich immer schrecklich gefunden hatte. Eine kleine Enttäuschung für mich, aber was ging es mich noch an? Hanna wollte mir den Brief mit seiner Adresse darauf gleich zusenden. Sollte ich ihm überhaupt antworten? Doch, ich sollte ihm erzählen, dass ich meinen Musang wiederhatte: Am nächsten Morgen saß er klatschnass in seinem Häuschen – es hatte in der Früh gewaltig geschüttet, der Beginn der großen Regenzeit.

Die Antwort auf die Frage, ob ich antworten solle oder nicht, wurde mir noch am selben Tag abgenommen: Ein Boy übergab mir einen Brief an Frau Stricker, er solle auf Antwort warten. Absender: Gustav Hake. Eine auffallend schöne und saubere Handschrift. Wollte er nochmals herkommen? Ein Teil in mir wünschte es sich so sehnlichst, der andere Teil fürchtete sich davor. Dr. Stricker beantwortete den Brief umgehend: Seine Frau sei krank, aber ich sei da und würde sie und Barbara bestens pflegen und versorgen. Wir würden uns alle freuen, wenn er uns vor seiner Abreise noch einmal besuchen würde, er rechne damit, dass seine Frau nächste Woche wiederhergestellt sei, da würden sie seinen Abschiedsbesuch gern entgegennehmen.

Endlich konnte Stricker einen jungen javanischen Boy engagieren, der die Arbeit im Haus übernahm. Ich war froh, etwas entlastet zu werden, das Kochen bereitete mir in der Hitze noch genug Arbeit. Frau Stricker wurde immer unleidlicher, die Langeweile schlug ihr aufs Gemüt. Mindestens dreimal am Tag sagte sie mir: «Warum erhören Sie Herrn

Hake nicht? Wenn Sie ihn nicht nehmen, dann nehme ich ihn.» Ich lachte jedes Mal und gab zurück: «Es kommt darauf an, ob er Sie auch haben will.» Dann sprühten ihre Augen Gift und Galle.

An dem vereinbarten Tag erschien Hake zum Tee. Alles an ihm faszinierte mich mehr und mehr, aber immer noch ging ich mit all meiner inneren Kraft dagegen an. Strickers ließen uns nach dem Tee allein auf der Vorgalerie. Er könne nicht abreisen, ohne sich mit mir ausgesprochen zu haben, begann mein Gegenüber. Aber ich fiel ihm wieder ins Wort: «Es hat gar keinen Sinn weiterzusprechen, Herr Hake, mein Vater ist strikt gegen einen deutschen Schwiegersohn. Bitte ...», ich zögerte, «verstehen Sie das doch! Und jetzt entschuldigen Sie mich, ich muss nach der Kleinen sehen.» Damit ließ ich den enttäuschten Mann zum zweiten Mal allein sitzen.

Mir blutete das Herz, während ich die kleine Barbara wickelte und in ihr Bett legte. Als ich mich einigermaßen wieder gefangen hatte, betrat ich die Vorgalerie, wo Dr. Stricker sich mit Herrn Hake unterhielt, alle beide sahen mich fragend an. Ich riss mich fest zusammen bei dem Gedanken: Nun kommt gleich der Abschied für immer, wie gut, wenn dies endlich überstanden ist. Ich brachte es tatsächlich fertig, ihm nochmals alles Gute für den Urlaub zu wünschen, und war unendlich dankbar, dass auch er sich nichts anmerken ließ, dann ging ich in mein Zimmer. Es war bereits dunkel geworden, und ich stellte mich ans offene Fenster. In diesem Augenblick ging eine riesige Sternschnuppe nieder, blendend hell. Eine Weile hörte ich noch das Motorengeräusch des sich entfernenden Wagens, und da wünschte ich mir genau den Mann an meine Seite, den ich eben weggeschickt hatte. Mit einem Schlag wusste ich, dass ich gerade die größte Dummheit meines Lebens begangen hatte. Ich liebte ihn doch! Ich fiel aufs Bett und weinte mich in den Schlaf.

Die nächsten beiden Tage waren die Hölle für mich. Frau Stricker suchte jede Gelegenheit, in meiner Wunde herumzuwühlen. Mir tat alles weh, ich mochte nichts essen und suchte ständig einen Grund, mich ins Bett verkriechen zu können. Ich musste unbedingt bald fort von hier, zurück zu Hanna und Jules, sonst würde ich noch verrückt werden.

Dann rief Herr Hake wieder an. An diesem Abend fand in Medan im Hotel de Boer ein Kabarettabend statt, dazu wollte er uns alle einladen. Dr. Stricker hatte bereits drei Eintrittskarten dafür besorgt und sprach mit Herrn Hake ab, sich mit ihm am Saal zu treffen.

«Wunderbar!», antwortete Hake, vorher würde er noch einen Abschiedsbesuch bei seinem Manager in Batang Kwis machen. Es imponierte mir schon, wie dieser mutige Kerl nicht lockerließ. Er wusste nichts von mir, ich wusste nichts von ihm, trotzdem spürte ich die altbekannte Panik in mir aufsteigen. Aber in dem öffentlichen Trubel konnte er mit mir unmöglich in Ruhe reden. Seltsamerweise gefiel mir die Aussicht auf zu viel Gesellschaft nun gar nicht. Ich war völlig verwirrt.

Es war stockfinstere Nacht, als wir nach Medan fuhren. Auf der Brücke über den Sungai Ular, den Schlangenfluss, begegneten wir einem Auto. Weil die Brücke recht schmal war, musste man sehr langsam fahren, und ich fühlte plötzlich ganz genau: In diesem Wagen sitzt er. Er fährt jetzt nach Batang Kwis und ahnt vielleicht auch, dass ich hier in diesem Auto sitze und an ihn denke. Er sagte mir später, er habe an den Lichtern des Autos, das ihm mitten auf dem Überweg begegnet sei, gewusst, dass es Dr. Strickers Auto sei. Er habe das rote Kreuz auf den Lichtern erkannt und gespürt, dass ich darin sitze. Da habe er beschlossen, mich nicht in dem gesellschaftlichen Trubel wiedersehen zu wollen, und sei gar nicht mehr nach Medan gefahren. Und ich war froh, dass er nicht kam und der oberflächliche Kabarettabend zeitig zu Ende ging. Frau Stricker hielt immer wieder Ausschau nach Herrn Hake und äußerte ihre Enttäuschung deutlich. Mich hatte eine große Ruhe ergriffen.

In der Mittagszeit des nächsten Tages läutete das Telefon, Dr. Stricker nahm den Anruf entgegen. Ich hatte mich gerade hingelegt und hörte ihn sagen: «Aber natürlich, Herr Hake, ich verstehe, dass Sie gestern Abend bei Familie Darhus hängengeblieben sind. Nein, heute Nachmittag haben wir noch nichts vor. Aber ja, wir nehmen Ihre Einladung gern an. Also dann um drei Uhr.» Dann klopfte er an meine Zimmertür und berichtete mir, Hake würde uns um drei Uhr abholen, am Strand Perbaungan wollten wir zusammen Tee trinken. Zum ersten Mal spürte ich keine Angst bei dem Gedanken an ein Wiedersehen, eher Freude, unbändige, riesige Vorfreude.

Pünktlich fuhr Hake in einem Mietwagen vor. Wir begegneten uns betont natürlich, und doch strahlten unsere Augen vor Wiedersehensfreude. Dr. Stricker bedauerte, nicht gleich mitkommen zu können. Wir sollten doch schon mal vorausfahren, er müsste mit seiner Frau noch einen Besuch bei einem neuen holländischen Nachbarn machen, sie kämen dann nach. Ich musste grinsen. Verstohlen linste ich zu Herrn Hake hinüber, und er grinste zurück.

Kaum hatte ich im Auto neben ihm Platz genommen, begann er auch schon: «Ich kann nicht abreisen, ohne mich mit Ihnen ausgesprochen zu haben, ich fühle, dass ich Ihnen auch nicht ganz gleichgültig bin und Sie Sympathie für mich empfinden.»

«Ja», sagte ich, «das stimmt, aber zuerst frage ich Sie: Sind Sie gesund?»

Da zog er lachend ein ärztliches Zeugnis aus seiner Brieftasche hervor, zwei Tage alt.

«Sie scheinen die Verhältnisse hier ja gut zu kennen!»

«Nur zu gut. Herr Hake ... haben Sie ... uneheliche Kinder?»

«Nein, Gott sei Dank nicht!»

«Nun, dann können wir weitersprechen.» Ich blickte zu ihm auf. Da nahm er mich in seine Arme und küsste mich.

Schon hatten wir Pantai Tjermin erreicht – das kleine Café war noch leer, und wir zwei gingen Arm in Arm den einsamen Strand entlang. Auf einem Baumstumpf ließen wir uns nieder.

«Fräulein Wildhaber, Claire, möchtest du meine Frau werden?»

Ich muss wohl ja gesagt haben, denn er küsste mich erneut. Ich war so ungeschickt und unerfahren.

«Papa wird gar nicht begeistert sein. Davor habe ich die größte Angst. Und – wie soll ich dich eigentlich nennen?»

«Ich heiße Gustav, nach meinem Großvater. Meine Urgroßmutter soll auf ihrer Hochzeitsreise mit dem schwedischen König Gustav getanzt haben. Man erzählt sich, dass sie dabei einen Schuh verlor und beide hoheitsvoll den Tanz zu Ende brachten. Zur Erinnerung wurde der Erstgeborene, mein Großvater, Gustav genannt. Meine Schwester nennt mich Gus.»

«Dann nenne ich dich Gustel, das ist schweizerischer.»

Er lächelte. «In zwei Tagen schon muss ich an Bord. Ich werde über Rotterdam erst einmal nach Hamburg zu meiner Mutter und meinem Bruder reisen. Von da aus werde ich deinem Vater schreiben und dann hoffentlich bald von ihm empfangen werden. Sagt er ja, komm bitte sofort hinterher! Wir haben noch so viel miteinander zu besprechen. Eigentlich weiß ich über dich bisher nur, was meine heimlichen Erkundigungen erbracht haben.» Er sah mich verschmitzt an, und ich war froh, dass wir das heikle Thema «Papa und Heiratsantrag» beiseitegeschoben hatten.

«Zu schlimm kann es ja nicht gewesen sein», konterte ich, «sonst hättest du mich ja nicht so hartnäckig verfolgt. Also raus mit der Sprache, was weißt du über mich?»

«Nun, man verriet mir im Vertrauen, du seist ein eigensinniges Mädchen mit einer schönen Stimme – wovon ich mich ja selbst überzeugen konnte – und der unnachahmlichen Fähigkeit, den Menschen hinter die Maske schauen zu können. Auch davon konnte ich mich überzeugen. Übrigens mag ich Frau Stricker auch nicht», meinte er. «Aber ich habe ihre Naivität zu meinen Gunsten auszunutzen gewusst.»

«Für so raffiniert hätte ich dich gar nicht gehalten.»

«Das betrübt mich fast.» Doch schon war er wieder ernst: «Claire, mir ist das jetzt alles viel zu wichtig, ich bin heute der glücklichste Mann der Welt, du ahnst nicht, wie es in den letzten Wochen in mir ausgesehen hat!» Er nahm meine Hand. «Du weißt es doch, nicht wahr?» Und ich nickte stumm.

«Ich werde dir jetzt in aller Kürze etwas über die Familie

erzählen, in die du einheiraten wirst. Und das wird nicht einfach für mich. Von meiner Schwester hast du schon gehört, normalerweise spreche ich nicht über ihre Scheidung, aber ich fand es richtig, wenn du es vorher schon weißt. Sie lebt mittlerweile mit ihrem zweiten Mann in Shanghai, ich erwähnte es ja bereits. Mein Schwager ist dort ein hohes Tier bei einer deutschen Firma. Vera ist die geborene Repräsentantin und gibt große Empfänge. Da sind die Kinder aus erster Ehe im Weg. Versteh mich nicht falsch, sie ist eine wundervolle Frau, leider hat unsere Mutter ihr kein besseres Beispiel vorgelebt. Meine Mutter ist zwar verwitwet, aber erst in zweiter Ehe. Sie hat sich 1908 von ihrem ersten Mann, meinem Vater, scheiden lassen. Das war damals eine noch größere Ungeheuerlichkeit als heute. Selbst jetzt ist es ja gottlob nicht die Regel, dass sich die Frauen scheiden lassen.» Er sah mich an. «Mein Vater hat diese Schmach nicht lange überlebt, er starb schon ein halbes Jahr später. Ich war damals erst sechzehn und habe sehr darunter gelitten. Ich hätte meinen Vater wirklich noch brauchen können. Zur Entschuldigung meiner Mutter muss ich vielleicht hinzufügen, dass sie zwanzig Jahre jünger und die Ehe eine Katastrophe war. Für sie war es wohl auch eine Befreiung. Aber Kinder lieben beide Elternteile, und ich hatte immer ein gutes Verhältnis zu meinem Vater. Mutter fühlte sich einfach Vera näher, die beiden sind sich sehr ähnlich.»

«Wenn mein Vater das mit den vielen Scheidungen erfährt, willigt er nie ein», sagte ich.

«Nun, dann behalten wir das einfach für uns, ein paar Geheimnisse dürfen wir uns doch erlauben. Außerdem ist meine Mutter ja wirklich verwitwet», meinte er schmunzelnd.

«Ich hatte in den letzten Jahren schon mehr als genug Geheimnisse vor meinen Eltern», gab ich zu, «aber in diesem Fall wäre es wohl wirklich klüger zu schweigen. Ich frage mich nur, was wir machen, wenn Papa seine Einwilligung nicht gibt. Schon allein, dass du Deutscher bist, ist eine echte Katastrophe. Dass du ‹nur› Assistent bist, wird wohl lediglich meinen Schwager stören.»

«Vertraue unserem Schicksal. Sollte sich alles gegen uns verschwören, so treffen wir uns in Colombo und heiraten dort auf unsere Pässe. Das heißt, wenn du mich dann noch willst.»

«Und das wagst du anzuzweifeln? Gustel, ab heute bin ich jemand anderes, ab heute gehöre ich nur noch zu dir, nicht mehr zu meinem Vater oder der Familie. Ich wäre nur noch glücklicher, wenn ich wüsste, dass Papa sich mit mir freuen könnte. Über die Reaktion meiner Schwester und meines Schwagers mache ich mir keine Illusionen, damit werde ich fertig. Es ist nur ein schreckliches Gefühl zu wissen, dass du schon so bald fahren musst.»

«Wir werden uns schreiben. Ich bin so froh, dass dieser Stricker seine Frau irgendwie abgelenkt hat!»

Da saßen wir nebeneinander am Strand und blickten auf das Meer hinaus, das uns so bald trennen sollte. Es wurde Abend, die Wellen rauschten sanfter über den Sand als noch vor einer Stunde. Hinter uns fiel die Sonne fast senkrecht vom Himmel und wärmte mit ihren letzten Strahlen unsere Rücken. Für wie lange würden wir uns nun nicht mehr sehen? Was blieb mir, wenn er fort war? Wir kannten uns so wenig. Er streichelte meine Hände und flüsterte: «Das ist der schönste Augenblick meines Lebens, wann immer ich an dich denke, werde ich hier mit dir sitzen.»

Zurück in Simpang Ampat kamen uns Stricker und seine
Frau schon über die Vortreppe entgegen, und Gustel stellte
mich strahlend als seine Verlobte vor. «Ich habe gewonnen»,
jubelte der Arzt, «Boy, Champagner!» Beide gratulierten uns,
sie mit säuerlichem Gesicht, vermutlich weil sie die Wette
verloren hatte. Sie schien sich irgendwie über mich zu ärgern.
Gustel musste zum Abendessen bleiben. Dann brachte Frau
Stricker ihren Trinkspruch aus: «Ich hoffe für Sie, Fräulein
Wildhaber, das Ihnen mal keine braunen Kinder entgegen-
rennen werden.»

«Aber, Marga», rief ihr Mann entsetzt, doch sie lachte nur
hysterisch.

«Das glaube ich nicht», sagte ich und dachte: Jetzt geht
der Kampf mit dieser Frau los. Gustel schien froh zu sein,
dass ich so damit umgehen konnte. Wir besprachen dann,
uns am nächsten Morgen im Zug nach Medan zu treffen, er
würde in Kwala Namu einsteigen. In Medan hätte er noch
einiges für den Urlaub einzukaufen, und ich könnte ihm
dabei behilflich sein. Unser Abschied am Abend war etwas
gezwungen, da Frau Stricker um nichts in der Welt loszuwerden war. Ich dachte immer nur an den Strand zurück und
fühlte mich in dieser Erinnerung geborgen.

An der Bahnstation von Simpang Ampat bestieg ich am
nächsten Morgen den Zug, an der nächsten, in Kwala Namu
stieg Gustel zu. Es war seltsam, wie vertraut wir uns waren, obwohl wir aus ganz verschiedenen Welten kamen. Es
war, als hätte ich diesen vornehmen, humorvollen Mann
schon immer gekannt, kein bisschen fremd war er mir.
Als wir allein in unserem Abteil saßen, drückte er mir ein
Päckchen in die Hand, in dem sechs wunderschöne Knöpfe

für einen Abendanzug seines Vaters lagen. Sie waren aus Gold.

«Es tut mir leid, dass ich nichts Weiblicheres für dich habe: Geschmeide, Ohrringe, einen Armreif!» Er lächelte schon wieder. «Aber ich wollte dir so gern etwas aus meiner Familie schenken, wir könnten ein Armband daraus arbeiten lassen.»

In Medan führte Gustel mich zuerst zum holländischen Juwelier und kaufte dort unsere Verlobungsringe, die wir am nächsten Tag bei einer kleinen Verlobungsfeier anstecken wollten. Hanna, Jules und ein Freund von Gustel sollten dabei sein. Dann lernte ich den bekannten Maler und Fotografen Uhlenhut kennen. Gustel wünschte, dass dieser trotz der Hitze einige Bilder von mir mache, die er nach Europa mitnehmen könne. Im Hotel de Boer aßen wir vergnügt zusammen zu Mittag und fuhren anschließend gemeinsam mit der Bahn zurück, ich nach Simpang Ampat und er nach Kwala Namu.

24. November 1925. Um zwei Uhr mittags fuhr Gustel in einem Wagen vor. Diese Zeit hatten wir bewusst gewählt: Frau Stricker hielt ihren obligatorischen Mittagsschlaf, und der Doktor befand sich im gegenüberliegenden Krankenhaus. Mein Verlobter und ich setzten uns auf eine Bank auf der Vorgalerie. Gustel zog das Kästchen mit unseren Ringen aus der Tasche und steckte mir den kleinen, ich ihm den größeren an den Ringfinger, und mit einem langen Kuss besiegelten wir unsere Handlung. Gegen drei Uhr klopfte ich an Frau Strickers Zimmertür und teilte ihr mit, dass wir Gustels Freund abholen würden.

«Warten Sie noch eine Weile», rief sie und öffnete die Tür, «ich habe eine große Überraschung für Sie beide.» Ihr Lächeln gefiel mir gar nicht. Wir setzten uns also in den Garten auf eine Bank und warteten, aber es geschah nichts. Da ging ich zurück in ihr Schlafzimmer, wir würden jetzt fahren.

«Schade», meinte sie, «ich habe nämlich Ihre Vorgängerin hierherbestellt, diese Dame sollten Sie doch auch kennenlernen», setzte sie spöttisch hinzu. Du Ungeheuer, schoss es mir durch den Kopf. So viel Missgunst war mir in meinem Leben noch nicht begegnet. Unwillkürlich begann ich zu überlegen, wie ich diese peinliche Situation überstehen würde, sollte die Frau wirklich erscheinen. Ja, ich würde auf sie zugehen und ihr die Hand reichen, einige Worte auf Malaiisch mit ihr wechseln und mich dann verabschieden. Bestimmt hatte diese Frau mehr Anstand im Leib als diese verdorbene Europäerin. Aber aus tiefstem Herzen wünschte ich mir, dass mir dies erspart bliebe. Schlussendlich kam sie nicht.

Mit dem Wagen ging es bald nicht mehr weiter, durch die starken Regenfälle der letzten Tage und Nächte war der Deich gebrochen, und das Wasser hatte die Straße unpassierbar gemacht. Ganz gemächlich fuhren wir ins Arzthaus zurück und trafen dort Hanna und Jules an. Beim Abendessen wurde viel auf uns angestoßen. Um elf Uhr nachts musste Gustel zurück auf seiner Pflanzung sein. Am nächsten Morgen früh wollte er an Bord seines Schiffes, die Trier, gehen, die bereits im Hafen Belawan lag und Tabak für Amsterdam lud.

Der Abschied von ihm fiel mir an dem Abend nicht leicht, aber gezeigt habe ich dies niemandem. Eine innige Umarmung, ein Kuss und ein tiefer Blick in seine Augen, dann sprang er die Vortreppe hinunter und stieg ins Auto. Ich blieb noch eine Weile oben an der Treppe stehen und sah den Lichtern seines Wagens nach.

4 Die umgekehrte Braut

Um sich näher kennenzulernen, bleibt meinen Großeltern nur das Briefeschreiben. So erfährt Claire das Wichtigste über ihren Zukünftigen.

Gustav Hake kommt 1892 in Hessen zur Welt. Die Familie lebt in einer vornehmen Villa mit viel Personal. Er und seine beiden Geschwister sehen die Eltern, die gesiezt werden, nur selten und sind meist mit dem Kindermädchen zusammen.

Der Vater hat im Ostasienhandel in Japan so viel Geld gemacht, dass er sich mit vierzig Jahren zur Ruhe setzen und heiraten kann. Er will den Lebensabend genießen. Der Genuss währt nicht lange, denn die Ehe geht schief. Meine Urgroßmutter Antonie blickt mit jedem Jahr verbissener in die Kamera.

Als junges hübsches Mädchen hat sie sich hoffnungslos in einen feschen Offizier verguckt und ist von den entsetzten Eltern schnellstens an die Riviera verfrachtet worden. Dort lernt sie den Ostasienkaufmann Theodor Hake kennen und heiratet ihn, schließlich ist er eine «gute Partie». Nachdem sie folgsam dem ruhigen und hochanständigen Ehemann drei Kinder geboren und halbwegs großgezogen hat, erwacht die Lebenslust in ihr. Sie verliebt sich in einen anderen und lässt sich zum Entsetzen der ganzen Gesellschaft scheiden. Kurz vor seinem baldigen Tod verschleudert der fast sechzigjährige Theodor noch die Jugendstilvilla in Wiesbaden und kämpft vor Gericht um seine Tochter, die Antonie auch gern zugesprochen haben will. Vera kommt nach Lausanne aufs Internat, der kleine Bruder Kurt nach Bremen zu alten Tanten und Gustav in ein feudales Internat nach Heidelberg. Antonie aber blüht auf, lebt mit ihrem zweiten Mann zeitweise in Hongkong und Japan, bis auch dieser stirbt. Dann lebt sie in Hamburg, wohin auch ihr Sohn Gustav nach seiner Schulzeit gegangen ist, um eine kaufmännische Lehre bei einer Firma zu absolvieren, die im Ostasienhandel tätig ist.

Anschließend wird er zur Marine nach Cuxhaven einberufen. Als «Vizefeuerwerker der Reserve» führt es ihn 1912 mit dem Ostasiengeschwader in die deutsche Kolonie nach Tsingtau in China. Der vormalige Fischerort hat sich wegen der idealen strategischen Lage zum Hauptstützpunkt der deutschen Flotte in Ostasien entwickelt. Die Stadt wächst und gedeiht, und damit sich die teuren Investitionen für Deutschland auch lohnen, hat man eine Musterstadt aufgebaut, in der man sich in Deutschland zu befinden glaubt.

Bis zum Ausbruch des Ersten Weltkriegs arbeitet Gustav Hake in Tientsin als Kaufmann im Teegeschäft. Dann kämpft er in Tsingtau gegen die Japaner und gerät nach der deutschen Kapitulation schon 1914 in Gefangenschaft. Im Lager Kurume auf der japanischen Insel Kiushu verbringt er fünf Jahre.

Gustavs Schwester Vera kann, wie die meisten westlichen Zivilisten, in Japan bleiben. Da die Kriegsgefangenen in der Regel einmal pro Woche für dreißig Minuten Besuch empfangen dürfen, hat Gustav das Privileg, hin und wieder Besuch von seiner Schwester zu erhalten.

Vera schreibt in die Heimat: «Mai 1917. Die Japaner waren äußerst entgegenkommend und freundlich. Gustav war selig, ich hatte eineinhalb Stunden Besuchserlaubnis. Es war ein großes Entgegenkommen vom dortigen Lagerkommandanten. Die Zeit ging im Fluge um, Wermut und Brötchen wurden auch gereicht.

Der Dolmetscher war natürlich dabei, wir durften aber über alles reden, selbst über Tsingtau, sie waren sehr nett. Gustav sah brillant aus, gut genährt und frisch. Fünf alte Chinabekannte durfte ich mit ‹besonderer› Erlaubnis begrüßen, und sie freuten sich alle mächtig, mal jemanden zu sehen.

November 1917. Gustav freute sich sehr auf unseren Besuch. Er sah nicht so wohl aus wie im Frühling, nun war es gerade der erste Tag, an dem er fror. Er freute sich diebisch über unseren Jungen, der sehr zutraulich war, er rannte ihm über den ganzen Platz entgegen. Sonst war alles sehr streng, da gerade in einem anderen Lager Schlägereien vorgekommen waren. Die anderen Herren durften wir auch nicht begrüßen, wir sprachen sie aber doch flüchtig beim Hinausgehen.

April 1918. Wir warten mit Spannung auf die Nachrichten vom Westen. Nun hat dort die große Offensive eingesetzt, ob wir wohl durchkommen? Die vielen Opfer, die das kostet! Man kann nur immer wieder dankbar sein über jeden Einzelnen, der sein Leben lässt. Die Japaner bewundern im Stillen den Deutschen, sie dürfen es nur nicht so genau sagen, wegen der Alliierten.

Mai 1918. Gustav sah gut aus, war aber niedergedrückt. Sie klagten alle, alles ist nicht ausreichend, und gesundheitlich ist es sehr schlecht. Kurume scheint aber auch das schlechteste Lager zu sein, von da kommen die meisten Klagen. Sie freuten sich alle so, dass mal wieder jemand aus der Außenwelt zu ihnen kam.

Januar 1919. Wenn Deutschland nun so klein gemacht wird, wie es den Anschein hat, dann adieu Auslandsdeutsche! Deutschland ohne Kolonien, ohne Flotte und das Reich verkleinert, alles uneinig ...»

Die in Japan lebenden europäischen Zivilisten können ihren gefangenen Landsleuten über Hilfsvereine allerlei schicken und Geld überweisen lassen. So kommt mein Großvater auch zu seinem Cello und darf viel musizieren. Im Dezember 1919 werden die Lager aufgelöst, die Männer entlassen, und mein Großvater geht als Tabakpflanzer nach Sumatra.

Die erste Nachricht, die Claire von ihrem Verlobten erhält, ist ein Telegramm von Bord der Trier. Sie ist zutiefst beglückt.

• • • • • • •

Am 18. Januar beim Mittagessen brachte der Boy die Post, Jules öffnete sie und übergab mir ein Telegramm: «Komm nach Hause! Papa und Gustel.»

Noch ehe ich Hanna und Jules meine Freude mitteilen konnte, sah ich Jules, auch mit einem Telegramm in der Hand, seinen Teller ergreifen und ihn laut lachend auf den Boden werfen: «Wir gehen nach Indragiri!» Dies war eine andere Pflanzung auf Sumatra. Ein zweiter Teller sauste durch die Luft, und Hanna warf ihren Teller hinterher: «Die Scherben mögen uns Glück bringen!» Da ergriff auch ich meinen Teller und schmiss ihn zu den anderen: «Papa ist einverstanden, ich soll nach Hause kommen.» Die verstörte Bedienung stand im Eingang zum Esszimmer, ihr Staunen und Erschrecken verwandelte sich in Kichern, als sie uns so freudig lachen sah. Also waren wir nicht verrückt, sondern hatten nur «hati senang», «freudige Leber». Die Malaien freuen sich nicht mit dem Herzen, sondern mit der Leber.

Am selben Nachmittag noch buchte ich beim Norddeutschen Lloyd in Medan meine Passage nach Genua. Nun begannen die Abschiedsbesuche. Wir kamen keine Nacht vor ein Uhr ins Bett. Am 1. Februar 1926 musste ich mich an Bord der Koblenz einfinden, und am Tag davor brachten mich Hanna und Jules nach Medan, es war Zahltag, der Tag vor dem Feiertag.

Als wir die Halle des Hotel de Boer betraten, war es schon dunkel, alle großen und kleinen Tische waren besetzt. Uns wurde von einer Sitzecke zugewinkt, es war der Schweizer Konsul Fahrländer, dem ich vorgestellt wurde: «Also Sie sind das Maideli, das einen Deutschen heiraten will? Ich habe davon gehört. Wissen Sie auch, dass Sie Ihren schönen Schweizer Pass verlieren, wenn Sie diese Verbindung eingehen?» Ich wusste es, ahnte aber noch nicht, welche Probleme für mich daraus eines Tages entstehen würden.

Für das Dinner war uns vom Saalchef ein Vierertisch in der Nähe der Tanzfläche angewiesen worden. Als ich durch den überfüllten Saal dorthin ging, ertönte ganz laut eine blecherne Stimme: «Da kommt Gustav Hakes Braut!» Alle wandten uns den Kopf zu und gafften, andere sprangen auf, um mich besser sehen zu können. Großes Raunen! Es war das reinste Spießrutenlaufen. Auf dem Weg kam ich auch an Frau Stricker vorbei, die mir kühl, fast missachtend die Hand gab und sagte: «So, Sie fahren morgen nach Hause, um zu heiraten? Aber das ist noch gar nicht so sicher, ob er Sie heiraten wird.»

Ein rundlicher Kerl, der nicht weit von uns saß, winkte und prostete einige Male lächelnd in meine Richtung. Ich sah hinter mich und fragte mich, wem diese Grüße wohl gelten könnten, aber der Tisch hinter uns war noch unbesetzt. Da stand Herr Simon, der oberste Manager von Gustels Tabakgesellschaft, auf und begrüßte uns: «Darf ich mich zu Ihnen setzen? Wissen Sie, dass Sie den schönsten Mann der

Senembah gekapert haben?» Plötzlich stand der Dicke, der mir immer zugeprostet hatte, vor mir, begrüßte Simon und sagte: «Sie sind also die Braut von Gustav Hake. Ich freue mich sehr, Sie kennenzulernen. Ich bin Dr. Heinemann. Wir werden uns sicher öfter sehen, ich bin der erste Arzt im neuen Krankenhaus Tandjong Morawa.»

Plötzlich gab es große Bewegung im Saal, das Orchester schwieg. Vom Eingang her kam ein Paar Arm in Arm herein, hinter sich ein ganzes Gefolge von jungen Leuten. Die Dame trug ein Silberspitzenkleid mit rosa Unterkleid, schwarzem Hut in Glockenform, an den Füßen Silbersandaletten mit unwahrscheinlich hohen Absätzen. Sie schritten alle auf einen Tisch ganz am Ende der Tanzfläche zu, und als das Orchester wieder einsetzte, stand das Paar sofort bereit da. Die Augen des Senembah-Allgewaltigen Simon funkelten, und er raunte mir zu: «Das ist Herr van Ass, er ist Assistent der Deli-Gesellschaft. Er kehrte heute aus dem Europaurlaub zurück und brachte die Frau direkt aus einem Pariser Puff mit. Sie ist heute Morgen schon in diesem Abendkleid von Bord gegangen. Ich glaube nicht, dass die beiden verheiratet sind.»

Und nun konnten wir die «Schöne», die einer mageren Katze glich, auf der Tanzfläche bewundern, sie glitt von einem Tänzerarm in den anderen, tanzte so obszön und herausfordernd, dass sich die Junggesellen, die noch an unserem Tisch saßen, kaum mehr auf den Stühlen halten konnten. Und dann schob «Frau van Ass» während des Tanzens erst das eine, dann das andere Schulterband ihres Unterkleides herunter, und ihre Brüste schimmerten durch die Silberspitze hindurch. Von allen Seiten wurde applaudiert.

Später kamen noch mehrere feuchtfröhliche Herren an unseren Tisch und stellten sich als «Gustavs Freunde» vor, was ich aber nicht recht glauben mochte. Ich vermutete eher, dass sie mich nur begrüßten, weil Simon, ihr Chef, an unserem Tisch saß. Das Sich-nach–oben-Schleimen gehörte ja dazu in den großen Plantagengesellschaften.

Nach dem Frühstück ging es nach Belawan, an Bord der Koblenz. Ein Steward führte Hanna und mich zu meiner Kabine. Auf einer kleinen Tafel neben der Tür stand: «Frl. Wildhaber», darüber: «Frau Peters». Hanna war entsetzt: «Mit der lass ich dich nicht in einer Kabine reisen, die kenne ich!»

Wir traten in die Kabine ein, alle drei Betten waren mit Wäsche, Kleidungsstücken und Toilettenzeug belegt, in allen Schränken hingen Kleider, Unordnung im ganzen Raum. Jules platzierte mein Handgepäck auf meiner Koje. Es klopfte, der Obersteward traf ein, stellte sich vor und schüttelte den Kopf über die Unordnung, nahm aus meinem Schrank Kleider und Wäsche heraus und legte sie in den anderen.

«Gnädiges Fräulein», sagte er, «sollte irgendetwas vorfallen, stehe ich zu Ihrer Verfügung. Um zwölf Uhr gibt es Mittagessen.»

Während der Mahlzeit unterhielt ich mich mit einem freundlichen deutschen Ehepaar und einem kleinen, dicken Herrn, der alle naselang seine vom Rauchen gelbbraunen Zähne fletschte.

«Ihr Verlobter ist doch auch Offizier, von welcher Waffengattung?», fragte der eine Herr.

«Das weiß ich nicht, ich weiß nur, dass er bei der Marine war.»

«Natürlich ist Hake Offizier!», rief die Frau, und der Dicke setzte hinzu: «Aktiver Offizier war er nicht, aber Reserveoffizier!»

«Ich weiß es wirklich nicht», sagte ich lachend, «ich habe ihn nicht danach gefragt.»

«Daran merkt man, dass Sie keine Deutsche sind.»

In meiner Kabine lernte ich Frau Peters kennen, ein großes Weib, das mir gar nicht gefiel. In meinen Schrank hatte sie schon wieder Kleider gehängt, und als ich sie bat, den Schrank zu leeren, da ich auch Kleider hätte, folgte sie nur widerwillig. Ich packte meine Sachen aus, legte das gerahmte Bild von Gustel unter mein Kopfkissen und ging an Deck. Ich war bleiern müde von dem wenigen Schlaf der letzten Nächte. Deshalb bat ich einen Steward, meinen Liegestuhl hinauf zum «Schwalbennest» zu bringen. Dort, oberhalb der Kommandobrücke legte ich mich hin, kein anderer Mensch weit und breit, und ich schlief wundervoll.

Als ich zurück in meine Kabine kam, stand da die Peters mit Gustels Bild in der Hand. Sie fuhr herum: «Wer ist das?» – «Mein Verlobter.» – «Warum hat man mir diesen Mann in Sumatra vorenthalten?»

Am nächsten Morgen lag ich wieder auf meinem Deckstuhl im «Schwalbennest», faulenzend, lesend, schlafend, da erschien ein Matrose und sagte: «Gnädiges Fräulein, hier dürfen Sie sich nicht aufhalten!» – «Wo steht das geschrieben? Ich habe nirgends eine Verbotstafel gesehen.» Nein, eine Verbotstafel gebe es nicht, aber der Kapitän fühle sich gestört.

«Ich bin doch so still, störe niemanden, also bleibe ich!» Der Matrose verschwand. Bald erschien der Dritte Offizier mit derselben Bitte, es sei verboten, sich hier aufzuhalten.

«Wo steht das geschrieben?» – «Eine Verbotstafel wird morgen angebracht!» – «So lange bleibe ich!» – «Dann sehen wir uns gezwungen, Sie hinuntertragen zu lassen.» – «Gut, freiwillig gehe ich nicht.»

Er verschwand, dafür erschien der Zweite Offizier und wollte eine strafende Miene aufsetzen, aber ich brach in helles Lachen aus. «Nun sagen Sie mir bloß», sagte er grinsend, «wie kann ein junges Mädchen so faul sein und immer schlafen?»

«Weil ich Schlaf nachzuholen habe. Vierzehn Tage lang mindestens habe ich jeden Abend Abschied gefeiert. Passen Sie auf, wie lebendig ich noch werde, wenn ich den Schlaf nachgeholt habe!»

Darauf erschienen zwei stramme Matrosen, einer hob mich auf wie eine Feder, denn ich wog bloß achtundvierzig Kilo. Der andere ergriff den Deckstuhl und stellte ihn unterhalb der Kommandobrücke neben ein Rettungsboot. Ich war dem Mann vom Arm gesprungen, sah mich um, und der Platz gefiel mir.

Auf Promenadendeck traf ich auf die alte Frau Bloch, eine nette Jüdin. Sie saß an der Seite eines Kaplans, mit dem sie Freundschaft geschlossen hatte, und strickte von früh bis spät für ihre zahllosen Enkelkinder. Sie winkte mich zu sich, sie hätte eine Bitte. In der Mittelklasse reise ihr Neffe, der würde mich so gern näher kennenlernen, er bedaure es so, nicht in der Kajütenklasse zu reisen, und wolle sich umbuchen lassen. «Um Gottes willen, das hat doch keinen Zweck, ich bin doch verlobt und fahre nach Hause, um zu heiraten.»

«Ja, sonst fahren die Bräute raus, um draußen zu heiraten!»

«Bei mir ist's nun gerade umgekehrt», sagte ich. Von da an hieß ich an Bord nur noch «die umgekehrte Braut». Aber die hartnäckige Frau Bloch ließ nicht locker, sie würde mir am nächsten Abend ihren Neffen vorstellen, wer weiß, meinte sie. «Wer weiß was?», fragte ich. Da lächelte sie bloß vielsagend.

Beim nächsten Tanzabend forderte mich der junge Mann tatsächlich auf und breitete mir seine sämtlichen Aufstiegschancen aus. Ich wurde ihn erst los, als ich ihm jeden weiteren Tanz abschlug.

Der Hafen von Colombo kam in Sicht. Eine ganze Reihe unserer Mitpassagiere hatten sich für den Ausflug in die Berge von Ceylon, nach Candy, entschlossen, so auch die Peters, die sich bereits an einen jungen Adeligen herangemacht hatte. Nach dem Abendessen fing mich der Obersteward an der Saaltür ab: «Ihnen wird es gewiss recht sein, wenn ich Frau Peters eine eigene Kabine gebe?» Ich musste an meine Hinreise denken, wo man mir unter ganz anderen Voraussetzungen eine eigene Kabine angeboten hatte. Dieses Mal aber stimmte ich zu. Nun war auch der Weg frei für ihren Verehrer. Morgens, wenn ich von der Toilette kam, schlüpfte er regelmäßig verschämt aus ihrer Kabine.

Ich hoffte so auf Nachricht von Gustel, so lange hatte ich nichts von ihm gehört. In Sues kam Post an Bord, für mich war kein Brief dabei. Niedergeschlagen fragte ich mich, was ich tun sollte, falls ich weiterhin ohne Nachricht von ihm bliebe. Ich erkundigte mich dann beim Zahlmeister, ob in Port Said wirklich keine Post mehr zu erwarten sei. «Nein», antwortete er, «alles kommt hierher nach Sues.» Mein Herz rutschte mir bis in die Knie, aber zeigen wollte ich dies niemandem und nahm mich zusammen. Es sprach sich dann herum, dass die «umgekehrte Braut» ohne Nachricht von ihrem Verlobten sei. Auf der Fahrt durch den Sueskanal war mir sehr elend.

Port Said erreichten wir am Abend. Wir saßen gerade beim Abendessen, da kam ein Steward zu mir und flüsterte: «Draußen steht ein Postbote mit einem Expressbrief für Sie.» Ich sauste in meine Kabine, um Geld zu holen, und schon hatte ich einen dicken Brief in den Händen. Alle Augen waren auf mich gerichtet, man klatschte, weil ich Nachricht von meinem Verlobten hatte. Wenig später überreichte mir der Obersteward noch ein Telegramm: «Frohes Wiedersehen in Genua, Gustel, Mutter.» Den Brief ließ ich ungeöffnet und packte ihn in meine Handtasche, denn ich wollte direkt nach dem Dinner an Land gehen. Mit einigen anderen Gästen verließ ich das Schiff, und wir gingen in die Warenhäuser von Port Said.

Zurück an Bord konnte ich es kaum erwarten, Gustels Brief zu lesen. Im Korridor vor meiner Kabine schlug mir Rosenduft entgegen. Ich öffnete die Tür und blieb überrascht stehen. Auf meinem Bett, auf Tisch und Stühlen lagen dunkelrote Rosen – von wem wohl? Ich setzte mich, las Gustels Brief, der mich tief beglückte, und immer wieder das Telegramm und überlegte, von wem die Blumen sein könnten. Der alte Obersteward kam an Deck auf mich zu und sprach mir seine Freude aus, dass ich Post erhalten hatte. «Von wem sind die Rosen in meiner Kabine?» Er machte erst ein geheimnisvolles Gesicht und sagte dann lächelnd: «Ist das nicht offensichtlich?»

Genua erreichten wir in der Nacht, und unser Dampfer blieb draußen in der Hafeneinfahrt liegen. Die Maschinen wurden leiser, der Anker wurde ausgeworfen, das Gerenne auf Deck hörte auf. Ich war nervös, was würde der nächste Tag mir bringen. Das Wiedersehen mit Gustel konnte ich kaum erwarten. Und wie würde meine Schwiegermutter sein? Was sollte ich anziehen? Eine große Garderobe für europäisches Klima hatte ich nicht.

Um sechs Uhr morgens fuhren wir langsam in den Hafen ein, ich stand am Bullauge und sah den Pier immer näher kommen, auf dem schon zahlreiche Menschen warteten. Viele winkten zum Deck hinauf. Dann sah ich ihn. Gustel blickte suchend nach oben, das Bullauge über meiner Koje stand offen, ich kniete mich aufs Bett und schob meinen Kopf ganz ins Rund des Fensters und winkte. Da sah er mich und schritt ganz nah heran. Er strahlte. «Mutter ist noch im Hotel, ich gehe sie gleich holen, um acht Uhr dürfen wir an Bord», rief er mir zu. Wir unterhielten uns so noch eine Weile, dann ging er davon, um im Hotel zu frühstücken.

Auch ich begab mich in den Speisesaal. Hunger hatte ich gar nicht, ich überlegte, was ich essen könnte, da stellte der väterliche Obersteward einen Teller Porridge, eine Tasse Kakao, ein Schälchen Backobst und ein Glas Orangensaft vor mich auf den Tisch. «Ich handle ganz im Auftrag Ihres Verlobten», sagte er. «Sie müssen gut frühstücken, es wird ein aufregender Tag für Sie.» Da stand der Kapitän plötzlich hinter mir und sagte: «Gnädiges Fräulein, sollte Ihr Verlobter, den ich hoffe kennenzulernen, mir nicht gefallen, lasse ich Sie nicht von Bord, dann nehme ich Sie mit nach Bremerhaven.» – «Der gefällt Ihnen bestimmt», erwiderte ich. – «Nun frühstücken Sie mal tüchtig!». Und damit verzog er sich.

Als ich dann in meiner Kabine auf Gustel wartete, hörte ich die Stimme meines beleibten Tischgenossen auf dem Flur: «Nein, nicht diese, die nächste Tür!» Schon stand ich auf dem Gang und sah den Dicken auf die gegenüberliegende Tür zeigen. Gustel drehte sich um zu mir, wir stürzten in meine Kabine, die Tür fiel zu, und wir lagen uns in den Armen.

Am Ausgang aufs Promenadendeck standen zwei ältere Damen und plauschten. Die eine war Mutter Bloch, die andere sollte meine zukünftige Schwiegermutter sein. Mutter Bloch lief auf mich zu: «Warum haben Sie mir nicht gesagt, dass Sie die Schwiegertochter von Frau Fuhrmann werden?» – «Woher sollte ich wissen, dass Sie Frau Fuhrmann kennen?» – «Wir kennen uns gut aus Hongkong. Frau Fuhrmann, Sie kriegen eine solide und brave Schwiegertochter, um nichts in der Welt habe ich sie mit meinem Neffen verkuppeln können.»

Nun hatte ich endlich Gelegenheit, Gustels Mutter zu begrüßen. Sie sah mich etwas skeptisch an, ich hatte den Eindruck, dass ihr der Begriff einer «soliden und braven» Schwiegertochter nicht ganz genehm war. Etwas Kesses und Modisches wäre ihr wohl lieber gewesen. Aber dann umarmte sie mich und überreichte mir ein Päckchen, in dem ich eine goldene Armbanduhr fand. Gut sah sie aus, meine Schwiegermutter, graues, hoch aufgestecktes Haar unter einem schicken Hut, blaue, durchdringende Augen, schlank, gutgekleidet, eine helle Stimme. Diese Frau brauchte ich vor Papa nicht zu verstecken.

An Deck herrschte ein ohrenbetäubender Lärm, überall war Betriebsamkeit, viele Passagiere verließen mit ihrem Gepäck das Schiff. Wir entschlossen uns, meine Sachen auch zu holen und in Genua noch etwas zu unternehmen. «Wann soll denn die Hochzeit sein?», fragte Mutter, wie ich sie von nun an nannte, als wir meine Kabine erreicht hatten. Wir, das Brautpaar, zuckten die Achseln und lachten uns an.

«Gustav, geh mal raus», befahl Mutter. Als wir allein waren, richtete sie sich an mich: «Wann bekommst du das nächste Mal deine Tage?»

«Am 20. März», sagte ich prompt, «ich bin geregelt wie eine Uhr.»

«Sagen wir, am 25. März heiratet ihr.» Nun durfte ihr Sohn wieder hereinkommen und war mit unserer Abmachung einverstanden.

Wir wollten nun an Land gehen, aber dies wurde mir nicht erlaubt, da ich keine Einreiseerlaubnis für Italien besaß. Auf Sumatra hatte man mir beim Konsulat gesagt, diese brauche ich als Schweizerin nicht. «Aber Sie sind mit einem deutschen Schiff gereist», hieß es. Glücklicherweise war noch ein Angestellter der Schweizer Vertretung in Genua an Bord, der nahm meinen Pass und wollte alles für mich in Ordnung bringen.

Oben an Deck wartete ich auf Gustel. Wer schlich denn da vorn langsam und sich nach allen Seiten umsehend an der Ladeluke vorbei in den Kabinengang? Es war Graf Westfalen, der Mann. der sich mit Frau Peters eingelassen hatte. Ich dachte, er wäre schon längst von Bord und auf dem Weg nach Rimini. Gustel und ich setzten uns an den von einem Steward zugewiesenen Tisch, da sauste Westfalen buchstäblich auf uns zu und verschwand unter unserer Tischdecke.

«Verstecken Sie mich», keuchte er, «sie ist hinter mir her!»

«Wer denn?», fragte ich das aufgeregte Männlein, das zu unseren Füßen kauerte.

«Die Peters», flüsterte er, «ich muss sie loswerden. Bedauerlicherweise sagte ich ihr, ich würde für einen Monat nach Rimini fahren, nun will sie mit. Um zwölf Uhr fährt der Zug, ich bin erst in Sicherheit, wenn er mit ihr abgefahren ist.» Ich stellte die Herren vor, und ab zwölf Uhr saß der Graf bei uns oben am Tisch. Wir unterhielten uns köstlich. Gustel kannte die Peters sogar, sie hieß draußen «Senembah-Venus» und war stets auf Männerfang. Während des Essens wurde mir mein Pass mit dem nötigen Visum gebracht, endlich durfte ich das Schiff verlassen.

Wir fuhren zuerst zu Vater nach Sankt Gallen. Wie klein und niedrig kamen mir die Räume jetzt dort vor. Dass Mutter nicht mehr da war, wurde mir jetzt erst wirklich bewusst. Der Verlust schmerzte mich sehr.

Papa erzählte mir von dem Tag, als Gustel um meine Hand angehalten hatte: Es klingelte, und das Hausmädchen öffnete. Unten stand ein Herr, gab seine Karte ab und sagte, er würde erwartet, aber Herr Wildhaber solle doch bitte zur Tür herunterkommen. Unsere Marie ging also hoch zu Papa, der sich wunderte, aber der Bitte nachkam. Da stand unten Gustav Hake, lächelnd und sich vielmals entschuldigend: «Ihre Tochter hatte mich gewarnt. Ich wäre als Deutscher noch nicht oben in der Wohnung, da läge ich schon wieder unten! Da hielt ich es für sicherer, Sie selbst nach unten kommen zu lassen.» Beide Männer lachten und verstanden sich auf Anhieb.

Nun hatten wir viel zu tun, es musste alles geregelt werden mit dem Standesamt, mit dem Bestellen meiner Aussteuerwäsche, Geschirr, Küchenartikel, Nähmaschine, Bestecke, Betten, Bettzeug, Matratzen, Bettgestelle – und dann die Verwandtenbesuche. Gustel graute vor all den Tanten und Onkeln, die er unbedingt kennenlernen sollte, aber er ließ es sich nicht anmerken. Bei den alten Abderhaldens, wo Louise, Urs und die Kinder derzeit wohnten, wurde der Anfang gemacht. Gustel kannte sie schon, denn als er um meine Hand bei Papa angehalten hatte, besuchte er sie anschließend. Urs nahm seinen neuen Schwager mächtig unter die Lupe und war höchst erstaunt, einen Gentleman, selbstsicher, humorvoll und liebenswürdig, vor sich zu haben. Meine Schwester wusste gar nicht, wie sie sich verhalten sollte, denn er war ja «nur» Assistent.

Kaum sah mich Mutter Abderhalden, nahm sie mich beiseite und fragte mich nach den merkwürdigen Spielen, die ihr Enkel Urs an seinen Geschlechtsteilen vornahm. Ich erzählte von den Zuständen in den Tropen und dass die Kinder meist mit den Babus zusammen seien. Louise konnte das einfach nicht wissen, eher hätte ihr Mann sie warnen müssen. «Nein, das ist allein die Schuld von Louise, sie als Mutter hätte die Kinder so einer Frau nicht anvertrauen dürfen.» Und damit war ich entlassen. Beim Essen erregte sie sich darüber, dass wir Frauen auf Sumatra nicht selbst kochten, «faule Weiberwirtschaft» nannte sie es. Gustel fiel ihr ins Wort und erklärte, dass es in den Tropen völlig unangebracht sei, weiße Frauen körperlich arbeiten zu lassen. Viele Europäerinnen hatten Hitzschläge erlitten und einen «Tropenkoller» bekommen. Aber Mutter Abderhalden war uneinsichtig und schob alle Schuld auf ihre Schwiegertochter. Die saß dabei und sagte nichts.

Dafür wohnte Louise dann noch einige Tage mit bei unserem Vater. Mutter Abderhalden nahm ihr die Kinder fast weg und war froh, sie längere Zeit strenger erziehen zu können. Mir fiel auf, dass Louise nicht in der Lage war, ihre eigene Meinung zu vertreten, weder ihrer Schwiegermutter noch mir gegenüber, und als ich sie fragte, wie ihr denn Gustel gefalle, druckste sie herum und meinte, man werde ja sehen, ob er sich bewähre. Zusammen wählten wir das Geschirr und Besteck aus, und als ich mich für ein Monogramm entscheiden musste und «CH» eingravieren lassen wollte, schalt sie mich. Es sei doch sicherer, «CW» zu wählen, wenn die Ehe nicht gutginge, könne ich das Besteck wenigstens weiter verwenden.

Eines Abends waren Gustel und ich bei einer Tante eingeladen gewesen. Spät nachts schlich ich mich ins Haus, um ja niemanden zu wecken. In aller Herrgottsfrühe trat unser dickes Hausmädchen an mein Bett und rief: «Doch, sie ist hier!» – «Wo sollte ich denn sonst sein?» – «Herr Wildhaber sagte, Sie seien nicht nach Hause gekommen.» Ich stellte Vater zur Rede. Er hätte die ganze Nacht kein Auge zugetan, weil er mich nicht gehört habe. Vielleicht sei ich ja bei Gustel im Hotel geblieben. «Nächstes Mal ziehe ich Bergschuhe mit Nägeln an. Morgen heirate ich, dann hört dieser Quatsch hoffentlich endlich auf. In Sumatra hätten wir wer weiß was anstellen können, außerdem sind wir doch nicht so dumm, einen Tag vor der Hochzeit eure puritanischen Sitten zu verletzen.»

5 Ticke Tacke Tintenfass

Der 25. März 1926, unser Hochzeitstag, kam heran. Nach
dem Frühstück standen Papa und ich trotz Nebel am offenen Fenster und warteten auf Gustel und Mutter. Da fragte
Vater: «Was würdest du nun machen, wenn er nicht käme
und abgereist wäre?»

«Nur keine Angst, er kommt bestimmt», sagte ich lachend,
und da erschienen beide und winkten zu uns hinauf. Zum
Standesamt gingen wir zu Fuß. Alles ging vorschriftsmäßig
über die Bühne, mein Zukünftiger beantwortete die Frage,
ob er mich heiraten wolle, mit einem strammen, militäri-
schen «Jawohl!», was uns allen ein Lächeln entlockte. Der
befrackte Standesbeamte meinte, dies sei ein doppeltes Ja.

Abends aßen Mutter und Gustel bei uns zu Hause. Wir
trennten uns frühzeitig, denn wir hatten uns für den nächsten Tag vorzubereiten und die Koffer zu packen. Mein Vater und ich saßen noch eine Stunde allein bei einem Glas
Wein zusammen. «Weißt du, dein Gustel gefällt mir gut
und seine Mutter auch. Man merkt ihnen an, dass sie in der
Welt herumgekommen sind und nicht so engstirnig sind wie
viele hier. Ich hoffe, dass du mit ihm glücklich wirst, aber
eines sage ich dir gleich, damit du nicht enttäuscht und
unglücklich wirst: Denke nicht, dass du die Erste bei ihm
bist.»

«Nein», antwortete ich, «wenn ich nur die Letzte bin!»

«Sehr klug!», meinte Papa. «Damit fällt mir ein großer Stein vom Herzen.»

Am Tag der kirchlichen Trauung gab es ein großes gemeinsames Frühstück in unserer Wohnung. Ich fühlte mich in meinem etwas überspannten Brautkleid nicht sehr wohl. Gustel flüsterte mir ins Ohr, das, was in dem Kleid stecke, liebe er, alles andere sei ihm gleich. Und dann war ich «richtig» Frau Hake, stolz und glücklich. Wir feierten bis zum späten Nachmittag, endlich durften wir die Gesellschaft verlassen. Unsere Hochzeitsreise begann.

Zunächst wollten wir einige Tage in Konstanz am Bodensee verbringen und dann nach Lugano fahren. Im Anschluss daran würde ich meine neue Verwandtschaft überall in Deutschland kennenlernen. Wir hatten also ein volles Programm vor uns in den noch verbleibenden Monaten von Gustels Europaurlaub.

In Konstanz erhielten wir im Inselhotel das Zimmer Nummer sieben. Ein gutes Omen? Mit meinem Mann endlich allein im Zimmer, überkam mich plötzlich eine unsagbare Angst: Worauf hatte ich mich da bloß eingelassen? Im Grunde war er doch ein wildfremder Mensch für mich. Ich machte mich an meinem Koffer zu schaffen, packte ein bezauberndes weißes Seidennachthemd aus, das Hanna und Jules mir als Geschenk mit den Worten überreicht hatten: «Hoffentlich kommst du nicht dazu, es anzuziehen!» Dann standen wir noch eine Weile in der offenen Balkontür und sahen Hand in Hand auf den abendlichen See hinaus. All meine Leichtigkeit war verschwunden, ich war völlig verkrampft. Da zog er mich an sich, und meine Courage sackte zusammen, ich begann mich mit all meiner Kraft zu

wehren, ich konnte und wollte mich doch nicht so einfach
preisgeben. Mehr als Küsse hatte es zwischen uns noch nicht
gegeben, ich hatte Panik vor dem, was nun kommen sollte.
Gustel sagte traurig: «Hast du denn gar kein Vertrauen zu
mir?» – «Doch, aber ich habe solche Angst!»

Ich habe mich dann sehr zusammengenommen. Gustel
war so zärtlich, geduldig und einfühlsam und quälte mich
nicht, aber es ging nicht, und wir schliefen dann ein, eng an-
einandergeschmiegt. Himmel, ich bin nicht normal, dachte
ich, und muss bestimmt zum Frauenarzt, und machte mir
die halbe Nacht lang Sorgen.

Am nächsten Morgen, das Wetter war bezaubernd, früh-
stückten wir und mieteten ein Ruderboot, in dem uns Gustel
weit auf den See hinausruderte. Wir unterhielten uns über
Gott und die Welt, aber unsere Probleme berührten wir nicht.
Am Abend blieb Gustel geduldig und gütig zu mir, lachte
über meine Ängste, zum Arzt gehen zu müssen, als es auch
an diesem Abend nicht ging. Er fühlte, er würde bei mir alles
verderben, wenn er es erzwingen wollte. Und ich war ihm so
dankbar dafür. Als wir dann zwei Tage später mit der Bahn
nach Lugano fuhren, legte er kurz vor der Abfahrt des Zuges
den Arm um mich und flüsterte mir ins Ohr: «Na, Fräulein
Hake, wie geht es dir?» Da schämte ich mich.

Lugano, Hotel Gerber. Es goss und hörte eine volle Woche
nicht auf zu regnen. Wir faulenzten, schliefen lang, aßen gut
und hatten nun Zeit, uns kennenzulernen. Wie schön war
es, dass wir beide gemeinsam lachen konnten. Bis zur Eifersucht erzählten wir uns von unseren früheren Liebschaften,
bis wir uns auch darüber lustig machen konnten. Natürlich
war ich fuchsig, als mir Gustel das Foto einer Wiesbadener

Bekannten zeigte, auf das sie in schnörkeliger Schrift: «Ich sehne mich nach dir, meine Goldleber», geschrieben hatte. Aber zu böse durfte ich nicht sein, denn das Bild hatte ich nur aus Rache zu sehen bekommen, weil ich hinter Gustels Rücken einen Brief von seiner Schwester Vera gelesen hatte, den er vor mir zu verheimlichen versuchte: «Liebes Guschen! Wir gratulieren Dir vielmals zu Deiner Vermählung. Ich freue mich für Dich, dass Mutter die Einwilligung zu der Verbindung mit dieser kleinen Schweizerin gegeben hat ...»

Ich war stinksauer, musste man in dieser Familie als Vierunddreißigjähriger die Mutter um Erlaubnis fragen, wenn man heiraten wollte? Das ließ mir keine Ruhe, und ich verriet ohne Scham, dass ich den Brief gelesen hatte. «Es war nicht nötig, sich aufzuregen», sagte Gustel. «Ich kenne Vera, sie hätte zu gern gesagt: Mein Bruder hat sich gerade mit Fräulein von Soundso vermählt. Sie ist eine Blenderin, das hat mich immer geärgert.»

Das Wetter wurde mit jedem Tag schöner. Auf den Monte Salvatore fuhren wir mit der Seilbahn, zurück ging es zu Fuß, dabei kam heraus, dass ich gern etwas schneller ging, während er die Gemächlichkeit schätzte.

Kurz darauf erhielt ich einen Brief von einer völlig zerknirschten Louise: Urs und Mutter Abderhalden hatten beschlossen, dass die beiden Kinder in der Schweiz bei den Großeltern bleiben sollten. Es graue ihr schon vor dem Abschied, wenn sie und Urs wieder nach Sumatra führen. Außerdem sei sie wieder schwanger, ihr Mann habe ihr große Vorwürfe gemacht und die Schwiegermutter ihr natürlich wieder die Schuld gegeben. Ich ahnte langsam, dass ich mit meinem Mann das große Los gezogen hatte.

Auf dem Weg nach Wiesbaden verlor ich immer mehr
den Appetit und ekelte mich vor den meisten Speisen. Gustel aber wollte mir «seine» Stadt zeigen. Beim Aufstehen am
anderen Morgen war mir zum ersten Mal blümerant, aber
ich nahm mich zusammen und dachte mir meinen Teil.
Wir bummelten durch die Stadt, auf den Pfaden von Gustels Jugendzeiten. Nachmittags dann in den Kurpark, das
Kurorchester spielte, wir setzten uns in seine Nähe, aber ich
bemerkte sofort die Unruhe, die Gustel befiel. Er ließ den
Blick über die Veranda des Kurhauses wandern und schien
gefunden zu haben, was er suchte. Mit großem Hallo wurden wir von drei Damen empfangen, die Pelzcapes und Rie-
senhüte trugen. Ich kam mir vor wie Aschenbrödel. Gustel wurde gleich mit Beschlag belegt und fühlte sich wohl
in diesem Kreis, zu dem sich noch zwei Männer gesellten.
Einer von ihnen gab mir den ersten Handkuss meines Lebens, ich hätte mir am liebsten den Handrücken abgewischt.
Dann wurde Programm für die ganze Woche gemacht, gefragt wurde ich kein einziges Mal. An drei Abenden hintereinander kämpfte ich in der Oper gegen meine Übelkeit. Da
unterhielt ich mich mit dem Kind in mir und kam mir nicht
mehr so alleingelassen vor.

Es folgten ein Abendessen im Hotel Vier Jahreszeiten,
dann der Frühlingsball, nach dem man sich um zwei Uhr
früh mit den Worten verabschiedete: «Bis nachher zum
Frühschoppen.» Ich hätte heulen mögen, als ich endlich im
Bett lag. Ich wollte und konnte nicht mehr. Um halb acht
am Morgen stand ich auf, packte meinen Koffer und hockte
mich neben meinen schlafenden Mann aufs Bett. «Leb wohl,
mein Schatz», sagte ich, «ich fahre zu Papa, dort kannst du

mich abholen, bevor du nach Sumatra zurückfährst. Viel Vergnügen noch und amüsiere dich weiter gut!»

«Was ist los?» Mit diesen Worten fuhr Gustel hoch und starrte mich an.

«Ich reise zu meinem Vater, ich kann und mag nicht mehr, mich ekelt diese ganze Scheinwelt an und du dazu. Du merkst überhaupt nicht, wie elend und übel mir immer ist, ich bekomme doch ein Kind! Es tut mir leid, dass ich dir hier alles verderbe, aber ich mag nicht mehr weiter unter diesen blasierten Menschen leben, ich finde sie alle grässlich überspannt und extrovertiert.» Dann heulte ich mir meinen ganzen Schmerz vom Herzen, und Gustel hielt mich fest in seinen Armen.

«Claire, warum hast du mir nicht gesagt, dass du in Erwartung bist, ich bin ja so glücklich! Wann ist es so weit?» Wir rechneten und stellten fest, dass unser Nachwuchs Mitte bis Ende Dezember kommen müsste. «Es wird ein Christkind», sagte Gustel. «Weißt du was? Wir sagen alles ab, im Grunde habe auch ich genug hier, morgen reisen wir ab nach Hamburg zu Mutter, die uns erwartet.»

In Hamburg angekommen, wurde ich warmherzig von meiner Schwiegermutter und Schwager Kurt aufgenommen. Ich lernte auch endlich die beiden Kinder meiner Schwägerin Vera kennen. Mit der zehnjährigen Irmgard und dem dreizehnjährigen Werner verband mich gleich eine Freundschaft. Irmgard ging es gut bei ihrer Großmutter, Werner dagegen kam nur selten nach Hamburg. Er lebte in einem Pensionat bei einer Lehrerfamilie in Lüneburg und war dort eindeutig nicht glücklich. Wären wir in Europa geblieben, hätte ich den liebebedürftigen Jungen zu gern bei mir aufgenommen.

Einige Tage später bekam ich Durchfall und Fieber, konnte nicht aufstehen und wollte einen Arzt sehen.

«Ich rufe Dr. Page an», sagte Mutter.

«Nein, den will ich nicht haben, der ist mir zu jung, mit dem habe ich vorgestern noch getanzt, nein, ich will einen netten, alten Onkel Doktor!»

«Wo nehme ich den bloß her?», jammerte Mutter. Nun telefonierte sie herum und fand den alten Sanitätsrat Dr. Meyer, er war genau, was ich brauchte. Mutter und Gustav waren bei den Untersuchungen dabei, und als der Arzt fragte: «Gnädige Frau, wie steht es mit Ihren Tagen?», da sagte ich: «Bitte, Mutter, geh mal eben raus!»

«Nein», erwiderte sie grinsend, «ich bleibe, jetzt wird es doch erst interessant.»

«Ich habe meine Tage gar nicht mehr gekriegt», sagte ich leise.

«Ticke, tacke, Tintenfass, siehste wohl, das kommt von das!», lachte meine Schwiegermutter. «Hurra, ich werde wieder Großmutter!» Und sie telefonierte nach Ost und West, nach Süd und Nord und verkündete allen, dass sie Weihnachten zum dritten Mal Oma würde, und verwöhnte mich rührend.

Inzwischen war es Juni geworden, wir fuhren zurück in die Schweiz. Zuvor kauften wir in Hamburg noch einiges ein, was wir für Sumatra benötigten. In Sankt Gallen verriet ich niemandem, dass ich ein Kind erwartete, Papa hätte sich um mich gesorgt. Glücklicherweise fühlte ich mich dort sehr wohl.

Wir mussten noch zum britischen Generalkonsulat, um unsere Durchreisevisa zu holen. Da hatte ich die Idee, mei-

nen Jugendfreund Heinz zu treffen, der in Zürich studierte,
er war tatsächlich katholischer Priester geworden und hieß
nun «Pater Leo». Aber Gustel weigerte sich, den «Schwarz-
frack» kennenzulernen. Ich überlistete ihn und teilte Heinz
einfach unsere Ankunft am Bahnhof mit, so konnte Gustel ihm nicht entrinnen. Bevor mein Mann ihm die Hand
reichte, flüsterte er mir zu: «Du bist ein schlechtes Weib!»
Aber die Eifersucht war unbegründet gewesen, sie mochten
sich auf Anhieb, und wir verbrachten den ganzen Abend miteinander. Heinz sei der netteste Pfaffe, der ihm je begegnet
sei, gab Gustel zu. Ich wusste nicht, wie wichtig Heinz noch
für mich werden sollte.

6 Vipern und Perubalsam

Die Agentur der niederländischen Reederei «Rotterdamscher Lloyd» hatte uns wissen lassen, dass wir mit der Patria fahren würden. Wir bedauerten sehr, dass zu dieser Zeit kein deutsches Schiff nach Ostasien fuhr und wir gezwungen waren, diesen Kahn zu nehmen. An Bord der holländischen Schiffe herrschte noch wahrer Klassengeist. Passagiere und Personal der ersten und zweiten Klasse verkehrten nicht mit jenen der dritten und vierten Klasse. Der Erste Weltkrieg war immer noch nicht vergessen, und wenn man sich nicht persönlich kannte, waren die Niederländer eher deutschfeindlich. Die Fahrt war dementsprechend, wir versuchten zur Ruhe zu kommen und uns auf die nächsten sieben, acht Jahre in den Tropen einzustellen.

In Belawan angekommen, ließen wir uns von einem Mietwagen ins Hotel de Boer fahren, wo uns ein gutes Zimmer angewiesen wurde. Gustel telefonierte gleich mit der Senembah-Direktion in Tandjong Morawa. Dort war man ganz erstaunt über unsere Ankunft, sie wussten noch gar nicht, auf welche Unternehmung sie uns einweisen sollten. Hätten wir dies nur schon in Europa gewusst, wir wären vierzehn Tage länger dort geblieben und hätten mit einem Dampfer des Norddeutschen Lloyd reisen können.

Am nächsten Abend ging es im Hotel drunter und drüber, da kamen die Kollegen von Gustel, auch Ludwig Salg war dabei, der mir bei einer früheren Gelegenheit schon unangenehm aufgefallen war. Wir fragten ihn nach dem Stand unserer neuen Möbel, die er bei einem guten chinesischen Schreiner im Kampong Kling bestellt hatte. «Keine Ahnung, die werden wohl fertig sein, Zeichnungen und Anzahlung hat er ja.» Ludwig hatte uns zur Hochzeit gratuliert und geschrieben, Dr. Heinemann, unser Plantagenarzt, habe sich bei einem chinesischen Schreiner wunderschöne Möbel anfertigen lassen, wir sollten ihm, Ludwig, Zeichnungen oder Fotos zuschicken, wie wir uns unsere Möbel vorstellen, plus einer Anzahlung von fünfhundert Gulden. Er würde für uns die Möbel bestellen und produzieren lassen und dafür sorgen, dass sie fertig seien, wenn wir ankämen. Papa gab uns Skizzen und Bilder von Möbeln für Wohn-, Schlaf- und Herrenzimmer, für Bauern-Eckmöbel und so weiter und das Geld. Ludwig schrieb, alles sei in Ordnung, und die Möbel würden zur rechten Zeit fertig.

Montag früh telefonierte Gustel nochmals mit der Direktion, die ihm immer noch keinen Bescheid geben konnte, auf welche Pflanzung wir kämen. Also hatten wir viel Zeit und fuhren mit einer Sado, einem zweisitzigen Pferdewagen, Rücken an Rücken, weil der Kutscher nach vorn, die Mitfahrenden nach hinten schauen, in den Kampong Kling hinaus zum Möbeltischler. Der Inhaber begrüßte uns, und als wir nach unseren Möbeln fragten, meinte er lachend: «Ich habe damit nicht mal angefangen, es hat ja niemand mehr danach gefragt.» Das war eine unsagbare Enttäuschung für uns. Der Chinese versprach uns, sofort mit den Stücken zu beginnen, im besten und härtesten Holz, das viele Umzüge aushalten und dabei garantiert keinen Schaden nehmen würde. Zu-

erst das Schlafzimmer, Betten hatten wir mitgebracht, dann
Esszimmertisch und -stühle. Die Anzahlung hatte er erhalten, er würde gleich das Holz dafür kaufen. Gustel gab ihm
nochmals dreihundert Gulden, den Rest sollte er nach Liefe-
rung erhalten. Wann? Das könne er noch nicht sagen.

Dienstag und Mittwoch wieder Anfragen nach Tandjong
Morawa. Immer noch wusste man nicht, auf welche Plantage man uns schickte. Am Donnerstag fuhr Gustel selbst
hin und kam mit dem Bescheid zurück, wir gingen nach Patumbah, «Weg 4», nahe der Hauptplantage, dem «Emplace-
ment». Er sei gleich zum Dienst in den Fermentierscheunen
eingeteilt. In diesen Gebäuden stapelte man die getrockneten Tabakblätter. Durch die entstehende Eigenwärme kam
ein Prozess in Gang, der das Aroma verbesserte.

Die Kollegen auf Patumbah versprachen gleich, einen
Mandor in Weg 4 zu schicken, damit Garten und Haus ge-
säubert würden. Ein Mandor ist ein Javaner, der eine Gruppe
Kulis beaufsichtigt. Am Tag unseres Einzuges würden etwa
dreißig Leute in dem leeren Haus bereitstehen, um uns zu
helfen.

Am 2. August 1926 machten wir uns mit einem Mietauto
zu Weg 4 auf. Der Garten war verwildert, das Haus verschlossen, die Bambusrollos heruntergelassen. Hier war noch kein
Mensch gewesen. Ich setzte mich auf die Treppe, die zur Vorgalerie führte. Gustel fuhr zum Kontor auf das Emplace-
ment und kam nach einer Weile zurück. Sein Manager war
auf Hochzeitsurlaub, aber der Scheunenassistent wollte uns
gleich die Javaner hierher beordern und zwei Ochsenkarren
zum Bahnhof schicken, denn dort lagen bereits unsere Über-
seekisten aus Europa.

Es muss einen Grund für all dies geben, dachte ich, das ist reine Rivalität. Wahrscheinlich lag es daran, dass ich Schweizerin war. Gustels allerhöchster Vorgesetzter bei der Gesellschaft, Herr Simon, war ein Landsmann von mir, also vermuteten Gustels «Freunde» sicher, dass mein Mann bei den Beförderungen bevorzugt würde. In derselben Pflanzungsgesellschaft konnten die Mitarbeiter keine Freundschaften pflegen. Der Neid untereinander und die Angst, die anderen könnten rascher zum Manager aufsteigen als man selbst, führten zu allerlei Versuchungen, sich gegenseitig Schwierigkeiten zu bereiten. Gustel konnte so etwas nicht, dazu war er einfach zu aufrichtig.

Dann betraten wir das Haus, das für drei Monate unser Heim werden sollte: Gustel zog die Bambusrollos hoch und schloss die Tür zum Korridor auf. Kaum war die einen Spalt geöffnet, fuhr eine Schlange an uns vorbei, eine große Viper. «Wo eine ist, kann die zweite nicht fern sein. Warte hier, ich öffne die Läden in den anderen Zimmern.» In dem Augenblick erschien unten an der Treppe der javanische Aufseher. Gustel rief ihm zu, dass eine Schlange soeben über die Vortreppe verschwunden war und jetzt wahrscheinlich unter dem Haus sei, das auch auf Stein- und Holzsockeln stand. Der Mandor rief seine Arbeiter, die gerade auf ihren Fahrrädern in den Garten einbogen. Sie krochen sofort unters Haus und fanden die Schlange tatsächlich, schlugen sie mit viel Geschrei tot und fanden noch etwas, was sie hoch entzückte: einen Termitenhaufen und darin die ziemlich große Königin, die sich zwei Javaner teilten und mit Hochgenuss verspeisten.

Im Schlafzimmer fand man bald die zweite Schlange, in

einer Ecke zusammengerollt, auch sie wurde im Handumdrehen getötet. In die Hintergebäude, wo Badezimmer, Toilette, Küche und Bedienstetenzimmer lagen, wollte Gustel mich gar nicht erst mitnehmen. Im Badezimmer war es angenehm feucht und dunkel. Dort hausten Tausendfüßler, Skorpione und Kakerlaken in Unmengen. Das Holzklosett war nicht zu gebrauchen, aus seinen Ritzen und hinter der Tür tasteten lange Fühler von Skorpionen hervor. Es musste alles abgerissen und mit Karbol übergossen werden. Der Schreiner kam und lieferte eine neue Toilette.

Es wurde geputzt, und man brachte den Holzherd in der primitiven Küche in Ordnung. Aber es gab keinen Stuhl, auf den ich mich hätte setzen können. Gott sei Dank fuhren bald die Ochsenkarren vor und brachten unsere Kisten aus Europa. Alle Anwesenden halfen beim Auspacken, die Betten wurden aufgestellt, und meine neue versenkbare Nähmaschine musste in der ersten Zeit als Tisch herhalten.

Ich legte mich eine Weile aufs Bett, nachdem ich das Geschirr mit Hilfe eines jungen Javaners in einer Ecke gestapelt hatte, Schränke waren ja noch nicht vorhanden. Ein älterer Chinese meldete sich als Boy und Koch, er könne die Arbeiten gleich aufnehmen, und wir engagierten ihn. Er trug sämtliche neuen Töpfe und alles Kochgerät in die Küche, befahl, Holz zu bringen, machte Feuer im Herd, bereitete Tee, deckte den Tisch auf der Nähmaschine, radelte zum chinesischen Kedeh, dem Laden, und kaufte ein, bargeldlos, wie es hier alle machten: Man ließ anschreiben und zahlte am Ende des Monats. Brot, Butter, Kekse, Zucker, alles brachte er auf seinem Fahrrad mit. Am Abend wollte er ein Nasigoreng zubereiten. Einen jungen Wasserträger brachte er auch gleich als seine Hilfe mit. Wie froh war ich, die Verhältnisse draußen schon zu kennen und Malaiisch zu sprechen.

Am nächsten Tag musste Gustel bereits arbeiten, und ich versuchte, etwas Ordnung in unseren Haushalt zu bringen. Die Koffer mussten wegen der fehlenden Möbel unausgepackt stehen bleiben. Gustel schickte mir aus der Scheune eine ältere Javanerin, die bei mir als Babu arbeiten wollte, und ein Kollege kam und sagte, er wolle uns mit einigen Einrichtungsgegenständen und Tropfsteinfiltern für die Trinkwasseraufbereitung aushelfen. Er fahre bald auf Urlaub und verkaufe schon verschiedene Sachen. Seine Möbel kamen bald – sie waren allerdings nahezu Schrott. Aber der Chinesenkoch und der Wasserträger reparierten sie eifrig, und die Babu wusch alles penibel aus.

Froh war ich über die drei Tropfsteinfilter von einer deutschen Firma. Ohne sie konnte für Europäer kein Trinkwasser bereitet werden, denn das Grundwasser war zu warm, verschmutzt und mit Keimen durchsetzt. Um ganz sicher zu sein, kochte ich das gefilterte Wasser noch ab und füllte es in Flaschen. Diese lagerten dann in der Eiskiste. Jeden zweiten Tag kam ein Lieferwagen mit Eisstangen und füllte die Kiste wieder auf. Kühlschränke konnten wir nicht verwenden, denn auf den Pflanzungen gab es noch keine Elektrizität.

Mit dem Koch hatte ich einen guten Griff getan, er war unermüdlich und sauber, auch die Babu war ordentlich. Eines Tages bemerkte ich morgens beim Öffnen des Schlafzimmerfensterladens, dass der Rahmen von Termiten zerfressen und innen hohl war. Ich rief gleich den Mandor, und schon untersuchten die Männer alle Rahmen, Balken und Türen. Es war höchste Zeit, denn die Termiten waren dabei, das ganze Haus aufzufressen. Nun wurde gesägt, gehackt, gestützt, erneuert, und überall, wo die halb ausgehöhlten Hölzer hingelegt wurden, krabbelten plötzlich Heere von großen schwarzen Ameisen herbei, die Feinde der Termiten, und verzehrten die Eier und Larven. Sie räumten auf mit der Brut.

29. August 1926, Gustels vierunddreißigster Geburtstag. Mein Herz war so schwer, weil ich ihm keinen schönen Geburtstagstisch herrichten konnte. Noch immer saßen wir in unserem provisorischen Mobiliar. Gustel lachte mich aus – Hauptsache, ich sei da, und unser werdendes Kind sei mein schönstes Geschenk. Um neun Uhr hockte ich auf unserer leeren Vorgalerie und sah hinaus in den Garten, wo die heiße Luft schon zu flimmern begann. Ich sah die Straße, die rechts und links von Teakbäumen gesäumt war. Es war so still, und kein Lüftchen bewegte die Blätter. Von dem mit Sand bestreuten Vorplatz stieg schon jetzt eine lähmende Hitze auf, hie und da ein Beo-beo-Ruf, Taubengurren oder das Gackern eines Huhnes aus unserem Stall, dann wieder vollkommene Stille. Ich fühlte mich auf einmal so bedrückt, so verlassen, die Hitze senkte sich auf mich und das Kind unter meinem Herzen nieder. Alles war so trostlos. War das schon der berüchtigte Tropenkoller? Ich fing an zu weinen, es war gut, dass mich niemand sah.

Da bogen oben an der Straße Ochsenkarren um die Ecke, auf dem ersten sah ich einen weißen Schrank. Unsere Möbel! Schlafzimmer, Esstisch, Stühle und Buffet rollten heran, und alle Trauer fiel von mir ab. Nun gab es genug zu tun für die Babu, den Boy und mich. Bis Mittag stand alles, und die Schränke waren eingeräumt. Noch am selben Tag begann

ich, Gardinen zu schneidern, und bestellte für den nächsten
Tag eine einheimische Näherin, die nun jeden Morgen kam
und an meiner Maschine arbeitete. Meine Urlaubszeit in Europa hatte ich nicht mit der Anschaffung meiner Aussteuer
verbringen wollen, deshalb hatte ich Papa gebeten, mir nur
die Stoffe in Ballen zu besorgen. Auf Sumatra würde ich
Näherinnen zuhauf bekommen. So lag ich jetzt oft auf der
Couch neben der Frau und schnitt und riss die Stoffe für
Ober- und Unterleintücher, für Tischdecken und Servietten.
Ich war überglücklich, dass unser Zuhause endlich wohn-
licher wurde.

Bald wurden wir zu ersten Besuchen gebeten. Als Neuankömmlinge hatte man bei den verheirateten Chefs und Angestellten Antrittsbesuche zu machen. Man schrieb einen
Brief mit der Bitte um einen Termin zum Kennenlernen. Ein
wenig später kam dann die Einladung mit Datum und Uhr-
zeit. Dabei konnte man gewaltige Fehler machen, denn die
Etikette wurde hier draußen unglaublich übertrieben. Zuerst musste man beim ranghöchsten Vorgesetzten vorstellig
werden, dann ging es die Gehaltsstufen hinunter. Was aber
machte man, wenn zwei Herren den gleichen Verdienst hatten? Sie waren Rivalen, deren Ehefrauen genau darauf achte-
ten, wer zuerst aufgesucht wurde. Danach richtete sich dann,
ob der Empfang mehr oder weniger liebenswürdig ausfiel.
Die Antrittsbesuche zogen sich meist über mehrere Wochen
hin, bis man endlich durch war. Besonders die Abende waren eine Qual für mich, denn sie nahmen kein Ende, immer
noch ein Whiskey-Soda und noch einer. Ich fiel schier vom
Stuhl vor Müdigkeit. Am schlimmsten war es bei den Nie-
derländern, da ich ihre Sprache noch wenig beherrschte und

die Konversation zur Qual wurde. Die Männer redeten den ganzen Abend vom Tabak und den Preisen, und wir Frauen brachten uns mit Smalltalk über die Runden.

Die Schwangerschaft bei der Hitze war überaus anstrengend, am liebsten hätte ich mich den ganzen Tag im Badezimmer aufgehalten und immer wieder mit kaltem Wasser übergossen. Dabei war ich nicht besonders dick und trug mein Kind ganz vorn, sodass die Einheimischen sagten, es würde ein Junge. Um nicht jeden Morgen wieder meine Zöpfe flechten zu müssen, nahm ich die Schere und schnitt mir die Haare ab. Außerdem war es moderner so, auch wenn Gustel nicht gerade erbaut war.

Eine Woche später fuhr unerwartet ein Ochsenkarren bei uns vor und brachte uns das Klavier von Louise und Urs. Sie hatten sich ein neues gekauft. Bei ihnen war der dritte Junge angekommen.

Anfang November mussten wir das erste Mal umziehen, denn die Pflanzzeit begann. Gustel bekam die Abteilung Delok Raga an der Straße nach Tandjong Morawa und war nun für die Auspflanzung der vorgezogenen Tabaksetzlinge zuständig. Ich war gerade so froh gewesen über unser eingerichtetes Heim, da mussten wir schon wieder alles einpacken. Am Umzugstag nahm Gustel frei, und fünfundzwanzig Ochsenkarren transportierten unser Mobiliar in die neue Bleibe. Es war ein richtiges Pflanzerhaus mit einem Dach aus Palmblättern.

Am 20. Dezember 1926 bekam ich kurz vor dem Zubettgehen einen Heidenschreck: Meine Fruchtblase war geplatzt. Ein Telefon hatten wir nicht im Haus. Gustel radelte morgens früh zum Kontor und rief Dr. Heinemann an. Er wollte mich mit der niederländischen Schwester Hulst nach dem Mittagessen holen. Kaum waren wir im Krankenhaus angekommen, verschwand die Schwester auf den Flur, und ich war mir selbst überlassen. Meine Wehen kamen regelmäßig jede Viertelstunde. So spazierte ich allein den Säulengang auf und ab und lehnte mich an, wenn eine neue Wehe mich quälte. Gustel kam abends mit dem Pferdewagen. Vor lauter Freude setzten die Wehen gänzlich aus, aber als er den Wagen bestieg, um wieder heimzufahren, kehrten sie zurück, genau jede Viertelstunde. Und so blieb es die ganze Nacht, an Schlaf war nicht zu denken. Ich war so allein, kein Mensch sah nach mir. Den nächsten Tag verlebte ich mit Wehen, die alle zehn Minuten kamen. Ich war todmüde. Der Doktor sah hie und da in mein Zimmer oder fragte mich, wenn er mich spazieren sah: «Wie geht's? In welchen Abständen kommen die Wehen?» Ich hatte doch keine Ahnung vom Kinderkriegen und fand es unverantwortlich, mich junge Frau so mir selbst zu überlassen.

Als Gustel abends wiederkam, flog ich ihm tränenüberströmt in die Arme. «Louise sagte mir einmal, wenn's nicht vorangeht bei der Geburt, gibt Dr. Senn, der Schweizer Arzt, eine Glyzerinspritze hinten rein, dann geht es vorwärts.» Die Schwester war aber strikt dagegen. «Nein, das geht nicht, das könnte eine Sturzgeburt geben», meinte sie auf Niederländisch.

«Lieber eine Sturzgeburt als gar keine», sagte ich und zog schon das Glyzerin in die Glasspritze auf. Gustel half mir dabei. Dann schnell auf die Toilette. Bald darauf musste mich der chinesische Pfleger ins Operationszimmer fahren und den Doktor rufen, wo es nun ruckzuck vorwärtsging, eine Presswehe jagte die andere, ich weinte und schrie. Gustel hielt mich in seinen Armen, dann kam Schwester Hulst dazu, und um neun Uhr abends war unser Kurt da. Das Schlimmste von allem war das Nähen, denn es hatte einen Riss gegeben. Ich war am Ende meiner Kräfte, und die Hitze war abscheulich. Gustel half dem chinesischen Pfleger, mich zu waschen. Ich zitterte am ganzen Körper, meine Hände konnten nicht einmal das Glas Portwein halten, das der Arzt mir reichte. Die japanische Kinderfrau, «Nesan» genannt, huschte wie ein Mäuschen in ihren geflochtenen Pantoffeln hin und her. Sie trug dann unser Neugeborenes, das ich zu gern bei mir im Zimmer gehabt hätte, ins Kinderzimmer. Gustel saß noch eine Stunde bei mir am Bett, schlafen konnte ich nach der anstrengenden Geburt doch nicht, außerdem herrschte eine lähmende Hitze: Die große Regenzeit stand bevor.

Gegen Mitternacht musste sich Gustel verabschieden und fuhr heimwärts. Jahre später erzählte mir ein Kollege, dass er an jenem Tag einen Junggesellenabend bei sich veranstaltet hatte. Sie hätten alle lahm wie die Fliegen von der Hitze und dem vielen Bier auf der Vorgalerie seines Assistentenhauses gehockt, als sie Pferdegetrappel hörten: «Wer ist denn da noch unterwegs?» Da begaben sich alle zur Verandabrüstung und starrten in die Dunkelheit. In der Ferne war Wetterleuchten zu sehen. Daraus tauchten plötzlich die zwei Laternenlichter eines Buggy auf, und eine Männerstimme war zu hören, die immer das Gleiche sang: «Ich habe einen Sohn, ich habe einen Sohn!»

«Das ist Hake», rief einer, sie alle nach draußen und hielten das Pferd an. «Wir gratulieren!», riefen sie, aber Gustel antwortete lauthals: «Mit euch, ihr traurigen Junggesellen, spreche ich überhaupt nicht mehr!» Sie hätten Gustel dann ins Haus getragen, wo er mit ihnen anstoßen musste und noch eine Weile hängenblieb. Er kam gerade heim, als die ersten schweren Regen und Wolkenbrüche vom Himmel strömten.

Ich konnte einfach nicht einschlafen und hörte immer mein Kind weinen. Die Nesan hockte auf einem Stuhl in der Ecke des Zimmers, und ich bat sie immer wieder, nach meinem Baby zu sehen. Sie lachte mich aus, da wurde ich energisch, und sie ging endlich, kam mit dem kleinen Kurt auf dem Arm zurück, ergriff ein Handtuch und legte es auf mein Bett, das wimmernde Kind darauf. Auf dem Säugling wimmelte es von kleinen schwarzen Ameisen. Sofort las ich die Viecher von dem Kind ab, aus Mundwinkeln, Augen und Ohren.

Ich fragte Schwester Hulst, warum die Füße des Kinderbetts nicht in Schalen mit Karbolwasser stünden, und sie antwortete mir, dies sei nicht nötig, das Hospital sei ganz neu, Ameisen gäbe es hier nicht. Ich hätte sie verprügeln können. Es dauerte lange, bis wir den Kleinen und mein Bett vollständig abgelesen hatten. Der Junge wimmerte immer noch. Wir wuschen ihn ab. Er war voller roter Male von den Ameisenbissen.

Am nächsten Morgen wurde er mir zum ersten Mal an die Brust gelegt, nach einer Weile hatte er den Sinn der Sache begriffen und trank. Er schlief dabei ein, wurde von der Nesan geweckt, trank wieder und schlief wieder ein. Ich für meinen Teil hätte den Jungen ruhig schlafen gelassen. Beim vierten oder fünften Mal, als ich mein Kind voll Wonne stillte und es sich fest in meine linke Brust verbissen hatte, wollte die Japanerin das Baby mit Gewalt davon wegziehen: Die zwanzig Minuten seien um. Ich hätte sie anschnauzen sollen, aber ich ließ sie machen. Noch heute ärgere ich mich über meine Dummheit. Das Baby hatte sich fest an meine Brust gesaugt und ließ nicht los. Die Nesan zog, ein verrückter Schmerz durchfuhr mich: Die halbe Brustwarze war ausgerissen, und ich blutete. Das Kind schrie. Ich weinte. Der Doktor kam hinzu, holte eine kleine Flasche mit heller Flüssigkeit und Watte. Alkohol! Ich ging fast in die Luft vor Schmerz. Und dies sollte fortan vor und nach dem Stillen an dieser Brust getan werden. Ich wurde immer halb ohnmächtig vor Schmerz. Die Milch blieb schließlich weg.

Am Weihnachtsabend erschien Gustel mit einem kleinen Christbaum voller brennender Wachskerzen, es war irgendein Gewächs in Tannenbaumform, aber ich war sehr gerührt. Am Silvestermorgen durfte ich endlich heim. Kaum zurück, wickelte ich unseren Sohn, Gustel stand daneben. Meine Babu sah auch zu, sie wollte gleich das Geschlechtsteil des Jungen streicheln und sagte: «Sehr schön und groß!» Gustel schob ihre Hand weg und drohte: «Hände weg! Wenn ich dich erwische, dass du meinen Sohn da unten berührst, hacke ich dir die Pfoten ab.»

Meine Milch wurde auch in der anderen Brust immer weniger, und mein Bub litt Hunger. Ich fing an, ihn mit der Flasche zu füttern, mit Nestlémilch, was er gut annahm. Dr. Heinemann aber sagte, ich solle dem Kind Kuhmilch geben, und das, obwohl diese bei uns so verunreinigt und gepanscht war. Das Baby weigerte sich, diese Milch zu trinken, und schrie nur noch. Dr. Heinemann verlangte es aber trotzdem und ließ durchblicken, dass er seine Dienste bei uns einstellen würde, wenn ich seinen Anweisungen nicht folgte. Ich war so ratlos und hockte so weit ab von Menschen, die ich hätte fragen können. Dann fuhr ich mit meinem Kind wieder ins Krankenhaus Tandjong Morawa hinunter, weil es jeden Morgen Fieber hatte. Dies sei normal, sagte Heinemann, es könne eine leichte Malaria sein. Es habe genügend Abwehrkräfte. Ich fuhr wieder heim, und weil der Junge die Nuckelflasche nicht um alles in der Welt annehmen wollte, fütterte ich ihn, wie die Schwester es mir gezeigt hatte, mit dem Löffel. Das dauerte Stunden, und ich war verzweifelt. Mein Mann hatte Vertrauen zu Heinemann, war den ganzen Tag in der Tabakpflanzung und bekam abends nicht mehr viel von meiner Verzweiflung mit.

Kurt war und blieb ein schlechter Esser, er verweigerte oft jeden Happen und weinte bei jedem Schluck. Ich sprach nach Monaten erneut den Arzt an. Bei der Visite fand er das Kind gutaussehend und sah ihm nicht einmal in den Hals, was sollte da schon sein? Gustel meinte auch, ich nehme die Sache zu tragisch. Da kam die Wut in mir hoch. Neun Monate hatten wir uns so gequält, und alle fanden das normal. Als Gustel nach dem Mittagessen in seine Tabakabteilung gefahren war, packte ich meine Sachen zusammen, bestellte einen Mietwagen und fuhr, nachdem ich meinem Mann unter Tränen einen Abschiedsbrief auf den Schreibtisch gelegt hatte, zu Louise nach Mendaris.

Die war mit ihrem Urs gerade dabei, ins Auto zu steigen und ins Kino zu fahren, sie staunten nicht schlecht, mich zu sehen. Ich bestellte ihnen viele Grüße von Gustel, ich durfte ihnen doch nicht sagen, dass ich durchgebrannt war,

Urs wäre imstande gewesen, mich gleich wieder zurückzu-
schicken. Dr. Senn kam sofort. Nach der Untersuchung war
er entsetzt und nannte unsere Ärzte «Karbouwen», «Wasserbüffel»: «Der ganze Hals Ihres Kindes sitzt voll Mandel-
wucherungen, die entfernt werden müssen, wenn es ein Jahr
alt ist. Der Kleine kriegt keine Luft beim Schlucken, deshalb
mag er nicht essen. Ich schicke Ihnen Collagol-Nasentropfen,
geben Sie ihm jeden Morgen früh in jedes Nasenloch einige
Tropfen und dann breiige Nahrung.»

Nach diesem Bescheid war ich wie erlöst. Ich wollte Gustel
anrufen, aber da kam er mir zuvor. Urs war am Telefon: «Ja,
sie ist hier. Was, sie ist dir durchgebrannt? Hätte ich das gewusst, hätte ich sie gleich retour geschickt.» Drei Tage später,
am Hari besar, kam Gustel uns holen.

Schon nach wenigen Monaten hieß es wieder umziehen,
diesmal in eine Urwaldpflanzung. Der gerodete Urwald-
boden versprach eine hohe Ernte. Da merkte ich, dass ich
schon wieder schwanger war. Ich war todunglücklich darüber, denn ich konnte die lange, schwere Geburt meines
Sohnes nicht vergessen. Aber sobald ich das neue Leben in
mir fühlte, hätte ich es um alles nicht mehr weggegeben und
freute mich auf das Kind.

• • • • • • •

Die «Urwaldpflanzungen» liegen damals weitab von aller Zivili-
sation, man muss stundenlange Wege durch Schlamm und Schot-
ter auf sich nehmen, um in die nächste menschliche Siedlung zu
gelangen. In der Regenzeit können die Niederschläge eines Tages
mehr als die gesamte Regenmenge eines europäischen Herbstes
ausmachen. Man darf also möglichst nicht krank werden, Schwan-

gerschaften müssen planmäßig verlaufen, denn das nächste Krankenhaus oder der nächste Arzt ist weit entfernt. Hier gibt es als
Nachbarschaft nur die Kulis und die Einheimischen.

Meine Großeltern wohnen am Rande des Urwaldes, in dem eine
große Fläche für den vorgesehenen Tabakanbau gerodet worden
ist. Diese neue Tabakpflanzung liegt etwa dreißig Kilometer von
der Hauptstadt Medan entfernt und ist schwer zu erreichen, weil
die Straßen in den gerodeten Gebieten nur notdürftig befestigt
sind. Während der Regenzeit ist tagelang kein Durchkommen,
nur Pferdewagen, Ochsenkarren und Fahrräder sind dann als
Transportmittel geeignet. Bis zur festen Straße aus den Rodungs-
gebieten heraus sind es meist zwei bis vier Kilometer. Die nächsten Pflanzernachbarn wohnen etwa genau so weit entfernt, mit
gleichgesinnten Menschen ist daher ein regelmäßiger Kontakt nur
eingeschränkt möglich. Will man zum Einkaufen nach Medan, ist
man abhängig vom Wetter, dem Zustand der Wege und der Möglichkeit, einen Pferdewagen für den Transport zu erhalten.

In sieben bis acht Kilometern Entfernung liegt die Hauptpflanzung mit der Verwaltung, den Häusern der dortigen Angestellten,
der Fermentierfabrik und den Trockenscheunen, dem Krankenhaus und den Kampongs der vielen Arbeiter. Dort befindet sich
auch die Poststelle mit dem einzigen Telefon weit und breit, der
Verbindung zur Außenwelt. Fließendes Wasser und elektrisches
Licht ist dort schon installiert, es gibt auch einige Läden zum Ein-
kauf des Nötigsten, einen Auto-Taxibetrieb für feste Straßen und
eine Station für die Pferdekutschen, die die unzugänglichen Wege
in die Pflanzungsgebiete der Urwaldrodungen befahren. Nicht zu
vergessen sind die großen Viehställe für Hunderte von Ochsen, die
den gesamten Transport in und um die Rodungen durchführen
und die Böden für den Tabakanbau bearbeiten.

• • • • • • •

Zuerst wurde auf einem flachen Hügel unser Haus gebaut,
dann ringsherum der Urbusch gerodet, zum Teil brannte
man ihn einfach nieder. Wochenlang lag Rauch über unserer neuen Behausung. Hier herrschte keine Stille wie auf den
älteren Plantagen. Das Fällen der Baumriesen, das Brechen
und Krachen, wenn der Baum fiel, das Rufen der Rodungs-
arbeiter, ihr Singsang bei der schweren Arbeit und das Auf-
richten der Tabaktrockenscheunen ging einem nicht aus
den Ohren. Stundenlang das monotone Gesinge der Arbeiter. Wenn der Vorsänger begann, fielen die anderen ein, dann
wurde im Takt gearbeitet. Dazu die ewig brütende Hitze, das
Gebrüll der Affen, die man von unserer Vorgalerie aus im
nahen Busch langsam mit ihren schwarzen Armen, Beinen
und Schwänzen von Baum zu Baum hangeln sah.

. . . .

Auf der gerodeten Fläche errichtet man ein paar Gebäude, provisorisch aus rohen Stämmen zurechtgezimmert und mit Atap-Blättern gedeckt. Die Häuser für die Weißen stehen immerhin auf
Pfählen. In einiger Entfernung werden einfachere Behausungen
für die Arbeiter und Bediensteten gebaut, dann folgen Scheunen
und Lagerschuppen.

. . . .

Wenn die Affen besonders laut riefen und schrien, sagten die
Leute, gäbe es Regen. Und Regen gab es genug, fast jeden Tag
in dem Stück Urwald, der noch zur rechten und linken Seite
der schmalen Straße stehengeblieben war, die zu unserem
Haus führte. Urbusch zieht Regen an, und die Straße wurde
für Autos fast unpassierbar in der Regenzeit, nur mit einem

Pferdewagen kam man dann noch durch. Manchmal hatten wir dort oben Gäste, man setzte sich mittags zu Tisch oder saß gemütlich beisammen, plötzlich ein Rauschen, das immer näher kam. Regen! Alles sprang auf, sah zum Himmel, der bedenklich schwarz aussah, nahm hastig Abschied, hinein ins Auto, und los ging es, damit man aus dem Urwaldgebiet noch hinauskam bis auf die feste Straße. Der Regen tränkt den Boden, der nach jedem sturzbachähnlichen Guss in der Wärme dampft. Doch schon wenige Stunden später ist alles wieder ausgedorrt.

Mit meiner Bedienung hatte ich dieses Mal Pech. Die erste Babu hatte ich entlassen müssen, weil sie sich nicht mit dem Koch verstand, darauf traten Amat und Rubina in meine Dienste. Er war ein fleißiger Wasserträger, sie eine saubere Frau, die ich auch mal an unseren Kleinen heranließ, was sie sehr zu schätzen wusste. Bald wurde sie jedoch krank, sie hustete viel, und das gefiel mir nicht, sodass ich sie mit zu Dr. Heinemann nahm. Nach der Untersuchung kam sie weinend zu mir: «Amat verprügelt mich, wenn er erfährt, dass der Tuan Doktor in meine ‹Kammer› hineingesehen und meine Brust angefasst hat.» Ich beruhigte sie, dass dies unbedingt nötig gewesen sei und die Medizin, die er ihr gegeben habe, sie wieder gesund machen würde. Leider hatte der Arzt mir mitgeteilt, dass Rubinas Lungen nicht intakt seien, ich müsse sie entlassen. Sie halfen uns noch beim Umzug in den Urbusch, dann zogen sie weg, und ich bekam miserable Nachfolger auf der entlegenen Pflanzung. «Ali Baba» nannte ich den neuen Koch, denn er «räuberte» gewaltig, und als Wasserträger engagierten wir einen Batak. An eine bessere Bedienung war dort oben, weit von den Hauptstraßen entfernt, nicht zu denken. Viele fürchteten sich vor dem alten Waringi-Baum mit seinen schlangenartigen Luftwurzeln vor unserem Haus. Er säße voller Geister, und das stete Geschrei der Siamang-Affen vom nahen Busch her machte alles noch unheimlicher.

Unsere Sorge war nun, wem wir unser Kind anvertrauen konnten, während ich das zweite im Hospital bekommen sollte. Wir entschlossen uns, eine Japanerin ins Haus zu nehmen. Ich war schon im neunten Monat, und Kurt sollte sich an sie gewöhnen.

Am nächsten freien Tag fuhr Gustel nach Medan, tätigte die nötigsten Einkäufe und ging dann in das japanische Geschäft Hayashi. Dem Besitzer, einem Samurai, erklärte er seine Wünsche. Dieser hatte gerade eine ältere Nesan, die sich für diese Arbeit eignen würde, und führte Gustel in den ersten Stock hinauf. Er klatschte in die Hände und rief einen Namen. Darauf erschien eine ältere, rundliche Frau mit Brille und wurde als Misuki San vorgestellt. Sie begleitete Gustel gleich und schlief im Klambuzimmer auf der Couch. Misuki San war nett und höflich und verstand sich mit Kurt recht gut. Ich ließ sie mit uns am Tisch essen, so wussten die Bediensteten, dass sie über ihnen stand. Ich sprach mit ihr malaiisch, wenn wir zusammensaßen. Ihre Augen waren sehr schlecht, und sie konnte keine Handarbeiten mehr ausführen. So ließ ich sie aus ihrem Leben erzählen.

Als einfache Bauerntochter wurde sie, da noch mehr «unnütze» Töchter im Hause waren, an einen Seidenfabrikanten verkauft. Sie musste mit vielen anderen Mädchen die Seidenraupen mit Maulbeerblättern füttern, dann die Kokons in heißem Wasser von den Außen- und Innenschichten lösen,

die Seidenfäden haspeln und verarbeiten. Wie viele Jahre sie
in dieser Weise schuftete, wusste sie nicht mehr. Eines Tages
ließ der «Onkel», wie sie ihren Chef nannte, sie und ein paar
von den anderen jungen Frauen rufen. Zwei Herren fragten,
ob sie Lust hätten, mit ihnen nach Niederländisch-Indien
zu reisen, um dort als Hausangestellte zu arbeiten und viel
Geld zu verdienen. Alle waren einverstanden, und so landeten sie bei Samurai Hayashi in Medan im ersten Stock über
dem Laden. Dort wurden sie Europäern vorgeführt, die eine
Haushälterin suchten.

Misuki San wurde von einem Schweizer mitgenommen
und lebte mehrere Jahre glücklich mit ihm, bis er eines Tages
in seiner Pflanzung tot umfiel – Herzschlag. Laut Testament
war sie seine alleinige Erbin. Bald darauf erhielt sie Besuch
von zwei japanischen Herren, die ihr zu ihrer Erbschaft gratulierten und ihr bei der Bewirtschaftung der Kautschukplantage helfen wollten. Sie musste viele Schriftstücke unterschreiben. Dann wurde ihr angeraten, Ferien in ihrer Heimat
zu machen. Nach drei Monaten kehrte sie nach Medan zurück, kam wieder zu Mr. Hayashi, wo man ihr mitteilte, ihre
Plantage sei an den japanischen Staat gefallen. Durch ihre
Unterschrift während der Abwicklungen gab es die erste japanische Pflanzung in Niederländisch-Indien, denn es war
streng verboten gewesen, Land an Japaner zu verkaufen. Auf
diese Weise hatten sie den Fuß in der Tür. Misuki San bekam
keine Abfindung, sie war jedoch zu alt und verbraucht für
eine Haushälterinnenstellung und übernahm noch Gele-
genheitsarbeiten und Aushilfsposten. Nun war sie froh, drei
Monate bei uns Kinderfrau spielen zu dürfen.

Am 20. Juni 1928 setzten bei mir die Wehen ein. Einen

Tag später konnte ich überglücklich meinen zweiten Sohn im Arm halten. «Wie soll er denn heißen?», fragte mich der Arzt. – «Ich weiß es nicht, wir dachten, es wird ein Mädchen.» – «Aber ich muss das Kind jetzt sofort bei der Behörde anmelden und seinen Namen angeben.» Da sagte ich: «Gustav! Wie sein Vater soll er heißen.»

Während des Mittagsschlafes stürmte Gustel ins Zimmer. Die Schwester brachte uns den Kleinen. «Wie soll er denn heißen?», fragte mein Mann. – «Das habe ich allein entscheiden müssen, er heißt wie du: Gustav!» Damit war Gustel gar nicht einverstanden, aber er musste sich damit abfinden.

Als ich zurück auf der Pflanzung war, fiel mir auf, dass unsere Nesan immer wieder Schwindelanfälle hatte. Ich ließ Dr. Heinemann kommen. Nach der Untersuchung meinte er, wir sollten Misuki San entlassen, ihr Herz sei nicht in Ordnung, und wenn ihr in unserem Haus etwas passieren sollte, käme ihre Sippe und würde kassieren für die Schuld, die wir an ihrem Tod hätten, wie die Polypen würden die sich an uns heften. Er verschrieb ihr Herztropfen, und wir brachten die liebe Frau am nächsten Tag zu Herrn Hayashi zurück.

Im Krankenhaus hatte sich eine junge Javanerin freiwillig um mich gekümmert. Sie war in den schweren Stunden der Wehen meine einzige Stütze gewesen. Ich fragte sie, ob sie Babu bei uns werden wolle, und nahm sie gleich mit nach Hause. Sie half mir bei den Kindern und machte fabelhaft die Wäsche. Wenn ich so auf der Vorgalerie saß und nähte oder strickte, saß Ama oft zu meinen Füßen – die Javaner sitzen nicht gern auf Stühlen – und stopfte. Wir plauderten dann, und ich fragte, wie sie nach Sumatra gekommen sei und warum sie keinen Mann habe.

«Einen Mann?», sagte sie verschämt. «Ich bin mit vierzehn Jahren schon verheiratet worden, mit einem alten Mann. Man sagte mir, ich würde es sehr gut haben. Am Tag der Hochzeit wurde ich schön angezogen, lauter neue Kleider, ich bekam Süßigkeiten über Süßigkeiten und war die Hauptperson. Aber als ich dann mit meinem alten Mann allein war, war es schrecklich. Ich bat und schrie, er schlug mich und nahm mich, wann er wollte – ich musste ihm gehorchen. Ein Nachbar-Ehepaar mit vier Kindern wollte nach Sumatra auswandern und hatte den Kontrakt unterzeichnet, um als Kulis zu arbeiten. Sie hatten Mitleid mit mir. Im letzten Augenblick bin ich mit ihnen auf das Schiff gegangen, sie gaben mich als ihr fünftes Kind aus. Heiraten wollte ich nicht wieder.»

Eines Tages ging ich zum Bedienstetentrakt, um Ali Baba eine Anweisung zu geben. Dazu musste ich eine kleine Holzbrücke überqueren. Ich trat auf den Steg und rief: «Ali!» In diesem Augenblick brach das Brett, auf dem ich stand, mit einem Krachen durch, und ich sauste mit dem linken Fuß in die Tiefe. Ein herausragender Nagel riss mir das Bein vom Knöchel bis zum Knie auf. Ich schrie um Hilfe. Gustel, der gerade zu seinen Rodungsarbeiten fahren wollte, rief ärgerlich aus der Badezimmertür: «Ich muss los! Was ist denn?» Da sah er die Bescherung und trug mich mit dem Wasserträger, der doch jeden Tag mehrmals mit seinen schweren Wassereimern über diesen kleinen Steg turnte, ins Haus. Nun bemerkten wir erst, wie groß die Wunde war und wie stark sie blutete. Gustel holte Jod, fing an zu pinseln, da fiel ich vor Schmerz in Ohnmacht. Als ich wieder erwachte, stöhnte ich nur: «Ich muss zum Doktor, bestell einen Wagen.» Der

Wasserträger sauste mit seinem Fahrrad mehrere Kilometer auf die Hauptplantage, um einen Mietwagen zu holen, ich windelte noch das Baby, bevor das Auto kam, und ab ging die Fahrt.

Im Krankenhaus trafen wir keinen Menschen an, es war Mittagszeit. Endlich tauchte der holländische Hospitalassistent auf und meinte, er dürfe den Arzt nicht in seiner Mittagsruhe stören. Als ich aber das Handtuch vor seinen Augen von meinem Bein wickelte, rannte er gleich zum Telefon. Der Doktor kam augenblicklich und wollte die tiefste Stelle von etwa zehn Zentimeter Länge nähen, dann aber hätte ich bleiben müssen. Wenn er nicht nähte, würde die Narbe unschön aussehen. Da die Regenzeit bevorstand, war mir alles egal, Hauptsache, ich würde schnell wieder zu Hause sein. So behandelte er mich mit Perubalsam, was gar nicht brannte. «Kommen Sie morgen Vormittag wieder.» – «Wenn es nicht regnet ...» Mit den ersten Regentropfen kamen wir zu Hause an, und dann goss es in Strömen. Der Chauffeur des Mietautos raste zurück, um noch die Hauptstraße zu erreichen. Vierzehn Tage lang wäre ich nicht mehr durch den Busch gekommen.

Glücklicherweise hatte mir der Arzt Medikamente und Verbandszeug mitgegeben. Perubalsam hielt ich von da ab immer in meiner Hausapotheke, und wenn meine Bedienung oder Kulis mit Wunden zu mir kamen, die man sonst einfach mit Jod behandelt hätte, verwendete ich ihn. Das sprach sich herum, und bald wollte niemand mehr von meinem Mann verarztet werden, sondern nur noch von der Memtuan. Gustel wusste lange nicht, warum.

Zu Weihnachten 1928 hatte ich nur den einen Wunsch: bald eine bessere Bedienung zu bekommen. Ich schickte Gustel allein nach Medan für die Weihnachtseinkäufe, denn die Kinder hätte ich nicht mitnehmen können. Als Christbaum hatten wir in diesem Jahr eine junge Kiefer, die in einen großen Topf gepflanzt wurde. Mit den Kleinen wartete ich im Schlafzimmer auf das Bimmeln des Glöckchens. Mit weit aufgerissenen Augen starrten die Buben auf das strahlende Bäumchen. Der zweijährige Kurt bestaunte die Stofftiere und die Holzeisenbahn.

«Nun sollst du aber deine Geschenke ansehen», sagte Gustel und führte mich vor den Gabentisch. Dort standen drei Bedientenbüchlein. «Wo sind sie?», fragte ich.

«Sie können gleich mit der Arbeit beginnen. Ali Baba und seine Frau habe ich schon mit einer Abfindung rausgeworfen.» Dann rief er Djem und Kasmadi herein, sie hatten schon die ganze Zeit bescheiden vor der Tür gestanden, und mit ihnen kam unser alter chinesischer Koch. Meine Freude war unbeschreiblich. Das Weihnachtsessen, das er schon fertig zubereitet hatte, war ein Gedicht.

Die Zeit nach dem Abendessen gehörte der Post aus Europa, es war wieder ein ganzer Stapel. Immer mal wieder schrieben auch Gustel und ich uns kleine Briefe, einen davon hütete ich wie einen Schatz: «Mein innigst geliebter Schatz! Es war einmal ein Mann, der wanderte nach Medan und kaufte ein, dann legte er seine gekauften Sachen in einen Wagen, der ihm davonfuhr und nicht wiederkam, und alle Seide, alle schönen eingekauften Sachen waren weg. Es war aber auch einmal eine Frau, die wollte die Schweizer Uhr ihres Mannes reinigen mit Wasser und Seife, und diese Uhr steht nun still. Und der Mann mit den gekauften Sachen und die Frau mit der gewaschenen Uhr, die sind miteinander verheiratet. Ich glaube, sie passen gut zusammen. Dein Schatz Gustav.»

Dann hieß es wieder umziehen, dieses Mal auf die Hauptplantage Patumbah, in ein «festes» Haus. Wir hatten Glück, uns gegenüber stand ein kleines Assistentengebäude, in das kurz nach uns ein junges holländisches Ehepaar einzog. Endlich hatte ich eine Nachbarin. Marytje kam direkt aus Holland und hatte noch keine Ahnung vom Leben im Busch. Ganz unglücklich erzählte sie mir, dass ihr Frans keine neuen Möbel kaufen wolle, seine Junggesellenmöbel seien doch völlig ausreichend. Wir standen vor der Veranda und schüttelten den Kopf über die zusammengewürfelte Habe, die gerade bei ihnen ins Haus getragen wurde. Da schoss unsere englische Managergattin Mrs. Mills auf uns zu, wie immer todschick gekleidet. Sie schnappte sich den armen Frans und hielt ihm eine Predigt, die sich gewaschen hatte, das alles in tadellosem Niederländisch: Es sei eine Zumutung, die junge Ehefrau in dieses zusammengerittene Ehebett mit den dreckigen Moskitonetzen legen zu wollen, er solle sofort nach Medan fahren und anständige Möbel kaufen, so lange könne seine Frau bei ihnen wohnen. Marytje war ganz verlegen und lehnte höflich ab, da sagte ich voller Übermut, sie könne doch auch bei uns logieren, worauf meine neue Nachbarin freudigst nickte. Das Angebot bereute ich aber sofort, als ich in Mrs. Mills Augen sah, ich hatte einen groben Etikettefehler begangen. War das alles schwierig hier draußen! Marytje hatte zwei sehr große Waschbecken mit funkelnden

Warm- und Kaltwasserhähnen aus Holland mitgebracht. Es gab allerdings keine Wasserleitungen in unseren Häusern, so etwas kannten höchstens die Manager und Inspektoren. Die Becken wurden trotzdem eingebaut, gefüllt wurden sie mit einem Eimer, die Abflussrohre leitete man durch die Wand in den Garten hinaus.

Bald hieß es wieder umziehen nach Namo Serit. Auf Patumbah war ich gern gewesen und hatte mich an die nette Nachbarschaft gewöhnt. Oben auf Namu Serit, in der Einsamkeit, meinte ich oft, das Sprechen zu verlernen. Tagelang sah ich außer meinem Mann keinen Europäer. Am Morgen oder Nachmittag machte ich Spaziergänge durch die Pflanzung, ich legte unseren Kleinen in seinen Sportwagen, setzte Kurt ans Fußende und ging, begleitet von unseren drei Hunden, durch ein großes Feld von mehr als mannshohem Elefantengras, dahinter dunkler Busch rechts und links. Angst hatte ich keine, bis einheimische Frauen auf diesem Weg einem ausgewachsenen Tiger begegneten. Sie schrien laut, und die gefährliche Raubkatze verschwand im hohen Gras. Von da an wagte ich nicht mehr, diese Pfade zu betreten, und kam mir noch eingesperrter vor.

Deshalb war ich froh über Ablenkung von einer ganz anderen Seite: An einem freien Tag wurde ich vom Koch gerufen, der Batak-Häuptling des Dorfes Bintang stehe mit seinen Frauen und einem kranken Baby vor der Tür, sie wollten mich sprechen. Der Mann verbeugte sich, deutete auf das Kind im Arm der jüngeren Frau, es sei hitzekrank, und bat mich um Hilfe.

«Bringen Sie das Kind dem Tuan Doktor», sagte ich, «der gibt ihm gute Medizin, die hilft. Sie können morgen früh mit dem Krankenhaus-Auto nach Tandjong Morawa fahren.»

«Tidak, Tidak! – Nein, nein!», rief der Mann, und seine Frauen sahen ihn entsetzt an. «Dort schneiden sie dem Kind den Bauch auf, und es muss sterben.»

«Nein», war meine Entgegnung, «dort bekommt euer Kind nur Medizin, und sein Blut wird auf Malaria untersucht.»

«Ins Hospital gehen wir nicht», beharrte der Mann energisch. Da befahl ich dem Koch, der hinter mir stand und zuhörte, er solle mir einen Teller, eine halbe Banane und eine Gabel bringen, ich selbst holte aus meiner Hausapotheke das Euchinin-Pulver hervor, ein Briefchen davon nahm ich an mich und rührte den Inhalt unter die zerdrückte Banane. Die junge Mutter fütterte damit ihr Kind. Vierzehn Tage lang wiederholten wir die Behandlung, dann war das Fieber verschwunden, und es sprach sich herum, dass die «Mem babu», wie ich nun hieß, weil ich meine Kinder selbst versorgte, also Babu-Arbeit verrichtete, eine große Heilerin sei. Gustel nannten sie «Tuan papa», der väterliche Herr, weil er gerecht und väterlich zu seinen Untergebenen war.

Jeden Tag wurden mir von jetzt an Verletzte oder Kranke gebracht, ich sah bald, wo ich helfen konnte und wo nicht. Ein etwa achtjähriger Batak-Junge aus dem Kampong kam zu uns, sein Großvater sei so krank, er könne nichts mehr essen. Ich sagte, er solle den alten Mann am nächsten Morgen mit dem Hospitalauto ins Krankenhaus fahren lassen, Gustel gab extra ein Schreiben mit. Wahrhaftig, Großvater und Enkel hatten Vertrauen zu uns und fuhren hin. Strahlend erzählte der Junge nach einiger Zeit, sein «Nänä» sei wieder gesund.

An einem Hari besar spazierten wir zum Fluss hinunter. Wer kam uns da entgegen? Der kleine Junge. «Wie geht es deinem Nänä?» – «Den haben längst die Ratten gefressen», entgegnete er lachend, und wir waren perplex. Die Batak beerdigten ihre Toten nicht wie die Malaien, sie legten sie stattdessen in kleine Betonhäuser etwas außerhalb des Dorfes, in die keine großen Raubtiere Zugang fanden. Ratten konnten jedoch durch die runden Löcher schlüpfen und die Leichen fressen. Andere Batak-Stämme verbrannten ihre Toten. Man erzählte mir, dass die Batak vor noch gar nicht langer Zeit Kannibalen gewesen seien und durch das Verzehren der Stammesältesten deren Kraft in sich aufnehmen wollten. Europäische Missionare hatten diesem Ritual ein Ende gesetzt. Interessanterweise waren die Batak ausnahmslos Christen, während die restliche Bevölkerung Indonesiens Moslems waren.

Einige Tage später kam ein Mann aus demselben Kampong mit einem wimmernden Säugling auf dem Arm angerannt. Er sah Gustel und rief: «Tuan, hilf!», und löste das völlig mit Blut getränkte Tuch von der kleinen Hand des Kindes. Der Zeigefinger hing nur noch an einem Hautfetzen. Gustel wollte gerade mit dem Buggy in die Pflanzung, er band den Arm ab, umwickelte die Hand mit seinem Taschentuch, wendete und brauste los zum Hospital, wo das Fingerchen gerettet werden konnte. Einen Tag später erschien ein bildhübsches Batak-Mädchen vor unserem Haus, einen großen Korb mit Früchten, jungem Reis und Mais auf dem Kopf tragend. Sie sei die Schwester des verletzten Jungen, zum Dank schicke uns ihr Vater diese Gabe. Ich bedankte mich vielmals und fragte sie, ob sie bald heiraten werde. Verlegen lachend

sagte sie: «Ja, bald.» – «Und werden deine schönen Zähne
dann auch herausgefeilt?» – «Ja.» – «Dann ist doch deine
ganze Schönheit dahin! Wehr dich doch dagegen, sprich mit
dem jungen Mann, der dich heiraten wird. Er hat doch sicher auch lieber eine hübsche Frau als eine mit roten Zahn-
stummeln. Wehr dich!» Sie lachte und meinte, sie werde es
probieren.

Heiratete ein Batak, dann brauchte er keine schöne Frau
mehr, sondern nur ein Arbeitstier, das den ganzen Tag für
ihn schuftete. Der Mann ging derweil auf die Jagd oder ins
Männerhaus zum Palaver, und wenn er mit seiner Frau auf
den Markt ging, schritt er mit seinem Stock voran, weit hinter ihm seine Frau mit der schweren Last auf dem Kopf, die
Kinder am Sarongzipfel hängend. Die Zähne der Frauen
wurden am Hochzeitsmorgen herausgefeilt. Die Armen
begannen dann, Betel zu kauen, also die zerkleinerte Betel-
nuss mit Kalk, eingewickelt in Blätter des Betelpfeffers. Dies
betäubte den Schmerz. Die Zahnstummel, die Zunge und
der Speichel, alles färbte sich blutrot. Eifersuchtstragödien
gab es selten oder nie.

Monate später traf ich das junge Batakmädchen wieder,
sie wurde begleitet von einem jungen Mann. «Danke!», sagte
sie lachend. «Meine Zähne habe ich noch.» – «Bist du denn
schon verheiratet?» – «Schon lange», sagten beide strahlend.

Eines Tages brach eine Augenkrankheit aus, unsere Bediensteten bekamen rote, juckende Lider, die Augen tränten entsetzlich, und auch meine begannen sich zu entzünden. Weder Borwasser noch Collagol wirkten, da machte ich
eine Boraxlösung mit abgekochtem Wasser, und siehe da, es
half großartig. Die Bediensteten behandelte ich auch gleich,

und sie wurden innerhalb von drei Tagen gesund. Und nun kamen die Kampong-Bewohner und Kulis in Scharen daher. Ich ließ sie alle nebeneinander auf den Boden hocken und schritt, immer zwei frische Wattebäusche in den Napf mit Boraxlösung tauchend, von einem zum anderen und legte sie den Kranken tropfnass auf die Augen. Viele fühlten gleich Erleichterung, andere kamen am nächsten Tag nochmals. Es war wie ein Wunder, dass diese Plage mit dieser Behandlung vorüberging. Bald brachte man mir Pferde und Ziegen, die ich heilen sollte, Männer mit Syphiliswunden und den schlimmsten Ausschlägen, alle wollten von mir geheilt werden.

Nach neun Monaten hieß es wieder umziehen. Unsere nächste Adresse hieß «Weg 5», die neue Hauptplantage im Unterland. Am Umzugstag erlebte ich allerdings eine Enttäuschung. Wir hatten einen Ochsenkarren zu wenig für unseren Hausrat, und vor der Küche blieben einige Kisten und Körbe mit Küchengeräten stehen. Das Mietauto wartete schon vor dem leeren Haus. Kurt rannte durch die leere Vorgalerie, Gustel trug den Kleinen auf dem Arm, und gemeinsam sahen wir, wie sich von den Arbeiterhäusern her eine Prozession von Frauen zu unserem Haus in Bewegung setzte. «Jetzt kommen sich die Frauen verabschieden», sagte ich. Gustel lachte. «Jetzt wirst du gleich sehen, wie die Dankbarkeit aussieht!» Eine Frau, deren Mädchen ich kürzlich behandelt hatte, ging voran, ich hoffte noch, sie würde vor unserer Veranda haltmachen und mir zuwinken. Nein, sie und alle Weiber rannten zur Küche hinüber, um sich über die Kisten herzumachen. Aber da stand schon Gustel und schickte sie mit erhobener Stimme weg. Die Weiber blieben in einiger Entfernung stehen, keiften und ließen die Kisten vor der Küche nicht aus den Augen, in der Hoffnung, noch etwas erben zu können. Die Mentalität dieser Menschen versetzte mich immer wieder in Erstaunen, sie waren wie Kinder, genauso treu wie devot und fordernd wie unverschämt. Da erschien Kasmadi, unser Boy, auf seinem Fahrrad, hinter ihm kam der noch benötigte Ochsenkarren, der gleich beladen wurde. Wir stiegen ins Auto und ließen Namu Serit hinter uns.

Im Juni 1929 kam Gustels Mutter von einem Besuch bei ihrer Tochter Vera aus Shanghai zurück und machte halt bei uns. Von unserer schlichten Behausung war sie ziemlich enttäuscht, ließ sich aber wenig anmerken. Nach einer Woche fuhren wir mit ihr für einige Tage in die Ferien nach Berastagi.

• • • • • • •

> Der Ort liegt etwa dreizehnhundert Meter hoch, dort herrscht ein Klima wie in den Bergen Italiens. Hier tanken die Pflanzerfamilien auf, man atmet freier, die blassen Frauen und ihre Kinder bekommen wieder Farbe. Man wohnt in Bungalows und einem Hotel, die eigens zur Erholung auf der Hochebene erbaut wurden.

• • • • • • •

Mit Gustavs Mutter fuhren wir nach Harang Gaul ans Tobameer, einen riesigen, kristallblauen Bergsee in einem ehemaligen Vulkankegel. Wir statteten einigen Batak-Dörfern einen Besuch ab, und unser Gast staunte immer wieder über die zahnlosen Frauen mit ihren roten Mündern. Den Markt von Kaban Djahe besuchten wir auch, fast alle Verkäufer kamen zu Fuß mit ihren Waren, die Frauen waren die Tragesel, die Männer führten höchstens ein Pony oder ein kleines Pferd. An vielen Ständen hingen geschlachtete Hunde, deren Fleisch dort pfundweise verkauft wurde. Auf einem Podium stand ein Wunderdoktor, der den herumstehenden Leuten einen Vortrag hielt, Zähne zog und Wunden behandelte. Einem der Zuschauer verabreichte er ein Klistier. Der setzte sich anschließend an den Wegesrand und machte sein Geschäft, und alle sahen mit Interesse zu. Mutter amüsierte sich königlich, das war etwas für sie. Sie fuhr mit einer Menge Urwaldgeschichten nach Hamburg zurück.

Kurz darauf erfuhren wir von der schrecklichen Mordtat an einem holländischen Pflanzerehepaar. Die Aufregung unter den Pflanzern war groß, das konnte jederzeit wieder passieren: Da fühlte sich ein javanischer Kuli von seinem Tuan ungerecht behandelt, zog seinen Dolch und stach ihn nieder, rannte im Blutrausch weiter ins Herrenhaus, wo die Frau sich mit ihrer kleinen Tochter und der Babu aufhielt. Letztere erkannte, dass der heranstürmende Kuli mit dem Dolch in der Hand Amok lief, ergriff das Kind und rannte mit ihm auf dem Arm in den Busch, während der Kuli die junge Europäerin erstach.

Die Assistenten taten sich zusammen und beraumten eine abendliche Kundgebung an, die im Medan-Hotel stattfinden sollte. Gustel wollte und musste hingehen. Frauen, meinte er, würden sowieso nicht anwesend sein, das wäre eine reine Männersache von kurzer Dauer. Mir war etwas ungemütlich zumute, denn ich war weit und breit die einzige Europäerin auf der ganzen Pflanzung. Kaum in seinem Bett, begann unser Jüngster zu weinen, er habe Bauchweh, und schon fing er an, sich zu erbrechen. Nicht lange danach begann das Gleiche bei seinem Bruder. Der Koch bereitete eine Thermosflasche mit Tee für die Nacht, und ich sagte Kasmadi, dem Mann von Babu Djem, er solle auf der Vorgalerie schlafen. Dann schloss ich die Türen zu Vor- und Hintergalerie ab, packte Gustav in sein Bett ins Kinderzimmer und legte mich mit einem Buch auf meines. Die große Petroleumlampe stellte ich auf meinen Nachttisch. Ich musste eingeschlafen sein, als sonderbare Geräusche mich weckten. Ein Ächzen und Stöhnen, ein rollendes Hin und Her aus der Richtung der Vorderveranda, auch der Fußboden schien zu vibrieren, dann wieder Ächzen und gurgelnde Töne. Lieber Gott, was konnte das sein? Wieder Stille, ich schlief ein, aber bald dieselben verrückten Geräusche. Ich sah nach den Kindern, gab ihnen zu trinken, beide fieberten. Wenn nur Gustel hier wäre, aber es konnte ja nicht mehr allzu lange dauern. Wieder dieses sonderbare Rollen. Ich schloss die Tür zur Vorgalerie auf, öffnete sie leise und leuchtete mit der großen Stablampe hinein. Da lag Kasmadi, bis über den Kopf in einen Sarong gewickelt. Er rollte schlafend auf dem Bambusteppich hin und her und stieß undefinierbare Laute aus. Ich versuchte, ihn zu wecken, es gelang mir nicht. Wieder ächzte er und rollte nun wie eine Wurst über den Boden in die andere Richtung. Ich rief seine Frau, die nach einiger Zeit verschlafen erschien. «Was ist mit Kasmadi los?» – «Er hat Malaria.» – «Weck ihn und bring ihn in sein Bett.» Es dauerte eine ganze Weile, bis sie ihn wach bekam und mit ihm in den Hintergebäuden verschwand. Ich wollte nun lieber allein sein und schloss die Tür wieder ab. An Schlaf war noch nicht wieder zu denken, die Kinder weinten, und ich nahm beide zu mir ins Bett. Wenn doch nur Gustel bald käme.

Es wurde ein Uhr früh, da hörte ich die ersten Autos von Medan her kommen, aber keines hielt vor dem Haus. Alle Wagen fuhren weiter nach Gunnung Rinteh. Dann wieder lautlose Stille. Es wurde drei Uhr, und die Petroleumlampe rußte, denn sie hatte kein Öl mehr. Die Kinder schliefen, ich trug sie in ihre Betten hinüber und wartete in der Dunkelheit. Eine hoffnungslose Wut wuchs in mir. Da fuhren diese Mannsbilder weg zum Schutz ihrer Frauen, die sie völlig allein daheim ließen, und feierten oder tranken. Sollte Gustel doch die ganze Nacht draußen bleiben und feiern.

Um halb fünf kam er, ich rührte mich nicht und schloss die Türen nicht auf, mochte er bleiben, wo er war. Er rief den Boy und die Babu, nur ihretwegen öffnete ich den Eingang zur Hintergalerie, die Bedienung sollte meine Wut nicht sehen. Es wurde schon Tag, Gustel hatte einen Schwips. Ich sprach zunächst kein Wort, lag still im Bett. Es sei schön und lustig gewesen, natürlich seien ziemlich viele Frauen da gewesen, es sei viel getanzt worden. Es waren tatsächlich alle weißen Angestellten nach Medan gefahren. Das genügte mir, und ich sagte ihm deutlich meine Meinung. Ich hätte hier sterben können mit den Kindern, während die «Beschützer» der weißen Frauen tanzten.

Wir zogen wieder um, diesmal direkt nach Patumbah. Das Haus war nett und sauber, ein Vorgänger hatte rings um das Haus Mimosenbäume gepflanzt, die fast immer in Blüte standen, und morgens duftete es wundervoll. Gustel hatte wieder Außendienst im Tabakfeld. Die Abteilung, die er zu kontrollieren hatte, befand sich direkt beim Haus. So spazierte ich täglich mit Kindern und Hunden durch sein Tabakfeld zum Fluss hinunter, wo die Hunde sich gleich ins Wasser stürzten und dessen Kühle genossen. Wir kamen auch am Badeplatz der Frauen aus dem nahen Kampong vorüber, wo man diese kichernd baden und auch tauchen sah. Sie waren immer mit einem Sarong bekleidet. Krokodile gab es hier oben im Fluss nicht, weiter unten, zur Mündung hin, schon. Doch dann war das Vergnügen vorbei, denn in der Abenddämmerung hatte ein Tiger einen chinesischen Kuli getötet und ihm den Kopf abgefressen. Dieser Tiger war ein Einzelgänger mit nur noch drei intakten Pfoten, der vierte Tatzenabdruck fehlte. Damit war er sicher in eine Falle geraten, konnte nicht mehr richtig jagen und griff deshalb Menschen an. Dieses Tier war sehr gefährlich. Es wurden Fallen aufgestellt, aber der «Man eater» wurde nicht gefangen. Erst Jahre später sollte er in Atjeh, dreihundert Kilometer nördlich von uns, erlegt werden.

Mit dem Beginn der Fermentierscheunen-Zeit wurde Gustel nach Tandjong Morawa versetzt. Dort wohnte, in einem großen Bungalow, auch Simon, unser Hauptverwalter, den ich bei meinem ersten Klubabend in Medan kennengelernt hatte. Nun gingen wieder die Antrittsbesuche los, genau nach Rang und Ordnung. Zuerst also die hohen Herren. Als wir alles hinter uns hatten, folgten die Gegenbesuche, oft waren sie eine Strafe für mich. Ich wäre viel lieber zu Bett gegangen, als stundenlang mit diesen fremden Menschen zusammenzusitzen, die sich nur nach oben dienen wollten.

Als wir nach dem ersten rituellen Vorabendbesuch nach Hause kamen, erlebten wir eine Überraschung. Djem und Kasmadi hatten auf der Vorgalerie schlafen wollen, um auf die Kinder aufzupassen. Ins Bett brachte ich die Buben immer selbst. Kaum daheim, sah ich ins Kinderzimmer. Gustav

jauchzte und war hellwach. Kurt schlief fest. Ich rief Djem,
die behauptete, beide Kinder hätten die ganze Zeit über fest
geschlafen, aber als unser Jüngster Kasmadi am Morgen sah,
trippelte er hin und wollte von ihm auf den Arm genommen
werden. Dies war mir Beweis genug, ich sagte kein Wort.

Am übernächsten Abend fuhren wir wieder zu einem Besuch. Wir ließen das Auto ein Stück weiter anhalten, blieben eine Weile darin sitzen, stiegen aus und gingen zu Fuß
zurück. Es war, wie ich vermutet hatte: Djem und Kasmadi
hockten auf der Vorgalerie und hatten unseren Kleinen bei
sich. Ohne ein Wort zu sagen, nahm ich Gustav auf den Arm,
zog ihn frisch an, denn er war vom Toben ganz verschwitzt,
und packte ihn wieder ins Bett, dann rief ich unseren Boy-
Koch und bat ihn, oben im Haus zu bleiben, solange wir weg
wären. Ich wollte nicht, dass die Babu und Kasmadi den
Kleinen wieder aus dem Bett nähmen, sobald wir wegfuh-
ren. Von da an schliefen beide Jungen friedlich, wenn wir von
unseren Besuchen nach Hause kamen.

Die Kinder des Senembah-«Allgewaltigen» Simon besuchten uns nun oft an der Hand ihrer Kinderfrau und luden
unsere Jungen immer wieder in ihren Garten zum Spielen
ein. Damit wir nicht den weiten Weg über den Hauptweg gehen mussten, ließ Simon einen Weg durch den Busch schlagen, eine Brücke über den Bach legen. Dann musste man nur
noch einen kleinen Bananenhain passieren und war schon
da. Sofort hieß es: «Sei vorsichtig, der sieht gern schöne
Frauen um sich!»

Natürlich wollte ich mit den Kindern diesen neuen Pfad
ausprobieren. Unsere beiden Hunde kamen mit und rannten
vor uns her. Der Weg hinunter bis zur Brücke, die nur aus

drei Brettern ohne Geländer bestand, war ein gut instand gehaltener, schmaler Weg. Zum Marsch über den Steg formierten wir uns: die Hunde voraus, dann Gustav an meiner Hand, ich dicht dahinter mit Kurt, der mich am Rock hielt – und unter uns ein Bach von vier Metern Breite. Wir befanden uns gerade in der Mitte der Brücke, als die Hunde in rasendem Lauf zurückgerannt kamen, hinter ihnen ein Rudel großer Schweinsaffen. Die Hunde blieben vor uns stehen, die Affenherde am Brückenbeginn. Das vorderste Affenmännchen fletschte die großen, gelben Zähne, hinter ihm lauerte das Rudel brüllender Tiere, es war zum Fürchten. Gustav bekam sie zu sehen und schrie laut, schrill wie eine Sirene, klammerte sich an meine Hand und kreischte weiter wie am Spieß. Die Affen stutzten und wichen zurück, weil auch das große Männchen zurückfuhr und nicht recht wusste, was es nun machen sollte. Ich sagte zu Kurt hinter mir nur: «Wir gehen ganz langsam zurück», was er sofort begriff. Zum Umdrehen war die Brücke zu schmal, außerdem wollte ich die Viecher im Auge behalten. Schritt für Schritt balancierten wir rückwärts, zuletzt die Hunde. Am Ende hatten wir wieder festen Boden unter den Füßen, die Affen waren uns bis über die Mitte der Brücke gefolgt, dann gingen sie auf ihre Seite zurück und verschwanden im Dickicht.

Am nächsten Nachmittag nahmen wir wieder den Hauptweg. Am selben Abend wurde das dreijährige Kind von Simons Gärtner von den Affen in Stücke gerissen. Simon rief ein paar seiner Angestellten zusammen und machte Jagd auf die Horde, die stark dezimiert wurde. Trotzdem benutzte ich diesen Pfad zu Simons Garten nie mehr.

Unsere Hunde folgten den Kindern auf Schritt und Tritt.

Schlangen, Skorpione und Tausendfüßler stöberten sie auf. Auf Bäume klettern ließ ich meine Jungen nie, denn die Baumschlangen waren gefährlich giftig, und man sah sie kaum mit ihrer grünen Tarnfärbung.

Lothar von Wurmb, der «dicke Lothar», wurde unser neuer Manager. Eines Morgens saß ich mit den Kindern auf der Veranda, als die frischgebackene Managerfrau Njura von Wurmb daherkam. Sie war Russin und hatte eine tiefe, rauchige Stimme: «Ich möchte Sie heute Nachmittag mit Ihren Kindern zum Tee einladen, unsere Männer kommen nach der Arbeit auch. Was nähen Sie denn da?» – «Pyjamas für meinen Mann.» – «Für Ihren Mann würde ich auch gern einen Pyjama nähen, aber für'n Lothar? Nein!» – «Was trägt denn Lothar nachts?» – «Nichts, der deckt sich mit seinem dicken Bauch zu!» Beschlagen war sie, die Njura! Die Ehekrisen der «von Wurmbs» ersetzten uns von da an so manchen Theaterbesuch.

Ich fuhr nach Medan und wurde vom chinesischen Haupt-Tandil, dem Oberaufseher, gebeten, für ihn mit einzukaufen, er wolle ein Fest ausrichten. Die Liste stellte ich mit ihm zusammen, er wollte nur das Beste vom Besten haben und gab mir viel zu viel Geld mit. Also bestellte ich Fleisch beim deutschen Schlachter, das Kleingebäck, Torten und Kuchen beim deutschen Bäcker und dem Konditor. Früchte nahmen wir gleich mit, alles Weitere wurde am Festtag geliefert. Ich bezahlte sofort und ließ mir Quittungen geben. Nicht einmal die Hälfte des mitgegebenen Geldes hatte ich gebraucht. Er bekam Angst, dass ich zu wenig oder minderwertige Lebensmittel eingekauft hätte. Aber das Nasigoreng war erstklassig, genauso wie die Zigaretten und Zigarren,

und die Torten waren nicht zu süß wie sonst. Alles fand rei-
ßenden Absatz, und der Haupt-Tandil staunte, wie preiswert
wir eingekauft hatten. Später sagte uns der deutsche Konditor, wenn er gewusst hätte, dass das Bestellte für den Ober-
chinesen bestimmt gewesen sei, hätte er mehr verlangt, der
Schlachter war derselben Meinung. Die Leute wollten eben
schnell reich werden, egal wie.

An einem Hari-besar-Nachmittag spazierten wir mit den
Kindern zu den Viehställen hinüber. Die Jungen hatten
große Freude daran, die Kälber zu streicheln. Den Heim-
weg nahmen wir über das Gelände für die javanischen Kulis,
die meist Moslems waren. Wir sahen kaum eine Menschen-
seele, die meisten Kulis befanden sich beim Glücksspiel, die
Frauen waren in den Küchen. Da standen in der Sonne vier
Holzliegen, auf denen lagen nackte kleine Mädchen, wim-
mernd und weinend, zwischen ihren gespreizten Beinen ge-
ronnenes Blut und Unmengen von Fliegen. Zwei javanische
Frauen saßen, in einen Singsang vertieft, dabei und versuchten mit einem Wedel, die Fliegen zu verscheuchen. Gott,
dachte ich, dann ist also doch wahr, was ich gehört habe: Die
kleinen Mädchen gläubiger Moslems wurden von einer Du-
kun mit sechs Jahren beschnitten. Das Beschneiden geschah
mit einem scharfen Tabakritzmesser. Ich fragte meine Babu
nach diesen Riten. «Islam», flüsterte sie. Viele moslemische
Frauen glauben, dass die Religion es so will, dabei steht im
Koran nicht das Geringste darüber. Die Kolonialregierung
duldete dieses Zeremoniell, um den Frieden zu bewahren,
denn religiöse Einflüsse sind immer stärker als politische.

Die Scheunenzeit war zu Ende. Es hieß also wieder umziehen. Gustel wurde zu der einsam gelegenen Plantage «Weg

14» beordert. Am Umzugstag nahm er mich in seine Arme: «Weißt du, was mir an dir besonders imponierte, als ich dir sagte, dass du als Tabakpflanzerfrau mindestens zweimal im Jahr umziehen müsstest? Dass du mir geantwortet hast: ‹Dann zieht man eben um!› Das ist die richtige Frau für mich, dachte ich, und du hast mich nie enttäuscht. Du klagst und jammerst nie.» Und er dankte mir.

In der Regenzeit tobten wieder die Gewitter. Die Läden wurden geschlossen, der Boy stellte eine kleine Petroleumlampe auf den Schreibtisch, und dann saß ich mit den Kindern allein im Klambuzimmer. Ich versuchte, mit ihnen zu spielen oder Geschichten vorzulesen, während es draußen blitzte und krachte. Manchmal trommelten die Regentropfen derart auf das Atap-Dach, dass man sein eigenes Wort nicht mehr verstand. Meine Angst durfte ich den Kindern nicht zeigen, um sie nicht auf sie zu übertragen. Gern hätte ich mir die Ohren zugehalten, wenn wieder ein greller Blitz die Dunkelheit erleuchtete und ein ohrenbetäubender Donnerschlag folgte. Kurt lachte dann und sagte in Schweizerdeutsch: «Gelt, Mami, dä hät aber krachet!» Gustav aber legte mir den Kopf in den Schoß und wollte nichts hören und sehen. Wie eine Erlösung war jedes Mal das Abziehen des Unwetters, das Auftauchen des Boys, der die Lampe löschte und die Läden öffnete. Herrlich frische, erdige Luft drang dann von allen Seiten ins Haus, und eine erholsame Kühle folgte für eine kurze Weile, bis die Treibhaushitze wieder überhandnahm.

Kurt hatte hier einen besonderen Freund, einen Ochsenfrosch, den er im Arm herumtrug, mit dem er sprach und den er immer wieder bat: «Fröschli, sag doch Quak-quak!»

Dann steckte er ihn in die Tasche seiner Spielschürze, holte ihn heraus, trug ihn liebevoll herum und baute um ihn ein Haus aus Ziegelsteinen und Bauklötzen. Oft bat ich Amat, das hässlich warzige Vieh aus dem Garten herauszutragen, aber am Morgen saß es mit seinen schönen Goldaugen wieder da und beglückte meinen Buben. Mir kam es immer vor wie ein verzauberter Prinz.

· · · · · · · ·

Kontakte zu den Kindern von anderen Europäern haben die beiden Jungen nicht, denn die Entfernung zu den anderen Pflanzungen ist zu groß, und die Wege bergen viele Gefahren. Und mit dem Nachwuchs der Bediensteten zu spielen ist tabu. Hin und wieder versuchen sie durch Spielzeuge, die sie absichtlich auf den Rasen legen, die Begehrlichkeit dieser Kinder zu wecken, doch bei der kleinsten Annäherung werden die Jungen und Mädchen durch ihre Eltern zurückgerufen, meist mit Geschrei, denn sie alle würden sich zu gern miteinander befassen. Begegnen die Hake-Söhne den Kindern außerhalb des Gartens, gehen diese ihnen aus dem Weg, sodass die Buben ihren Weg weiterverfolgen können, die anderen aber einen Bogen um sie machen, auch wenn er durch den Graben führt. Diese Distanzierung von der «niedriger» stehenden Bevölkerung gehört wie selbstverständlich zum Kinderleben der Jungen. Sie wachsen nur unter der Obhut ihrer Mutter und der Babu heran. Wenn sie am späten Nachmittag mit ihrer Mutter, ausgestattet mit Sonnenschirmen, zu der Tabakplantage ihres Vaters gehen und den immer freundlichen Kulis bei der Arbeit zusehen, werden sie wie Prinzen begrüßt. Manchmal dürfen sie mit den Söhnen ihres chinesischen Kochs spielen. Chinesen gelten als zivilisierter als die Landesbewohner.

· · · · · · ·

In den Ferien hatten wir die Söhne unseres chinesischen
Kochs zu Besuch. Die Schulzeit über wohnten sie in Medan
in einem chinesischen Internat. In Namu Serit hatte ich
die beiden netten Buben oft zu uns herauskommen lassen,
damit sie mit Kurt, der so einsam aufwuchs, hatten spielen können. Auch hier, auf dem abgelegenen Weg 14 kamen
A-Chi und A-Teng öfter zu uns ins Haus und genossen es,
mit der Eisenbahn, den Autos und den anderen schönen
Sachen zu spielen.

Bald aber begann Gustav, uns Sorgen zu machen. Kaum
kam er vom Spielen aus dem Garten, legte er sich auf die
Couch und schlief ein. Dies gefiel mir gar nicht. Der Junge
hatte Fieber, sein Kopf glühte. Ich fuhr mit ihm ins Krankenhaus. Dr. Heinemann war nach Java gereist, und der Arzt van
Volle untersuchte den Kleinen oberflächlich und fand nichts.
Kinder seien schnell fiebrig. So fuhr ich wieder nach Hause
und legte das jammernde Kind ins Bett. Ich merkte, dass
er Schluckbeschwerden hatte, er bat immer wieder: «Mami,
Pulmo!» Ich hatte diese Hustenmedizin vom Pasteur-Insti-
tut in Paris im Haus. Davon mischte ich nun einen Teelöffel
voll mit Milch. Das trank der Kleine, und er bekam wieder
Luft. Immer wieder verlangte er nach «Pulmo». Der Kleine
japste und keuchte, ich trug ihn auf dem Arm umher, wiegte
ihn wie ein Baby, gab ihm löffelweise Pulmo mit Milch.

Es wurde Nacht, Gustel brachte Kurt zu Bett, unsere beiden Haus-Käuzchen flogen lautlos durch die Vorgalerie und
setzten sich nebeneinander auf ihren Balken unterm Atap-
Dach und riefen ihr süßes Wu-uu-uu. Gustav lächelte mich
an und zeigte mit seinem Zeigefinger zum Dach hinauf. «Ja,
die lieben Käuzchen sitzen dort oben und rufen ‹Gute Nacht,

gute Nacht›.» Nach einer Weile sagte er mühsam: «Mami, die lieben Bärchen sind auch da, oder?» Ja, man hörte ihr heiseres, bellendes Gebrumm aus dem Garten, da waren auch Junge dabei, die ganze Familie schien dort spazieren zu gehen. Begegnen möchte ich ihnen nicht, dachte ich, malaiische Bären können böse und unberechenbar sein. Plötzlich fing der Junge an, nach Luft zu schnappen, immer mehr, ich nahm ihn hoch und trug ihn ins Klambuzimmer, wo Gustel an seinem Schreibtisch unter der Gasoline-Drucklampe saß und las.

«Ich bin sicher, das ist Diphtherie. Nimm mir den Jungen einen Augenblick ab!» Aus einem medizinischen Buch las ich Gustel vor, woran man die Krankheit erkennen könne. Wir leuchteten dem schreienden Kind mit der großen Stablampe in den Hals, und wirklich, seine Mandeln sahen gelblich-weiß aus, wie Schimmelpilze. Also die gefürchtete Erkrankung. Amat wurde geweckt, der sich sofort bereit erklärte, zu Dr. van Volles Haus zu radeln. Trotz Bären und Tigern setzte er sich auf sein Rad und fuhr die zwölf Kilometer nach Tandjong Morawa – es war elf Uhr nachts.

Morgens um vier Uhr sahen wir die Lichter seines Autos näher kommen. Dr. van Volle roch nach Alkohol und war schlecht gelaunt. «Sie sind eine zu empfindliche Frau!», sagte er.

«Schauen Sie dem Kleinen erst in den Hals», empfahl ihm Gustel. Er tat es und war im nächsten Moment nüchtern. Er komme um sieben Uhr wieder, um die Halsabstriche zu machen, jetzt könne er nichts tun. Damit verabschiedete er sich hastig.

Er kam dann schon vor sieben Uhr, nahm die Abstriche

unserer Kinder und der beiden chinesischen Buben. Eine gute Stunde später war der Arzt vom Untersuchungsinstitut aus Medan zurück. Ja, es sei Diphtherie, der ältere Sohn des Kochs sei der Bazillenträger. Alle vier Kinder wurden mit einem Serum geimpft. Von dem Augenblick an ging es Gustav besser, das Fieber sank, er bekam wieder Luft, und bald verlangte er selbst nach seinem eigenen Bett. Zu Tode erschrocken war ich, als er als Folge der Diphtherie plötzlich nichts mehr sehen konnte. Endlich, nach wochenlanger Pflege, wussten wir, dass unser Sohn die Krankheit überwunden hatte. Zu seinem Geburtstag bekam er ein eigenes Tretauto. Vom deutschen Bäckermeister in Medan hatte Gustel außerdem eine Haselnusstorte mitgebracht. Wir saßen gerade vor dem Haus, als ein Schlitten von Auto vorfuhr. Frau Tweer aus Holland, die Frau unseres allerhöchsten Vorgesetzten aus Amsterdam, schneite herein. Sie galt als der Geiz in Person, und schon sah sie missbilligend auf unseren festlichen Tisch. «Essen Sie jeden Tag Torte?»

«Nein», antwortete ich lachend, «unser kleiner Gustav ist heute vier Jahre alt geworden. Er ist uns nach der bösen Diphtherie, die er gerade überstanden hatte, zum zweiten Mal geschenkt worden.» Mevrouw Tweer lächelte süßsauer.

Anlässlich des Besuches des Ehepaars Tweer fand ein großer Empfang im Hause Simon statt. Es wurde allerhand gemunkelt, warum die Tweers so schnell wieder nach Deli und Sumatra zurückgekommen waren. Es gab nämlich die niederländische Revolverzeitung De Planter, «Der Pflanzer», die sich jedoch kein Assistent halten durfte. Tat er es doch, musste er mit seiner Entlassung rechnen, so streng waren die Sitten. Fast alle Pflanzer bekamen sie jedoch gratis als

Anzeigenzeitung ins Haus, so auch wir. Und alle lasen sie mit höchstem Vergnügen. Da war darin eines Tages zu lesen: «Warum ist Frau van Ass so schön geworden? Die Antwort finden Sie in der nächsten Nummer.» Ganz Deli war gespannt auf die folgende Ausgabe.

Frau van Ass war wirklich schön geworden, ich hatte sie in Brastagi gesehen und erst gar nicht wiedererkannt, wie sie daherkam: mit einem ganzen Schweif junger Männer hinter sich. Todschick gekleidet, etwas rundlich, mit Grübchen in den Wangen. Woher kennst du diese Frau nur, dachte ich? Ach ja, das war doch diese «magere Katze» im silbernen Abendkleid aus dem Hotel de Boer, über die unser Chef Simon damals so gelästert hatte, sie sei gerade aus einem Pariser Puff gekommen.

Und nun stand in der nächsten Nummer des Planter: «Sie gebraucht neuerdings die Schönheitscreme von Frau Simon!» Ganz Deli lachte – außer der Direktion der Senembah in Amsterdam. Herr Tweer setzte sich mit seiner Ehefrau aufs nächste Schiff und fuhr nach Sumatra, um Ordnung zu schaffen. Simon bekam kalte Füße und entschloss sich, wohl seiner Frau zuliebe, zu einem «Opfergang». Die großherzige Frau Simon besuchte mit ihrem Mann das Ehepaar van Ass, und gemeinsam gingen sie erst in den «Weißen Klub» und setzten sich in die Halle, wo jeder sie sehen konnte, tranken etwas und unterhielten sich freundschaftlich. Dann ging es ins Hotel de Boer und durchs Medan-Hotel. So wurde allem Gerede die Spitze genommen, und als die Tweers in Belawan landeten, war von dem Skandal kaum mehr etwas übrig geblieben. Natürlich hing für Simon alles davon ab, sein Ansehen, seine Stellung und sein guter Ruf.

Ich habe oft darüber nachgedacht, ob ich selbst als betrogene Ehefrau eine solche Hochherzigkeit und verzeihende Liebe aufgebracht hätte. Ich wäre sicher zu stolz gewesen, hätte es als zu erniedrigend gefunden, mich mit einer Frau van Ass in der Öffentlichkeit zu zeigen. Simons sind dann nicht mehr lange geblieben. Ein Holländer namens Delsmann wurde sein Nachfolger, der Intimus von Njura von Wurmb, der Frau des dicken Lothar.

Er wohnte in Tandjong Morawa – Kanan (rechts vom Fluss), seine Mätresse, Frau van Limburg, in Tandjong Morawa – Kiri (links vom Fluss), sodass der Planter bald wieder eine Preisfrage stellte, mit Auflösung in der nächsten Nummer: «Was ist der Unterschied zwischen Herrn Delsmann und einem Japaner?» Die Antwort: «Der Japaner macht Hara-Kiri, Mynheer Delsmann pflegt Kanan-Kiri.» Man erwartete daraufhin wieder den Besuch von Herrn Tweer aus Holland.

Wir aber bereiteten uns auf unseren Europaaufenthalt vor. Skandale in den Gesellschaften interessierten uns nicht mehr, denn uns standen sieben Monate Urlaub bevor, und darauf freuten wir uns.

7 Knickerbocker und Dauerwelle

Am 9. Januar 1933 holten Ochsenkarren in aller Frühe unseren Hausstand ab, wir stellten ihn für die acht Monate unserer Abwesenheit in einem leerstehenden Assistentenhaus unter. Anschließend ging es direkt an Bord. Unsere Katzen und Hunde hatten wir zur Betreuung an Freunde gegeben, die Hühner und Enten hatten wir verspeist.

· · · · · · · ·

So fährt die junge Familie im Januar 1933 zurück in ein Europa, in dem es überall kocht und brodelt. Dort sind Millionen Menschen arbeitslos und kämpfen ums nackte Überleben. Familie Hake kann es sich gutgehen lassen, denn für die Devisen erhält man beim Umtausch in Deutschland horrende Summen.

Fünf Tage vor der Abreise aus Sumatra haben Reichskanzler von Papen und Hitler in geheimen Verhandlungen die Regierungsbeteiligung der Nationalsozialisten vereinbart. Die NSDAP ist kurz davor, an die Macht zu kommen.

Die Fahrt auf der deutschen MS Aller nach Genua ist ganz den Kindern gewidmet. Meine Großeltern haben keine Babu dabei, obwohl ihnen ab zwei Kindern eine von der Gesellschaft finanzierte Betreuung zustünde. Sie gehen am Abend nicht zum Tanzen und passen selbst auf die Kinder auf. Dafür nimmt die Familie tagsüber an zahlreichen Vergnügungen teil. Eine Frau auf dem Schiff beeindruckt Claire besonders: eine intelligente junge Jüdin mit pfiffigem Kurzhaarschnitt, die schon auffiel, als sie in

Colombo an Bord ging. Sie war zwei Jahre in Indien an der Tagore-
schule gewesen und hatte deutsche, englische und Schweizer
Papiere.

· · · · · · ·

Sie war ein Frauentyp, der mir noch nie zuvor begegnet war,
modern, offen, ohne Furcht. Sie war freier als wir, so ungezwungen und selbstbewusst. Mir gefiel sie ungemein.

· · · · · · ·

Eines Morgens erblickt die Familie die ersten Schiffsoffiziere in
dunkelblauen Uniformen an Bord, Europa kann nicht mehr weit
sein. Nun müssen die Jungen lernen, Wollkleidung und festes
Schuhwerk zu tragen. Tagelang schimpfen sie über die umständ-
lichen, «blöden» europäischen Kleider. Nach sieben Jahren in Asien
ist Claire nicht mehr auf dem neuesten Stand, was praktische Kin-
derkleidung betrifft. Sie hat genäht und gestrickt, was sie aus ihrer
eigenen Kindheit an Kleidung für Kinder gewöhnt ist. Kurt ist gerade sieben Jahre alt geworden, Gustav wird in Deutschland fünf
werden.

Eine Strecke mit dem Schiff dauert etwa einundzwanzig Tage.
Am 30. Januar betreten die beiden Hake-Jungen das erste Mal in
ihrem Leben europäisches Festland. Es ist der Tag, an dem Hitler zum Reichskanzler ernannt und den Nationalsozialisten die
Macht übergeben wird.

· · · · · · ·

Sonnig, aber kalt war es in Genua. Die Höhen hinter der
Stadt grüßten uns weiß beschneit. Mit einem Taxi ließen
wir uns zum Bahnhof bringen. Es war eisig auf dem Bahn-

steig, und wir bestiegen gern den Zug nach Mailand, wo hoher Schnee lag. In Lugano blieben wir über Nacht in einem Hotel. Gleich meldeten wir ein Telefongespräch nach Sankt Gallen an. Zu viert standen wir in der Zelle und brachten natürlich die Tür nicht zu, sodass alle Hotelgäste, die in der Nähe saßen, unser Gespräch mit anhören konnten. Gustel gab den Hörer an Kurt weiter, der interessiert lauschte und dann laut rief: «Grüetzi, Großpapi! Ja, wir sind da und kommen ganz bald zu dir.» Als er den Hörer an seinen kleinen Bruder weiterreichte, fragte Kurt: «Ist der Großpapi hier in diesem schwarzen Kästchen?» Dann piepste auch unser Kleiner wie sein Bruder in den Hörer. Als wir die Kabine verließen, hatten die Hotelgäste Tränen in den Augen.

Am Morgen standen die Kinder staunend am Fenster. Der See und die verschneiten Berge lagen im rosigen Licht der aufgehenden Sonne. Auf dem Weg zum Bahnhof gab es rechts und links der Straße hohe Schneehaufen. Kurt griff neugierig hinein, warf das eiskalte Zeug aber sofort weg und rief: «Heiß, heiß!» Gustav blieb sinnierend davor stehen, warf sich laut jauchzend hinein und wälzte sich wie ein junger Hund. Im Zug hatten wir Fensterplätze, und die Jungen bestaunten die verschneiten Berge, die kleinen lieblichen Dörfer, die Kapellen, Kirchen und die Tunnel.

Unser großes Gepäck hatten wir bis Zürich senden lassen, denn der Zoll war dort großzügiger als in Sankt Gallen. Ich hatte in den großen Kisten so viel Zeug von Bekannten für ihre Angehörigen in der Heimat. Allein der «dicke Lothar» hatte mir zwei ausgestopfte Krokodile mitgegeben, Zigarren für seinen Vater, Seide für seine Mutter. Endlich lag der Zoll hinter uns, wir suchten das Bahnhofsrestaurant erster Klasse auf und bestellten, worauf wir Lust hatten. Kurt musste immer wieder verschwinden: Die Waschgelegenheit mit dem Seifenspender und dem elektrischen Händetrockner imponierte ihm gewaltig.

In Sankt Gallen lag kein Schnee, aber man spürte den Frost schon kommen. Mein Vater holte uns ab, er strahlte, als er die Kinder sah. Im Taxi, das uns zu ihm nach Hause brachte, sagte Kurt plötzlich: «Doch, der Großpapi hat Beine!» – «Warum sollte er denn keine Beine haben?», fragten wir lachend. «Auf dem Bild zu Hause hat er aber doch keine Beine», antwortete unser Älterer, und er hatte recht, das Foto zeigte ihn nur bis zur Brust.

In der Wohnung öffneten wir die Tür zum Wohnzimmer und standen vor einem wunderschönen Christbaum mit brennenden Kerzen, der Tisch war festlich gedeckt. Die Kinder hatten rote Wangen vor Aufregung. «Kommt nun das Christkind?», fragte Kurt. In diesem Augenblick ging die Tür auf, und es kam nicht das Christkind herein, sondern meine Schwiegermutter aus Hamburg. War das eine Überraschung! Marie, Papas Haushälterin, passte auf wie ein Luchs, dass kein Zweig Feuer fing, denn es war schon Anfang Februar, der Christbaum war bereits dürr und nadelte. Wir hatten uns unendlich viel zu erzählen.

Am nächsten Tag besuchten wir Louise und Urs, die vor zwei Jahren in die Schweiz zurückgegangen waren. Meine Schwester hatte es schwer mit den beiden ältesten Jungen. Sie hatten in ihr die eigene Mutter nicht mehr wiedererkannt.

· · · · · · · ·

Dann fährt man nach München zum Einkaufen. Bei Loden Frey werden moderne Knickerbockerhosen für den Ehemann erstanden. Die beiden Frauen haben einen völlig unterschiedlichen Geschmack, sodass Claire heimlich loszieht, um sich endlich das zu kaufen, was ihr gefällt. Gegen Mutter Hake kommt auch sie nicht an.

· · · · · · · ·

Politisch lagen Veränderungen in der Luft. Was uns in München auffiel, waren die vielen Hakenkreuzfahnen überall. Männer mit senffarbenen Uniformen marschierten in Kolonnen und sangen Soldatenlieder. Das sollte die SA sein, sagte man uns, eine Schutztruppe für Hitler, um Deutschland vor den Juden und Kommunisten zu schützen, die die Ordnung unterwandern wollten. Ach, wir beide begriffen das damals alles nicht! Gustel schien ganz angetan zu sein von den neuen Ideen, denn dass sich in Deutschland irgendetwas verändern müsste, war klar.

Kurz nach der Rückkehr nach Sankt Gallen ging es nach Hamburg zur Schwiegermutter. Mir graute vor dem vornehmen Getue, das auf mich zukam.

· · · · · · · ·

In Hamburg richtet sich alles nach den Vorstellungen der Familie. Man plant Besuche hier und dort, sogar eine Reise nach Schweden, allerdings ohne die Kinder, die bei der Schwiegermutter bleiben sollen. «Irgendwann kommst du nie mehr wieder», sagt Gustav zu seiner Mutter, als sie ihm und seinem Bruder von der Reise nach Schweden erzählt. Claire kann sich kaum von ihren beiden Jungen trennen, die noch nie zuvor ohne sie waren. Doch Ehemann, Schwiegermutter und Schwager bestehen darauf: Es seien schließlich Jungen. «Zäh wie Leder, hart wie Kruppstahl und flink wie ein Wiesel» solle die deutsche Jugend sein. Das sagt nicht etwa die Schwiegermutter, sondern Gustel. Die allgemeine Stimmung hat ihn erfasst, er will «richtige» Männer aus ihnen machen. Immer wieder drehen sich die Gespräche um die Frage, auf welche Schule die Söhne gehen sollen.

• • • • • • • •

Für Mutter gab es bloß Internate, und die hatten wir ja draußen, auf der Hochfläche bei Berastagi in der neu eröffneten holländischen Pflanzerschule. Mir brach es das Herz, wenn ich nur daran dachte, die Kinder wegschicken zu müssen, zu fremden Menschen mit einer fremden Sprache. Dann war da noch das englische Internat, das einen guten Ruf hatte in Kaban Djahe. Ich erwähnte es Gustel gegenüber nur einmal, da sprang er mir schier ins Gesicht: «Deutsche gehen nicht auf englische Schulen!»

Eine eigene Hauslehrerin mit nach Sumatra nehmen? Gustel wollte keine Lehrerin im Haus haben und die ganze Verantwortung übernehmen. «Denk nur, wir wären auf einer Malaria-Pflanzung!»

Also kam nur die Pflanzerschule in Frage. Wir stellten Listen auf, was vor unserer Rückreise für uns und die Kinder anzuschaffen sei, kauften ein und ließen alles direkt an Bord der MS Trave schicken. Mutter und ich nähten in die Internatkleidung Namen, mir fiel dies schwer. Weder mit Gustel noch mit ihr konnte ich über meinen Kummer sprechen. Gustel sagte: «Dies ist der einzige Weg, die Kinder müssen sich an das Internat gewöhnen und sollen nicht verweichlicht werden.» Und Mutter zitierte ihre englische Großmutter: «Jungen gehören mit sechs Jahren raus aus der Familie. Meine Kinder hätte ich gern in dem Alter schon in ein Internat oder später in eine Kadettenanstalt gesteckt, Vater Hake war ja dagegen, seine Söhne sollten in der Familie aufwachsen, spießig, wie er war!»

· · · · · · ·

Anfang Februar löst Reichspräsident Hindenburg den Reichstag auf. Noch vor den für März geplanten Neuwahlen errichten die Nationalsozialisten die Grundpfeiler ihrer Herrschaft. Die demokratischen Grundrechte, wie die Versammlungsfreiheit, werden stark eingeschränkt, die kommunistische Partei wird verboten. Der durch einen Niederländer gelegte Reichstagsbrand dient den Nationalsozialisten als Vorwand, die demokratischen Rechte weiter zu beschneiden. Die SA sperrt linksgerichtete Politiker und Gewerkschafter in Turnhallen und Keller und hält sie, meist unter Folter, gefangen. Derweil spendet die deutsche Industrie großzügig für die NSDAP.

· · · · · · ·

Am 5. März war die Reichstagswahl; Gustel und ich wollten Hindenburg wählen ...

Ich wollte zum Friseur und wollte gleich zu jenem um die Ecke gehen. Aber da kam mir Mutter dazwischen: «Da gehst du nicht hin, das ist ein Jude. Ich melde dich bei meinem Friseur am Jungfernstieg an.»

Dann folgten die Anstandsbesuche bei Gustels alten Freunden in Wiesbaden: Die ganze Unterhaltung drehte sich um die Einrichtung des neuen Stadthauses. Da ging es mit mir durch: «Ihr müsstet mal unsere Villa in Sumatra sehen! Die Häuser hier in Deutschland sind nichts im Vergleich zu unseren Pflanzervillen.» Alles sah mich verdutzt an, auch Gustel war perplex, schaltete aber schnell und sagte lachend: «Ja, ihr müsst unbedingt mal rauskommen und euch das ansehen!»

«Wir kommen bestimmt! Carlchen geht dann auf Elefanten- und Tigerjagd, und ich spaziere mit dir durch den Urwald.»

Gustel kam in Form: «Dann bring aber deine Friseuse mit, bei der Feuchtigkeit hält deine Dauerwelle nicht, da siehst du aus wie aus dem Wasser gezogen.»

«Ist das wahr? – Nun, dann vielleicht doch nicht.»

• • • • • • •

Bei der Reichstagswahl vom 5. März 1933 erhält die NSDAP zwar nicht die absolute Mehrheit, doch sie kann das Ermächtigungsgesetz durchbringen. Damit erlangt sie am 23. März die vollständige Macht, der Reichstag ist nur noch eine leere Hülle. Im Mai verbrennen die Nationalsozialisten öffentlich die Bücher jüdischer, marxistischer und anderer missliebiger Autoren, am 15. und 30. Mai auch in Hamburg. Im Sommer sind im Reich alle politischen Parteien neben der NSDAP verboten. Die meisten, die Widerstand leisten könnten, sitzen inzwischen im ersten offiziellen Konzentrationslager in Dachau oder an anderen Orten in Haft.

• • • • • • •

Wir entschlossen uns, den Rest unseres Europaaufenthaltes wieder in der Schweiz zu verbringen. Wundervolle Wanderungen unternahmen wir mit Louise und ihrer Familie.

Dann aber war der Abschied da. Vater merkte ich den Kummer an, dass er seine Enkelkinder wieder in die Ferne ziehen lassen musste. Er begleitete uns an den Zug, und ihm liefen die Tränen über die Wangen. Kurt blickte zu ihm auf und sagte: «Großpapi, du musst nicht weinen, wir fahren nur schnell nach Sumatra.» Wir sahen Vater zum letzten Mal, zwei Jahre später starb er.

8   Blechmusik und Hakenkreuz

Die Reise verlief planmäßig und ohne Zwischenfälle. Es war bereits dunkel, als wir in Belawan ankamen. Am nächsten Morgen rief Gustel beim Senembah-Hauptkontor in Tandjong Morawa an: Wir seien zurück, auf welche Pflanzung wir kämen. Nach Kwala Namu in eines der festen Steinhäuser, hieß es. Der chinesische Boy-Koch eines nach Europa gefahrenen Kollegen suchte uns auf, er wolle gern bei uns arbeiten. «Ich kann Spätzle machen und Frikadellen», sagte er, und ich engagierte ihn. Auch Rubina und Amat standen vor unserer Tür, ich war froh, sie wieder einstellen zu können.

Nachmittags schon fuhren wir nach Kwala Namu hinaus und besichtigten unser Haus, das fast neu war und sehr geräumig. Dann besuchten wir unseren neuen Manager Roden. Am übernächsten Tag würde alles bereit für unseren Einzug sein. Auch Koch, Babu und Wasserträger benachrichtigten wir, sodass sie bereitstanden. Für den Umzugstag wurden wir gleich von den Rodens zum Mittag- und Abendessen eingeladen. Dies rechnete ich ihnen hoch an, denn die wenigsten der «großen Mems», der Frauen der Vorgesetzten, kamen auf die Idee, umziehende Assistentenfrauen und deren Kinder zu versorgen.

Nach einigen Wochen kam er heran, der böse Tag, vor dem ich so viel Angst hatte: Der Schulanfang unserer Kinder in der Pflanzerschule in Brastagi, oben auf dem Hochplateau. Mir war, als würde ich meine Kinder verkaufen, besonders den erst fünfjährigen Gustav, das Heimwehkind. Kurt war stabiler, er schloss sich schneller anderen Kindern an. Die neuen Spielsachen, die wir ihnen mitgaben, sollten den beiden die Trennung erleichtern. Ich hatte ein schlechtes Gewissen und machte mir Vorwürfe. Aber ich konnte die Sache drehen und wenden, ein anderer Ausweg blieb mir nicht. Gustel bestand darauf, dass die Kinder zusammenbleiben sollten. Kurt war im Schulalter, und Gustav noch ein Jahr allein daheim zu behalten war keine Lösung. Außerdem war Kwala Namu eine Malaria-Pflanzung, wie ich bald am eigenen Leib erfahren sollte.

Am 2. Oktober 1933 brachten wir unsere Kinder ins Gebirge. Mevrouw Massman, die Frau des holländischen Schulleiters, begrüßte uns und zeigte uns den Saal, in dem unsere Kinder schlafen sollten. Ich musste mich fest im Griff behalten und meine Gefühle abschalten. Wir verschwanden und ließen die Kinder allein in der wildfremden Umgebung. Es war entsetzlich anzusehen, wie der völlig verzweifelte Gustav an den Armen festgehalten wurde, um nicht hinter uns herzulaufen. Aus Leibeskräften schreiend riss er sich dann doch los und folgte dem Wagen bis zur Erschöpfung.

Nach einer Woche besuchten wir die Kinder. Gustav fiel mir weinend in die Arme. Ich hätte am liebsten mitgeheult, musste aber beruhigend und vernünftig auf ihn einreden, Haltung bewahren, wie mein Mann es von mir erwartete. Anderen Menschen gegenüber konnte ich hart sein, aber ihm gegenüber war ich immer zu weich. Ich hätte durchsetzen sollen, dass Gustav noch ein Jahr die Fürsorge und Liebe der Familie hätte erleben können.

Eine Woche später wachte ich mit rasenden Kopf- und

Rückenschmerzen auf und merkte, dass ich Fieber hatte. Rasch nahm ich mir Blut ab, schrieb einen kurzen Brief an Dr. Heinemann und ließ beides in seine Praxis bringen. Zwei Stunden später kam der Arzt: Es war Malaria tertiana, auch «Dreitagefieber» genannt. Ich erhielt ein Chininpräparat. Obwohl ich es genau nach Vorschrift einnahm, erlitt ich den ersten Schüttelfrost. Trotz der großen Hitze mussten Rubina und mein chinesischer Boy alle Decken, die wir besaßen, auf mich legen, so sehr fror ich. Mein Körper schüttelte sich im Fieber, ich warf mich im Bett hin und her. Dann glühte ich, strampelte alles von mir ab und suchte Kühlung. Da war ich froh, dass die Kinder in der Schule untergebracht waren.

Der Koch sorgte gut für mich und brachte mir jede Stunde kühle Getränke und Suppen. Die Chinintabletten putschten mich auf, sodass ich überhaupt nicht mehr schlafen konnte. Die halbe Nacht wanderte ich im Haus herum, die Unruhe in mir war unerträglich. Der Arzt verschrieb mir starke Schlaftabletten. Aber ich wollte mich nicht daran gewöhnen und erlaubte mir nur einmal wöchentlich eine davon. Sonst trank ich Unmengen Kamillentee, der brachte mir Ruhe und schwemmte das Gift aus meinem Körper.

Endlich wieder gesund, freute ich mich unbändig auf die Weihnachtsferien der Kinder. War das eine Freude mit ihnen in Medan am Schulbus, wo ich sie abholte! Aber dann der Abschied. Gustav sagte nur: «Ich sterbe lieber, als wieder zurück auf die Planterschool zu gehen.» Mir zerriss dieser Ausspruch schier das Herz, aber es musste doch sein.

Im Sommer machten wir wieder Ferien in Siuhan bei Prapat auf der Hochfläche. Das kreisrunde Schwimmbad auf dem höchsten Fleck dieser Halbinsel war ein Traum, die ganze Anlage dieser Feriensiedlung ein kleines Paradies. Und unten lag das blaue Tobameer.

Unsere Nichte Irmgard, die achtzehnjährige Tochter von Gustels Schwester, besuchte uns im Urlaubsheim. Sie kam gerade aus Shanghai und war für längere Zeit bei ihrer Mutter und ihrer kleinen Halbschwester Erika gewesen. Sie erzählte uns vom Leben in China, der dortigen Deutschen Schule und den vielen Festlichkeiten im Hause Dormann. Nächtelang redeten wir beiden Frauen miteinander, und ich lernte auf diesem Umweg meine Schwägerin Vera und ihren zweiten Mann Oskar Dormann kennen.

Kaum wieder zu Hause, erreichte uns die Nachricht, dass unser ehemaliger Baas, wie der Administrator genannt wurde, und Manager Mils auf Patumbah an Herzversagen verstorben war. Sein Nachfolger wurde der Österreicher Kreuz, ein Aufschneider, der schon vor 1914 nach Sumatra gekommen war. Er nannte sich «Kulturingenieur» und war nach einem Duell als Offizier degradiert worden. Jedermann fand ihn unsympathisch, unappetitlich mit seiner Streuselkuchenhaut, seinem ewigen «Küss die Hand», auf das so viele Leute hereinfielen. Ich hielt ihn für einen Syphilitiker.

Seine Frau, eine einfache Seele, hatte es bestimmt nicht leicht. Eine Weile kam sie jeden zweiten Tag mit ihren beiden Kindern bei uns vorbei. Der Junge war pickelig wie sein Vater und hatte immer eine Laufnase. Gleich nach ihrem ersten Besuch nahm ich die Gläser, Löffel und Teller, die sie benutzt hatten, an mich, gab sie dem Koch und bat ihn, diese auszukochen. Der chinesische Boy wusste Bescheid: «Der Tuan ist nicht gesund», sagte er, «hat Frauen im Kampong angesteckt mit Krankheit.» Er meinte die Syphilis.

Und diese Familie Kreuz zog nun in das schöne Managerhaus auf Patumbah. Nach einem halben Jahr erkrankte
das Ehepaar an einer merkwürdig schleichenden Krankheit,
die ihn besonders schwer traf. Er wurde grau und aschfahl
im Gesicht, nur seine Pickel leuchteten weiter. Er wurde so
schwach, dass er sich bald nicht mehr auf den Beinen halten
konnte. Im Krankenhaus stellte man fest, dass seine gesamten Verdauungsorgane mit Bambushaaren durchsetzt waren. Bei seiner Frau wurde das Gleiche festgestellt, gottlob
noch in einem frühen Stadium. Kreuz war dem Tod geweiht
und starb zehn Tage später. Seine Frau überlebte, die meisten Härchen konnten sich in ihrem Körper abkapseln. Sie
musste von da an immer in der Angst leben, dass die Abkap-
selungen wieder aufbrechen könnten.

Es war allgemein bekannt, dass Kreuz als Syphilitiker mit
einheimischen Frauen Verhältnisse pflegte. Für die Bediensteten lag es dann nahe, hier mitzumischen, zumal sie fürchteten, sich auch mit anzustecken. Einheimische praktizier-
ten bisweilen die Methode, Speisen mit Bambushaaren zu
versetzen und Widersacher so langsam zu töten. Im Nach-
hinein war es dann sehr schwer, einen Beweis zu erbringen,
um den Mörder zu finden, weil alle unter einer Decke steckten. Die Bediensteten der Familie Kreuz jedenfalls zerstreu-
ten sich in alle Winde.

• • • • • • •

Mittlerweile verstärken sich die politischen Unruhen in Niederländisch-Indien. Im politischen Widerstand einen sich islamische und
kommunistisch-sozialistische Kräfte, doch er wird immer wieder
von der Kolonialmacht niedergeschlagen. Die Holländer haben ein

taktisches Bündnis mit den einheimischen Fürsten, den Sultanen, geschlossen. Die Niederländer garantieren, dass diese ihren Stand und das höfische Leben behalten können, dafür wird deren Kolonialmacht akzeptiert. Einige charismatische Führer, darunter der junge Ingenieur Sukarno, schaffen es, die verschiedenen Widerstandsgruppen zu einen, 1933 schickt man ihn in die Verbannung. In diesen Zeiten teilt man Gewehre an die Pflanzer aus, damit sie sich im Notfall verteidigen können. Die Unruhen konzentrieren sich in den Städten, auf den Pflanzungen bleibt es eher ruhig. Manchmal kommt es vor, dass ein Javaner seine devote Haltung gegenüber dem Chef vergisst oder ihn gar angreift, doch dies ist eher die Ausnahme.

Politische Probleme werden auf den Pflanzungen nicht gewälzt. Viel schlimmere Auswirkungen auf das Gemüt der Pflanzer hat die Weltwirtschaftskrise nach dem Börsenkrach von 1929. Ostindien exportiert zahlreiche Rohstoffe, und mit einem Mal sinken die Preise für Kautschuk und Zucker ins Bodenlose. Insgesamt verlieren in der ostindischen Wirtschaft rund siebenhunderttausend Einheimische und zehntausend Europäer ihre Arbeit, einer von fünf Angestellten. Für die Europäer bedeutet dies meistens die Heimreise mit dem nächsten Schiff, für die Indonesier Rückkehr aufs Land, wo es ohnehin schon nichts mehr zu essen gibt. Währenddessen exportiert Japan anstelle der Niederlande preiswerte Waren nach Niederländisch-Indien und versucht, diesen Markt zu erobern. Wer Glück hat, behält dort seine Stelle und muss eine Lohnkürzung nach der anderen hinnehmen. Erst 1937/38 ist die Krise überwunden.

Claires Familie kann im Land bleiben, aber die Bedingungen werden nicht leichter. Die Devise ihres Mannes lautet: Gute Arbeit leisten und eine möglichst unauffällige und höfliche Beziehung zu den Kollegen und Chefs halten. Er zeigt keinen offenen Ehrgeiz, man kann ihn in die entlegensten Sümpfe versetzen, ohne dass er oder seine Frau protestieren würden, und er ist ausgesprochen brauchbar als Schlichter in «Problempflanzungen». So jemanden will man möglichst lange und flexibel einsetzen können.

．．．．．．．

Eines Mittags kam Gustel etwas früher nach Hause. «Können wir in zwei Tagen umziehen?»

«Wenn ich genügend Leute habe, wird es zu machen sein. Wohin soll's gehen?»

«Nach Two Rivers, sie erwarten dort jeden Augenblick Kuli-Unruhen aus Solidarität für eine Tat in der Fermentierscheune. Berger hat dort fast einen Kuli erschlagen, und der Manager steht auch nicht ganz auf festen Beinen. Ich muss heute Nachmittag schon hinfahren und für Ruhe in der Scheune sorgen. Schaffst du es bis übermorgen?»

«Es wird schon gehen», seufzte ich.

Gustel überzeugte die Kulis in seiner ruhigen Verhandlungsart und seinem entgegenkommenden Wesen, sie fassten Vertrauen. Damit war alles geschlichtet, die Bedingung für eine beständige Ruhe war allerdings, dass er blieb.

Ich machte alle meine Bediensteten mobil, die sich gleich ans Lüften der Koffer und Kisten und das Packen der Bücher und Wäsche machte. Dann fuhr ich nach Medan, um eine Sendung von Lebensmitteln nach Two Rivers zu bestellen.

Wir zogen in ein Assistentenhaus, das zu den schlimmsten gehörte, die ich je bewohnen sollte. Es war ein Backofen, weil es nicht mit Atap-Blättern, sondern mit Ziegeln gedeckt war. Da der Dachstuhl nicht für schwere Ziegel gebaut war und eine Zwischendecke fehlte, senkte sich die ganze Hitze direkt ins Haus. Nach zehn Uhr vormittags war es nicht mehr auszuhalten, also ließen wir unseren großen Schlafzimmer-Moskitokäfig draußen unter einem schattenspendenden Baum aufstellen, mit einem Stuhl für die Nähmaschine und zusätzlichen Rattanstühlen und kleinen Tischen. Das Ziegeldach war an vielen Stellen undicht. Es tropfte in die Zimmer, und der Boy stellte überall Schüsseln und Töpfe auf.

Gustel wollte seinen neuen Vorgesetzten veranlassen, das Haus mit Atap decken zu lassen und in unserem Badezimmer ein Porzellanklosett zu installieren. «Das geht nicht, dafür habe ich kein Geld», sagte der ganz einfach, er gehe bald zurück nach Holland, das könne dann sein Nachfolger tun. Die Toilette bestand aus einer Holzkiste, unter der sich ein alter Petroleumkanister befand. Dieser musste nach jeder Benutzung von der Bedienung geleert werden.

Ins Nachbarhaus zog bald ein deutscher Assistent, ein eigenartiger schießwütiger Kauz. In der Mittagszeit, wenn er daheim sein Schläfchen halten wollte und sich durch ein gackerndes Huhn aus der Arbeiterhütte der Kulis gegenüber gestört fühlte, nahm er den Revolver und schoss das Tier von der Veranda aus ab. Jeden Mittag knallte es, dazu kläfften seine Hunde wie wild und störten die Mittagsruhe wesentlich mehr als ein gackerndes Huhn.

Zwischen den Häusern standen Kokospalmen. Ich verbot den Kindern, unter ihnen zu spielen, denn obwohl ein malaiisches Sprichwort sagt: Kokosnüsse haben Augen, und ich nie gehört hatte, dass einem Menschen je eine Nuss auf den Kopf gefallen war, hatte ich doch Angst.

Mein fünfunddreißigster Geburtstag stand an. Gustel arbeitete in der nahen Fermentierscheune, und ich erwartete ihn zum Frühstück. Ich sah vor der Scheune das Auto des Hauptadministrators stehen, der sich hier sonst selten blicken ließ. Was war das für ein Lärm drüben bei den Arbeiterhäusern? Da sah ich einen kleinen laubgeschmückten Pferdewagen kommen. Ihm folgten einheimische Kinder und Frauen, die lachten und kreischten. Ich sah, wie Gustel mit den erschrockenen hohen Herren aus der Fermentierscheune trat. War das ein Kuli-Aufstand? Der Wagen wurde direkt zu unserem Haus gelenkt, hielt unten an der Treppe zu unserer Vorgalerie, und nun erst sah ich darauf ein bekränztes Klosett. Gustel sprang die Vorgalerie hoch und umarmte mich lachend. «Ich kann dir nicht länger zumuten, diese ‹Blechmusik› zu benutzen, daher schenke ich dir ein Klo.» Unter großem Getöse wurde es gleich installiert.

An dem täglichen Einerlei in diesem schrecklichen Haus änderte sich jedoch nichts. An einem Vormittag im Dezember 1935 biss unser Schäferhund auch noch das Junge unseres Schnauzers tot, und es war um meine Fassung geschehen. Als ich so weinend dasaß, hörte ich plötzlich Gustel unten sein Fahrrad hinschmeißen. Er hatte bestimmt Ärger gehabt. Ängstlich sah ich ihm entgegen. «Ich bin Baas geworden!», rief er. «Van Limburg fährt auf Urlaub, wir kommen nach Tandjong Morawa Kiri.» In zwei Tagen schon sollten wir umziehen.

Den Kindern erzählten wir vorerst nichts von Gustels Versetzung und Beförderung, es sollte eine Überraschung für sie werden. Unsere Bediensteten redeten uns nun mit «Tuan besar», großer Herr, und «Mem besar», Frau des großen Herrn, an, sie waren also stolz auf uns.

Wir kauften uns damals unser erstes Auto, einen Opel. Mit dem ließ ich mich vom Chauffeur nach Medan fahren, um die Kinder vom Schulbus abzuholen, was sie sehr beeindruckte. «Mami, wo fahren wir denn hin, das ist doch nicht der Weg nach Two Rivers!»

«Da fahren wir auch nicht mehr hin, euer Vater ist Administrator von Tandjong Morawa Kiri geworden.»

»Ach, deshalb dürfen wir jetzt so plötzlich in den Erholungsraum der Prominentenkinder gehen.» Mir verschlug es die Sprache. Da war es wieder, dieses Klassendenken der Holländer, in dem keiner mit dem verkehrte, der unter ihm stand.

In unserem neuen Steinhaus von Tandjong Morawa Kiri ließ es sich herrlich wohnen. Es besaß sogar eine Wasserleitung, gespeist aus einem in nächster Nähe gelegenen Wasserturm, doch aus den Hähnen kam nur eine stinkende Brühe. Auf dem Hochbehälter turnte nämlich ständig eine Horde Affen herum. Der gepflegte Garten wimmelte von den Tieren, sie saßen in den Büschen oder unter den Bänken am kleinen Goldfischteich. Der Spuk in unserer Grünfläche dauerte nicht lange, denn die Hunde verscheuchten sie schnell. Aber nun saßen die Affen auf den Bäumen und schimpften. Einige warfen aus Verärgerung Früchte und trockene Äste auf unsere Hunde, die sich aber kaum darum kümmerten.

Das Wasser aus der Zisterne war ebenfalls nicht gut, es war Grundwasser, das der Wasserträger ins Haus und auch in die Küche schleppte. Gustel stieg also auf den Wasserturm und stellte fest, dass der Wasserbehälter oben offen war. Die Affen konnten also mit viel Geschrei und Gezänk darin baden. Nun wurde alles Wasser abgelassen und eine Generalreinigung mit Desinfektion vorgenommen. Danach wurde ein schweres Blechdach als Verschluss angepasst. Sobald der Deckel befestigt und frisches Wasser durch eine elektrische Pumpe oben eingefüllt war – Bergwasser, das in einer Leitung aus Gunnung Rinteh kam –, stand der Wasserturm uns endlich für Frischwasser zur Verfügung. Die Enttäuschung der Affenherde aber kann man sich nicht vorstellen. Sie schrien und rasten, sprangen, polterten und stampften auf dem Wellblechdach herum und krakeelten und kreischten tagelang, vor allem in der Mittagszeit, wenn es am heißesten war und man Mittagsschlaf halten wollte. Endlich, nach Tagen, verzogen sie sich, und mit ihrem Weggang waren auch die letzten Affen aus dem Garten verschwunden.

Die beiden Malaien, die unseren parkartigen Garten in Ordnung hielten, verstanden viel vom Gartenbau. Ich legte kleine Gewürz- und Gemüsefelder an. Aus der Schweiz ließ ich mir Samen schicken: Salat, Dill, Petersilie, Schnittlauch und verschiedene Blumenarten. Das Gesäte entwickelte sich gut, und wir hatten immer frischen Salat und Gartenkräuter. Das Gemüse von der Hochfläche aus der Gegend von Berastagi und Kaban Djahef musste abgekocht werden, sogar die frischen Erdbeeren, denn die Batak und Chinesen düngten alles mit ihren Fäkalien.

Der nächste Umzug stand Mitte Januar 1937 an, wohin, das wussten wir noch nicht. Kurz zuvor mussten noch die Feierlichkeiten anlässlich der Vermählung der niederländischen Prinzessin Juliana mit dem Deutschen Prinz Bernhard zur Lippe-Biesterfeld begangen werden. Das deutsche Konsulat in Medan hatte sich dafür eingesetzt, dass der Deutsche Verein am großen Festumzug teilnehmen durfte.

Er präsentierte sich mit einem großen Erntewagen, auf dem alle Teilnehmer in Originaltrachten aus dem Lipper Land gekleidet waren, die man aus Deutschland geordert hatte. Medan stand Kopf in diesen Tagen, alles war auf den Beinen, sogar die einheimische Bevölkerung. Überall in den Straßen hingen niederländische Wimpel, und viele hefteten sich Nadeln mit einem Bild des Brautpaars an die Brust.

Auf Geheiß unserer Botschaft in Batavia, dem späteren Jakarta, war der deutsche Wagen mit Hakenkreuzfahnen geziert. Der Erntewagen mit den Trachten und den zwei großen Ochsen davor wurde von allen Zuschauern am meisten bejubelt. Leider war es an diesem Tag so heiß, dass die Trachtenträger in den warmen Wollsachen aus allen Poren schwitzten. Die Kleidung wurde nachher tipptopp gereinigt und ging mit dem nächsten Schiff nach Deutschland zurück.

Ende Januar hatten wir zum Abschied von der Kiri-Plantage unsere Assistenten mit Frauen und Kindern zu uns eingeladen. Die Schulkinder und die Lehrer der Einheimischen-Schule von Tandjong Morawa kamen ebenfalls heraus. Sie sangen uns ein Ständchen, rührend anzuhören, dann ging es auf die Wiese zu Sackhüpfen, Eierlaufen und Geschicklichkeitsspielen. Wir hatten Preise gestiftet und für kühle Getränke und Kekse gesorgt. Später wurden wir dafür kritisiert, dass wir den einheimischen Schulkindern ein lustiges Fest ausgerichtet hatten. So etwas hatte bisher noch kein Europäer gewagt.

Dann kam heraus, dass Gustel nochmals für ein Jahr bei Managergehalt eine Assistentenstelle übernehmen musste, denn es war gerade kein Managerposten frei. Patumbah, Weg 1, war unser nächstes Ziel. Wieder ein verkommenes

Haus. Also spuckten wir wieder einmal in die Hände, und die Bediensteten zogen mit. Wir hofften, dass wir unserem Manager auf dem schönen Patumbah nachfolgen könnten, denn dieser wollte bald nach Holland zurückkehren.

Auf der Hochfläche in Kaban Djahe wurde ein deutsches Internat eröffnet. Es sollte die einzige Deutsche Schule in Niederländisch-Indien bleiben. Die holländische Kolonialregierung hatte dem Wunsch der deutschen Reichsregierung und des Deutschen Vereins auf Sumatra zugestimmt, eine Schule einzurichten, um das deutsche Kulturgut pflegen zu dürfen. Natürlich bestand vonseiten der Reichsregierung der Gedanke, nationalsozialistisches Gedankengut zu verbreiten und die Kinder damit vertraut zu machen.

Gustel und ich standen der politischen Ausrichtung des Nationalsozialismus während unserer Zeit in Sumatra nicht abweisend gegenüber. Wir bezogen aus Deutschland wöchentlich nur eine Zeitung, das «Hamburger Fremdenblatt», das durch den langen Schiffstransport vierzehn Tage unterwegs war. In späteren Jahren dauerte der Lufttransport via Arabien und Indien nur noch vier, fünf Tage.

Wir tauschten unter den Deutschen auch die Zeitungen anderer Verlage aus, und immer lasen wir, welch guten Einfluss die Nationalsozialisten in Deutschland ausübten: Es gab keine Arbeitslosen mehr, die Bautätigkeit war groß, Autobahnen wurden gebaut, und für die Arbeiter und Angestellten gab es organisierte Ferienaufenthalte in Form von Ferien unter dem Motto «Kraft durch Freude», die sogar mit großen Schiffsreisen verbunden waren. Mit Deutschland ging es aufwärts, und jeder war zufrieden. Wir glaubten den holländischen Medien auf Sumatra nicht, die über Deutsch-

land herzogen, die Deutschen seien kriegslüstern und wollten den Versailler Zwangsvertrag rächen. Man las dort auch
von Judenverfolgungen, Demütigungen und der beginnen-
den Inhaftierung Andersdenkender. Aber Deutschland war
weit, der Himmel war hoch, und uns kümmerte dies wenig.

• • • • • • •

Auch die meisten Niederländer in der Kolonie sorgen sich nicht
wirklich um die deutsche Politik. Sie erfahren von gewalttätigen
Übergriffen gegen Juden in Deutschland, auch davon, dass dort
im August 1935 die Ehe zwischen «Ariern» und «Nichtariern» verboten wird. Sie wenden sich vielleicht angewidert ab, halten die
Verfolgung der Juden aber vor allem für deren Sache. Die Kolonialregierung hat ganz andere Probleme. Mit Sorge beobachtet
man, wie Japan von einem Krieg zum nächsten marschiert. Man
hat mehr Angst vor diesem Land, das seit 1919 die drittgrößte See-
macht ist, als vor einem Krieg in Europa. 1931 ist Japan in die Mandschurei einmarschiert, und ein größerer Konflikt mit China droht
heraufzuziehen. Was würde dies für die niederländischen Kolonien bedeuten?

• • • • • • •

Wir beschlossen also, unsere Kinder auf die Deutsche Schule
nach Kaban Djahe zu schicken. Das Lehrpersonal kam zum
Teil aus Deutschland, besaß wenig Tropenerfahrung, vertrat
aber die nationalsozialistische Linie. Der Leiter der Schule
war ein Dr. Lehfeld, eine verkrachte Existenz, erst Jahre später erfuhren wir, dass er wegen seiner Trunksucht und Brutalität aus China weggelobt worden war. Wir schickten unsere
Buben auf die Schule in der Hoffnung, dass sie das deutsche

«Kulturgut» und Hochdeutsch erlernten, zu Hause sprachen
sie ja Schweizerdeutsch. Doch wir wurden bitter enttäuscht.
Der Ton, den die beiden in den Ferien mit nach Hause brachten, war rüde und grob und entsetzte uns. Bat ich die Kinder
um etwas, hieß es: «Nein, du alte Sau!» Dem schob ich zwar
bald einen Riegel vor, aber die Kinder gingen ja wieder zurück in die Schule.

Eines Tages ging es unserem chinesischen Boy sehr
schlecht. Ich klopfte an seine Zimmertür. Ja, er sei krank,
wisse aber nicht, «wo». Die Diagnose des Arztes hieß Lepra.
Viele Stellen an seinem Körper seien unempfindlich und
färbten sich bereits weißlich. Auf der Rückfahrt vom Krankenhaus sprach ich mit dem Boy darüber. Er wusste, dass er
sich mit dieser Krankheit nicht länger in der Gegend aufhalten durfte, weil die Polizei ihn sonst in eine Leprastation
einweisen würde. Er habe einen Freund mit einem Laden an
der Straße nach Berastagi, da wolle er erst einmal hingehen.
Zu Hause bezahlte ich ihm die zwei Monatsgehälter aus und
noch eine zusätzliche Abfindung, dann packte er seine Habe,
bestieg eine Sado und verschwand.

Inem, unsere Babu, sagte mir, morgen würde sich ihr Mann
Djaman bei mir vorstellen, er koche gut und sei schon lange
Jahre Boy gewesen. Er war nicht mehr ganz jung und für einen
Malaien auffallend groß und wirkte seriös und zuverlässig.
Trotz seiner devoten Haltung strahlte er etwas aristokratisch
Vornehmes aus, das mir imponierte. Ich stellte ihn auf der
Stelle ein. Er kochte vor allem holländische Gerichte, nahm
aber willig an, was ich ihm zeigte. Er erzählte uns, dass er als
halbwüchsiger Junge aus Java gekommen war und bei einem
deutschen Adeligen eine Anstellung als anzulernender Boy

bekommen hatte. Er kannte die deutschen Kaiser und Könige, zum Teil sogar ihre Lebensgeschichten auswendig und wusste auch über Bismarck zu berichten. Wir besaßen ein dickes Buch über das deutsche Kaiserhaus, das schenkte ich ihm. Er war selig und schleppte es immer mit sich herum, es wurde sein höchstes Gut, es schien ihm mehr als der Koran. Djaman wurde die gute Seele unseres Hauses.

Unser oberster Gewaltiger aus Amsterdam tauchte plötzlich bei uns auf und konnte gar nicht begreifen, warum wir in dieses unmögliche Haus gesetzt wurden und Gustel quasi wieder zum Assistenten degradiert worden war. Gleich am nächsten Tag bekamen wir die Aufforderung, nach Patumbah, Weg 6, umzuziehen, in dem wir schon zwei Mal gewohnt hatten. Gustel sollte die Leitung der Fermentierscheune übernehmen.

Hals über Kopf zogen wir also wieder um, ich weiß nicht mehr, das wievielte Mal, nur mit Hilfe meiner so guten Bedienung und mit dem unersetzlichen Djaman überstanden wir diesen Wechsel. Das Haus Weg 6 hatte lange leer gestanden, und wir mussten erst die neuen Bewohner, Fledermäuse, ausquartieren.

Dann belebte ein besonderes Ereignis unseren Alltag: Der Kreuzer Emden kam nach Belawan. Ziel seiner Weltreise war eine für Anfang 1938 in Tokio geplante große Veranstaltung, denn als «Achsenmacht» war Japan Verbündeter Deutschlands und Italiens geworden. Da gab es im Deutschen Verein, zu dessen Erstem Vorsitzenden Gustel gewählt worden war, viel zu besprechen: Es sollten Feste, rauschende Bälle und Empfänge gegeben werden. Von Mutter aus Hamburg ließ ich mir Stoff schicken und fertigte daraus ein Ballkleid. So war ich vorbereitet. Gustel fuhr mit dem gesamten Empfangskomitee nach Belawan zur Begrüßung der Schiffsbesatzung.

Die Niederländer verfolgten die Entwicklung in Deutschland misstrauisch. Der deutsche Kreuzer war über und über mit Hakenkreuzfahnen beflaggt, und so blieb die Atmosphäre auf den ersten gemeinsamen Feiern kühl. Am zweiten Abend fand der große Empfang im Hotel de Boer statt. Die gesamte malaiische Prominenz war zugegen, diverse Sultane der Umgebung und Obere aus den Batak-Landen, alle in ihren Trachten. Schon Wochen vorher hatte es große Diskussionen über die Etikette gegeben. Gustel musste mit mir dem deutschen Generalkonsul und dessen Gattin die Honneurs machen.

Dann kamen schon die Gäste. Wir schüttelten Hände über Hände. Anschließend wurden wir an die langen Tafeln im großen Speisesaal geführt. Mein Tischherr war der Sultan von Deli, auf der anderen Seite saß sein Lieblingssohn. Alles blieb förmlich und offiziell, vermutlich weil man nicht eine gemeinsame Sprache sprechen konnte.

Dann kam eine Depesche: Der Kreuzer dürfe seine Fahrt nicht fortsetzen, sondern solle nach kurzen Halten in Singapur und Batavia die Rückreise antreten. Anlass zum Abbruch der Weltreise waren wohl die politische Entwicklung in Deutschland und der gerade begonnene Einmarsch der Japaner in China, der Beginn des Japanisch-Chinesischen Krieges. Auf dem Rückweg wurde zu unser aller Freude noch einmal halt in Belawan gemacht, um frischen Proviant aufzunehmen. Die Stunden wurden genutzt, um ein zünftiges Bordfest zu feiern.

Einige Tage vor Weihnachten 1937 wurde Gustel mitgeteilt, er werde Manager von Simpang Ampat. Von dieser Pflanzung aus war man innerhalb einer halben Stunde am Strand. Wir waren glücklich. Das steinerne Managerhaus lag in einem großen, parkähnlichen Garten und war mit einer hohen Hibiskushecke umgeben. Der bisherige Manager Tuller hatte es sogar mit elektrischem Strom versorgen lassen. Sorgen machte mir das Gerücht, dass Tuller zwangsversetzt worden war und nicht freiwillig aus diesem Paradies auszog.

Einen Tag vor dem Heiligen Abend sollten wir umziehen, und wir hofften, dies würde das letzte Mal auf Sumatra sein. Der Christbaum aus dem Gebiet von Atjeh war bereits eingetroffen, wie jedes Jahr eine Kiefer mit Wurzelballen. Die Spielsachen und Bücher, die wir immer bei Mutter in Hamburg bestellten, waren auch schon da, und die Gans für das Weihnachtsessen schnatterte bereits im Garten. Wir würden es also sicher schaffen.

Am 22. Dezember ließ Tuller uns ausrichten, er könne noch nicht ausziehen, seine Bedienstete Njai schaffe es nicht, Heiligabend wäre es dann so weit. Ich platzte fast vor Enttäuschung. Am 24. beluden wir unsere Ochsenwagen und machten uns auf den Weg zu unserer neuen Bleibe. Vor dem neuen Haus standen Tullers Karren, immer noch leer, eine alte Javanerin lief kopflos hin und her, dirigierte und schnauzte in alle Richtungen. Sie war Tullers Njai.

Da ergriff Djaman die Initiative. Mit unserem Wasserträger und Amat fassten sie hier und dort mit an, und binnen zwei Stunden war Tullers Haus leer. Die Kolonne aus zehn Wagen, die Njai vorneweg, setzte sich rumpelnd in Bewegung, und unsere Ochsenkarawane aus fünfzehn Wagen kam ihnen entgegen. Wir konnten Weihnachten also doch in unserem neuen Zuhause feiern.

Die dichte Hecke um das Haus wich zum Teil Blumenbeeten. Hinter dem Haus lag die alte Kaffeeplantage, die, verwildert, fast schon wieder Busch war. Dort ließ Gustel einen breiten Streifen roden, damit keine Affen in unseren Garten eindringen konnten. Das schmale Bachbett zwischen Garten und Busch wurde gereinigt, und die Bananenstauden wurden ausgedünnt, die dort wie Unkraut wucherten. Im Gestrüpp fanden sich unzählige Skorpione, Tausendfüßler und Schlangen, zum Teil sehr giftige, die erschlagen wurden. Bald war es ein Vergnügen, durch den gereinigten und umgestalteten Garten vor dem Haus zu gehen. Hier wuchs alles in Hülle und Fülle. Djambu-Bäume, Rambutan-Früchte, Terongs, Markisa-Sträucher und Durian-Bäume mit ihren stacheligen Früchten, deren Schale von außen bestialisch stank, die aber ein herrlich schmeckendes Fruchtfleisch enthielten. Nicht zu vergessen die Bananen und Papajas, auch Ananas gab es reichlich.

Auf der Hauptpflanzung merkte man bald, dass ein frischer Wind wehte, und die Stimmung unter den einheimischen Mitarbeitern wurde besser. Der vorherige Manager, Tuller, war nicht nur unbeliebt, sondern auch ein richtiger Lüstling gewesen, vor dem man Angst gehabt hatte. Uns grüßten alle freundlich, sobald sie mich sahen, verneigten sich die Schulkinder und Lehrer höflich.

Doch ich spürte, dass dieser Traum nicht unendlich andauern würde. Es lag etwas in der Luft, aber zu fassen und auszumachen war es nicht. Wenn ich mit Gustel über meine

Ahnungen sprach, sagte er nur: «Was soll schon kommen? Mal den Teufel nicht an die Wand!»

Am 31. Januar 1938 wurde Prinzessin Julianas Tochter Beatrix geboren. In Medan waren große Festlichkeiten angesagt. «Wir müssen uns dort sehen lassen», meinte Gustel, «sonst sagen die Holländer, wir hätten kein Interesse an ihrem Königshaus.» Uns war allerdings gar nicht zum Feiern zumute: Tuller und seine Njai spukten auf der Pflanzung herum und versuchten, Zwietracht unter den Arbeitern zu stiften. Zwei Tage vor den Feierlichkeiten gingen plötzlich an die zwanzig Ochsen und Jungtiere ein. Arsenvergiftung, stellte der Tierarzt fest und versuchte, den noch lebenden Tieren den Magen auszupumpen. Doch jede Hilfe kam zu spät.

Weißes Arsenpulver wurde in den Tabakkulturen zur Schädlingsbekämpfung eingesetzt. Die Säcke lagerten unter Verschluss in einer ansonsten leerstehenden Trockenscheune. Sie war zusätzlich umzäunt, sodass weidendes Vieh nicht hineingelangen konnte. Die Untersuchungen ergaben, dass der Zugang zu der Scheune nicht abgesichert gewesen war, eine Tür hatte weit offen gestanden, und der Zaun war an einigen Stellen niedergedrückt worden. In der Scheune lagen aufgeplatzte Säcke, auch außerhalb fand man Giftpulver in einem großen Umkreis verstreut. In den Ställen stöhnten die vergifteten Tiere.

Die Polizei kam und stellte fest, dass der Schutzzaun mutwillig entfernt und das Schloss der Tür aufgebrochen worden war. Ein Sack Arsenpulver war bis zum Viehweg Richtung Weide ausgestreut worden. Es war also ein Anschlag gegen Gustel. Ein Verdacht lag nahe: Tuller, doch beweisen konnte man nichts.

In dieser Stimmung sollten wir nun zu den Feierlichkeiten fahren. Gustel schlüpfte gerade in sein Dinnerjacket, ich in mein Spitzenkleid, als Djaman klopfte. Der Krani Abdullah – der Bürovorsteher, er war Minangkabau, ein Volksstamm an Sumatras Westküste, stolze Leute und auch strenge Moslems – wolle mich dringend sprechen. Abdullah war grau im Gesicht vor Sorge. Seine Frau Djumla blute aus, jammerte er. Gustel griff gleich zum Telefon, im Krankenhaus meldete sich niemand. Ich zog mein Abendkleid aus und streifte einen meiner weißen Kittel über. Gustel versuchte weiter, eine Verbindung mit dem Krankenhaus zu bekommen, aber dort nahm niemand ab. Ärzte und Krankenhausassistenten waren nicht zu erreichen, sie weilten wohl alle zum Feiern in Medan. Ich war wütend über solch eine Nachlässigkeit.

Amat fuhr Abdullah und mich zum Haus des Kranis. Um das saubere Bett standen fünf kleinere Kinder, sie weinten und starrten ihre Mutter mit weit aufgerissenen Augen an. Die lag mit fahlem Gesicht in den Kissen, eine Frau stand neben ihr, sie sei die Schwester von Djumla, sagte sie. Ich bat sie, die Kinder hinauszubringen, dann nahm ich Djumlas Hand und fühlte den Puls. Er war ganz langsam und unregelmäßig. Abdullah leuchtete mir mit der Lampe. Ich bat ihn um Bleistift und Papier und schrieb Gustel, er möge mir sofort Kampferspiritus, Kölnisch Wasser und saubere Tücher schicken. Abdullah bat ich um ein Kissen und starken schwarzen Kaffee. Ich weiß nicht, woher mir diese Ideen kamen, sie waren einfach da.

Mit Djumlas Schwester bettete ich die Kranke etwas um und legte ihr Gesäß auf einem Kissen höher. Ich beträufelte ein Handtuch mit Kampferspiritus und rieb ihr die Herzregion, den Hals und die Oberarme ein. Auf ihrer Stirn verteilte ich mit der Hand etwas Kölnisch Wasser, außerdem gab ich ihr löffelweise den starken gesüßten Kaffee. Sie kam langsam wieder zu sich und lächelte mich rührend an, sprechen konnte sie noch nicht vor Schwäche. Gustel ließ mir immer wieder durch den Chauffeur mitteilen, dass er immer noch keine Verbindung zum Krankenhaus bekommen habe. Dies ging so bis zwei Uhr früh. Dann hieß es, der Assistenzarzt sei eben aus Medan zurückgekommen, wir sollten die Frau sofort ins Krankenhaus bringen.

«Nein», sagte ich, «sie blutet mir unterwegs aus, die Verantwortung übernehme ich nicht, er soll selbst kommen.» Gegen drei Uhr hörten wir endlich ein Auto, der Arzt mit einer inländischen Schwester. Ich hielt die Lampe, als er Djumla eine Spritze gab. Jetzt merkte ich, wie müde ich war, denn die schwere Petroleumlampe fing in meiner Hand an zu zittern. Der Arzt lobte mich: «Das haben Sie gut gemacht, die Frau wäre verblutet, wenn sie ins Hospital gebracht worden wäre.» Krankenwagen gab es im Krankenhaus von Tandjong Morawa noch nicht. Gustel sagte, der Aufseher von der Kautschukplantage habe einen kleinen Lastwagen, da könnten wir Djumla auf Matratzen legen. «Schön», sagte van Buuren, «tun Sie das», und verschwand.

Am nächsten Morgen schaute Abdullah bei uns vorbei und teilte freudig mit, seine Frau sei gerettet, sie sei sofort operiert worden. Leider seien ihr während der Operation die Ohrringe, die Halskette und der Ring, alles aus purem Gold, gestohlen worden. Niemand wollte etwas gesehen haben, aber allen war klar, dass es keine Einheimischen gewesen sein konnten.

Djaman, Inem und Amat pflückten hinter dem Garten in der verwilderten Kaffeepflanzung Kaffeekirschen. Diese wurden von Djaman überbrüht, sodass sich das Fruchtfleisch von der Bohne löste. Dann wurden die Bohnen auf Bleche in die Sonne gelegt und trockneten dort zu einem recht guten Rohkaffee. Jedoch gab es noch einen besonderen Kaffee: In der alten Plantage hielten sich Musangs auf, die gern die süßen Kaffeekirschen fraßen. Die Tiere suchten sich nur die allerbesten und ausgereiftesten Kirschen aus. Am frühen Morgen gingen die Bediensteten in die Kaffeeplantage und sammelten die Kothäufchen der Musangs ein, die meist an den gleichen Stellen zu finden waren. Darin befanden sich die unverdauten Kaffeebohnen. Diese Hinterlassenschaften der Musangs wurden zu Hause säuberlich gewaschen, sortiert und ebenfalls getrocknet. Dieser Kaffee war der beste, teuerste und wohlschmeckendste Kaffee, bekannt als «Musang-» oder «Luwakkaffee», Kopi Luwak. Wir rösteten auch selbst. Djaman beherrschte diese Kunst sehr gut und servierte uns Tag für Tag himmlischen Kaffee.

An unserem Haus in Simpang Ampat fuhren beinahe jeden Morgen Chinesen vorbei, die mit frischen Fischen, Krabben, Garnelen und Taschenkrebsen vom Strand kamen. Ich kaufte oft von ihnen, denn die Ware hätte nicht frischer sein können. Wenn dann das chinesische Neujahr kam, schickten die großen Pflanzungslieferanten, meist Chinesen, die Bauholz, Atap und Bambus lieferten, Geschenke wie Enten, Hühner, Gänse und Schinken. Einmal bekam ich zehn geräucherte Schinken, eingenäht in Sägemehlsäcken. Was sollte ich mit dem vielen Fleisch? Zwei schenkte ich den Bediensteten, fünf unseren Assistentenfrauen, und drei behielt ich. Letztere hing Djaman in den Rauchfang, damit sie weiterhin vom Rauch des Herdes umweht wurden, so von Fliegen frei blieben und sich hielten. Je länger sie lagerten, umso besser wurden sie.

Mit unseren neuen deutschen Nachbarn verstanden wir uns ausgezeichnet. Ich spielte oft Badminton hinter unserem Kontor mit ihnen, dort war ein eigens angelegter Platz. Gustel war Tennis lieber, doch das Feld musste zunächst vollkommen erneuert werden. Nun kamen die Spieler von allen Plantagen.

Mit kleinen Streitigkeiten zwischen den Einheimischen, die auszuarten drohten, ging man inzwischen zu Gustel, er musste dann nach ihrem Ritus gerechte Urteile fällen. Diese wurden meist akzeptiert, nach dem Urteilsspruch gab man sich die Hand und ging freundlich auseinander.

Die Einheimischen freuten sich über die geringsten Kleinigkeiten. Weil wir ihnen freundlich entgegentraten, mit ihnen lachten und ihnen da und dort halfen, ihre Probleme zu lösen, waren wir hoch angesehen, und dies sprach sich herum. Dadurch hatten wir unter den Holländern viele Neider, denn sie sahen, wie Simpang Ampat aufblühte und wir überall Vertrauen genossen. Nach einem guten Jahr sollte sie die beste Pflanzung der Senembah auf Sumatra sein.

Anfang des Jahres 1938 erhielten wir einen Telefonanruf eines Herrn Kruse. Er teilte uns mit, er sei der kulturelle und politische Beauftragte der deutschen Botschaft in Batavia. Er wolle am nächsten Abend im Deutschen Verein über die Heimat und darüber berichten, wie sich dort alles zum Besten entwickele. Ich ließ mich wenig im Deutschen Verein blicken, das Getratsche über die Beförderungen oder Abwer-

tungen und Disqualifikationen der Pflanzer, das Gerede der
Selbständigen, die jammerten, ob sie sehr gut oder etwas weniger gut verdienten, mochte ich nicht. Gustel als gewählter
Vorsitzender musste natürlich hingehen. Als er in der Nacht
zurückkkam, war er nachdenklich.

Nach Eröffnung der Zusammenkunft war Kruse als Be-
auftragter der NSDAP begrüßt worden. Er hatte ein kurzes, einprägsames Referat über Deutschland und die dortigen «paradiesischen» Zustände gehalten – er habe auch ein
persönliches Gespräch mit dem geliebten Führer gehabt –,
kurz, er war des Lobes voll über die Entwicklung des Nationalsozialismus. Nun solle deren Gedanken- und Kulturgut
auch den im Ausland lebenden Deutschen nahegebracht
werden. Bücher und Broschüren lagen bereit, die zum Son-
derpreis zu kaufen waren, auch Hitlers Buch *Mein Kampf.*

Als Kruse seinen Vortrag beendet hatte, wurde diskutiert.
Jemand fragte: «Erzählen Sie uns doch mal etwas ausführ-
licher über das ‹Judenproblem› in Deutschland.» Er habe
hier aus der Presse entnommen, dass viele Juden aus den
Stellungen, den Geschäften und sogar bekannte Schau-
spieler ausgewiesen würden. «Stimmt das?» Kruse soll wie
folgt geantwortet haben: «Da und dort ist dies gelegentlich
geschehen, aber das haben sich die Juden selbst zuzuschrei-
ben, die in ihrer Selbstherrlichkeit meinen, das auserwählte
Volk zu sein, aber sie seien meist die Ausbeuter der deutschen
Volksgenossen. So ist es gelegentlich zu Spannungen mit Nei-
dern gekommen. Um Ruhe und Frieden zu wahren, wurden
vereinzelte Fälle unter Polizeibeobachtung gestellt oder in
Schutzhaft genommen. Man hat nun allen Juden nahegelegt,
um sie vor weiteren Belästigungen und Übergriffen zu schüt-

zen, nach Palästina oder in ein Land ihrer Wahl auszureisen.
Sie können alle Güter, Besitztum und Geld mitnehmen und
im Ausland eine neue Existenz gründen. Keiner wird daran
gehindert, aus Deutschland auszureisen. Außerdem haben
wir in Deutschland die freieste Presse, die Auslandsmedien
geben vieles verzerrt und weit überzogen wieder.»

Dann meldete sich ein anderer Deutscher: «Was machen
Sie mit den politisch Andersdenkenden? Ich hörte, dass
diese in Lager gesteckt werden. Ist da etwas Wahres dran?» –
«Sehen Sie, wie Sie von der Auslandspresse schon beeinflusst
werden?», antwortete Kruse. Praktisch nichts davon sei
wahr, nur Querdenker, Agitatoren und Kriminelle würden
eingesperrt oder Arbeitslagern zugeführt. – «Wir Deutschen,
nein, alle nordeuropäisch-arischen Völker mit ihrem gesunden Erbgut sind aufgerufen, für eine neu zu schaffende Völ-
kergemeinschaft zum wahren Frieden in dieser Welt beizu-
tragen.»

Unterstützt wurde Kruse von einigen Deutschen, die gerade aus dem Urlaub zurückgekehrt waren und die «Stimmung» in Deutschland meinten beurteilen zu können.

Nach der Diskussion kam Kruse an Gustels Tisch. Gustel ahnte, was ihm bevorstand. Ihm wurde als Vorsitzender
des Deutschen Vereins nahegelegt, mit gutem Beispiel vor-
anzugehen und endlich in die Partei einzutreten. Nur ein
Parteimitglied könne einem Verein vorstehen. Gustel lehnte
entschieden ab mit der Begründung: «Man hat mich hier de-
mokratisch gewählt, und meine Mitglieder stehen zu dieser
Wahl.»

«Dann könnte es bald geschehen, dass Sie abgewählt werden, wenn Sie nicht in die Partei eintreten», drohte Kruse.

Gustel bot ihm die Stirn: «In unserer Satzung steht, dass jeder gewählt werden kann, unabhängig von Beruf, Religion oder irgendeiner Parteizugehörigkeit!» Nach kurzer Überlegung sagte Kruse: «Ich mache Ihnen jetzt einen anderen Vorschlag: Wenn Sie kein Parteimitglied werden möchten, so gibt mir eine Instruktion der Parteiführung eine Handhabe, dass auch Nichtmitglieder im Ausland Vereinsvorsitzende von Deutschen Vereinen bleiben können, wenn sie verbal zum Abschluss jeder Zusammenkunft gemeinsam den deutschen Gruß ausführen.» Gustel stimmte zu – um seinen Frieden zu finden und aus Solidarität mit seinem Vaterland.

Am nächsten Tag unterhielten wir uns noch lange über diese Situation, sie gab mir sehr zu denken. Wochen später erhielten wir vom deutschen Konsulat eine Urkunde ausgehändigt, mit der Bestätigung, dass Gustel Leiter der «Deutschen Ortsgruppe Sumatra, Gebiet Deli-Nordost-Sumatra» sei, mit eigenhändiger Unterschrift von Adolf Hitler. Sie wurde in meinem Haus nicht aufgehängt.

· · · · · · ·

Laut seiner Entnazifizierungsurkunde vom Dezember 1946 ist mein Großvater seit 1937/38 Mitglied der NSDAP. Möglicherweise gilt den Amerikanern auch allein das Amt des Ortsgruppenleiters als Mitgliedsbeweis.

Mittlerweile werden die Zustände an der Deutschen Schule unhaltbar. Es stellt sich heraus, dass die Kinder geschlagen werden, man verlangt Mutproben selbst von kranken Schülern und setzt den Ausstoß aus der Gemeinschaft als pädagogisches Mittel ein. Es herrscht ein brutales System – eine Tatsache, die die meisten Eltern jedoch aus Angst vor Repressalien verdrängen. Wünscht sich der «Führer» nicht harte und gestählte Kinder? Gustav leidet besonders unter den Methoden des zweifelhaften Direktors. Er ist nicht ängstlich, aber stets der Jüngste und Zarteste. Seine Mutter Claire kommt eines Tages dazu, als die komplette Schulgemeinschaft ihn als «Feigling» verschreit. Der kleine Junge liegt auf dem Fußboden der Schwimmhalle, hat offensichtlich Fieber und soll trotzdem vom Fünf-Meter-Brett ins Becken springen.

Hinzu kommt, dass an der Schule offenbar niemand Tropenerfahrung hat. So wird bei Fieber Aspirin gegeben, was kein erfahrener Arzt verantworten würde, da nach Einnahme dieses Medikaments nicht mehr nachweisbar ist, ob es sich bei einer Erkrankung um Malaria handelt. Vorkommnisse dieser Art häufen sich.

Die Unfähigkeit des Schulleiters offenbart sich auch in den Schulheften der Kinder. Es wird ein neuer Direktor aus Deutschland angefordert. Für Familie Hake aber gibt es kein Zurück mehr, mein Großvater hat sich zu weit aus dem Fenster gelehnt, in diese Schulgemeinschaft will er seine Kinder nach den Sommerferien 1938 nicht mehr zurückkehren lassen. In seinen Augen bietet sich nur eine Lösung: ein Internat im fernen Deutschland.

· · · · · · ·

Unsere Kinder blieben zunächst daheim, ich unterrichtete sie recht und schlecht selbst. Außerdem waren wir, so schwer es uns auch fiel, zu dem Entschluss gekommen, dass ich Ende November die Kinder mit dem Lloyd-Schiff Gneisenau nach Europa bringen sollte. Meine Schwiegermutter sandte uns die Adresse von einem Landschulheim am Solling in Holzminden an der Weser, wo zwei Söhne einer Bekannten von ihr zur Schule gingen. Von dort besorgte sich

Gustel Prospekte und korrespondierte mit dem Schuldirektor Dr. Lehmann.

Gustav hatte in der ersten Zeit jede Nacht Albträume, das kannte ich gar nicht von ihm. Er wachte mehrmals in der Nacht mit lautem Schreien auf: «Nein, nein!» Es brauchte immer lange, ihn zu überzeugen, dass er nicht in der Schule, sondern bei uns zu Hause war. Kurz danach fuhr ich mit den Jungen nach Medan zum Einkaufen. Wir kauften für die anstehende Deutschlandreise ein, denn wir würden im Winter ankommen. Anschließend fuhren wir ins Schwimmbad. Als wir am Nachmittag heimkehrten, kam uns Gustel mit verbundenem Kopf entgegen. Das Kutschpferd war durchgegangen, und er war aus dem Wagen geflogen. Jameson, unser englischer Assistent, hatte ihn gefunden und ins Krankenhaus gebracht, wo eine Gehirnerschütterung und eine Platzwunde festgestellt worden waren. Dies war Gustels erster Unfall in all den Jahren. Es war wie eine Warnung.

Die Zeit meiner Abreise mit den Kindern kam immer näher. Ich fürchtete mich vor dem Abschied von den beiden. Täglich hielt ich ihnen Vorträge: «Haltet immer Frieden miteinander, bald habt ihr beiden euch nur noch allein, und dann müsst ihr zusammenhalten, euch gegenseitig helfen, denn wir, eure Eltern, werden fern sein. In zwei Jahren kommen wir für immer nach Deutschland zurück, dann leben wir wieder zusammen.»

Ich beschloss, die letzte Zeit mit den Kindern intensiver und inniger zu verbringen. Sie wuchsen jetzt in ein Alter hinein, in dem sie die Eltern besonders brauchten, ihren Rat benötigten, damit sie nicht auf eine schiefe Bahn gerieten. Ich sprach oft mit den beiden über gute und schlechte

Einflüsse, denen sie bald wohl ausgesetzt sein würden. Wie
ein Albtraum lag diese Reise auf mir. Alle Schiffsfahrten,
die ich bisher unternommen hatte, waren mit schönen Er-
wartungen verbunden gewesen. Jetzt war es eine Reise des
Abschieds. Ich gab meine Kinder fort in ein fremdes Land,
eine ungewisse Zukunft. Wann würde ich sie wiedersehen?
Würde ich sie überhaupt wiedersehen? Auch das ging mir
durch den Kopf.

9 «Wir sind die Frauen mit den geteilten Herzen»

Mit diesen Gedanken kam der Tag unserer Abreise heran. Unsere Söhne gingen mit ganz anderen Gefühlen an Bord der Gneisenau als ich. Sie freuten sich auf neue Erlebnisse und Eindrücke, auf eine interessante Überfahrt, auf die Abwechslung nach der Eintönigkeit des Lebens auf der Pflanzung. Sie freuten sich auf das europäische Klima, die Jahreszeiten, den Winter mit seinem Schnee.

Die Gneisenau war einer der modernsten Turbinenschnelldampfer des Norddeutschen Lloyd. Das Schiff fuhr binnen vierzehn Tagen die Strecke Belawan–Genua, mit zwei Halten in den Häfen von Colombo und Port Said. Es handelte sich um ein Passagier-Frachtschiff, und weil der deutsche Service darauf bekannt war, nutzten immer mehr Reisende aller Nationen die drei Schiffe dieser Klasse, der Gneisenau, der Potsdam und der Scharnhorst. Am Stimmengewirr erkannte ich, dass viele Angehörige anderer Nationen an Bord waren.

Spätnachmittags liefen wir aus, der Abschied von Gustel brach mir fast das Herz. Auch er hatte Tränen in den Augen, was ich bei ihm gar nicht kannte. «Papi, du darfst doch nicht weinen», sagte Gustav, als er ihn zum Abschied küsste. Gustel blieb noch lange am Pier stehen, wir winkten, dann brach schlagartig die Dunkelheit herein, und von Belawan sah man nur noch von fern die Lichter. Wir fuhren Mittelklasse,

denn für diese Reise zahlte die Senembah-Gesellschaft nicht.
Erst in fünf Jahren wären wir wieder urlaubsberechtigt gewesen. Gustel war jetzt siebenundvierzig Jahre alt, spätestens
mit fünfzig aber wollte er für immer nach Deutschland zurückkehren.

· · · · · · ·

An Bord sind schon Spannungen zwischen den einzelnen Natio-
nalitäten zu spüren. Haben die vielen mitreisenden Kinder
untereinander Streit, werden meist die «fucking Germans» als
Anstifter beschuldigt. Der Kapitän verbietet der mitreisenden
Hitlerjugend-Gruppe, die aus Japan von einem Austausch zurückkehrt, nationalsozialistische Lieder zu singen. Er hat Angst um die
allgemeine Ruhe auf dem Schiff. Ständig muss er Streit schlichten
zwischen den «damned German boys» und den britischen Kindern.
Außerdem fahren zahlreiche Frauen verschiedener Nationalitä-
ten aus Shanghai mit der Gneisenau nach Europa zurück, da ihre
diplomatischen Vertretungen ihnen empfohlen haben, die Stadt
zu verlassen. Die Lage in Shanghai ist durch den Krieg mit Japan zu
unsicher geworden.

· · · · · · ·

Die Kinder genossen die Unterhaltung an Bord: Schwimmbad, Kino, Kinderfeste. Ich freundete mich mit einer Shanghai-Deutschen an, deren Mann Mitarbeiter in der Regierung
von Chiang Kai-shek war. Es war Käthe Bärensprung mit ihren beiden Töchtern, die ich später in Japan wiedertreffen
sollte.

Auf dem Mittelmeer wurde es schnell sehr kalt. Als wir
uns Genua näherten, sahen wir, dass schon auf allen Höhen

Schnee lag. Wir blieben einige Tage in Zürich zu Besuchen und kauften feste Schuhe und einige Knickerbockerhosen ein, die gerade in Mode waren. Im Zug von Zürich nach Sankt Gallen stieg mein Jugendfreund Heinz zu. Es war leider die einzige Möglichkeit, uns während meines kurzen Europaaufenthaltes sehen und sprechen zu können. Den Kindern schenkte er Mundharmonikas, auf die beide stolz waren. Diese Zugfahrt brachte mich in schwere Konflikte. Heinz berichtete mir ernst von der deutschen Politik und riet mir dringend davon ab, die Kinder in diesen Hexenkessel zu bringen: «Es wird Krieg geben, Claire!»

Er war als katholischer Pater Lehrer an einem Heimgymnasium und bekniete mich geradezu, die Jungen in seine Schule zu schicken. Aber ich konnte es drehen und wenden, wie ich wollte, ich konnte meinem Mann nicht in den Rücken fallen. War ich nicht eine deutsche Frau und musste entsprechend handeln? Ich war so zerrissen.

«Aber die Buben sind doch Deutsche», wandte ich ein, «sie werden von den Schweizer Kindern gar nicht akzeptiert werden.»

«Glaub mir, ich schaffe das. Du setzt sie einer ungewissen und gefährlichen Zukunft aus.»

In Sankt Gallen bestieg Heinz wieder den Zug zurück nach Zürich: «Mit Gottes Segen, Claire. Möge ich mit meinen Ahnungen unrecht haben!»

Als ich meine Schwester besuchte, erlebte ich mit, wie Kurt und Gustav trotz perfektem Schweizerdeutsch von allen Kindern als «Nazibuben» bezeichnet wurden, in der Schweiz waren sie eben Deutsche. In diesem Augenblick dachte ich, kein Weg könnte an Deutschland vorbeiführen.

Am 27. Dezember 1938 reisten wir nach Hamburg zu Gustels Mutter und verbrachten einige Tage mit Zirkus- und Opernbesuchen. Im Januar begab ich mich mit den Kindern nach Holzminden. Ich nahm für mich ein Hotelzimmer, dann fuhren wir drei in einem Taxi zum weitläufigen Schulgelände hinauf. Es lag am Rand des Sollings, mit Blick auf die Weser und das Städtchen. Das Direktorenehepaar empfing uns herzlich, sie machten einen guten Eindruck auf mich. Das Internat genoss höchstes Ansehen, dort waren Kinder von Auslandsbeamten, Pflanzern wie wir, Diplomaten, Farmbesitzern und Industriebossen untergebracht. Ich bemerkte, dass in dieser Schule ein anthroposophischer Geist herrschte.

Als ich mich nach zwei Wochen von meinen Kindern verabschiedete, um noch weitere Besuche in Deutschland zu machen, hatte Gustav gleich mehrere Freunde und steckte voller Taten und Einfälle. Er hatte sich abgenabelt. Kurt knüpfte ohnehin immer schnell Kontakte, weil er sportlich sehr aktiv war, hervorragend Tischtennis spielte und in der Turnhalle glänzte.

Nachdem ich die Kinder gut untergebracht wusste, fuhr ich nach Celle in die Heide, wo am Flugplatz Wietzenbruch Gustels Bruder Kurt und seine Frau Viola eine Dienstwohnung mit Garten hatten. Kurt war Offizier und Major auf dem Flugplatz. Beide schlugen vor, dass meine Jungen in den Ferien immer zu ihnen kommen könnten. Ich wusste nicht, ob ich über diesen Vorschlag glücklich oder traurig sein sollte, denn ich mochte Viola nicht. Ich war sicher, dass sie ihren Mann nach Strich und Faden betrog, was sie nach einiger Zeit vor mir auch nicht mehr zu verheimlichen suchte.

Und diese Frau bot sich nun an, mich bei meinen Kindern als Mutter vertreten zu wollen. Nicht nur bei ihnen, auch bei meinen anderen deutschen Verwandten beschlich mich oft ein merkwürdiges Gefühl. Sie meinten wohl, der «kleinen Schweizerin aus dem Urwald» erst einmal die Vorzüge des Nationalsozialismus auseinandersetzen zu müssen.

Kurz vor der endgültigen Heimreise besuchte ich meine Söhne noch einmal. Gustav hatte Malaria und lag im Lazarett. Man kannte solche Fälle in der Schule und beruhigte mich: Die Anfälle würden von Jahr zu Jahr milder verlaufen und schließlich ganz verschwinden. Als ich ihn in die Arme nehmen wollte, wandte er sich ab. Aber dann stahl sich seine Hand heimlich in meine. Ich wusste, er hätte sich so gern an mich geschmiegt, fühlte sich aber nun zu alt dafür. Es ging ihm eigentlich blendend, er hatte einen «besten» Freund, einen jungen Deutsch-Brasilianer, dessen Mutter ich auch noch kennenlernen durfte. Auch sie litt schwer unter der Trennung von ihrem Mann und musste, ebenso wie ich, ihr Kind allein zurücklassen. «Wir sind die Frauen mit den geteilten Herzen», sagte sie zu mir.

Kurt versuchte, mir Mut zu machen: «Reise nur wieder zu Papi, er ist doch so allein und braucht dich. Wir kommen hier schon zurecht, gelt, Gustav?» Und der kleine Bruder nickte.

«In einem Jahr kommen wir für einen kurzen Urlaub, so lange müsst ihr durchhalten.» Und die Buben winkten tapfer. Ich sehe mich noch mit schwerem Herzen im Zug sitzen, völlig durcheinander. «Wir sind die Frauen mit den geteilten Herzen», hämmerten die Räder, die mich immer weiter von meinen Kindern wegbrachten. Acht Jahre später sollte ich nur noch einen Sohn in die Arme schließen dürfen.

10 Im Schatten des Krieges

Meine Rückfahrt war für den 14. März 1939 ab Bremerhaven auf der Scharnhorst gebucht.

·······

Während Tausende von Juden und anderen Verfolgten noch verzweifelt versuchen, Deutschland zu verlassen, bringen meine Großeltern ihr Kostbarstes, ihre Söhne, hinein. Einen Tag nach Claires Abreise mit dem Schiff marschiert die deutsche Wehrmacht in die noch nicht annektierten Teile der Tschechoslowakei ein. Alles Geld, das meine Großeltern besitzen, liegt auf niederländischen Konten und nicht etwa in der Schweiz. Mein Großvater hat ein grenzenloses Vertrauen in die Heimat seiner Arbeitgeber. Die Niederlande sind auch im letzten Krieg neutral geblieben, aus seiner Sicht zeichnet sich ab, dass sie weiterhin auf diesem Status bestehen werden. Die Großmächte Europas rüsten in diesem Frühjahr noch einmal gewaltig auf.

·······

Ich fuhr mit dem Lloyd-Sonderzug nach Bremerhaven. Der Zug war schon voll, als wir einstiegen, beinahe alle Abteile waren besetzt. An jeder Waggontür standen Herren in Ledermänteln, die die Einsteigenden genau musterten. Als der Mann, der unsere Tür beobachtete, mich sah, machte er Platz, nahm mir meinen Koffer ab und hievte ihn mit Schwung in das Gepäcknetz. Dann verlangte er meine Ausweise, die

Fahrkarte und sogar die Schiffskarte. Er prüfte alles genau-estens und wünschte mir eine gute Reise. Er bedauerte diese Kontrolle, aber es führe immer wieder «Gesindel» mit, das versuchen würde, Deutschland «schwarz» zu verlassen. Ich wusste genau, dass damit Juden gemeint waren. Ich fuhr ers-ter Klasse, und wenn Juden mit eingestiegen wären, hätte man sie zu Leibesvisitationen gezwungen, um da und dort am Leib versteckte Devisen zu finden.

Die dritte Klasse war noch nicht belegt, da öffneten sich die Türen des Wartesaals, und viele Menschen stürmten in die Abteile, nur mit kleinem Handgepäck, verhärmte und aschfahle Gesichter. Viele Kinder waren dabei, die weinten und sich an den Röcken der Mütter festhielten. Ich sah herz-zerreißende Abschiedsszenen und dazwischen immer die Männer in Ledermänteln, die die Zurückbleibenden mit herrischem Ton zurückführten in die Warteräume. Es waren alles Juden, denen man ihr Hab und Gut genommen hatte. Nun sah ich mit eigenen Augen, dass in Deutschland unge-rechte Dinge geschahen. Fassungslos starrte ich aus dem Fenster auf dieses unwürdige Schauspiel. Was war das nur für ein Land, in das ich meine Kinder gebracht hatte?

Dann wurde es ruhiger. Ein paar Lautsprecherdurch-sagen noch, und der Zug fuhr an. In Bremerhaven nahm uns die überfüllte Lloyd-Halle auf.

Langsam glitt die Scharnhorst am Nachmittag die Weser abwärts. Das Wetter war herrlich und die Sicht sehr gut. Hin-ter dem Deich sah man die roten Hausdächer, da und dort Schafe am Deich, und Menschen spazierten mit Kindern und Hunden auf der Deichkrone. Welch ein friedliches Bild. Nach einer Stunde fuhren wir am Leuchtturm «Roter Sand» vorbei, der rot-weiß erstrahlte. Helgoland war der letzte Fleck von Deutschland, den ich in weiter Ferne noch zu sehen bekam. Fischerboote fuhren an uns vorbei, mit vollen Fangkästen, und weit im Watt sahen wir Krabbenfischer mit ihren ausgeworfenen Netzen. Möwen kreischten darüber, die uns eine Weile begleiteten, denn Passagiere warfen ihnen Brot zu.

Auf dem Achterdeck sah ich die jüdischen «Auswanderer», nur dort durften sie sich aufhalten, wie man uns mitteilte. Viele hatten Tränen in den Augen. Die meisten von ihnen gingen in Southampton von Bord.

Von da an lebte ich für meine Erholung. Ich hatte schließlich viel Bordgeld. Jeden Morgen nach dem Schwimmen ließ ich mich frisieren und war stets wie aus dem Ei gepellt. Hin und wieder erlaubte ich mir sogar eine Massage.

Nach knapp drei Wochen waren wir schließlich wieder in den Tropen. Die Schiffsmaschinen liefen langsamer, vom nahen Land hörte ich das Krähen eines Hahnes und die vertrauten Geräusche der Tropenvögel. Mangrovengeruch und Schlammausdünstungen drangen durchs offene Bullauge in die Kabine. Ich hatte einen Kloß im Magen vor Freude und Erwartung. Langsam glitt das Schiff an den Pier, ich ging von Bord und lag endlich wieder in Gustels Armen.

Die Ankunft in Simpang Ampat war überwältigend. Vor unserem Haus war ein riesiges, von Blumen bekränztes Willkommenstor aufgebaut, die Schulkinder sangen ein malaiisches Begrüßungslied, und die vielen Kontorbediensteten, der Tandil, der Haupt-Tandil, der javanische Mandor und unsere Bedienung standen freudig davor. Mit traten Tränen in die Augen, denn ich wusste, dass alle, die hier zusammengekommen waren, dies freiwillig getan hatten.

Nun war ich wieder auf der Plantage. Unsere Hunde wichen nicht von meiner Seite. Ganz langsam gewöhnte ich mich wieder an das Tropenleben. Eine unruhige und gesellige Zeit begann nun für uns. Die Holländer legten großen Wert auf gesellschaftliches Leben, wir bekamen viel Besuch und gingen oft aus. Die Nachrichten von unseren Kindern aus Deutschland klangen beruhigend. Schwager Kurt war Oberstleutnant geworden und wurde in Stade neuer Flugplatzkommandant, die Kinder kamen ihn und Viola oft besuchen.

• • • • • • •

Am 1. September überfällt das Deutsche Reich seinen Nachbarn Polen, zwei Tage später erklären ihm Großbritannien und Frankreich nach einem abgelaufenen Ultimatum den Krieg. Die meisten Deutschen in Niederländisch-Indien denken, dieser werde an ihnen vorüberziehen und ihr Leben nicht berühren. Viele jubeln heimlich.

In den holländischen Zeitungen werden immer öfter Ressentiments gegen Deutschland und die Deutschen geäußert. Fühlten sich die Niederländer früher in einer Art wirtschaftlicher Abhängigkeit vom großen Nachbarn, sagen viele nun: «Lasst sie mal kommen, die Moffen.» Als «Muffige» bezeichnet man die Deutschen.

• • • • • • •

Am 3. September 1939 waren wir von Freunden zum Abendessen in ihr Inspektorenhaus nach Tandjong Morawa eingeladen. Es erschienen etwa zwanzig Leute. Der Engländer Lawrie, dann Jameson als ewiger Junggeselle von unserer

Pflanzung, dazu noch ein englisches und einige deutsche
Ehepaare sowie ein paar Holländer. Es knisterte in der Luft
und aus dem Radio, denn ein Gewitter machte sich bemerk-
bar. Da kam die Meldung durch: «It's war between Germany,
England and France!»

Nun ging es also los, es war eingetreten, was wir alle für
möglich und unmöglich zugleich gehalten hatten. Jeder
zeigte Betroffenheit, und die gute Stimmung war dahin. Die
Engländer standen auf, sagten «Sorry!» und wollten ohne
Abschied das Haus verlassen. Nur unser netter Jameson
zeigte sein Unverständnis und rief ihnen hinterher: «We
are all together nice people!» Der Abend verlief dann wenig
fröhlich, wir dachten alle an zu Hause und an die Kinder.
Aber die Niederlande waren ja neutral und blieben es mit
Sicherheit auch, so konnten wir beruhigt sein ...

Von diesem Zeitpunkt an aber wusste ich, dass das Un-
heimliche kommen würde. Wenn ich darüber mit Gustel
sprach, sagte er jedes Mal: «Mal doch den Teufel nicht an die
Wand!» Aber meine Angst blieb.

Am nächsten Tag traf ein Rundschreiben von der Direktion an alle Pflanzungen ein, in dem mitgeteilt wurde, dass
man unbedingt Ruhe bewahren und über alle Nationalitä-
ten hinweg Toleranz üben solle. Jeder habe seine Pflicht zu
tun und den anderen zu akzeptieren, ganz gleich, welcher
nationalen, ethnischen oder religiösen Abstammung dieser
sei. Holland bliebe neutral, und jeder habe das Recht, so wei-
terzuleben, wie die Gesetze es hier erlaubten. Große Worte,
die nach einem guten halben Jahr von den Holländern selbst
mit Füßen getreten werden sollten, als die deutsche Wehrmacht ohne Kriegserklärung das neutrale Holland überfiel.

Aber das Leben ging weiter, nur irgendwie gehemmter. Jeder fühlte, dass sich etwas zusammenbraute, etwas Unheimliches, das man nicht fassen, nicht greifen konnte. Ich packte für Gustel in weiser Voraussicht einen kleinen Koffer mit Kleidung zum Wechseln, Moskitonetz, Rasier- und Waschzeug. Dazu legte ich einen Regenmantel und einen leichten Hut, diese Teile band ich mit einem Bauchriemen am Koffer fest. Diesen legte ich in ein leeres Fach des großen Kleiderschranks im Kinderzimmer. Dann rief ich Djaman und erklärte ihm: «In Europa ist Krieg. Djaman, wenn ich einmal zu dir sagen muss: ‹Jetzt!›, dann lauf zum Koffer und bring ihn dem Tuan besar. Irgendwie muss er ihn bekommen, verstehst du?» – «Ja, Mem besar!» Und der Tag sollte kommen.

Den Abend des 9. Mai 1940 verbrachten wir in einer geselligen Runde im Medan-Hotel. Viele Holländer waren als Gäste dabei, aber man spürte, dass etwas anders war als sonst. In der Nacht fuhren Gustel und ich im offenen Auto nach Simpang Ampat zurück. Über uns ein klarer Tropenhimmel. Dort oben stand das Kreuz des Südens, hell leuchteten die Sterne im Kreuz, markant und mahnend zugleich. Gustel fuhr langsamer, seine Hand stahl sich in meine, es war ein tröstliches Gefühl. Er hielt das Auto an, wir sahen in die Nacht, da sagte ich zu ihm: «Gustel, mag kommen, was will, ich gehe mit dir durch die Hölle, wenn es denn sein muss.»

Mitternacht, der neue Tag war angebrochen – der Tag, dessen Kommen ich seit Wochen gefühlt hatte und der unser aller Leben verändern sollte.

11   Vertreibung aus dem Paradies

In der Nacht vom 9. auf den 10. Mai 1940 marschieren deutsche Truppen ohne Ultimatum oder Kriegserklärung in die neutralen Niederlande, Belgien und Luxemburg ein. Nun hat der Krieg auch Holland erreicht, das nur über eine kleine, schlecht ausgerüstete Armee verfügt. Kein Niederländer hat Erfahrung mit dem Krieg, weder in der Heimat noch in Niederländisch-Indien. Nur so ist die chaotische und geradezu kopflose Reaktion zu erklären: Auf Sumatra und Java beginnt eine Hetzkampagne gegen jeden, der die deutsche Staatsangehörigkeit besitzt oder deutsche Wurzeln haben könnte. Selbst geflüchtete Juden und Gegner der Nationalsozialisten werden interniert. Eigentum wird konfisziert und versteigert. Der deutsche Konsul in Medan nimmt sich das Leben. Man verhaftet auch einige Holländer, die der niederländischen nationalsozialistischen Partei NSB angehören sollen, die seit 1932 besteht.

Am 14. Mai legt die deutsche Luftwaffe Rotterdam in Schutt und Asche. Der Angriff vernichtet innerhalb von drei Stunden die gesamte Innenstadt, mehr als achthundert Menschen sterben, rund achtzigtausend werden obdachlos, fünfundzwanzigtausend Wohnungen gehen verloren. Nun kennen die Holländer in Niederländisch-Indien kein Pardon mehr. Gäbe es nicht internationale Bestimmungen zum Schutz von Kriegsgefangenen und Internierten, hätten viele Deutsche den Tag nicht überlebt. Die harte Konkurrenz unter den Pflanzern und die Tatsache, dass hier jeder jeden kennt und emporkommen will, äußern sich in heftigen

Aggressionen. Endlich kann man sich der missliebigen Konkurrenten entledigen.

Die Einheimischen und die Kulis haben ihren Anteil daran, dass es kein Blutvergießen unter den Kolonialherren gibt. Sie sind zutiefst schockiert darüber, wie in dieser Situation Tuans mit Tuans umgehen. Wäre es zu Ausschreitungen gekommen, hätte dies einen Bürgerkrieg ungeahnten Ausmaßes entfachen können. So beschränkt man sich auf die Internierung und «Aushungerung» der Gefangenen hinter Stacheldraht.

Für Claire sind nicht die unhaltbaren Zustände im Internierungslager am schlimmsten zu ertragen, sondern die Demütigungen durch die ehemaligen Freunde, Kollegen und Arbeitgeber.

· · · · · · ·

10. Mai 1940. Es war sehr spät geworden am Abend zuvor, sodass wir uns auf den Mittagsschlaf freuten. Im Halbschlaf hörte ich ungewohnte Geräusche, und dann klopfte es laut an unserer Schlafzimmertür. Djaman, unser Boy, rief: «Polizei ist da!»

Wir sprangen auf, hinter Djaman folgte ein Sergeant, den Revolver im Anschlag, dahinter zehn einheimische Polizisten mit Flinten und aufgepflanzten Bajonetten.

«Jetzt!», sagte ich leise zu Djaman. Schon stand er da und stellte den vorbereiteten Koffer neben Gustel hin.

«Haben Sie Waffen im Haus?», fragte der Sergeant.

«Ja», antwortete Gustel und holte das Schweizer Gewehr, das immer neben seinem Bett stand. Ich brachte die Stockflasche mit den Patronen. Der Schweiß lief uns allen nur so über die Gesichter. Djaman bereitete für uns alle einen kühlen Obstsaft, dann nahmen die Polizisten meinen Liebsten in die Mitte und wollten ihn zu dem draußen wartenden kleinen Bus bringen. Gustel zog seine Schlüssel hervor und bat den Sergeant, noch Geld aus dem Kontor holen zu dürfen. Wir hatten nie größere Summen im Haus liegen, damit die Bedienung nicht in Versuchung geriet. Diese Bitte wurde ihm verwehrt. Er nahm mich fest in die Arme, küsste mich, nahm den kleinen Koffer und ging. Mir war, als reiße man mir ein Stück meines Herzens heraus. Der Bus fuhr ab, und schon kam Krani Abdullah mit den anderen Büroangestellten zu mir gelaufen, alle waren verstört, und ich musste sie trösten.

«Es ist Krieg», sagte ich, «wir müssen abwarten, was kommt.» Plötzlich stand Herr ter Molen, der immer distanzierte niederländische Assistent unserer Pflanzung, vor mir und brüllte mich mit beleidigenden Worten an. Djaman drängte sich zwischen uns: «Dies ist meine Mem tuan besar, die hast du nicht anzuschreien.» Seine Augen glühten vor Wut, und ter Molen wich zurück, er ahnte, dass er die gesamte Arbeiterschaft gegen sich haben würde, wenn er gegen den Koch vorginge. Ich nahm Djamans Hand und sagte: «Es ist Krieg, beruhige dich!»

Ter Molen behauptete, er sei der Nachfolger von Gustav Hake, also der neue Tuan besar. Ich solle sofort meine Habe zusammenpacken und das Haus verlassen, damit er einziehen könne. Darauf befahl Djaman dem Wasserträger und Amat, unserem Chauffeur, die leeren Kisten aus dem Abstellraum zu holen und zu säubern. Ich fing an, die Bücher zu sortieren und Briefe zu verbrennen, denn ich wollte nicht, dass jene von Gustel und meine Tagebücher in falsche Hände gerieten. Und ich handelte sehr richtig, denn die

Briefe der deutschen Internierten wurden auf den Märkten als Einwickelpapier und Tüten benutzt, und mit den Fotos tapezierten die Einheimischen später ihre Hütten und Kammern. Die Bilder meiner Familie legte ich in eine Mappe, die ich mitnehmen wollte, dann aber nicht durfte.

Ein Auto fuhr vor. Wer konnte das sein? Therese Lück von der Nachbarplantage Adolina suchte verzweifelt mit ihrem Baby bei mir Asyl: Ihr holländischer Manager-Vorgesetzter war ihr mit dem Revolver in der Hand bis ins Haus gefolgt, sodass sie schreiend in ihr Auto geflüchtet war. Ich ging gleich ans Telefon, um unseren allerhöchsten Vorgesetzten im Hauptbüro Tandjong Morawa, Herrn Jannsen, anzurufen. Er gab mir die Erlaubnis, dass Therese mit ihrem Kind bei mir übernachten durfte. Am nächsten Tag sollte sie jedoch wieder auf die Adolina-Plantage zurück, er werde dafür sorgen, dass sie nicht weiter belästigt würde.

Djaman sorgte rührend für uns. Die Hunde waren unruhig und blieben immer in meiner Nähe. Therese schlief in Gustels Bett, die Kleine zwischen uns. Ich tat die ganze Nacht kein Auge zu. Wo mochte Gustel sein? Und wie ging es den Kindern in Deutschland?

Früh am nächsten Morgen kam der Haupt-Tandil und sagte, er würde mir seine vier Söhne schicken, damit sie mir beim Einpacken helfen könnten. Die vier jungen Chinesen brachten ihre alte Großmutter mit, die mir auf ihren Lilienfüßchen entgegentrippelte und meine Hände nahm. Auf Chinesisch sprach sie liebevoll und gütig zu mir. Ich verstand leider kein Wort, aus dem Tonfall konnte ich aber ihre Zuneigung zu mir heraushören. Sie war in schwarze Seide gekleidet, eine vornehme alte Dame. Ich führte sie auf unser Sofa in der

Vorgalerie und setzte mich neben sie. Da nahm sie abermals meine Hände, griff dann in ihre Rocktasche und holte ein Päckchen Banknoten hervor, das sie mir in die Hand drückte. Da war es um mich geschehen, die Tränen flossen nur so aus mir heraus. Sie aber tätschelte weiter meine Hände. Ich nahm die Banknoten und gab sie ihr wieder zurück, schüttelte den Kopf und versuchte zu lächeln. Ich dankte ihr.

Derweil packten die vier chinesischen Jungen unter Djamans Aufsicht. Inem kochte, wir wurden von der Bedienung gut versorgt. Therese verabschiedete sich schluchzend. Der Haupt-Tandil kam später seine Mutter holen und wollte mir nochmals zureden, das Geld doch anzunehmen, aber ich lehnte dies erneut ab. Die alte Chinesin nahm meine Hände und sah mich traurig an.

Dann kam die verstörte Elisabeth Seele von der nahen Kautschukplantage. Mit dabei hatte sie zwei junge Holländerinnen, Assistentenfrauen, deren Hochzeiten wir ausgerichtet hatten, weil sie noch nicht genug Geld dafür gehabt hatten. Sie kamen trotz des Verbots zu mir, umarmten mich weinend und wünschten uns alles Gute.

Wieder erschien ter Molen und rief mich vors Haus. Da hatten alle Schulkinder unserer Pflanzung Aufstellung genommen. Kein Lehrer war dabei. Nun befahl dieser Mann den armen Schulkindern, mich anzuspucken. Alle Deutschen seien Verbrecher, die man anspucken und erschießen sollte. Die Kinder waren irritiert, taten aber dann doch, was er wollte. Um seiner Verachtung mir gegenüber mehr Ausdruck zu verleihen, befahl er den Mädchen, die Sarongs hochzuheben und mir ihre bloßen Hintern zu zeigen. Die Jungen mussten derweil weiterspucken.

Elisabeth Seele verfolgte diese Demütigungen mit Entsetzen von einer Ecke des Hauses aus. Sie wagte es aber nicht, näher zu kommen. Als ter Molen mit den Kindern abgezogen war, prophezeite ich ihr: «Elisabeth, diese Kinder müssen uns jetzt anspucken. Sie begreifen nicht, warum, aber sie werden den Respekt verlieren. Diese Schulkinder werden eines Tages die Weißen in Stücke reißen.» So sollte es dann wirklich geschehen, als die Japaner die Insel eroberten und die Einheimischen furchtbare Rache an den ungeliebten Holländern, die ihnen gegenüber ihr Gesicht verloren hatten, übten. Auch ter Molen wurde umgebracht.

Die Holländer waren bei den Bewohnern des Archipels nie gut angesehen gewesen, da sie ständig die Worte «Das ist unser Land» auf den Lippen trugen. Niederländisch-Indien war in den Augen der Holländer ein Teil des Mutterlandes, also Eigentum der Niederlande. Wir Deutschen dagegen waren nur Gäste, also wohlgelittene Ausländer und deshalb beliebter.

Nach dem Mittagessen rief mich Djaman. Da stand ein Batak, verbeugte sich höflich und übergab mir, nachdem er sich nach allen Seiten umgesehen hatte, einen kleinen Brief. Er kam von Gustel: Er sei in Siantar und bitte mich, dem Überbringer eine Matratze und noch einige private Sachen mitzugeben. Djaman und ich suchten die gewünschten Sachen in aller Eile zusammen. Amat, unser Chauffeur, packte sie in unseren Wagen, lud das Fahrrad des Batak obenauf, der Mann setzte sich neben ihn, und ab ging es nach Siantar. Eine Nachricht mitzugeben wagte ich nicht. Zu meiner Erleichterung wusste ich jetzt, wo sich Gustel befand und dass er lebte.

Mir selbst war es nur erlaubt, zwei Handkoffer mit persönlichen Dingen mitzunehmen. Trotzdem packte ich die beiden großen Aluminiumkoffer und zwei Handkoffer mit Kleidern und Wäsche. Statt Porzellantellern für den Essensbedarf legte ich meine zwei Silberschüsseln in mein Handgepäck und Besteck für drei Personen, zudem meine Familienpapiere.

Am nächsten Morgen kam Herr van der Burg, ein anderer holländischer Assistent unserer Pflanzung, ins Haus und eröffnete mir, dass er nun der Nachfolger meines Mannes sei und nicht ter Molen. Ich müsse das Haus verlassen, meine Sachen würden gleich abgeholt und die persönlichen Dinge in das leere Assistentenhaus bei der Gummifabrik gebracht, ich hätte dorthin zu folgen. An Möbeln durfte ich mitnehmen: ein Bett, einen Küchentisch und einen Stuhl. Die Hunde würde er übernehmen. Wenn ich etwas zu essen wünsche, könne er mir ein wenig Reis aus dem Laden der Einheimischen besorgen lassen. Kochen und waschen müsse ich selbst und also auf Bedienung verzichten.

Da nahm ich meine beiden Handtaschen und verließ das Haus, in dem wir so glücklich gewesen waren. Die Hunde wollten mit. Ich rief Djaman, der sie zurückholte und anband. Ich konnte Djaman nicht ansehen, weil ich Angst hatte, meine Haltung zu verlieren. Ich sagte nur: «Selamat tinggal – gutes Bleiben!», und er erwiderte: «Selamat jalan – gute Reise!» Unsere Sachen, Möbel und Kisten wurden von Kulis an mir vorbei in die Fermentierscheune getragen. Die Läden des Zentralkontors waren geschlossen, Krani Abdullah und die anderen Angestellten wollten meinen Abzug nicht sehen.

In dem nach Kautschuk stinkenden Assistentenhaus traf ich die weinende Gertrud Müller. Ihre Kinder waren noch auf der deutschen Internatsschule in Kaban Djahe. In dieser jämmerlichen Bleibe stieß noch Elisabeth Seele als Dritte im Bunde zu uns. Wir richteten uns ein, so gut es ging. Die Rollos sollten geschlossen bleiben. Auf der Hintergalerie stand unser Küchentisch mit drei Stühlen. Zwei Betten, meines und das von Elisabeth Seele, stellten wir in einem Raum zusammen und deckten sie mit einem Moskitonetz ab. Das Bett von Frau Müller kam in einen Nebenraum, wobei die Tür weit offen blieb, damit man sich so nah wie möglich war. Die Koffer wurden unter die Betten geschoben. Eine kleine Petroleumlampe hing über unserem Küchentisch an der Wand. Dies war unsere einzige Beleuchtung.

Der Tag war unerträglich heiß, Badewasser und Trinkwasser bekamen wir keines. Aus der Zisterne, die sich im Garten befand, versuchte ich einen Eimer Wasser heraufzuziehen. Es gelang mir aber nicht, denn der Eimer war durchgerostet. Bevor er oben ankam, war das Wasser ausgelaufen. Da rief mich ter Molen. Am Fuß der Verandatreppe zog er seinen Revolver aus der Jackentasche und brüllte mich an: «Abknallen sollte man euch wie Hunde.» Dabei fuchtelte er mit der Waffe vor meiner Nase herum.

Seine verbalen Demütigungen hörten auf, als van der Burg kam. Ich bat ihn um Trink- und Badewasser. Seine Antwort: «Damit kann ich nicht dienen, ihr deutschen Schweine hättet ja nicht in Holland einmarschieren müssen!» Immerhin fragte er, ob wir etwas Reis aus dem Laden bräuchten. Ich lehnte ab, Wasser sei wichtiger.

Es dunkelte, und wir lagen schon auf den Betten, als ich

auf der Treppe der Hintergalerie ein Geräusch hörte. Dort stand ein Topf, den ich sofort heraufholte. Er enthielt ein gutes Nasigoreng, das wir uns schmecken ließen. Wer hatte dieses Essen geschickt? Sicher der Haupt-Tandil. Tatsächlich holte einer seiner vier Söhne später das leere Gefäß wieder ab.

In der Nacht legte man uns ein Weißbrot auf die hintere Treppe, es kam aus der Tamilenbäckerei, in der wir nie eingekauft hatten. Dann sah ich in der Dunkelheit einen nur mit einem Lendenschurz bekleideten Mann, der im Garten Laub zusammenfegte und immer wieder seltsame Bewegungen mit Kopf und Armen machte. Der spinnt, dachte ich. Er kam aber immer näher und zog aus einem Korb ein Bündel unter den Blättern hervor, das er rasch auf die untere Treppenstufe legte. Ich stieg die etwa acht Stufen hinunter und hob es auf. Es enthielt zehn hartgekochte Eier in einem karierten Taschentuch. Der Mann hockte sich im Dunkeln unters Haus und sagte, ich solle das Taschentuch wieder auf die unterste Stufe legen. Der Mann kam wieder hervorgekrochen, und ich bedankte mich.

«Saja orang christ», sagte er, «ich bin ein Christenmensch.»

In der Nacht wurde aus der Zisterne Wasser heraufgezogen und in die Küche und das Badezimmer getragen. Es war Djaman, der dies für uns tat. Er brachte uns auch abgekochtes Wasser und Brot, das wir dann zum Frühstück mit den Eiern aßen. Wir sollten unsere Kleider auf die untersten Treppenstufen legen. Inem, unsere Babu, würde sie holen, waschen, bügeln und morgen wieder zurückbringen. Inem kam und teilte uns mit, dass die gesamte Bedienung entlassen worden war, weil sie bei Deutschen gearbeitet hät-

ten. Man würde sie nirgendwo mehr einstellen. Amat, unser
Chauffeur, meinte, dass er nähen könne wie ein Schneider.
Damit würde er sich wohl über Wasser halten können. Er
wohne jetzt mit Inem im nahen Pondok und bleibe in meiner Nähe. Er würde uns auch Essen bringen, und der Haupt-
Tandil wolle dafür sorgen, dass wir jeden Tag eine warme
Mahlzeit bekämen. Unsere Hunde würden am nächsten Tag
nach Medan gebracht werden, wo sie mit all den anderen
Hunden der Deutschen vergast würden. Mein Gott, wie entsetzlich! Ich verbat mir, darüber länger nachzudenken, denn
wir hingen sehr an unseren Haustieren, sie waren doch ein
Teil von uns. Jetzt aber brauchte ich alle Kraft, um an Gustel
und die Kinder zu denken.

Ich sagte Djaman, wie leid es mir täte, dass ich ihn für
seine treuen Dienste nicht mehr bezahlen könnte, weil ich
kein Geld mehr hätte. Aber ich würde die Holländer bitten,
ihm meine Nähmaschine und Gustels Fahrrad zu überlassen und seiner Frau Inem meines zu geben. Babu Djumina,
Chauffeur Amat und dem Wasserträger schenkte ich andere
Dinge, die sie gebrauchen konnten. Ich schrieb dies auch
dem Waisenamt in Medan, das alle Sachen der Deutschen
übernehmen sollte und über Versteigerungen entsprechende
Abwicklungen ausführte. Ich hätte mich geschämt, meine
treue und langjährige Dienerschaft nicht mehr bezahlen zu
können. Inem schenkte ich noch einen Ring und Djumina
Ohrringe. Ob meine treuen Leute jemals in den Besitz meiner Schenkungen gekommen sind? Ich fürchte, nicht. Um
Elisabeth Seele und Gertrud Müller kümmerte sich keiner
ihrer Bediensteten. In dieser schrecklichen Zeit erfuhr ich,
wie beliebt Gustel war.

In der zweiten Nacht wurden wir von Stiefelgetrampel geweckt. Polizei! Ein Mischlingssergeant hockte auf der Hintergalerie. Sechs weitere einheimische Polizisten kletterten auf dem Dach herum und stachen mit Buschmessern immer in die Palmblätter. Worauf die wohl aus waren? Anschließend durchsuchten sie das komplette Haus samt unseren Betten, dabei stießen sie mit ihren Klingen in die Matratzen, fanden aber nichts. Da brüllte der Sergeant mich an: «Wo sind die Briefe von Hitler, wo die von Himmler?»

Ich konnte nur antworten: «Da müssen Sie mir erst sagen, wer Himmler ist!»

Er fuchtelte mit dem Revolver vor meinem Gesicht herum. «Sie wissen nicht, wer Himmler ist?»

«Nein», sagte ich, «ich höre diesen Namen zum ersten Mal.» Auch Elisabeth und Gertrud bestätigten, dass sie ihn nicht kannten. Daraufhin verschwand die Polizeitruppe.

In der nächsten Nacht fand dasselbe Theater noch einmal statt. «Was suchen Sie denn bloß im Dach, unter den Betten und in den Koffern? Was wollen Sie von uns?», fragte ich. Der Oberste spielte mit seinem Revolver, behielt uns aber stets im Blick. «Wir suchen Ihren Radiosender mit Empfänger.» Über diese Äußerung konnten wir nur ungläubig staunen. Diese Narren ließen sich durch die hysterische Hetze der Holländer beeinflussen.

Am nächsten Morgen sollten wir abgeholt werden. Wir drei Frauen warteten mit einigen Kindern. Wohin man uns bringen wollte, wussten wir nicht. Djaman hatte unsere Wäsche, die er einen Tag vorher abgeholt hatte, auf die Treppenstufen gelegt, gewaschen und gebügelt. Dann sah ich ihn über einem provisorischen Herd im Garten ein Feuer entzünden. Er bereitete uns einen Porridge und kochte Tee, den wir aber nicht mehr trinken konnten, denn in diesem Moment fuhr ein Auto vor. Es war das Hospitalauto für Einheimische und Kulis. Um die Ladefläche war Stacheldraht angebracht. Wollte man uns am Fliehen hindern? Wohin hätten wir denn gehen sollen mit den Kindern?

Aus dem Auto stieg unser Landvermesser van Reedt-Dortland, dessen deutsche Frau ich mit ihrem Kind vor einigen Wochen bei mir zu Hause wegen einer schweren Krankheit gepflegt hatte. Konnte man so etwas denn vergessen?

«Raus!» Wir Frauen nahmen unsere Handtaschen, verließen das Haus und zwängten uns durch die enge Öffnung im Stacheldraht, ich als Letzte. Van Reedt-Dortland hielt mich zurück, dabei riss ich mir mein Kleid auf und fiel zu Boden. Ich richtete mich wieder auf und sah ihn nur kopfschüttelnd an. Auf einmal stand Djaman, der das Geschehene verfolgt hatte, da und drängte sich zwischen uns. «Du hast meine Mem tuan besar nicht so zu behandeln, sie hat dir nichts Böses getan.» Van Reedt-Dortland fuhr erschrocken zurück. Er schien sogar Angst zu haben und ließ zu, dass Djaman meine Hände nahm, sie an seine Wange legte und «Selamat jalan!» murmelte. «Selamat tinggal, Djaman!», entgegnete ich leise. Plötzlich war auch Inem da und ergriff weinend meine Hände. Wir wussten, dass wir uns nie wiedersehen würden. Dann kroch ich durch den Stacheldraht auf den Wagen, mit Tränen in den Augen sah ich die beiden dem Wagen hinterherschauen.

Wir wurden zuerst nach Tandjong Morawa Kanan gebracht, wo im Vorgarten schon einige Frauen der Senembah-Gesellschaft standen. Dann wurden immer mehr Frauen herangekarrt, die Ladeflächen sämtlicher Lastwagen waren mit Stacheldraht umwickelt. Nur unser britischer Assistent, Mr. Jameson, brachte die deutschen Frauen der benachbarten Pflanzungen persönlich im Auto zu unserem Versammlungsort. Er kam auf mich zu, wünschte uns alles Gute und verabschiedete sich.

Herr Kolk, nun neuer Manager von Tandjong Morawa Kanan, dirigierte zwei Lastwagen in den Vorgarten, die unsere Koffer, Körbe und Bündel aufzuladen hatten. Gerda Lück, ein Kind an der Hand, das andere im Kinderwagen und hochschwanger mit dem dritten, wollte den Kinderwagen mit verladen lassen. Die Träger waren bereit, und sie nahm das Baby heraus. Kolk kam hinzu und befahl, dass der Kinderwagen nicht mitdürfe. «Deutsche Weiber brauchen keine Kinderwagen!» Also wurde er wieder zurückgestellt, ich behielt ihn aber im Auge. Als Kolk abgelenkt wurde, gab ich dem Kuli einen Wink, er verstand sofort, sah sich nach allen Seiten um und lud den Kinderwagen blitzschnell auf den schon anfahrenden Laster.

Wir wurden in zwei mit Stacheldraht gesicherte Busse verladen, die in Richtung Belawan abfuhren. Kamen wir auf ein Schiff? Auf irgendeine Insel? Unsere Fahrzeuge bogen dann aber in die Straße ab, die zum Krankenhaus der Deli-Gesellschaft führte. Dort auf dem Vorplatz hielten sie.

Zunächst mussten wir uns aufstellen. Polizeiwachtmeister van der Jaagd schritt unsere Reihen ab. Ihm folgten einige Polizisten, alles Einheimische, dahinter etwa zwanzig Holländerinnen. Eine der Frauen gab den Hilfspolizisten einen Wink, und schon stemmten sie mit Brecheisen meine zwei schönen Aluminiumkoffer auf, obwohl diese gar nicht abgeschlossen waren. Nun war von allen Seiten das Knacken von gewaltsam geöffneten Koffern zu hören. In meinem Koffer lag obenauf ein Nageletui. Wachtmeister von der Jaagd sah es, bückte sich und steckte es in seine Tasche.

«Das sind Waffen», sagte er.

«Ich brauche doch eine Nagelschere», widersprach ich.

«Deutsche Weiber können sich in Zukunft ihre Nägel abbeißen», knurrte er und schritt weiter. Eine Niederländerin begann meine Koffer zu durchwühlen. Sie holte eine der Silberschüsseln hervor. «Was ist das?» – «Das sind Silberschüsseln», antwortete ich und setzte hinzu: «Meine Dame, ich bin es gewohnt, von Silber zu essen.» Tatsächlich, diese Antwort verblüffte sie, sie sah mich an und legte die Schüsseln in meinen Koffer zurück. Auch meine gesamten Familienpapiere konnte ich behalten.

Als diese Prozedur hinter uns lag, wurden wir in eine Baracke geführt. «Nun kommen die Leibesvisitationen», erklärte uns eine der Holländerinnen. Gertrud Müller ging als Erste in den Nebenraum und kam weinend wieder heraus, ohne ihren Schmuck. Die Perlenkette mit Ringen und Armbändern, Ohrringe, alles hatte man ihr genommen, sogar den Ehering vom Finger gerissen. Und schon war ich an der Reihe. Frau Howenaar, die Frau des Chefarztes, empfing mich. Sie fuhr mir gleich in die Haare, als ob ich darin etwas zu verbergen hätte. Dann sah sie meinen indischen Goldarmreif. Sie zerrte ihn mir vom Oberarm, wobei er zerbrach. Dann griff sie mir in den Ausschnitt und grapschte mir das Saffianbeutelchen mit dem Schweizer Schmuck aus dem Büstenhalter. Die dabeistehende Schwester kannte ich gut, denn sie hatte mich vor zwei Jahren nach meiner Unterleibsoperation gepflegt. Sie bekam Order, mich inwendig zu untersuchen, was sie aber entschieden ablehnte: «Nein, das kann ich nicht.» Als die Howenaar mir den Ehering abziehen wollte, sagte ich: «Nein! Den kriegen Sie nicht, eher schlucke ich ihn runter.» Sie blickte ungläubig drein, ließ mich aber tatsächlich gehen.

Wir bekamen alle einen Teller Nasigoreng und wurden wieder in die Busse verfrachtet. Nun ging es über Berastagi weiter nach Raja bei Kaban Djahe. Wir bogen von der Straße ab und fuhren auf ein ehemaliges Pfadfinderlager für einheimische Beamtenkinder zu. Das Lager war mit doppeltem Stacheldrahtzaun gesichert und bestand aus zwei länglichen Baracken, einem festen Haus mit zwei Räumen, zwei Toilettenhäuschen und einem Küchenanbau, alles sehr primitiv. Wir wurden «abgeladen» und von Herrn Geeritzen empfangen, den ich gut kannte, er war Beamter in der Gemeindeverwaltung von Kaban Djahe. Neben ihm stand Frau Massman, die Frau des Direktors der holländischen Pflanzerschule in Berastagi. Herr Geeritzen hielt eine Rede und verkündete, dass wir zu unserer eigenen Sicherheit hier in «Schutzhaft» genommen werden sollten. Ich fragte mich, wovor uns diese Holländer schützen wollten. Vor der einheimischen Bevölkerung sicher nicht. Vermutlich hatten die Holländer Angst vor ihren eigenen Rachegelüsten. Geeritzen betonte, dass wir es gut haben würden, wenn wir uns in alles fügten und keine Schwierigkeiten bereiteten. «Frau Hake, ich ernenne Sie hiermit zur Campmutter.»

«Um Gottes willen», entfuhr es mir in meinem Schreck, «das liegt mir ja überhaupt nicht!» – «Wir kennen Sie als vertrauenswürdige Person», sagte Frau Massman. Ich hatte also keine Wahl. So fügte ich mich und besichtigte mit ihr alle Räumlichkeiten.

Die beiden großen Zimmer des festen Hauses wurden für die Krankenpflege vorgesehen, die zwei länglichen Baracken sollten als Schlafsäle dienen, getrennt nach Jungen und Mädchen und mit je einer Aufsicht. Die restlichen Räume sollten für uns Frauen sein, es war ein wenig eng, aber fürs Erste ging es. Eine ehemalige Villa, die direkt neben dem Camp stand, sollte den Müttern von Kleinkindern vorbehalten bleiben. Frau Massman sollte für unser leibliches Wohl sorgen und uns mit Lebensmitteln beliefern, in der Küche waren bereits die nötigsten Dinge vorhanden. Dann hörten wir, dass am nächsten Morgen noch die Frauen und Kinder der Deli-Gesellschaft kommen würden. Wo sollten sie alle noch untergebracht werden?

An diesem Tag hätte ich hundert Arme und Beine haben müssen. Überall wurde ich gebraucht, gerufen, gefragt und hätte an jedem Ort sofort erscheinen sollen. Den Müttern mit Babys riet ich, sich zusammenzutun, um sich gegenseitig zu helfen und die Villa einzurichten. In den Baracken wurden die primitiven Campbetten umgestellt, denn jede Mutter wollte ihre persönliche Ecke mit ihren Kindern haben.

Die Lebensmittel, die wir in der Küche vorfanden, waren kümmerlich: etwas Bruchreis, der seltsam rosa aussah. Nach dem Waschen verfärbte sich das Wasser genauso, und der Reis wurde etwas weißer. Schlechtes, pampiges Brot, die billigste Margarine, Tee, der nur nach Naphthalin schmeckte, Brotaufstrich gab es gar nicht. Mich ekelte alles an, und ich hoffte für den kommenden Tag auf Abhilfe. Bald lagen wir erschöpft auf den Bettstellen.

Claire, um 1915

Konfirmation von Claire (r.),
Dezember 1916

*Gustav Hake mit seiner
Schwester Vera in Japan,
um 1919*

*Gustav Hake als junger
Assistent in Sumatra*

*Claire mit
ihrem Musang,
1925*

Gustav Hake

Claire und Gustav auf Hochzeitsreise, 1926 in Wiesbaden

Vor dem ersten Pflanzerhaus in Patoembah

Arbeit im jungen Tabakfeld

Der Tabak wird ausgepflanzt

Mit Gustavs
Mutter Antonie in
Scharbeutz, 1933

Die Söhne Gustav
und Kurt, 1937

Das Managerhaus
von Simpang Ampat.
«Am Ziel der Träume»

Das Personal – v. l.: Gärtner, Chauffeur Amat, seine Frau mit drei Kindern, Babu Djumina, Babu Inem, Koch und Boy Djaman

Der Bund, die Uferpromenade von Shanghai

*Pater Leo (Heinz),
1947*

*Claire und Gustav
wieder vereint,
1947*

Unser Campverwalter fragte mich, wie viele Kinder von unter einem Jahr wir hätten, deren Mütter bekämen ein Glas Milch pro Tag. Bei Kranken wurde die Milchvergabe abgelehnt. Ich rechnete kurz und sagte, ich könne ihm erst antworten, wenn die Frauen der Deli-Gesellschaft mit ihren Kindern hier wären. Somit bekamen wir zunächst nur eine geschätzte Menge Milch. Ich bat den Campverwalter noch um Papier und Schreibzeug, damit ich Bestellungen und Listen führen konnte. Eine unserer Frauen übernahm die Aufgabe, jeden Morgen die gelieferte Milch abzukochen und an die stillenden Mütter weiterzureichen.

Mühe hatten wir mit dem primitiven Herd, der mit halben Baumstämmen gespeist werden musste. Gegen Mittag erschien Frau Massman mit einem kleinen Pferdewagen und brachte uns ein Pfund Rindfleisch mit etwas gefärbtem Reis, Brot, das den Namen nicht verdiente, und einen großen Kübel gelben Talg, den wir zum Braten auslassen sollten. Kein Obst, kein Toilettenpapier, keine Eier, kein Mehl, kein Zucker, kein Gemüse. Dabei wuchs gerade hier auf der Hochfläche aufgrund des Klimas alles ideal.

Schon mittags um halb eins waren die beiden Stacheldrahtbusse mit den Frauen der Deli-Gesellschaft da und rollten durch das Tor, das von einheimischen Polizisten mit Gewehren und aufgepflanzten Bajonetten bewacht wurde. Es wimmelte nur so von Menschen. Die Säuglinge und Kleinkinder brüllten und waren bei der Hitze nicht zu beruhigen. Alle waren hungrig, sie hatten nichts zu essen bekommen. Unsere Vorräte waren verdammt knapp. Nun zeigte sich, dass wir wundervolle Frauen unter uns hatten, die alles zusammensuchten, was für eine Suppe geeignet erschien. Die

neu ankommenden Frauen suchten nach geeigneten Schlaf-
plätzen.

Die eben angekommene Hilda von Rüning lag plötzlich
ohnmächtig auf ihrem Bett im Babyhaus. Als sie im Kran-
kentrakt erwachte, fragte sie nach Zigaretten, aber nicht
nach ihren Kindern, die wir mittlerweile bei anderen Frauen
untergebracht hatten. Sie bat uns, ihr die Bettwäsche aus
dem Koffer zu reichen. Heraus kamen mehrere Zigaretten-
stangen, die ich beschlagnahmte, bis die Frau wieder fest auf
den Beinen stehen würde. Wie hatte sie die bloß bei dem vielen Filzen behalten können? Am nächsten Morgen war mein
erster Gang wieder zu Hilda. Sie versteckte etwas unter der
Spitzendecke, die sie ins Lager mitgebracht hatte: Es war
eine brennende Zigarette. «Wo haben Sie die her?» Sie lächelte und zuckte mit den Achseln. «Die habe ich eben noch
gehabt.» In einem Camp, wo jeder auf jeden angewiesen ist,
durfte es keine Extrawürste geben, deshalb erhielt sie die
abgenommenen Zigaretten nicht mehr zurück. Ich merkte
schnell, dass noch mehr ins Lager geschmuggelt worden waren. Bei den Raucherinnen machte ich mich gleich in den
ersten Tagen unbeliebt.

Nachdem alle Frauen und Kinder der Senembah-, der Deli-
und der Adolina-Gesellschaft aus Batavia im Lager waren,
stellten wir fest, dass einige Frauen, die wir kannten, und
ihre Kinder fehlten. Wo waren sie hingekommen? Bei uns
befanden sich mittlerweile hundertzwanzig Frauen mit Kindern. Von unseren Männern hatten wir keine Nachricht. Die
meisten Frauen litten, genau wie ich, unter der Ungewissheit,
was mit uns weiter geschehen würde, außerdem sorgten wir
uns um unsere Männer.

In den nächsten Tagen stellten wir beunruhigt fest, dass sämtliche Kleinkinder an Brechdurchfall erkrankten. Kurz danach litten auch die älteren Kinder an Durchfall. Lag es an der gelben Milch? Das kleine Sanner-Baby schrie nur noch und wurde immer dünner. Ich vermutete, dass es sich um Wasserbüffelmilch handelte, die einen sehr hohen Fettgehalt hat. Dann bekamen viele Kinder Furunkel an Kopf, Po und Beinen. Salben waren aber keine da. Wir behandelten die Kranken, so gut es ging, aber selbst für eitrige und blutende Wunden stand uns nur abgekochtes Wasser zur Verfügung. Die Entzündungen wurden immer schwerer, bis ich die Verantwortung für die Versorgung der Kranken nicht mehr tragen wollte. In meiner Not ließ ich den holländischen Missionsarzt in der Nähe anrufen und bat ihn um Rat. Er bewilligte immerhin Jod, Antiseptikum und Verbandwatte.

Eines Tages erschien der Kontrolleur Geeritzen und teilte mir mit, dass eine gewisse Frau von Asmus mit ihrer achtjährigen Tochter noch zu uns ins Lager käme. Frau von Asmus sei bei ihrer Internierung handgreiflich geworden, und man habe sie ins Irrenhaus gesteckt. Er gab mir den dringenden Rat, mir von ihr nichts gefallen und ihr auch nichts durchgehen zu lassen. Sie lebte in dem Wahn, dass ihr Mann der natürliche Sohn des niederländischen Prinzen Hendrik sei. «Spinnert!», sagte Geeritzen und tippte sich an die Stirn. Wenn es Schwierigkeiten gäbe, müsste ich dies sofort melden, man würde die Dame dann nach Java in eine geschlossene Abteilung stecken. Das konnte ja heiter werden.

Ich nutzte die Gelegenheit und bat Geeritzen, ob wir nicht bessere Milch, besseres Fett, Brot und frisches Obst bekommen könnten. Außerdem hätte ich gern aus der Apotheke in

Medan verschiedene Arzneien, Verbandmittel und Desinfektionsseifen, ich würde diese auch selbst bezahlen. «Stellen Sie eine Liste zusammen, ich werde sehen, was ich tun kann.»

Am nächsten Tag wurde ich ins kleine Lagerbüro am Eingang des Lagers gerufen. Mir gegenüber saßen neben Geeritzen der Missionsarzt, Herr und Frau Massman und noch ein Unterkontrolleur. Man nickte mir zu, und ich nickte zurück. Man bot mir einen Hocker an und fragte nach meinen Wünschen. «Sie stehen doch auf der Liste», sagte ich. Vordringlich bat ich um bessere Milch. Ich hatte noch nicht ausgeredet, da stürzte sich Herr Massman, der Direktor der Planterschool, auf mich, ergriff meinen Hals mit beiden Händen, riss mich hoch, drückte zu, schüttelte mich hin und her und schrie immer wieder: «Denk an Rotterdam!» In weiter Ferne vernahm ich noch die Stimme von Frau Massman: «Lass sie sofort los!» Er gab mich frei, und ich fiel neben den Hocker auf den Boden. Der Arzt half mir und richtete mich auf, als ich wieder Luft bekam. Nun erst erfuhr ich, dass die deutsche Luftwaffe Rotterdam zerstört hatte und es über fünfhundert Tote gegeben habe. Weil wir keine Zeitungen bekamen, wussten wir von alledem doch nichts. Aber dann wurde meinen Wünschen tatsächlich entsprochen. Auch die Appelle morgens und abends, bei denen alle Lagerinsassen, Frauen, Kinder und Babys zum Abzählen zu erscheinen hatten, wurden abgeschafft. Ich verbürgte mich dafür, dass ich selbst die Kontrollen durchführen würde, denn ich wusste, dass keine Frau und kein Kind den Gedanken hegte auszubrechen. Wohin hätten sie auch fliehen sollen? In den Busch?

Ich schlich in meine Ecke, legte mich hin und heulte wie

ein Schlosshund. Ich war dieses Starksein-Müssen so leid! Wie oft lag ich abends auf der Pritsche und dachte verzweifelt an Gustel und die Kinder. Meine einzige Hoffnung war, dass es den Kindern in Deutschland besserging. Immer wieder war ich froh, dass sie nicht hier bei mir im Camp waren.

Wir bekamen keine bessere Milch, aber zehn Rollen Toilettenpapier für hundertzwanzig Menschen. Jedes Kind unter zwei Jahren erhielt nun täglich eine halbe Papaya. Die Erwachsenen erhielten kein Obst, nach einem halben Jahr hinter dem Stacheldraht ging uns das Zahnfleisch zurück. Auch den übel schmeckenden Tee bekamen wir weiterhin. Andere Nahrungsmittel wurden aber besser, unter anderem das Gemüse. Von dem gelben Rindertalg wurde so wenig wie möglich verwendet, was nicht gebraucht wurde, warfen wir über den Lagerzaun. Streunende, ausgemergelte Hunde stürzten sich sofort darauf, nach kurzer Zeit wurden sie kugelrund, und ihr Fell begann zu glänzen. Wenigstens für etwas war dieses Fett gut.

Mit dem Sanner-Baby schien es zu Ende zu gehen. Zum Weinen war es zu schwach geworden, es wimmerte nur noch, Arme und Beine waren dünn wie Stöckchen. Ich rief den Doktor an, der das Kind mit der Mutter in seinem Missionshospital in Kaban Djahe sehen wollte. Die Lagerleitung erlaubte diese Fahrt tatsächlich. Es wurde ein Batak-Bus angehalten und Frau Sanner mit Baby von zwei Mischlingspolizisten zum Krankenhaus eskortiert. Eine Stunde später war sie schon wieder zurück. Sie berichtete weinend, dass der Doktor das Bündel nur angeschaut und sie mit der Äußerung «Da ist nichts mehr zu machen!» entlassen hatte. Ich begleitete die untröstliche Frau zu ihrer Schlafstatt und legte das

Baby in sein Körbchen, es regte sich kaum mehr. Plötzlich gab es Bewegung vor der Tür, und der Arzt kam hereingestürmt: «Ich will das Kind noch einmal sehen!» Er nahm die Ärmchen und Beinchen in die Hände und murmelte: «Da ist nicht mehr viel dran.» Unserem Lagerleiter Kees befahl er, eine Kiste Dosenmilch aus seinem Auto hereinzuholen. Kees blickte den Doktor fragend an: «Holländische Dosenmilch?» – «Ja, verdammt, genau die!» Er handele auf Anweisung von höchster Stelle. Hitler habe der Kolonialregierung gedroht, dass für jedes deutsche Kind, das in Lagern stürbe, zwei holländische Kinder sterben müssten, dies gelte auch für Erwachsene. Der Befehl sei ihm gerade übermittelt worden. Das Sanner-Baby bekam sofort verdünnte Dosenmilch, ebenso die anderen Kinder, die mit Brechdurchfällen zu tun hatten. Die Durchfälle verschwanden, und das Sanner-Baby überlebte. Wir anderen bekamen nun Kuhmilch, die aber ebenfalls sorgfältig abgekocht werden musste.

Dann kam die angemeldete Frau von Asmus mit Töchterchen. Sie trug eine Flasche «Black Label» unter dem Arm und behauptete, dass Schwarztee darin sei. «Wenn Sie sich nicht fügen und anpassen, werden Sie sofort nach Java in eine Anstalt gebracht», gab Herr Geeritzen ihr noch mit auf den Weg, als wir zum Bettensaal gingen. Kaum lag Frau von Asmus auf ihrem schnell hergerichteten Campbett, fing sie an zu schimpfen wie ein verärgerter Feldwebel. Sie griff zu ihrer Flasche, bekam einen Rausch, wurde ruhig und schlief ein. Sie brachte es dann fertig, einige Frauen an sich zu ziehen und sie von der täglichen Arbeit abzuhalten. Es waren alles adelige Damen, worüber ich sehr enttäuscht war. Alle vier behaupteten, ihr Stand verbiete es ihnen, niedrige

Arbeiten zu verrichten. So bildete sich im Camp die erste Clique.

Kurz darauf fanden sich, versteckt in einem Schrank, zwei Silberbecher mit etwas Grauem darin, aus dem Fadenpilze wuchsen. Daneben zwei Teller mit je einer halben Papaya, die dick von Schimmelpilzen überwuchert waren. Da hatten sich doch die adeligen Damen heimlich Lebensmittel gemopst und sie noch nicht einmal aufgegessen. Wir bekamen kaum genug Milch und Obst für die Kinder, und hier vergammelte beides in silbernen Bechern mit Kronen darauf.

Im Badezimmer stank es erbärmlich. Milliarden von Fliegen summten um einige Eimer mit den dreckigen Windeln herum, niemand wollte sie waschen. Ich brauchte nicht lange zu forschen, wem die Bottiche gehörten, es war die Adelsgruppe. Ich setzte sie mit deutlichen Worten gleich ans Waschen. Die Arbeit als Campmutter war eine undankbare Aufgabe.

Sorgen machten mir die vielen Fliegen, wie schnell konnten sie Krankheiten übertragen. Ich hatte schon lange um Fliegenstreifen gebeten oder auch Fallen, wie wir sie auf den Pflanzungen hatten. Herr Kees konnte keine besorgen und fabrizierte primitive Holzständer, die er mit einem Leim- und Honiggemisch bestrich. Im Nu waren sie schwarz vor Fliegen. Hin und wieder wurden die Ständer erneuert, die Insektenplage wurde jedoch nicht geringer.

Die Sendung aus der Apotheke war endlich bewilligt worden. Sie kam per Nachnahme, und ich bezahlte sie aus meiner Tasche. Jedes Fläschchen und Töpfchen war dick in Zeitungspapier eingepackt, und zwei ziemlich neue Zeitungen lagen auch darunter. Wir stürzten uns auf diese Nachrichten. Wir erfuhren daraus etwas mehr über den Vormarsch der deutschen Truppen in den Niederlanden, in Belgien und Frankreich. Auch dass Rotterdam verheerend von Flugzeugen getroffen worden war und es viele Tote gegeben hatte, konnten wir jetzt schwarz auf weiß lesen. Interessant war zu hören, dass die Holländer hier offenbar große Angst hatten vor Ausbrüchen und Vergeltungsaktionen der internierten Deutschen. Ein weiterer Bericht besagte, dass internierte deutsche Frauen und Männer durch das Beimischen von Medikamenten im Tee ruhig gehalten würden. Ob der Naphthalin-Geschmack in dem unseren damit zusammenhing? Einem kleineren Artikel entnahmen wir, dass jedermann bestraft würde, der künftig Weihnachten nach deutscher Manier mit Weihnachtsbaum und Lichterschmuck feiere. Dies war schon mehr als hysterisch.

In der Apothekensendung befand sich endlich der ersehnte Perubalsam für die Wundbehandlung. Verletzungen gab es immer wieder, gerade bei Kindern, und dank diesem Mittel verheilte alles nach wenigen Tagen ohne Entzündung und Eiter.

Mittlerweile waren alle Kinder von der Deutschen Schule in Kaban Djahe in unser Camp gebracht worden. Sie kamen völlig verstört bei uns an, hatte man ihnen doch beim Transport mit den Stacheldraht-Lkws nicht gesagt, wohin die Fahrt ging. Es war ihnen sogar verboten worden, die wenigen Habseligkeiten mitzunehmen, die sie im Internat ihr Eigen nannten. Nun befanden sich etwa dreißig Kinder im Lager, die keine Schule mehr hatten, da es niemanden gab, der sie hätte unterrichten können. Durch das viele Nichtstun wurden gerade die älteren Kinder immer ungezügelter, sie lungerten eigentlich den ganzen Tag unter den Djambu-Bäumen herum, dessen Früchte man immerhin essen konnte. Und sie hatten ständig Hunger. Spielzeug war auch nicht vorhanden, Bücher schon gar nicht. Ich hatte einen Märchenband aus der Jugendzeit meiner Mutter im Koffer dabei. Da ich es nicht wagte, das Buch in die Hände der Kinder oder der Mütter zu geben, begann ich, regelmäßig Märchen vorzulesen.

Die Stacheldrahtumzäunung wurde weiter verstärkt, und man baute Wachtürme, auf denen sogar Scheinwerfer installiert wurden. Die Kulis, die daran arbeiteten, waren von den Holländern aufgehetzt worden und verhielten sich uns gegenüber maßlos unverschämt. Wir fühlten uns wie Freiwild im Gehege. Ich hasste es, als Campmutter immer wieder mit Bitten zu Frau Massman gehen zu müssen, diese Unterwürfigkeit lag mir gar nicht, aber ich musste mit ihr auskommen, schon der anderen Frauen wegen. So bat ich sie, dafür zu sorgen, dass die Kulis, die die Zäune verstärkten und die Wachtürme bauten, unsere auch nur bedingt sauberen Toiletten nicht benutzen sollten. Sie sah mich hämisch lächelnd an: «Warum? Das sind doch auch nur Menschen!»

«Ja, aber einige von ihnen sind krank, außerdem haben sie eine völlig andere Vorstellung von Hygiene als wir. Ich habe große Angst, dass hier Seuchen ausbrechen könnten.» Sie zuckte nur die Achseln.

Frau Massman verwaltete auch die Verpflegungslieferungen für unser Lager. Mehr als einmal bat ich darum, uns mehr Gemüse und Obst zu liefern. Wir erhielten überwiegend weiße und braune Bohnen sowie steinharte Erbsen, die selbst bei stundenlangem Kochen kaum weich wurden. Außerdem hatten wir keine Gewürze, um die Hülsenfrüchte verdaulicher zu machen. Um uns herum auf der Hochfläche war der reinste Garten Eden, wir verstanden nicht, warum man uns nicht von dem billigen Gemüse bringen konnte. Wir litten ständig unter schmerzhaften Blähungen, es war nicht mehr auszuhalten. Am Samstag, nach dem großen Bauernmarkt der Batak in Berastagi, brachte uns Frau Massman einen Korb voll Porreegemüse und Kartoffeln. Das Gemüse war so schlecht, dass wir beim Putzen die Hälfte davon fortwarfen. Ich reklamierte dies bei Frau Massman, und sie entgegnete, dass wir Deutschen uns bitte schön mit dem zufriedengeben sollten, was die Holländer an uns lieferten. Wir sollten an die Verbrechen denken, die wir Deutsche in Holland anrichteten.

Von den weiteren Kriegshandlungen in Europa bekamen wir aber gar nichts mit, denn Zeitungen oder andere Informationsquellen wurden uns versagt. Einen Briefverkehr gab es nicht. Wo hätten wir Post denn auch hinschicken sollen? Wir wussten ja nicht einmal, wo unsere Männer und Jungen ab sechzehn Jahren interniert waren. Wir konnten auch nicht wissen, dass die Holländer selbst keinen postalischen Kontakt mehr mit ihrem Heimatland hatten. In meiner Wut wünschte ich Frau Massman so manches Mal die Pest an den Hals. Dass gerade sie unter der späteren Besetzung Niederländisch-Indiens durch die Japaner Entsetzliches würde durchmachen müssen, konnte ich damals nicht ahnen.

Seit einiger Zeit beobachtete ich, dass einige Kinder kleine geschnitzte Flugzeuge besaßen. Dann sah ich diese Kinder mit den Bewachungssoldaten verhandeln. Was ließen sich diese Kerle für diese kleinen Flugzeuge geben? Ganz umsonst verschenken sie nichts, zu gut kannte ich die Mentalität dieser Menschen. Ich rief alle Mütter zusammen und bat sie, sich ihrer Kinder mehr anzunehmen und den Handel am Stacheldraht zu unterbinden. Ich traute diesen Kulis nicht, schon weil sie ihren Handel immer später in die Dunkelheit hinausschoben. In Zukunft wollte ich kein Kind mehr nach sieben Uhr am Abend draußen sehen.

«Sie mit ihrer dreckigen Phantasie!», rief mir Frau von Asmus zu. «Ich denke gar nicht daran, meine Elisabeth schon um sieben Uhr hier im Hause zu haben. Frische Luft tut immer gut. Sie kann draußen bleiben, so lange ich es will.» Andere Frauen hatten ein Einsehen und handelten danach. Einige Abende später kam der kleine Ludwig Salg in mein Zimmer. Er müsse mich unbedingt sprechen, aber was er mir zu erzählen habe, dürfe ich niemandem sagen, denn sonst würde er umgebracht. Er erzählte stockend, dass die Kinder für die kleinen Flugzeuge, die sie bekamen, sexuelle Handlungen an den Soldaten vollziehen mussten. Ich war entsetzt und sprachlos. «Die Elisabeth, die Janette und die Zwillingsmädchen sind jetzt gerade draußen», sagte er weiter, deshalb seien die Scheinwerfer ausgeschaltet. Ich dankte dem kleinen mutigen Jungen und versprach hoch und heilig, niemandem zu verraten, von wem ich diese Nachricht bekommen hatte.

Nach einer kleinen Weile schlich ich leise in die Dunkelheit hinaus, den Stacheldrahtzaun entlang. Ja, dort sah ich einige Kinder, die sich mit den Soldaten beschäftigten. Ich hätte dieser Schweinerei am liebsten sofort ein Ende bereitet, aber mir war klar, dass die Mütter es mit eigenen Augen sehen mussten, sonst würde es mir niemand glauben. Es schlug dann ein wie eine Bombe, und man fand alle meine

Befürchtungen bestätigt. Fortan blieben die Kinder näher an den Baracken.

Um die Kinder mehr zu beschäftigen, kam die Idee auf, auch eine Kindertheatergruppe aufzustellen. So wurde die wilde Bande eine Zeit lang in Schach gehalten. Nach ein paar Wochen herrschte wieder Langeweile, und wir kümmerten uns nur zu zweit um die Kinder. Die anderen Mütter waren von der Hitze apathisch und lagen fast den ganzen Tag über auf ihren Betten. Immer mehr von ihnen waren nervlich am Ende und fielen aus. So blieb vieles an mir hängen, ich hatte schließlich keine Kinder im Camp und riss mich immer wieder zusammen.

Das wenige an Fleisch, das die Massman uns pro Tag brachte, wurde jeden Abend angebraten, damit es nicht verdarb, einen Kühlschrank hatten wir nicht. Dann legten wir es in einen Schrank und sicherten ihn mit Fliegendraht vor Tieren. Eines Morgens war von dem Fleisch rundherum alles Gebratene abgeschnitten. Wer konnte solch einen gemeinen Diebstahl an uns allen begehen? Ich tippte auf zwei bestimmte Frauen. Wir hatten einige unter uns, die sich von einer Amöbenruhr erholten, auch einige, die an Gallenkoliken litten. Ihnen wurde ärztlich angeraten, täglich etwas gekochtes Rindfleisch zusammen mit dem Kochsud zu sich zu nehmen. Eine Frau teilte dieses wenige noch mit ihren zwei kleinen Kindern. Da hatte ich beobachtet, wie Frau von Asmus neidisch auf das Fleisch blickte.

Ich wartete, bis am Abend Ruhe im Lager eingekehrt war, und setzte mich allein in die Küche hinter den Herd auf einen Hocker. Irgendwann hörte ich die Tür leise aufgehen und jemanden zum Fliegenschrank gehen. Mit der großen Stablampe, die ich bei mir hatte, leuchtete ich auf, als sich die Person daran zu schaffen machte. Meine Ahnung bewahrheitete sich: Es waren die Damen Asmus und Co. Diese Nachricht ging am nächsten Tag durch das ganze Lager. Wie war es möglich, dass wir uns hinter Gittern noch bestahlen?

Die Mehrheit der Frauen konnte und wollte nicht mehr arbeiten. Nur einige wenige wuschen die gesamte Wäsche des Lagers. In der Küche waren gerade einmal zwei Frauen noch fähig, die anfallenden Tätigkeiten zu erledigen. Alle waren geschwächt aufgrund der miserablen Versorgung, der Hitze und der verbreiteten Darminfektionen. Nicht einmal Teller und Tassen gab es in ausreichender Zahl.

Da erschien ganz unerwartet eine hohe Kommission für Lagerinspektionen. Ein holländischer Vertreter des Roten Kreuzes, ein Dr. Lehefeld, war auch dabei. Ich wurde gerufen und einem jungen Schweizer Konsul vorgestellt, der mit zu dieser Kommission gehörte, sowie dem höchsten Staatsbeamten von Sumatra aus Medan, Herrn Brugemans. Mit in der Kommission waren noch einige untere Beamte und unser Missionsarzt.

Ich wurde gebeten, ihnen unsere Räume zu zeigen. Im ersten lag Stina Graetzen. Dr. Lehefeld blieb vor ihrem Bett stehen und erkundigte sich nach ihrer Krankheit. Sie sagte, durch die miserable Essenslage seien die meisten Frauen nicht mehr imstande, die nötigen Arbeiten zu verrichten, einige von uns sähen schon aus wie lebende Gerippe. Nur noch zehn Frauen seien einigermaßen arbeitsfähig. Ich teilte Dr. Lehefeld außerdem mit, dass es in der nahen Missionsstation der «Rheinischen Mission» Schwestern gäbe, die kaum

beschäftigt seien, und man uns diese doch zur Krankenbe-
treuung überlassen könne. Ich zeigte ihm und der Kommission unsere primitiven Unterkünfte, unsere schrecklichen
Toilettenverhältnisse. Er schüttelte nur den Kopf. Dann kamen wir zur Küche mit dem angrenzenden Essraum. Fliegen
überall. Er schlug die Hände zusammen, als er diese unmög-
lichen Zustände sah: «O Gott, wenn hier eine Epidemie aus-
bricht, könnten wir das nicht verantworten. Hier muss sofort
etwas geändert werden!»

Dann fragte ich den Schweizer Konsul als meinen Landsmann geradeheraus, in welchem Lager unsere Männer seien
und warum wir sie nicht besuchen dürften. Er behauptete,
dass es noch nie einen Fall in Kriegszeiten gegeben habe, in
dem Internierte sich gegenseitig hätten besuchen können.
Es nützte nichts, dass ich ihm mit dem Beispiel meines Mannes von 1914 widersprach.

Ich wandte mich dann an Dr. Lehefeld. Er erklärte allen
Anwesenden, dass der schlimme Zustand des Lagers schnellstens geändert werden müsse. Er erwarte ansonsten eine Epidemie, denn viele Frauen und Kinder seien bereits stark geschwächt, und die Milliarden von Fliegen erleichterten die
Bedingungen nicht gerade. Ein Ausbruch liege geradezu in
der Luft. Darauf wandte sich Herr Brugemans, der höchste
Staatsbeamte, an mich und sagte: «Frau Hake, ich habe Ihnen angeboten, von der Rheinischen Mission einige Schwestern hierherkommen zu lassen, aber Sie wiesen es ab mit der
Bemerkung, dass Sie hier allein fertig würden.» Sprachlos
starrte ich ihn an: «Das stimmt doch überhaupt nicht!» Ich
versuchte, ihm scharf in die Augen zu sehen, er hatte einen
leichten Silberblick, und seine Pupillen waren unmöglich zu

fixieren. «Wo und wann, Herr Brugemans, haben Sie mich das gefragt?»

«Vorhin hier im Raum, als wir allein waren.»

Da sah ich rot. Flammend vor Wut stellte ich mich vor ihn hin und sagte laut und vernehmlich: «Sie lügen, Herr Brugemans! Sie haben mir nie Schwestern von der Rheinischen Mission angeboten. Im Gegenteil! Sie haben meine Bitte vorhin abgeschlagen. Die Bitte um Entsendung der Schwestern habe ich nicht an Sie, sondern direkt an Herrn Dr. Lehefeld gerichtet. Sie standen zwar dabei, schüttelten aber für uns alle sichtbar den Kopf.» Nun hatte ich diesen hohen Staatsbeamten glattweg vor der ganzen Kommission der Lüge bezichtigt. Sicher würde ich jetzt ins Straflager nach Java geschickt werden. Aber mir war alles egal. Peinlichkeit lag im Raum.

«Sie werden von uns hören, Frau Hake!» Die Kommission verließ den Raum. Ich harrte der Dinge, die jetzt auf mich zukamen.

Der Arzt, der mir bei Wunden und Verletzungen zur Seite stand, kam meistens in der Mittagszeit. Als er einige Tage nach dem Besuch der Kommission erschien, rief er mich in den Wachraum. Ich eilte zu ihm hin und lief die paar Stufen hinauf. Plötzlich wurde mir schwarz vor Augen, der Arzt konnte mich gerade noch auffangen, als ich in Ohnmacht fiel. Nachdem er mein Herz abgehorcht hatte, kam ich wieder zu mir, und er sagte: «Frau Hake, mit Ihrem Herzen würde ich etwas vorsichtiger sein.»

«Was soll ich denn tun?»

«Das weiß ich auch nicht. Herzmittel darf ich Ihnen nicht geben, die sind nur für die Holländer bestimmt.»

«Sehr beruhigend», dachte ich. Ich bat ihn um neuen Perubalsam und einige andere Medikamente. Die sollte ich wieder auf meinen Namen von der Apotheke aus Medan kommen lassen. Es wurde auch alles ein paar Tage später gebracht, wieder eingepackt in Zeitungspapier. Darauf konnten wir lesen, dass man die Absetzung des holländischen Rot-Kreuz-Mannes Dr. Lehefeld verlange. Er behandele die deutschen Männer zu gut und weise in den Lagern auf Missstände hin. Außerdem ginge der Bau des großen Männerlagers in Alas Valley bei Atjeh gut voran. Nun wussten wir, wo die Männer hinkamen. Der Ort wurde das Sammellager für alle internierten deutschen Männer in Niederländisch-Indien. Um auch hier Ausbrüche zu vermeiden, so schrieb das Blatt, würden die Sicherheitsmaßnahmen modern ausgeführt und die Ränder der Zufahrtswege zum Teil vermint. Das Lager läge direkt im Urwald. Aus diesem Lager könne dann keiner dieser «Rottmoffen», was so viel heißt wie «verfaulten Deutschen», mehr heraus. Diese Zeitungsmeldungen gab ich nur vier Frauen zu lesen. Wir wollten eine Panik unter den anderen verhindern.

Eines Tages erhielt ich von Herrn Geeritzen die Order, die Pflanzungen der Senembah-Gesellschaft zu besuchen. Ich sollte aus den eventuell noch vorhandenen Koffern oder Schränken Wäsche, Kleider und Kindersachen herausnehmen, bevor alles verkauft oder weggeworfen würde. Eine andere Frau sollte mir dabei helfen. Ich bat Elisabeth Seele, mit mir zu fahren. Mit einem kleinen Pritschenwagen, um dessen Ladefläche ebenfalls Stacheldraht angebracht war, und einem Auto mit zwei Wachsoldaten hinter uns fuhren wir früh am Morgen los. In Medan setzte sich der Polizeikommissar van der Jaagd neben den Fahrer. Zuerst ging es zum Senembah-Hauptsitz nach Tandjong Morawa. An einem Fenster des Hauptbüros stand Herr Monnier, ein guter Bekannter von uns. Als er uns sah, beugte er sich aus dem Fenster, rief Schimpfworte und spuckte in unsere Richtung. Es war mir unverständlich, wie ein gebildeter und ehrenhafter Mensch sich so benehmen konnte. Van der Jaagd saß mit einem Begleiter bei einem kühlen Getränk im Büro. Die Bewacher hockten unter einem schattigen Baum, uns ließen sie draußen in der sengenden Sonne sitzen, bei mindestens fünfunddreißig Grad im Schatten.

Dann fuhren wir von Pflanzung zu Pflanzung. Es war immer das Gleiche: Wir saßen in der Sonne, van der Jaagd ging ins Büro, die Bewacher setzten sich unter die Bäume. Aus vorhandenen Koffern, die zusammengetragen wurden, suchten wir Kleidung und Kindersachen aus, die auf dem Pritschenwagen verstaut wurden.

Unser englischer Assistent Jameson begrüßte uns mit Handschlag auf seiner Pflanzung. Er bat uns in sein Haus. Hier bekamen wir nach Stunden endlich ein kühles Getränk von seinem Boy serviert, und man gab uns einen Imbiss mit auf den Weg. Zum Abschied dann wieder ein wohltuender Händedruck, mir kamen die Tränen. Jameson sah dies und wischte sie mit seinem sauberen Taschentuch ab. «Mögen wir uns in besseren Zeiten bald alle hier wiedersehen.» Dies waren seine Abschiedsworte. Leider sollte ich diesen guten Menschen nie mehr treffen. Er konnte später vor den Japanern flüchten und nach Australien gehen.

Wir fuhren weiter zum Haus der Familie Salg. Hier lagen

Kisten und Koffer wild durcheinander. Als wir die erste Kiste öffneten, lag obenauf eine Hakenkreuzfahne. Van der Jaagd riss sie heraus, warf sie auf den Boden und trampelte wie ein Besessener darauf herum, er stieß wüste Verwünschungen aus und spuckte auf das Tuch. Nach diesem Veitstanz packte er mich am Arm und sagte hämisch: «Wir haben für die deutschen Männer ein schönes Lägerchen gebaut. Da können sie dann alle verrecken.»

Im Hospital von Tandjong Morawa, wo ich meine Söhne zur Welt gebracht hatte, übernachteten wir beiden Frauen. Am Abend glaubte ich, nicht recht zu sehen. Der Hospitalassistent van Buuren, ein Niederländer, begrüßte uns tatsächlich mit Handschlag und brachte uns einen Teller mit Äpfeln. Wir bekamen eine ausgezeichnete Mahlzeit, die wir auf der Veranda essen wollten. Dann zogen wir uns aber doch vor den gaffenden Menschen zurück. Es waren nicht etwa die Einheimischen, Arbeiter oder Chinesen, die uns anstarrten, nein, es waren die uns bekannten Frauen der Hauptverwaltung der Senembah-Gesellschaft. Frauen, mit denen wir früher eng verkehrt hatten, die mit uns befreundet gewesen waren, mit denen wir Tennis gespielt und uns in den Schwimmbädern oder im Urlaub in Berastagi oder am Tobameer getroffen hatten. Nun beschimpften sie uns, spuckten über den Balkon und überschütteten uns mit den unflätigsten Worten.

Wie war diese Sinnesänderung nur möglich? Wir erwarteten anhand der Kriegsereignisse bestimmt keine Freundschaft, aber Toleranz, Zurückhaltung und ein Minimum an Anstand. Wie konnten Europäerinnen so ausfallend zueinander sein? Die Einheimischen waren uns gegenüber weiterhin ausgesprochen höflich und standen dem Treiben fassungslos gegenüber.

In Medan wurden wir in das Waisenamt geführt, dort standen die Reste des Mobiliars der Deutschen. Laufend wurde versteigert. Als wir ankamen, wurden gerade die Möbel von Dr. Heinemann, dem ehemaligen Chefarzt des Krankenhauses Tandjong Morawa, feilgeboten. Da er «Halbjude» war, hatte man ihm die Freiheit gelassen, ihn aber nach Kaban Djahe abgeschoben und in einer einfachen Hütte untergebracht. Er bekam ein Monatseinkommen, von dem er kaum leben konnte, und hatte sich jeden Tag bei der Polizei zu melden. Ähnlich erging es einer Schweizerin, die mit einem Deutschen verheiratet war. Gleich nach dem Einmarsch der deutschen Truppen in Holland ließ sie sich im gegenseitigen Einvernehmen von ihrem Mann scheiden, nahm die Schweizer Staatsangehörigkeit wieder an und bekam mit ihren drei Kindern eine Hütte in Siantar zugewiesen. Sie wurde jedoch von allen Schweizern, die auf Sumatra lebten, geschnitten. Somit lebte sie einsam und isoliert, bis die Japaner kamen.

Dann fuhren wir nach Simpang Ampat zu unserem Haus. In der im Garten stehenden Garage fand ich die kümmerlichen Reste unserer Habe: zwei eiserne weiße Bettstellen mit unseren Rosshaarmatratzen, die verladen wurden. Dann stand ich fassungslos vor Gustels mutwillig zerschlagenem Cello. Meine Laute lag daneben, ihr Hals war abgebrochen. Welche Barbaren ließen ihre Wut an Musikinstrumenten aus? Mir wäre es lieber gewesen, sie wären gestohlen worden und hätten weiter erklingen dürfen.

Auf dem Boden verstreut lagen die aus den Rahmen geris-

senen Familienbilder. Mein Fuß stand auf dem Foto meines
Vaters. Ich sammelte einige auf. Dann blickte ein dunkelhäu-
tiger Klingalese in die Garage und sprach mich an: «Frau,
warte!», und verschwand. Er kam bald mit einem Umschlag
wieder und übergab ihn mir, wobei er mich mit seinem zahnlosen Mund anlächelte. Plötzlich hatte ich lauter Bilder von
uns und den Kindern in der Hand. «Auch solche Menschen
gibt es», dachte ich und atmete tief durch.

Kaum in Camp Raja zurück, wurde mir von oben ange-
kündigt, dass wir unsere Männer im Zwischenlager Siantar
besuchen dürften, bevor sie ins Großlager Alas Valley kämen.
In schwer bewachten Bussen wurden wir dorthin gefahren.
Es gab mir einen Stich ins Herz, als ich Gustel wiedersah, getrennt durch einen breiten Tisch saßen wir uns gegenüber.
Wie eingefallen und elend er aussah. Er fragte mich gleich
nach dem Verbleib einiger Frauen, die nicht bei uns waren
und deren Männer nicht wussten, wo sie sich befanden.
Konnten sie noch auf Java sein?

Wir sprachen in diesen kurzen zehn Minuten über uns
und unsere Lebensbedingungen. Dann fragte ich ihn, ob er
wisse, dass man die Männer nach Alas Valley ins große Sam-
melcamp bringen würde. Der uns beaufsichtigende Wärter
warnte mich davor weiterzusprechen. Aus Gustels Mienen-
spiel ersah ich, dass die Männer noch nichts davon wussten.
Die kurze Zeit verging viel zu schnell. Ein Händedruck, ein
Kuss über den Tisch hinweg, ein letzter Blick, und wir gingen auseinander. Erst sieben Jahre später sollten wir uns wiedersehen.

Wie betäubt stieg ich wieder in den Bus. Alle waren in Gedanken mit ihren Männern beschäftigt, da wurde mir plötz-

lich übel, und schwere Magenkrämpfe drohten mich förmlich zu zerreißen. Der Busfahrer hielt an, und man legte mich
auf den Rasen am Straßenrand. Eine Kolik jagte die andere,
am liebsten wäre ich nie mehr aufgestanden, ich wollte nicht
mehr. Nach einiger Zeit ließen die Schmerzen etwas nach,
und der Bus machte sich wieder auf den Weg zurück nach
Raja. Dort hatte während unserer Abwesenheit die Amöbenruhr Einzug gehalten, vermutlich über die Toiletten, die immer noch von den Bauarbeitern benutzt wurden.

Am nächsten Morgen erschien Herr Geeritzen mit einigen
Beamten und dem Arzt. Wir sollten alle geimpft werden, da
eine noch größere Ruhrepidemie erwartet wurde. Man verlangte von mir, einen Plan aufzustellen, welche Frauen zu
einem Pflegedienst herangezogen werden könnten. Die ersten, die eine Pflegetätigkeit ablehnten, waren die Damen der
Adelstruppe. Sie ekelten sich davor, sagten sie, menschliche
Exkremente zu beseitigen und Kranke zu waschen.

«Gut», sagte ich zu ihrem Erstaunen, «das muss ich akzeptieren, und deshalb teile ich euch hiermit zum Küchendienst ein.» Erschrockene Blicke: «Wir denken nicht daran,
uns für euch einzusetzen und uns totzuschuften. Wir wollen von euch isoliert werden!» – «Auch gut, ich werde Herrn
Geeritzen berichten, dass ihr nicht pflegen könnt oder wollt
und dass ihr euch nicht einmal dem Küchendienst zur Verfügung stellen wollt.»

Mit mehreren Frauen stellten wir daraufhin den Pflege-
plan auf. Kaum fertig, meldete uns die adelige Hilda, ihr
kleiner Sohn hätte nun auch Fieber und Durchfall bekommen. Dann ging es Schlag auf Schlag mit den Krankheits-
fällen. Ich musste sofort veranlassen, dass ein Isolierraum

hergerichtet wurde. Ein Zimmer, das weit am Ende einer Baracke lag, schien dafür geeignet zu sein. Alle Frauen und Kinder, die dort untergebracht waren, mussten sich sofort auf andere Räume verteilen.

Herr Geeritzen kam, und ich händigte ihm unsere Liste aus: «Ich vermisse auf dieser Liste die Namen von Frau von Asmus, Frau Stillner, Frau von Traun, Frau von Schatz und Frau von Rüning. Warum sind sie nicht zum Pflegedienst eingeteilt?»

«Sie behaupten, einen Pflegedienst nicht übernehmen zu können, auch keine Tätigkeiten als Küchenhilfen, wie ich es vorgesehen hatte.»

«Solange Sie hier Frauen haben, die sich vor jeder Arbeit drücken wollen, kann ich Ihnen auch keine Hilfe von der Rheinischen Mission anbieten. Ich möchte diese Damen sprechen.»

Was Herr Geeritzen den Damen mitteilte, erfuhr ich nie. Aber eines kam doch immerhin dabei heraus: Die Frauen erschienen am nächsten Tag alle zum Küchendienst. Einen Disput gab es nur mit einer von ihnen, deren Sohn in der Nacht auch die Ruhr bekommen und ins Isolierzimmer gebracht worden war. Um ihren eigenen Sohn wollte sie sich plötzlich doch kümmern.

«Ich dachte, Sie wollten und könnten nicht pflegen?»

»Aber das ist doch eine andere Situation! Hier ist mein Kind krank.»

Ich lehnte ab und versprach, dass ich ihren Sohn gut pflegen würde.

«Nein», heulte sie auf, «Sie hassen mich, und Sie werden ihn quälen!»

«Wofür halten Sie mich eigentlich?», sagte ich, und zu ihrem Sohn gewandt: «Komm, Erich, komm zu Tante Hake.» Schon hatte ich den Jungen auf dem Arm und legte ihn ins Bett.

Immer mehr von uns wurden krank. Bald musste ein zweiter Raum zu einer Isolierstation umgerüstet werden. Es traf meist die Kinder. Unversehens wurde uns eine große Kiste mit australischen Äpfeln angeliefert, samt einer Glasreibe. Die Holländer schienen doch Bedenken zu bekommen. Die Küche sollte für das Krankenlager immer gekochten, fein gestampften Reis, nach Art der Eingeborenen in einem Mörser gequetscht und mit geriebenen Äpfeln vermengt, herstellen. Dies war die einzige Nahrung, die die Kranken vorerst zu sich nehmen durften. So konnte unser fast ausschließlich adeliges Küchenpersonal sich über zu wenig Arbeit nicht beklagen.

Ich war oft zum Umfallen müde, denn ich wurde auch nachts geweckt, um Pflegedienst zu leisten. Die wenigen noch gesunden Frauen wurden verschont, da sie die Sorge für ihre und die Kinder kranker Mütter übernahmen. Für die schwersten Arbeiten in der Küche, nämlich den Herd in Gang zu halten, der mit Holz gespeist wurde, hatte Herr Geeritzen zwei junge Batak zur Hilfe verpflichtet. Sie schleppten die gespaltenen Stämme und machten den Abwasch. Unsere Frauen, die dies vorher erledigt hatten, waren einfach zu schwach für diese Arbeit geworden.

Endlich klang die Ruhrepidemie ab. Da packte es mich als Letzte, auf allen vieren kroch ich etwa zwanzigmal am Tag zur Toilette, mit Fieber, Bauchweh und Übelkeit. Nach fast einer Woche, ich kam gerade wieder auf die Beine, hörte ich

lautes Motorengeräusch. Langsam fuhren zwei mit Stacheldraht gesicherte Busse an unserem Lager vorbei, auf dem
Dach Gepäck aufgetürmt und festgezurrt. Darin sah ich
Männer, deutsche Internierte, zusammengesunkene Gestalten aus Java, von der Insel Poeloe Laut, wo die Armen mona-
telang in bestialischer Hitze hatten ausharren müssen. Wir
winkten uns zu, und schon war der Spuk vorbei. Diese Fahrt
ging nach Alas Valley, das Lager mit den verminten Straßen.
In einigen Tagen würde auch mein Gustel dorthin gebracht
werden. Nur nicht weiter denken, sonst drohte man verrückt
zu werden.

Nachdem wir die Ruhr überstanden hatten und sogar das
Essen endlich besser wurde, hieß es, die Frauen, die als Erste
nach Raja gekommen seien, sollten ihre Habe packen, damit
Gepäckproben vorgenommen werden könnten. Man suchte
anscheinend nach Schmuck oder Waffen. Es war lachhaft.

Dann sollten wir in ein anderes Lager verlegt werden.
Meine Mappe mit den Familienpapieren konnte ich gottlob wieder durch die Kontrolle bringen, vermutlich weil die
meisten Unterlagen Schweizer Stempel aufwiesen. Der Kontrolleur schaute sie nur kurz an, versah jede mit einem eigenen Stempel und übergab mir die Mappe wieder. Frau von
Asmus, die dies verfolgte, protestierte und schwärzte mehrere Lagerfrauen an, die auch noch einiges an Schmuck gerettet hatten. Herr Geeritzen fuhr sie an, dass sie sich lieber
um ihre eigenen Dinge kümmern und nicht dummes Zeug
über Mitinternierte reden solle. Da war er mir das erste Mal
sympathisch.

Es war tatsächlich so, dass einige Frauen Schmuck ins Lager mitgebracht hatten, verborgen an den abenteuerlichsten

Stellen, unter anderem im Blumenornament eines Strohhutes. Auch Zahnpastatuben, Schuhsohlen und Seifen waren gute Verstecke. Auf ähnlichen Wegen verließ der Schmuck das Lager auch wieder. Ich kann mich erinnern, wie eine Frau mit einigen sehr wertvollen Stücken zu mir kam. Wo sollten wir die nur verstecken. «Sie haben doch das rohseidene Kleid mit den Knöpfen und der Gürtelschnalle aus Schlangenleder. Bringen Sie es her», bat ich sie. Gemeinsam arbeiteten wir daran, die Knöpfe und die Schnalle zu zerlegen. In die hohlen Knöpfe legten wir Ringe und eine Kette, in die Schnalle kamen zwei Armbänder und ein Brillantring. Als sie das Lager verließ, trug sie dieses Kleid. Auch die Dame mit dem Strohhut blieb unbehelligt.

Wir kamen in ein Lager namens Taroetung, etwa zweihundertfünfzig Kilometer von Raja entfernt. Den Ort kannten wir nicht. Wir fuhren am Abzweig von Atjeh nach Alas Valley vorbei, dem Lager, wo unsere Männer einsaßen. Gegen Mittag hielten unsere Busse vor einem kleinen Hotel. Die beiden Bewacher setzten sich in den Vorgarten. Wir durften aussteigen und uns die Beine vertreten. Ein Bewacher kam, und wir unterhielten uns. Er zeichnete ein trostloses Bild von der Zukunft und prophezeite uns Deutschen, dass wir für alles, was wir angerichtet hatten, schmerzlich würden bezahlen müssen. Wir seien als Nation nur noch die Sklavenarbeiter in der Welt. Zerschlagen und mutlos setzte ich mich wieder in den Bus. Dann sah ich in die Gesichter dieser tapferen Frauen, die zudem mit ihren Kindern ins Ungewisse fuhren. Ich war allein hier und musste nur für mich selbst sorgen. So richtete ich mich wieder auf und schöpfte Mut.

Was waren die niederländischen Kolonialherren doch für

Narren, ging es mir bei der Weiterfahrt durch den Kopf. Ihre Angst war einfach lächerlich. Wo man auch hinsah, ob in unserem Camp oder auch in Taroetung: Stacheldraht über Stacheldraht, Wachtürme an allen Ecken, Scheinwerfer und bewaffnete Wachposten. Wie und wo sollten wir Frauen mit den Kleinkindern fliehen und zu wem? Große Helden waren diese Holländer nie gewesen, sie wollten nur ihre Ruhe haben. Ihre Truppen in den Kolonien waren bequeme, Bier trinkende Dicksäcke, die sich auf den Manövern von ihren Boys die Klappstühle hinterhertragen ließen. Sie hatten durch die respektlose und menschenverachtende Behandlung uns gegenüber bei den Einheimischen vollkommen ihr Gesicht verloren. Die einfachen Leute begriffen nicht, wie Weiße die eigenen Brüder auf diese Art behandeln konnten und dass sie Kinder und Frauen einsperrten. Später, unter japanischer Besatzung, wurden viele Holländer von den Einheimischen bestialisch ermordet.

Die Busse hielten. Wir hatten das Lager Taroetung erreicht. Schwester Alwine Hamacher, die älteste der Pflegerinnen der Barmer Mission, begrüßte uns warmherzig wie eine Mutter. Sie begleitete uns mit den anderen Internierten ins erste Lagerhaus, wo die Zimmeraufteilung vorgenommen wurde. Kurz darauf wurden wir als Neuankömmlinge in den Essssaal geführt, und es verschlug uns allen die Sprache. Welch ein Anblick nach der Verkommenheit in Raja: Auf den Tischen lagen weiße Tischtücher, es gab weiße Teller und Besteck. An der Decke hingen Lampen, die Licht erzeugten. Das Essen wurde in Schüsseln aufgetragen. Wir konnten es kaum glauben.

Einige Tage später kam der zweite und letzte Schub vom

Lager Raja an. Dann trafen auch Frauen und Kinder aus Atjeh und von der Westküste ein. Eine große Traurigkeit überfiel mich, als sich Frau Hecht mit ihren drei kleinen Kindern einfand, sie war die Frau eines deutschen Geologen. Sie kamen von einem völlig abgelegenen Ort. Die beiden zwei- und dreijährigen Kinder hingen halb verhungert an ihrem Rockzipfel, das sechsmonatige Baby auf ihrem Arm. Sie war absolut unfähig, die Kinderbetten mit aufzustellen und für die Bettwäsche zu sorgen.

Das Lager Taroetung war für uns wie ein Paradies. Auf dem Gelände der Barmer Mission wurden einfache Häuser und Baracken für die vielen Internierten errichtet, und wir wurden im Wechsel für alle Dienste mit eingesetzt. Es fehlte uns praktisch an nichts. Weil jetzt auch Lehrerinnen da waren, wurde ein Schulplan aufgestellt, und schon bald begann ein provisorischer Unterricht. Nachmittags war dann Handarbeit angesagt, diesen Unterricht übernahm ich. Es kamen sogar einige Jungen in die Stunden. Anfangs war es gar nicht leicht, diese verwilderten Kinder, die ein halbes Jahr aus aller Ordnung gewesen waren, zu bändigen. So gut es ging brachte ich ihnen das Nähen und Stopfen bei. Neue Stoffe zum Nähen hatten wir nicht. Doch es gab genug gebrauchte Kleidung, die umzunähen und zu reparieren war, und Strümpfe, die gestopft werden mussten. Es wurde uns genug gebracht, sodass wir viel zu tun hatten.

Sogar eine Bücherei besaß das Lager, mit vielen Kinderbüchern. Nach getaner Arbeit las ich den Kindern oft daraus vor, und die lebendigsten von ihnen saßen dann brav wie die Lämmer da und hörten zu. Dann spielte ich Theater mit ihnen, was noch mehr Kinder anzog, und ich wählte die Fähigsten aus. Unsere erste Aufführung sollte «Marienkind» sein, nach dem Märchen der Brüder Grimm. Den Bühnentext schrieb ich selbst. Die zwölf Engel wurden von Mädchen aus meiner Handarbeitsgruppe gespielt. Doch es gab großen Protest, weil auch die dunkelhäutige Rosemarie mit dabei sein sollte. Viele wollten aus diesem Grund nicht mehr mitspielen. Ich blieb hartnäckig und konnte sie davon überzeugen, dass es im Himmel nicht nur hellhäutige Engel gäbe. Schöne Kostüme bekamen wir von Helga Kuttner, der «Zirkusprinzessin», wie wir sie nannten, denn sie war vor dem Krieg Trapezkünstlerin gewesen. Mit einem russischen Zirkus war sie im Hafen von Singapur hängengeblieben und mit ihrem Mann und allen deutschen Zirkusakrobaten auf Sumatra interniert worden. Sie verstand es, auch die traurigsten Gesichter mit ihrem ausgefallenen Humor aufzuhellen.

Den kleinen Engeln wollte ich unbedingt zu Flügeln verhelfen. Dazu brauchte ich Seidenpapier und steifen Draht, den es unten im Dorf zu kaufen gab. Also ging ich zu unserem Campverwalter, Herrn Wolz, und trug ihm meine Bitte vor. Er lehnte jedoch mit einigen dummen Worten ab. Ich drehte mich um und verließ das Zimmer. Kurz darauf stand er bei mir in der Tür und entschuldigte sich: «Ich sehe, dass ich eine Dame vor mir habe, eine Schweizerin. Wie ich weiß, sind die Schweizer anständig gegenüber uns Juden, verfolgen uns nicht und wollen uns auch nicht in den Tod schicken.» Verblüfft über diese Äußerung fragte ich zurück: «Wie meinen Sie das?»

«Sie wissen nicht, dass wir als Juden verfolgt, von den Deutschen ausgewiesen, eingesperrt und, man sagt, sogar gezielt vernichtet werden?» Wo er diese Nachrichten herhabe, fragte ich.

«Alle Welt weiß es doch! In Deutschland gibt es große Konzentrationslager.»

«Das glaube ich nicht. Das ist doch Unsinn. Bitte, glauben Sie nicht alles, was in den holländischen Zeitungen steht. Auch die Radionachrichten sind übertrieben. An uns Deutschen lässt man kein gutes Haar mehr!»

«Mögen Sie recht behalten», sagte er. «Ich gewähre alles, was Sie wünschen, unter einer Bedingung.»

«Und die wäre?», fragte ich. «Dass Sie mich und meine Frau zu der Märchenaufführung einladen.»

«Von Herzen gern», erwiderte ich lachend, und wir schlossen Frieden.

Eine unserer Frauen bekam ein Kind. Drei Tage und drei Nächte wurde sie von den Wehen fast zerrissen. Der Missionsarzt Dr. Stellenaar, der uns betreute, stellte fest, dass das Baby falsch lag. Es war ein Kaiserschnitt nötig, doch den konnte er nicht ausführen. Schwester Alwine telefonierte mit mehreren Krankenhäusern in der Umgebung, aber sie erhielt überall nur Absagen, man wollte keiner Deutschen helfen. Da raffte sich der Arzt auf, bestellte ein Taxi und fuhr mit der Schwangeren auf eigene Verantwortung und mit bedingter Erlaubnis der Lagerleitung zu einem kleinen Krankenhaus, das rund hundert Kilometer entfernt lag. Dort praktizierte ein befreundeter Missionsarzt. Ohne Anmeldung, die Frau lag bereits im Koma, erreichte er nach einer mörderischen Autofahrt das Krankenhaus. Sofort wurde alles bereitgestellt. Der Arzt rief seine Frau, eine gelernte Krankenschwester, und leitete einen sofortigen Kaiserschnitt ein. Nach einer

Stunde war es geschafft, alle waren überglücklich. Im Lager Taroetung wurden nach unserer Ankunft noch zwei Kinder geboren.

Weihnachten kam. Das Fest gestalteten wir so schön wie möglich, mit Abend- und Mitternachtsgottesdienst in Schwester Alwines Andachtsraum. Im Speisesaal stand sogar ein großer Christbaum. Wir freuten uns an den kleinsten Dingen, an dem, was die Kinder uns bastelten oder wir ihnen geben konnten. Von unserem Taschengeld – vier bis fünf holländische Gulden pro Tag – konnten wir kaum etwas kaufen, denn es reichte nur für Seife, Zahnpasta oder ein Stück Obst. Wir dachten an unsere Männer, wälzten schwere Gedanken, die meisten mussten irgendwann weinen. So überbrückten wir die heiligen Tage mit Erzählungen aus der Vergangenheit.

Die Silvesternacht 1940/41 verbrachte ich damit, die vierundzwanzig uns zugebilligten Ochsenzungen für unser Neujahrsessen herzurichten. Im oberen und unteren Frauenhaus ging es lebhaft zu. Einige Frauen kauften von ihrem Taschengeld Alkohol, der irgendwie ins Camp geschmuggelt wurde. Im Lagerladen durfte er verkauft werden. Ich hatte von Herrn Wolz die Erlaubnis erhalten, jeden Tag eine Stunde ins Dorf gehen zu dürfen, um dort einzukaufen. Später wurde diese Genehmigung auch auf andere Frauen ausgedehnt, die sich in der Gemeinschaft besonders hilfreich engagierten. Damit wurde wieder einiges besser. Herr Wolz hatte doch viel Verständnis für uns und versuchte, unser Leben im Lager angenehmer zu gestalten, wo er nur konnte. Aus Zeitungen, die ins Lager eingeschmuggelt wurden, erfuhren wir, dass die Japaner in Französisch-Indochina kurz vor der Eroberung von Hanoi standen. Dann war anzunehmen, dass die Truppen bald auch auf Malakka und Singapur übersetzten.

Seit einigen Tagen plagte mich ein Furunkel an einer unaussprechlichen Körperstelle. Jeden Tag nahm ich Kamillenbäder, aber es wurde nicht besser, das Sitzen war eine Qual. Ich lief immer mit einem Kissen umher. Die Kinder lachten, und schon war ich die «Kissentante». Nun sah sich Dr. Stellenaar das Geschwür an. Seine Antwort hätte ich ihm nicht zugetraut: «Alle deutschen Frauen sind geschlechtskrank.» Dies war für mich schlimmer als ein Schlag ins Gesicht, und ich sah ihn entsetzt an. War dies derselbe Arzt, der mit unserer Schwangeren stundenlang durch den Busch gefahren war? Dr. Stellenaar packte seine Tasche und verließ das Behandlungszimmer. Dies war die übelste Beleidigung, die ich in meinem Leben einstecken musste. Mit Hilfe von Schwester Alwine, weiteren Sitzbädern und durch einen kleinen Hilfsschnitt mit Nachbehandlung mit Perubalsam konnte ich mich vorerst von meinem Leiden befreien.

Eines Tages wurde uns ein halbes Schwein geliefert. Es musste zerlegt werden, und unsere adeligen Damen bekamen allerhand zu tun. Frau von Asmus machte sich ans Sägen und Schneiden. Frau Stillner aber weigerte sich: «Ich kann das nicht! Glauben Sie, ich bin ein Metzger? Dafür hatte ich meine Bediensteten.» Wir amüsierten uns über diese Äußerung. Schließlich hatten wir die früher alle gehabt. «Glauben Sie vielleicht, Frau von Asmus hat sich früher mit toten Schweinen abgegeben?», entgegnete ich ihr. «Sie sollten sich ein Beispiel an ihr nehmen, denn sie hat sich fabelhaft in diese Arbeiten hineingefunden und ist uns eine große Hilfe.»

Dieses ungewohnte Lob ließ bei Frau von Asmus die Augen aufleuchten.

Plötzlich hieß es, wer Geld auf der Bank habe, dürfe nach Deutschland fahren. Sollte dies das Ende unserer Internierung sein? Einige beantragten sofort die Heimreise über Kobe in Japan, die Mandschurei und Sibirien. Andere Frauen wollten in der Nähe ihrer Männer bleiben. Ich war hin- und hergerissen. Eine Postverbindung zum Lager Alas Valley wurde geschaffen. Von Gustel erhielt ich die Nachricht, ich solle Sumatra möglichst verlassen, mit seiner Schwester in Shanghai Verbindung aufnehmen und vorerst zu ihr reisen, um später zu versuchen, über Sibirien nach Deutschland zu den Kindern zu kommen. Nun war die Entscheidung für mich getroffen.

Herr Wolz rief mich zu sich ins Büro. Er teilte mir mit, dass ich leider nicht reisen könne, weil auf unserem Bankkonto kein Geld mehr sei. Ich wusste aber, dass darauf noch über zweitausend holländische Gulden gelegen hatten, als wir interniert worden waren. Ich ging zu meinem Schrank und holte die Bankbücher, die ich gegen das Verbot heimlich mit ins Lager genommen hatte, und legte sie Herrn Wolz vor. Er staunte und telefonierte sofort mit einer Amtsstelle in Medan. Ähnlich erging es noch vielen anderen Frauen. Die Banken hatten eigenwillig Konten leergefegt und das Geld selbst eingesteckt. Nur wer im Besitz von Bankbüchern war und diese ins Lager geschmuggelt hatte, konnte sich finanziell helfen. Nach dem Krieg mussten wir feststellen, dass der niederländische Staat alle unsere Ersparnisse hatte verschwinden lassen. Hätten wir unsere Ersparnisse in der Schweiz angelegt gehabt, wären wir als halbwegs wohlhabende Menschen heimgekehrt. Nur wenige der Männer sollten in der Lage sein, ihre Bankdokumente während des jahrelangen Lebens in Lagern bis zu ihrer Rückkehr nach Deutschland bei sich zu verstecken. Die Holländer staunten nicht schlecht, als diese ihr Vermögen beweisen konnten. Ein Kollege von Gustel hatte seinen Bankbürgschaftsschein, den er sich, einer Eingebung folgend, zwei Tage vor dem Einmarsch der Deutschen in die Niederlande hatte geben lassen, aufgerollt und mit Kautschuk verklebt im Griff seines Rasiermessers versteckt.

Die Frau des reichsten Deutschen von Sumatra reiste als Erste mit einem sechzehnjährigen Jungen nach Padang ab. Sie nahm den Halbwüchsigen mit, weil er aufgrund seines Alters ins Lager der Männer nach Alas Valley gebracht werden sollte. Sein Vater erlaubte ihm mit Billigung der Holländer, sich dem Abtransport anzuschließen, denn seine Mutter war seit den Internierungsmaßnahmen vor einem Jahr auf Java verschollen.

Nun stand ich auf der Reiseliste. Ich nahm Verbindung zu meinem Schwager in Shanghai auf. Nach kurzer Zeit erhielt ich eine Schiffskarte und hundertfünfundzwanzig US-Dollar zugeschickt. Die Reise sollte auf einem japanischen Handelsschiff am 7. April 1941 von Padang nach Kobe in Japan gehen. Durch Herrn Wolz hatte ich bei der Hauptinternierungsverwaltung in Medan meinen Schweizer Schmuck angefordert, der mir bei der Internierung auf Sumatra abgenommen worden war. Man teilte mir mit, dass dieser unauffindbar und vermutlich in den Wirren abhandengekommen sei. Nur eine Kampferkiste habe man da, mit Stoffen und Wolle drin, nur linke Schuhe und Hüte. Sie wurde mir dann auch zugestellt, einiges war noch brauchbar. Mit mir sollte noch Frau Beuk kommen, eine nette alte Hamburgerin. Sie war mit ihrem Mann auf einem deutschen Schiff vor Indien festgenommen wurden. Omi Beuk, wie sie bei uns bald hieß, bemutterte alle Kinder liebevoll und entlastete damit die Mütter.

In den letzten Tagen vor unserer Abreise fiel mir auf, dass sich einige Frauen zusammengetan hatten und sich «nationalsozialistisch» benahmen. Sie sonderten sich am Abend in ihren «Buden», ihren Schlafbereichen, ab. Kurz danach kam Omi Beuk in mein Zimmer und brach in Tränen aus. Man hätte sie als Verräterin beschimpft, sie solle sich nicht mehr um die Kinder bemühen. Dann begann sie auf einmal zu stöhnen, Schweiß lief ihr übers Gesicht, und ich legte sie auf mein Bett. Schwester Alwine erkannte sofort eine Gallenkolik.

Ich suchte die betreffenden Frauen auf und klopfte an die Tür der Truppe. Gemurmel und plötzliches Schweigen, ich klopfte noch einmal, dann wurde mir geöffnet. Da hockten die fünf alle zusammen und sahen mich an. Ich stellte sie zur Rede, und sie antworteten doch tatsächlich: «Frau Beuk hat heute Morgen mit Herrn Wolz, dem Juden, englisch gesprochen.»

«Natürlich, Frau Beuk versteht kein Holländisch, Herr Wolz spricht kaum Deutsch, und Englisch können beide gut.»

Darauf schrie eine der Anwesenden: «Englisch ist die Sprache unserer Feinde, auch die der Juden, und daher ist sie eine Verräterin!»

«So», sagte ich, «aber mit euren Männern verkehrt ihr noch?»

«Warum sollten wir nicht mit unseren Männern verkehren?»

«Weil sie alle in Alas Valley Englischunterricht nehmen, wissen Sie das nicht? Gerade Englisch ist im Lager die begehrteste Sprache, die gelernt wird.»

Die Frauen waren baff. Omi Beuk wurde rührend gepflegt, aber es war bereits zu spät. Vierzehn Tage nach meiner Abreise starb sie.

Herr Wolz hatte nicht aufgegeben, in der Hauptinternierungsverwaltung weiter nach meinem Schmuck zu forschen. Tatsächlich wurde mir mitgeteilt, dass man doch noch einiges gefunden habe. Aber dieser Rest war am Abend vor der Abreise immer noch nicht bei mir eingetroffen. Herr Wolz blieb hartnäckig und telefonierte nochmals mit der Verwaltung in Medan. Dort erfuhr er, dass man den Schmuck per Eilboten noch absenden wolle. Und wahrhaftig: Spät am Abend kam ich in den Besitz der Überreste meines Schmucks. Ich war sprachlos. Auch der gebrochene Goldarmreif lag dabei. Es fehlten nur eine Brillantkette und der Ring dazu.

Nun galt es zu überlegen, wo ich für meine Kinder und mich ein warmes Zuhause finden könnte. In die Schweiz, meine Heimat, durfte ich sie bestimmt nicht mitnehmen. Gustel wollte doch, dass beide Buben gute Deutsche werden sollten. Also musste ich in die besetzten Niederlande kommen und an unsere Ersparnisse gelangen. Aber erst musste diese wahnsinnige Reise überstanden werden, die mich über Japan, China, die Mandschurei, Sibirien und Russland nach Deutschland bringen sollte.

Am nächsten Morgen stand um sieben Uhr ein kleiner Bus ohne Stacheldraht bereit, um uns acht Personen nach

Padang, zum Hafen an Sumatras Westküste, zu bringen. Herr Wolz verabschiedete sich herzlich von mir, dann wurde ich von vielen Frauen des Lagers fest umarmt. Meine Leidensgenossinnen hinter mir zu lassen fiel mir schwer.

Unser Bus fuhr südwärts. Ich hatte während der letzten Tage noch einige Einkäufe von dem gesparten Taschengeld getätigt, denn ich wollte verhindern, dass mir die restlichen Gulden noch abgenommen würden. Die Dollar dürfte ich wohl behalten, da ich sie aus Shanghai bekommen hatte. Mit Dosenmilch, Trockenobst, Sardinen, Würfelzucker und Keksen hatte ich mich auch versorgt. Aus der Apotheke in Medan ließ ich mir Beruhigungsmittel, Kopfschmerztabletten, auch Tabletten gegen Durchfall und «Libby's»-Brühwürfel kommen. Ich war gut ausgerüstet, man wusste ja nicht, was alles an Aufregungen und Krankheiten auf einen zukam.

Ein holländischer Polizeioffizier und zwei Sergeanten begleiteten uns. Vor einem Rasthaus für niederländische Beamte machten wir halt. Wir stiegen aus und wurden auf die Zimmer verteilt. Zum Abendessen rief man uns in den Speisesaal. Dort standen große, ordentlich gedeckte Tische. Unsere Begleiter hatten bereits Platz genommen. Es war so angenehm, eine gewisse Entspannung zwischen den Holländern und uns zu empfinden. Zu essen gab es ein ausgezeichnetes Nasigoreng, fast eine Reistafel, und dazu nach langer Zeit ein kühles Bier von Beck's aus Bremen. Es geschahen doch manchmal Wunder, oder wie konnte hier mitten im Krieg dieses deutsche Bier auftauchen?

Gelegentlich holte ich eine Liste aus der Tasche, sie enthielt die Anschriften von Verwandten der Frauen aus unserem Lager. Diesen Adressen sollte ich, sobald es möglich war, Grüße zustellen. Man hatte uns streng verboten, Schriftstücke jedweder Art mitzunehmen. Bei einer Entdeckung wurde man unverzüglich ins Lager zurückgeschickt. So hatte ich viele Adressen auswendig gelernt, die ich so oft wiederholte, bis sie in meinem Kopf festsaßen. An Bord des japanischen Schiffes konnte ich sie dann alle wieder zu Papier bringen.

Am nächsten Morgen ging es weiter in südöstlicher Richtung, nach Fort de Kock. Unterwegs hielten wir vor einem Europäerhaus an. Unsere Bewacher verabschiedeten sich, es hieß, wir bekämen neue. So warteten und warteten wir, aber es tat sich nichts. Oben im Haus wurde nach einiger Zeit ein Fenster geöffnet, und zwei holländische Kinder schauten mit ihrer Babu heraus. Eine Europäerin kam dazu und fing an zu schimpfen und zu spucken. Die Kinder taten es ihr sofort nach. Natürlich machten unsere Kinder Anstalten zurückzuspucken, aber ich zischte sie an: «Bleibt still! Kein Wort! Wir wollen uns nicht provozieren lassen. Darauf warten die bloß.» Zur Belohnung bekamen sie getrocknete Aprikosen.

Dann ging es endlich weiter. Zwei holländische Beamte und zwei einheimische Sergeanten begleiteten uns jetzt. In Fort de Kock wurden wir im besten Hotel einquartiert. Als wir in einem Nebenraum beim Mittagessen saßen, riss plötzlich jemand die Tür auf, und es spazierten sensationslüsterne Holländer in allen Hautfarben herein. Sie belästigten uns und stellten uns die dümmsten Fragen, ein Reporter war auch dabei, der sogar Fotos machte. Wir baten darum, diesem Zauber ein Ende zu bereiten, wir seien doch keine wilden Tiere. Das Abendessen wollten wir auf unseren Vorgalerien einnehmen. Es war aber nicht möglich, denn wieder zog eine

Horde von Schaulustigen an uns vorüber. Ich glaube, dass ganz Fort de Kock auf den Beinen war.

Am nächsten Tag erreichten wir endlich Padang. In dem zuständigen Büro lümmelten sich zwei Beamte auf ihren Stühlen, die Beine auf dem Schreibtisch. Wahrscheinlich wollten sie uns mit dieser Haltung ihre Verachtung zeigen. Wieder wurden uns tausend Fragen gestellt. Dann brachte man uns in unseren kleinen Bus, und es ging in die Stadt. Vor einem Komplex aus Flachbauten hielten wir an. Es wurde ein Eisentor geöffnet, und wir fuhren an einigen kleinen Häusern vorbei, vor denen Einheimische mit Verbänden an allen möglichen Gliedmaßen hockten. Man führte uns in das letzte Gebäude.

Durch einen langen Gang kamen wir in einen Saal, in dem Bett an Bett stand, ein jedes mit einem Moskitonetz überspannt. Vorn bei den Eingangstüren befand sich ein langer Tisch aus einem Brett, das auf zwei Holzböcken ruhte, daran zwei primitive Bänke. Wir sahen uns um: Dreck, wohin man sah. Die Betten, die Moskitonetze, die Leintücher zum Teil mit Blutflecken verschmiert, das Tischbrett und die Bänke verklebt. Kakerlaken liefen über den Boden.

«Was sollen wir tun?», fragte ich Frau Dr. Thomsen, «hier können wir nicht bleiben.» Zur einen Tür herein rollte ein vor langer Zeit weiß gewesener Essenswagen, ein Stoß Blechteller darauf und zwei Schüsseln mit Reis und einer Currysauce. Der Wagen starrte vor Schmutz, die Schüsseln und Teller waren mit einer Fettschicht überzogen. Ein Boy im verfleckten Hemd schob das Vehikel, daneben ging ein feister, gutgekleideter Einheimischer. «Ich bin der Hausvater. Ich wünsche Ihnen einen guten Appetit!» Wenn dies alles nicht so traurig gewesen wäre, hätten wir uns über diese filmreife Szene wahrscheinlich ausgeschüttet vor Lachen. Aber dies war Ernst.

«Nein», sagten wir bestimmt, «das essen wir nicht.» Keine Reaktion.

«Wenn Sie auf die Toilette müssen, Sie finden sie draußen.» Er wies irgendwohin. «Sie werden dann immer von einem dieser Sergeanten begleitet.» Also gingen wir alle zusammen hin, um das Klo zu besichtigen. Es war unbeschreiblich schmutzig. Die Kinder durften dann auf den Nachttopf gehen, den Frau Adrian dabei hatte. Wir Erwachsenen schwebten über der Toilettenschüssel, um ja nicht damit in Berührung zu kommen. Die Tür musste angelehnt bleiben, damit die Sergeanten uns bewachen konnten. Wir besuchten die Toiletten nur gemeinsam, auch die winzige «Waschgelegenheit» daneben.

Der «Hausvater» stand mit seinem Essenswagen immer noch in dem vermeintlichen Speiseraum und wollte über seinen Boy die Blechteller befüllen lassen. Frau Dr. Thomsen erhob sich: «Nein, das essen wir nicht! Außerdem bitten wir Sie, erst den Tisch und die Bänke zu reinigen und saubere Leintücher und Moskitonetze über die Betten zu spannen.»

«Habe ich nicht», sagte er und verschwand mit dem Boy und dem Essen. Ich öffnete meine Vorratskiste und holte Zwieback, Trockenobst und die Sardinen heraus. Der Boy erschien wieder, um Tisch und Bänke abzuwischen, sodass wir uns tatsächlich setzen konnten. Jede von uns hatte sich ein Bett ausgesucht, die Leintücher rissen wir heraus und stapelten sie in einer Ecke. Ich nahm zwei Leintücher aus meinen beiden Koffern, aus denen ich auch den Auskleidungsstoff heraustrennte, und verteilte alles unter uns. Provisorisch konnten wir damit die Matratzen abdecken. Frau Adrian nahm dazu Windeln.

Da kam der «Hausvater» zurück und bat uns, doch bitte zu essen, er bekäme sonst Schwierigkeiten, aber wir lehnten ab. Am Abend die gleiche Prozedur. Erneut Palaver und Verweigerung unsererseits. Er beschwor uns nochmals, ihm keine Schwierigkeiten zu bereiten und zu essen. Wir aber baten nur um heißes Wasser. Den Kindern gab ich Dosenmilch, verdünnt mit heißem Wasser, Trockenobst und Zwieback. Für uns Frauen bereitete ich eine Suppe aus Fleischextraktwürfeln, außerdem hatten wir Kekse und Zwieback. Dann legten wir uns aufs Ohr.

Wir schliefen verhältnismäßig gut in dieser Nacht, störend war nur das Öffnen der Tür und der stündliche Ruf der Wachen: «Berapa orang ada lagi? – Wie viele Menschen sind noch da?» – «Delapan orang! – Acht Menschen!» Dann schlug man die Tür wieder zu. Stumpfsinn für die Soldaten.

Der nächste Tag wollte nicht zu Ende gehen. Wir hockten im Halbdunkel und verweigerten erneut das Essen. Die zwei Beamten, Mischlinge, kreuzten auf und befahlen, dass wir verdammt nochmal essen sollten. Wir ignorierten sie. Sie verschwanden, und wir futterten aus meiner Vorratskiste. Die drei Kinder benahmen sich vorbildlich, kein Gebrüll, kein Gezänk. Sie spielten den ganzen Tag in dem ewigen Halbdunkel unseres Raumes.

Am Abend kam der Boy wieder mit dem Hausvater und der schmierigen Essenskarre. Es war immer der gleiche Fraß, Reis mit einer obskuren Currysauce. Wir aber legten uns in die Betten und drückten damit unseren Protest aus. Nachdem das Essen wieder fortgefahren worden war, beschlossen wir, Schwester Alwine in Taroetung eine Karte zu schreiben. Wir hatten Codewörter vereinbart, um die Tatsachen beschreiben zu können, nun wollten wir damit weitere Transporte warnen. Somit schrieben wir unsere Karte mit hochlobenden Worten für die ausgezeichnete Behandlung und Unterbringung. Später in China hörte ich, dass man uns sehr wohl verstanden hatte und die nächsten durchreisenden Gruppen besser behandelte. Sie wurden in Padang bei der Heilsarmee untergebracht.

Es war spät am Abend. Kurz vor dem Einschlafen öffneten sich die Türen, alle Lichter wurden eingeschaltet, und zwei weiß gekleidete Boys traten mit Körben ein. Sie breiteten ein weißes Tischtuch über unseren Tisch, legten weiße Teller mit sauberem Besteck darauf und holten Töpfe herein. Dann baten sie zu Tisch. «Grand Hotel Padang» stand auf dem Besteck und auf den Servietten. Das ließen wir uns nicht zweimal sagen und genossen das ausgezeichnete Dinner. Die beiden höflichen Boys räumten nach dem Essen alles ab, wünschten uns eine angenehme Nachtruhe und teilten uns mit, sie kämen morgen zum Frühstück wieder.

Dann erhielten wir erstaunlicherweise die Möglichkeit, in der Stadt noch etwas einzukaufen, allerdings in Begleitung der Wächter. Ich frischte meinen Vorratskoffer wieder mit Lebensmitteln und Arzneien auf.

Der Morgen des 7. April 1941 brach an. Nach einem guten Frühstück vom Hotel brachte man uns zum Hafen. Formalitäten, Gepäckkontrollen, endlich war die Stunde der Abreise gekommen. Am Pier ließ ich vor meinem inneren Auge noch einmal mein Leben auf dieser Insel passieren. Freude und Leid, Glück und Hoffnung, Not und Elend – alles hatte ich hier erlebt. Ich hatte Sumatra geliebt und gehasst. Und ich würde meinen Fuß sicher nie wieder auf diesen Boden setzen.

Ich ging die Gangway hinauf, freundliche Japaner nahmen mir mein Handgepäck ab und brachten es in meine Kabine. Am späten Nachmittag wurden die Maschinen angelassen, und unser Handelsschiff, das einige Kabinen für Passagiere hatte, glitt aus dem Hafen von Padang.

Ich sah die Insel langsam am Horizont verschwinden und blickte nach Nordwesten, wo Gustel im Lager saß. Die Sonne ging als ein großer Feuerball hinter dem Indischen Ozean unter, und es wurde schnell dunkel. Ich weinte. Über mir strahlte das Kreuz des Südens.

12 Der Weg nach Shanghai

7. April 1941. Die Schiffsmaschinen rumorten gleichmäßig vor sich hin. Meine Koje war für Europäer viel zu kurz, und ich konnte mich nicht ausstrecken, außerdem war es stickig in der Kabine, obwohl wir das Bullauge weit geöffnet hatten. Fremde Geräusche und Gerüche hielten mich wach, auch das Meeresrauschen wirkte nicht einschläfernd. Das ganze Schiff roch stark nach getrockneten Kokosnüssen, die man in Padang geladen hatte, also würden wir es bestimmt mit Kakerlaken zu tun bekommen. Kaum wurde es dunkel, da krochen sie auch schon aus den Ritzen und Fugen der Kabinenwände.

Die Bilder der vergangenen Stunden überfielen mich: Als ich am Nachmittag das Schiff betreten hatte, wurde ich von einem der japanischen Stewards angesprochen, der bei der Passkontrolle meinen Namen gelesen hatte und sich nun vergewissern wollte, ob ich wirklich «Mrs. Hake» sei. Darauf übergab er mir einen ganzen Stapel Briefe, alle aus der Schweiz, manche bereits ein Jahr alt. Der Konsul meines Heimatlandes hatte sie zurückgehalten und nun, da ich frei war, auf das Schiff geschickt. Ich war enttäuscht von diesem feigen, «neutralen» Landsmann. Hastig las ich alle Briefe von Louise und Heinz, die seit einem Jahr um mein Leben bangten. Niemand wusste, wo ich abgeblieben war. Was mussten sich die Kinder in Deutschland für Sorgen machen.

Mit einem Gong wurden wir zum Abendessen gerufen

und bekamen ein gutes japanisches Dinner. Von Gustel, der während des Ersten Weltkrieges fünf Jahre in der Gefangenschaft der Japaner verbracht hatte, wusste ich viel über deren Mentalität. Sie waren krankhaft empfindlich, aber sehr höflich im Umgang untereinander und hatten stets einen freundlichen Gesichtsausdruck, auch wenn sie lieber aus der Haut fahren wollten. Wir befanden uns auf diesem Schiff im «Land des Lächelns», und ich gab mir große Mühe, der japanischen Schiffsbesatzung mit Ehrfurcht und Achtung gegenüberzutreten.

Wir fuhren die ganze Südwestküste von Sumatra hinunter und passierten dann die Meerenge zwischen dieser Insel und Java, die Sundastraße. Der nächste Hafen sollte Tjilatjap auf Java sein, wo noch fünfundzwanzig deutsche Frauen und Kinder zusteigen würden. Außer uns Deutschen waren auch einige Japanerinnen an Bord, die im Zwischendeck untergebracht waren. Sie wurden sicherheitshalber von den Inseln evakuiert, denn man rechnete offenbar auch hier mit Krieg.

Die Baderäume auf dem Schiff waren nach japanischer Art eingerichtet: In der Mitte des Raumes stand ein großer Holzbottich mit heißem Wasser. Nachdem man sich gewässert, eingeseift und abgeduscht hatte, stieg man mit mehreren Personen in diesen Bottich und genoss die Wärme. In Japan war man nicht so prüde, und Männer und Frauen badeten gemeinsam, aber hier auf dem Schiff blieben die Geschlechter gottlob getrennt. Die Toiletten bestanden aus flachen Schüsseln, über denen man sich an zwei Handgriffen festhielt. Außerdem gab es keine Türen.

An Bord strickte ich oft, denn ich brauchte warme Unterwäsche für den nächsten Winter in Europa. In der Mittagszeit ließ ich das Strickzeug immer auf meinem Liegestuhl liegen und ging zum Essen. Nach einigen Tagen entdeckte ich, dass irgendjemand zehn Zentimeter weitergestrickt hatte, ganz gleichmäßig. Am nächsten Mittag stieg ich, während die anderen weiterspeisten, leise wieder nach oben. Wer saß da mit meinem Strickzeug in der Hand? Unser japanischer Kapitän. Lachend begrüßten wir uns, und er schwärmte von der schönen, weichen Wolle. Er hatte einen Narren an mir gefressen und begegnete mir die ganze Fahrt über zuvorkommend.

Nach einer Reisezeit von drei Wochen näherten wir uns der japanischen Küste. Früh morgens fuhren wir in die Bucht von Kobe ein und gingen weit draußen vor Anker. Die Luft war kühl, und es war diesig, die Sonne ging blutrot auf – sie sah genauso aus wie auf der japanischen Flagge. Polizei und Gesundheitsbehörde kamen an Deck. Man füllte eine Schüssel mit einer Karbollösung, in der wir unsere Hände zu desinfizieren hatten. Dann mussten wir Proben von Stuhl und Urin zur Untersuchung abgeben, sie waren glücklicherweise in Ordnung.

Kurz nachdem das Schiff dann im Hafen angelegt hatte, stürmten deutsche Konsulats- und Presseleute an Bord. Ich wartete auf Herrn Hirschberger, einen Bekannten meines Schwagers, der mich abholen sollte.

Verärgert hörten wir, was uns ein deutscher Konsulatsbeamter vortrug: Wir sollten jegliches Geld, das wir noch besaßen, besonders ausländische Währungen, gegen Quittung dem Konsulat übergeben. Wenn wir von nun an Geld benötigten, sollten wir uns an die Behörde wenden und dann japanische Yen oder Gutscheine bekommen. Wir empfanden dies als eine Frechheit, hatten wir doch in Sumatra schon alles verloren. Ich hatte nur noch die US-Dollar von meinem Schwager dabei, die ich ihm zurückgeben wollte, sobald ich in Shanghai wäre. In diesem Moment erschien Herr Hirschberger auf dem Schiff, er führte ein kurzes Gespräch mit dem Beamten, und ich durfte meine Banknoten behalten. Währenddessen wurden Frau Dr. Thomsen und ihre Schwester von zwei japanischen Journalisten höflich gebeten, einige Fragen zu beantworten. Ich sah sie dann in ein längeres Gespräch vertieft.

Noch auf dem Schiff wurden wir auf Hotels und Privatunterkünfte verteilt. Als ich den Frachter verlassen wollte, umfasste mich plötzlich jemand von hinten. Es war unser Kapitän: «Sajonara, sajonara!», sagte er, verbeugte sich und berührte meine Finger.

Als ich an Land ging, merkte ich erst, wie erschöpft und erholungsbedürftig ich war nach diesem Jahr in Gefangenschaft. Die Nächte an Deck waren anstrengend gewesen. Der liebevolle Empfang bei Familie Hirschberger brachte mir meine hilflose Situation erst richtig zu Bewusstsein, sodass ich fast einen Weinkrampf bekam. Meine Schwägerin Vera, die gerade in Japan Ferien machte, erwartete mich schon am nächsten Tag in Isahaja, zwei Stationen vor Nagasaki. Als meine Gastgeber meinen Zustand wahrnahmen, telegrafierten sie sofort, dass ich mich erst etwas erholen müsse. Außerdem stünden noch diverse Regelungen mit dem Konsulat an, ich würde sechs Tage später kommen.

Am nächsten Morgen legte mir Herr Hirschberger eine Zeitung vor, in der ein Artikel über unsere Reise enthalten war, ein Interview mit einer Frau Dr. Thomsen. Ich war entsetzt über den Inhalt, denn unser Leben in Niederländisch-

Indien und die Internierung waren auf schamlose Weise falsch dargestellt, vieles war aus dem Zusammenhang gerissen, eigentlich alles aus den Fingern gesogen. Unangenehm war vor allem, dass das Interview sehr antijapanisch wirkte. Dieser Artikel wurde dann genauso in der deutschsprachigen Zeitung «Asiatischer Lloyd» gedruckt, die in Shanghai verlegt wurde. Thomsen musste zur Rechtfertigung und Klärung des Artikels in die Botschaft nach Tokio kommen, wo sie recht unfreundlich empfangen wurde. Kurze Zeit später erschien ein Gegenbericht mit den wirklichen Gegebenheiten, der auch in Shanghai veröffentlicht wurde. Wir lernten daraus, keine Interviews mehr zu geben, und wenn doch, nur unter der Bedingung, den Wortlaut der Veröffentlichung vor Drucklegung gegenlesen und falls nötig korrigieren zu können. Leider wurde der erste Artikel von vielen Japanern und Deutschen gelesen und belastete die Atmosphäre für das zukünftige Zusammenleben.

Am nächsten Vormittag erfuhr ich im Konsulat, dass erst die Frauen mit Kindern und Kranke über China und Sibirien nach Deutschland reisen durften. Ich wäre bestimmt unter den Letzten, deshalb würde mein Gepäck nach Shanghai zu meinen Verwandten geschickt. Schon war ich entlassen. Am 10. Mai brachte mich Herr Hirschberger zum Bahnhof. Als er mir die Fahrkarte nach Isahaja und einige japanische Yen in die Hand drückte, wäre ich am liebsten in Tränen ausgebrochen. Wäre ich nun immer abhängig von gütigen Bekannten und Verwandten, die mich beschenkten, oder der deutschen Flüchtlingshilfe?

In Moji musste ich noch eine Schlafwagenkarte besorgen. Da ich kein Japanisch sprach, wusste ich aber noch nicht, wie ich dies bewerkstelligen sollte. Gustel hatte mir früher in seinen Erzählungen über Japan oft berichtet, dass Reisende, insbesondere Ausländer, im ganzen Land beschattet würden, und tatsächlich begleitete mich auf Schritt und Tritt ein junger Japaner mit Sonnenbrille. Auf diesen Verfolger ging ich einfach zu und fragte höflich auf Englisch nach der Fähre, die uns nach Kyushu übersetzen sollte, und ob ich hier schon eine Schlafwagenkarte nach Isahaya bekommen könnte. Der Mann war zuvorkommend, aber maßlos neugierig. Da ich nichts zu verbergen hatte, beantwortete ich alle seine Fragen nach dem Woher und Wohin erst in Englisch, dann auf Deutsch, das er sehr gut sprach. Ein Stück weit trug er sogar meinen Koffer, etwas Außergewöhnliches in Japan, denn dort trägt die Frau das Gepäck des Mannes und geht hinter ihm.

Die Überfahrt nach Kyushu dauerte nicht lange. Es war Nacht, als ich am dortigen Schlafwagenschalter stand. Die Beamtin verstand meine Bitte in Englisch sofort und händigte mir die Fahrkarte aus. Im Schlafwagenabteil waren alle Betten von japanischen Männern besetzt, ihre Frauen saßen in den Abteilen nebenan. So legte ich mich auf das einzige freie Bett und versuchte zur Ruhe zu kommen. Beim ersten Tageslicht stand ich leise auf und ging zum Waschraum. Auf dem Weg begegneten mir Japaner in Kimonos oder nur in Unterhosen, die Zahnbürsten schief im Mund und sich mit Duftwässerchen besprenkelnd. Immer wurde ich freundlich lächelnd begrüßt.

Meine Schwägerin Vera empfing mich am Bahnhof. Sie hatte sich seit 1935, als sie uns das letzte Mal auf Sumatra besucht hatte, kaum verändert. Allerdings betonte sie kokett,

dass sie ja mittlerweile Großmutter geworden sei: Ihre Tochter Irmgard aus erster Ehe hatte in Deutschland geheiratet
und vor kurzem einen Jungen geboren. Vera stellte keine einzige Frage, sondern schwärmte mir gleich von einem guten
Freund vor, mit dem sie hier in Japan lange Bergwanderun-
gen zu unternehmen pflegte. Diese Lobpreisungen kamen
mir merkwürdig übertrieben vor. Vera war eine bekannte
Frau in der Gesellschaft, ihr Mann Oskar Dormann war der
kaufmännische Direktor einer großen deutschen Handelsfirma in Shanghai und genoss hohes Ansehen. Hoffentlich
wurde ich nicht auch noch mit Eheproblemen konfrontiert.

Per Taxi ging es hinauf zum Schwefelbad am Vulkanberg
Unzen in der Nähe von Nagasaki, wo das Dormann'sche Ferienhaus stand. Es war reizend, halb japanisch, halb europäisch, unten gemauert, oben aus Holz. Drinnen ein Wohnzimmer, Esszimmer, drei Schlafzimmer, Badezimmer, WC
und ein besonderes japanisches Zimmer für einheimische
Gäste mit Mattenboden und eingebauten Schränken. In einem Anbau neben der Küche wohnte der japanische Koch
mit seiner Frau.

Kaum waren wir angekommen, überfiel mich Vera mit einem Vorschlag: «Sag mal, du kennst doch Herrn Hoppe.» –
«Der uns mal in Sumatra besucht hat?» – «Genau, der ist
jetzt auch allein, seine Frau ist in Deutschland. Ihr beide
könntet doch zusammen reisen und es euch gutgehen lassen,
dann wärest du doch versorgt.» Ich war sprachlos. Kaum
war ich hier, müde und erschöpft vom letzten Jahr, immer in
Sorge um meinen Mann und die Kinder, und schon wollte
Vera mich verkuppeln. «Ich bin die Frau deines Bruders»,
sagte ich scharf. – «Du bist eine seltsame Frau», erwiderte

sie schnippisch, «andere Frauen wären froh, so einen Mann zu kennen und diese unruhigen Zeiten ohne Not zu verbringen.» Auf diese Weise mit einer besonderen Form von Moral konfrontiert, begann ich mein Zusammenleben mit der Familie Dormann: mit Vera, ihrem Mann Oskar, der nur Dody gerufen wurde, und der elfjährigen Tochter Erika.

Am nächsten Tag wollte mich Vera gleich auf die nächsten Berge mitnehmen, sie begriff gar nicht, dass ich vorerst nur kleine Spaziergänge schaffte, und war schwer enttäuscht: Als Schweizerin sei ich doch eigentlich zum Bergsteigen geboren. Für das, was ich durchgemacht hatte, interessierte sie sich nicht im Geringsten, ich war für sie eine Art Feriengast auf der Durchreise. Wir machten von Tag zu Tag längere Spaziergänge am Dorf vorbei und über die rauchenden Schwefelfelder, die nach faulen Eiern rochen. Ich fing wieder an, mein Leben zu genießen. Diese Gegend war einzigartig schön: Wiesen und Fichtenwälder, der ganze Hang voller Azaleen in allen Farben von Weiß bis Dunkelrot. Dazwischen die kleinen Krüppelkiefern mit ihren hellgrünen Trieben. Dahinter die Berge, unten im Tal ein stahlblauer See, weit entfernt sogar das Meer. Ein Platz zum Beten, an dem ich oft an Gustel dachte.

Nach und nach lernte ich meine Schwägerin als eine Frau kennen, die keinen Abend ohne Einladung verbringen konnte und es genoss, überall im Mittelpunkt zu stehen. Alles hing interessiert an ihren Lippen, denn ihre vielen Reisen machten sie zu einer begehrten Gesprächspartnerin. Sie konnte allerdings auch sehr verletzend sein gegenüber Menschen, die ihr nicht lagen. Wenn ihr etwas nicht passte, sagte sie es geradeheraus. Wir mochten uns nicht besonders, das war von Anfang an klar, mussten aber gezwungenermaßen miteinander auskommen. Ich arrangierte mich, weil es die Familie meines Mannes war, die mich hier freiwillig aufgenommen hatte, und Vera tat es, weil ich ihr in allem, was den Haushalt und die Erziehung der Tochter anging, eine unentbehrliche Hilfe wurde. Wir waren so grundverschieden, wie zwei Frauen es nur sein können. Gut, dass ich damals noch nicht ahnte, wie viele Jahre wir es miteinander würden aushalten müssen.

Am Wochenende kam Dody aus Tokio zu uns, und Vera hatte schon morgens schlechte Laune. Auf meine Frage, ob sie sich denn nicht auf ihren Mann freue, stöhnte sie: «Dody ist so langweilig! Er ist maßlos bequem, sitzt nur herum, keine Wanderungen, keine Bewegung, und wird immer fetter.»

Dann stand ich meinem Schwager das erste Mal gegenüber. Er war ein kleiner dicker Mann mit intelligenten Augen. Trotz seines Phlegmas strahlte er eine ungeheure Autorität aus, er beherrschte das asiatische Lächeln perfekt. Wir beide wussten sofort, mit wem wir es jeweils zu tun hatten, und gingen all die Jahre distanziert, aber respektvoll miteinander um. Dody war ein berechnender Geschäftsmann mit Durchsetzungsvermögen, ein Machtmensch, dem gegenüber ich mich nie behaupten konnte.

Mein Schwager sprach ein gutes Umgangsjapanisch und -chinesisch. Englisch beherrschte er perfekt und führte darin Verhandlungen und private Gespräche. Er strahlte Ruhe und Geduld aus, unerlässlich, um bei Verhandlungen mit asiatischen Partnern ans Ziel zu gelangen, die sich über Wochen hinziehen konnten. Er regelte seine Geschäfte klar und für beide Seiten akzeptabel. Selbst nach härtesten Abschlüssen konnten sich beide Seiten immer noch in die Augen sehen, auch wenn man nicht wusste, was dahinter über den anderen gedacht wurde. Er liebte seine Frau und bewunderte sie für ihr Talent zum Repräsentieren. Sie machte sein Haus in Shanghai zum Mittelpunkt der Gesellschaft, denn alles, was Macht, Einfluss und Stellung hatte, verkehrte bei Dormanns. Ich bewunderte Vera oft, wie sie diese vielen Partys schmiss, wie klug sie einlud und zusammenstellte, wer zu wem passte. Über alle Bekannten und Geschäftsleute führte sie eine Kartei mit Notizen. Skandalbehaftete, Geschiedene oder aus irgendwelchen Gründen aus ihrem Betrieb Entlassene wusste sie bei den Partys immer so zu platzieren, dass sich keine unangenehmen Berührungspunkte ergaben. Und dann die vielen chinesischen und japanischen Gäste: Sie durften auf keinen Fall feindliche «Brüder» antreffen.

Japan hatte einige Jahre zuvor im Krieg gegen China Shanghai eingenommen und hielt es besetzt. Die Japaner waren daher bei den Chinesen gar nicht beliebt.

Dodys Goldschatz war seine einzige Tochter Erika, der er jeden Wunsch erfüllte. Da sie in Shanghai zur Schule ging, hatte ich allerdings meine Nichte noch nicht kennengelernt.

Der Tag der Abreise nach China kam. Wir setzten mit der größten Fähre von Kobe nach Shanghai über. Vera und Dody hatten das Luxusappartement belegt, ich schlief auf dem Sofa im Salon.

• • • • • • •

An Japan hat Claire rasch ihr Herz verloren, schon weil ihr die dortige Mentalität zusagt. Nun hofft sie, innerhalb kürzester Zeit über Sibirien nach Deutschland zu ihren Söhnen weiterreisen zu können. Die lärmende chinesische Großstadt Shanghai und das Leben dort lehnt sie von Anfang an als dekadent und unmoralisch ab. Das Verhältnis zur ihrer Schwägerin Vera belastet sie, doch die beiden Frauen werden es bis 1946 miteinander aushalten müssen.

Veras Mann Dody bezahlt den Unterhalt für seine Schwägerin. Dadurch steht er unter den Deutschen in der Stadt als großzügig da, weil er ihre Gemeinschaft beziehungsweise die Reichsregierung entlastet. Gleichzeitig gewinnt er eine äußerst zuverlässige Haushaltshilfe, die den chinesischen Bediensteten auf die Finger schaut und der Tochter Gesellschaft leistet. Dass Claire ihm bei Kriegsende auch noch auf andere Weise nützlich werden soll, kann er noch nicht ahnen. Sie hätte Anspruch auf Unterhalt von der deutschen Reichsregierung und könnte im eigens für die Flüchtlingsfrauen aus Niederländisch-Indien eingerichteten «Deutschen Heim» ein selbstbestimmteres Leben führen. Allerdings hätte sie dort weniger Kontakt mit den alteingesessenen, wohlhabenden Europäern.

Shanghai ist eine der wichtigsten Hafenstädte der Welt. Hier begegnen sich Asien, Europa und Amerika und treiben einen florierenden Handel. Die bei Shanghai ineinandermündenden Flüsse Huangpu und Suzhou Creek bilden eine Verbindung bis ins Innere von China. Die Stadt bietet einen Zugang zu den chinesischen Märkten, aber auch zu jenen der Welt. Deshalb wird sie seit langem auch von Ausländern bevölkert.

Im Stadtgebiet gibt es ein amerikanisch-englisches Siedlungsgebiet, das «International Settlement», sowie eine französische «Konzession». In diesen westlichen Enklaven führen die Ausländer unter dem Schutz einer eigenen Gerichtsbarkeit ein privilegiertes Leben. Die Bereiche bestehen bis in die 1930er Jahre ohne äußerlich sichtbare Grenzen nebeneinander, und Menschen aus fast fünfzig

Nationen leben in beiden Gebieten Tür an Tür. Allerdings bilden die Chinesen überall die Mehrheit. 1934 hat Shanghai dreieinhalb Millionen Einwohner, darunter etwa hunderttausend Ausländer.

Wer aus einem westlichen Land kommt und in den Enklaven lebt, unterliegt weder der chinesischen noch der japanischen Rechtsprechung. Die Ausländer genießen gleichsam einen Diplomatenstatus und wohnen mit wenigen Ausnahmen fast steuerfrei. Den Chinesen wiederum bieten die westlichen Settlements Schutz vor den Japanern und vor Übergriffen der eigenen Regierung. Die Kriminalität ist entsprechend hoch.

In der Stadt treffen die unterschiedlichsten Kulturen, politischen Überzeugungen und sozialen Hintergründe aufeinander. Neben alteingesessenen westlichen Familien leben hier zahllose unfreiwillige Emigranten, davon viele vor den Revolutionswirren geflohene Russen, zahlreiche von ihnen sind Juden. Mit Beginn des Japanisch-Chinesischen Krieges sind Hunderttausende bettelarmer Chinesen in die Stadt geflohen. Im Laufe der Zeit erreichen noch etwa achtzehntausend europäische Juden die Stadt. Es ist der einzige Ort der Welt, der ihnen ohne Visum die Einreise gestattet.

Zwischen Einheimischen und Ausländern gibt es, außer mit den angestellten Boys und Amahs und den Rikschakulis, nur wenig Berührungspunkte. Man lebt nebeneinander her, macht aber Geschäfte miteinander. Die Ausländer haben Schulen und Krankenhäuser eingerichtet, Hafenanlagen, Bahn- und Tramlinien, Straßen und eine Kanalisation gebaut, Strom- und Telefonleitungen gelegt und Niederlassungen großer Firmen angelockt. Nirgendwo außerhalb der Vereinigten Staaten gibt es so hohe Gebäude wie hier.

Nichts ist für die Europäer wichtiger als das Geschäft. Damit es reibungslos funktioniert, stellt man einheimische Mittelsmänner an, die der Sprache des Arbeitgebers mächtig sind. Daher lernen nur wenige Ausländer Chinesisch oder beschäftigen sich mit der Kultur des Landes. Das Pidgin, eine Mischung zwischen Chinesisch und Englisch und anderen europäischen Sprachen, ermöglicht die Verständigung im Alltag. Es gibt große fremdsprachige Rundfunkstationen und Zeitungen und Vergnügungsstätten aller Art. Nicht nur am «Bund», der städtischen Uferpromenade am Huangpu, stehen zahlreiche neoklassizistische Gebäude. Hier kommen die Luxusdampfer aus aller Welt an, auf dem Wasser wimmelt es von Schiffen, Schleppern, Flößen, Segeldschunken, Flussbarken und Hausbooten.

Zahlreiche mächtige deutsche Firmen unterhalten Filialen in Shanghai: Siemens, Bosch, AEG, Krupp oder die I.G. Farben, die in China «Defag» heißt. Vertreten sind Generalagenturen der Rickmers- und der Hamburg-Amerika-Linie, der «Hapag», des Norddeutschen Lloyd, von Zeiss, Siemssen oder Wolff. 1937 hat Shanghai knapp zweitausend deutsche Einwohner, wobei die meisten in Berufen mit mittlerem bis höherem Einkommen, zum Beispiel als Kaufleute oder Unternehmer, aber auch als Handwerker oder Freischaffende, arbeiten. Die Juden, die ab Ende 1938 kommen, sind meist Deutsche und Österreicher. Mit einem Mal gibt es viele arme Europäer in Shanghai.

Die wohlhabenden Ausländer verbringen ihre Freizeit in den Klubs ihrer jeweiligen Nationalität, gehen ins Theater und ins Konzert und vergnügen sich beim Golf, Tennis, Kricket oder bei der Jagd. Zu Hause haben sie ein Heer von einheimischen Angestellten, die in den heißen Monaten sogar die Swimmingpools mit Eisblöcken kühlen. Für Geld kann man in Shanghai fast alles kaufen.

Das Leben in dieser Stadt, in der 1921 die Kommunistische Partei gegründet wurde, ist auch vom Konflikt zwischen den Nationalisten Chiang Kai-sheks und den Kommunisten unter Mao Tse-tung geprägt. Die Kuomintang von Chiang Kai-shek hat inzwischen einen Großteil des Landes unter ihre Kontrolle gebracht. In den Enklaven als quasi rechtsfreiem Raum genießen die chinesischen Intellektuellen eine große Freiheit und nehmen die revolutionären Ideen beider Seiten begierig auf.

Für viele Menschen in Shanghai geht es ums nackte Überleben. Seitdem Hunderttausende chinesischer Flüchtlinge die Stadt überschwemmt haben, gibt es unzählige Obdachlose, von denen vor allem in den kalten Wintermonaten viele sterben. Morgens liegen überall Tote, darunter viele Kinder, in den Straßen. Die Bevölkerung der Stadt ist auf fünf Millionen Einwohner angewachsen, und die Lebensverhältnisse der Armen spotten jeder Beschreibung. Jeder neu ankommende Europäer ist schockiert über den Schmutz, den ohrenbetäubenden Lärm in den Straßen, die hupende Autos, Armeelaster und Busse sich mit den unablässig klingelnden Fahrradfahrern, den Rikschas, Pferden und Sänften teilen müssen. Hinzu kommt der unerträgliche Gestank von Abfällen und Exkrementen, faulem Fisch und altem Frittierfett. Auch das ständige Ausspucken der Chinesen ist für die Europäer gewöhnungsbedürftig. Nicht selten bekommt man bei Wind etwas davon ab. Während es in den Wintermonaten Frost und durchaus auch Schnee gibt, wird es im Sommer heiß und extrem schwül. Die wohlhabenden Ausländer verlassen dann die Stadt und machen Ferien im Norden Chinas oder in Japan.

Die Japaner haben 1931 die Mandschurei besetzt, und in Shanghai sind in den Folgejahren viele japanische Soldaten stationiert geblieben. Da seit 1937 Krieg zwischen Japan und China herrscht, sind die Besatzer überall in der Stadt präsent. An der Garden Bridge muss jeder Chinese oder Ausländer aus dem Auto oder vom Pferd steigen, Männer müssen die japanischen Posten mit gezogenem Hut passieren. Noch aber erstreckt sich die Macht Japans nicht auf die Enklaven der Ausländer selbst.

· · · · · · · ·

Das Haus meiner Verwandten in Shanghai stand in der französischen Konzession. Es war eine riesige repräsentative Villa im Kolonialstil, modern und zweckmäßig eingerichtet, mit chinesischen Antiquitäten zwischen europäischem Mobiliar. Im Erdgeschoss befanden sich eine große Diele, davon gingen Wohnzimmer, das Esszimmer, Herrenzimmer, Arbeitszimmer, Bibliothek, die Vorratskammer und die Küche ab. Im ersten Stock lagen die verschiedenen Schlafzimmer der Familie, Erika hatte ein Spiel- und ein Schlafzimmer. Darüber wohnte die alte Kinderfrau, die Amah des Hauses. Ich bezog ein Zimmer neben ihr unter dem Dach mit einem schönen Giebelfenster, endlich hatte ich wieder ein Reich für mich allein.

Meine Nichte war ein verwöhntes Papakind. Schon bei der Begrüßung bemerkte ich, dass Vera keine Chance hatte, einen Fuß in diese Vater-Tochter-Beziehung zu bekommen. Sie schien mehr als eifersüchtig zu sein, denn wenn die beiden zusammen waren, stand sie abseits. Da beide Eltern oft außer Haus waren, lag Erikas Erziehung zum größten Teil in der Hand der chinesischen Kinderfrau, die mit ihrem sanftmütigen Wesen jedem Streit aus dem Weg ging und Erika alles durchgehen ließ. Fassungslos sah ich jeden Tag zu, wie dieses Kind seine Spiele mit den Erwachsenen trieb. Es verweigerte mal dieses, wünschte mal jenes Essen – und das in einer Stadt, in der jeden Morgen Verhungerte auf den Straßen lagen.

Um mich endlich einmal genau untersuchen zu lassen, fuhr Vera mich in das prominente Paulun-Hospital. Den immer noch nicht ganz verheilten Furunkel mochte sich der Arzt gar nicht ansehen, es war wohl unter seiner Würde. Als er mir dann auch noch den Rat gab, nicht zu viel zu rauchen und zu trinken, ahnte ich, dass er gewöhnlich nur wohlhabende Europäer behandelte. Meine Herzbeschwerden, Ohnmachtsanfälle und den allgemeinen Schwächezustand nahm er nicht ernst. Seine Empfehlung an die Familie Dormann schien ihm bei meinem Abschied wichtiger zu sein.

Vera nahm mich auch mit zu einem russischen Zahnarzt, einem Emigranten, der vor dem Stalinismus geflohen war. Da Vera bei der Untersuchung dabei war, schloss ich daraus, dass auch dieser Arzt nur für die «Gesellschaft» arbeitete. Er riet mir dringend zu einer Zahnfleischbehandlung, da alle Zahnhälse nach der vitaminarmen Nahrung des letzten Jahres freilagen. Vera nahm das Rezept an sich, und ich hörte nichts mehr von ihr. Als ich nach längerer Zeit wagte nachzufragen, erfuhr ich, dass sie die Medizin selbst genommen hatte.

Ich hoffte so sehr, bald weiterreisen zu können. Mein Plan war, mit der Bahn am 22. Juni 1941 über die Mandschurei und Sibirien nach Deutschland zu fahren, das Ticket war bereits gekauft. Am 16. Juni brachte Dody aus seinem Büro eine vertrauliche Nachricht mit, ein Telegramm vom Hauptsitz der Firma in Deutschland. Es lautete: «Niemanden mehr reisen lassen, weitere Informationen folgen!» Mich traf dies wie ein Schlag.

Am 22. Juni rückten deutsche Truppen in Russland ein, damit war der Weg über Sibirien nach Deutschland tatsächlich abgeschnitten. Mir wurde schlagartig klar, wie dankbar ich sein konnte, dass ich nicht schon unterwegs war. Merkwürdig war nur, dass offenbar die Botschaften und alle großen deutschen Unternehmen frühzeitig Warnungen über einen bevorstehenden Konflikt mit Russland herausgegeben hatten, und Russland nichts davon gewusst haben wollte.

. . . .

Die Sowjetunion war mit Deutschland zunächst in freundschaftlichen Verträgen verbunden. Inzwischen beansprucht sie aber mehr Macht und besetzt mehr Territorium, als in diesen Abmachungen vorgesehen gewesen ist. Hitler, der längst plante, die Sowjetunion anzugreifen, hat nun den Befehl dazu gegeben – unter dem Vorwand, diese plane einen Angriff gegen Deutschland.

. . . .

Nun saß ich meinen Verwandten auf der Pelle, eine für uns alle unbefriedigende Situation. In Shanghai wurde es unerträglich heiß, und die Sommerferien begannen, da entschied Dody kurzerhand, dass wir gleich wieder nach Japan ins Ferienhaus zurückfahren sollten. Er bliebe in Shanghai und würde uns über die weiteren politischen Entwicklungen auf dem Laufenden halten.

Am nächsten Tag schifften wir uns auf einer japanischen Fähre Richtung Nagasaki ein. Die Japaner fürchteten, Spione an Bord zu haben, daher durften wir bei der Ankunft in Nagasaki die Kabinen zunächst nicht verlassen. Der Krieg war uns näher gerückt. Durch das Bullauge beobachtete ich die Einfahrt in den Hafen: Überall bewaldete Inseln, neben unserem Schiff fuhren viele Fischerboote mit den auf japanische Art gesetzten Segeln in den Farben Braun, Rot und Ocker.

Am späten Nachmittag erreichten wir das Ferienhaus, das wir erst vor vierzehn Tagen verlassen hatten. Die Nesan und der Koch begrüßten uns stürmisch und servierten uns sofort eine Mahlzeit. Kaum saßen wir, erschien «ganz zufällig» Veras angebliche Wanderbekanntschaft, ein Fritz Feldhaus, der gleich überschwänglich begrüßt und zum Essen eingeladen wurde. Alle nannten ihn nur «FF». Er war das Gegenteil von Dody, zwar auch keine Schönheit, aber rank und schlank, unternehmungslustig, witzig, belesen und musikalisch. Er nannte mich gleich «Tante Claire», hatte also schon von mir gehört. Meine Schwägerin sprühte vor guter Laune. An der Sache war irgendetwas faul. Vera und Feldhaus bestiegen in den nächsten Tagen alle Berge in der Umgebung. Ich blieb bei Erika, die eine Menge Freundinnen hier hatte, denn viele Frauen aus Shanghai machten in den umliegenden Hotels Ferien.

Nach zwei Wochen bekam Vera Besuch von einem Konsulatsbeamten aus Tokio. Alle internierten deutschen Frauen aus Niederländisch-Indien würden mit dem japanischen Dampfer Asama Maru nach Japan und China gebracht. Nun würden endlich meine Freundinnen und Bekannten aus den Internierungslagern freikommen. Da sie auch keine Möglichkeit mehr hatten, nach Deutschland zu gelangen, sollten sie auf Unzen, Kobe, Shanghai, Peking, Tientsin und Tsingtao verteilt werden. Vera, die die Verhältnisse in Unzen bestens kannte, wurde gebeten, dem Konsulat behilflich zu sein und nach Tokio zu berichten, wie viele deutsche Frauen mit Kindern hier untergebracht werden könnten. Sie war eine

großartige Organisatorin und wies gleich darauf hin, dass
wegen der vielen Schwefelfelder und der nicht gesicherten
heißen Quellen keine kleinen Kinder aufgenommen werden
sollten. Am selben Tag noch zogen wir los, von Hotel zu
Hotel. Bis zum nächsten Abend hatten wir Betten für gut
hundert Personen gefunden.

· · · · · · ·

Die Asama Maru fährt fahrplanmäßig zwischen Japan und Niederländisch-Indien und wird von der deutschen Reichsregierung
eigens für den Transport der Frauen und Kinder gechartert. Sie
bringt die Flüchtlinge zunächst nach Shanghai. Siebzig Frauen
und Kinder werden in der Stadt selbst untergebracht, knapp ein-
hundertzwanzig reisen weiter nach Tsingtau und Tientsin, etwa
fünfhundert fahren nach Japan, wo sie am 14. Juli eintreffen. Einen
Tag später werden die Frauen offiziell in der Deutschen Halle, dem
größten Versammlungsraum der Deutschen in Shanghai, willkom-
men geheißen.

· · · · · · ·

Als die Frauen und Kinder bei uns in Japan ankamen, gab es
ein fröhliches Wiedersehen. Nach der Verteilung der Hotelzimmer, die erstaunlich reibungslos verlief, hielt der Vizekon-
sul eine kurze Willkommensrede, die mit «Pflichterfüllung»
und «Treue für Führer und Vaterland» und «allzeit bereit»
endete. Sogar der japanische Bürgermeister von Unzen
begrüßte die Damen in gebrochenem Englisch. Ich sprach
dann auch ein paar Worte und hinterließ meine Adresse.
Unter meinen Bekannten aus dem Internierungslager waren Helga Kuttner, die singende Trapezkünstlerin, Schwes-

ter Alwine und Schwester Hedwig. Diese beiden Damen verließen uns kurze Zeit später, sie fuhren nach Shanghai und wurden Krankenschwestern im bekannten Paulun-Hospital. Dort traf ich sie später wieder.

Die Frau eines deutschen Professors der Universität Fukuoka brachte uns Neuankömmlingen etwas Gebrauchsjapanisch bei. Schon nach zwei Wochen fühlte ich mich viel sicherer im Umgang mit der Sprache.

In den ersten Septembertagen kam Dody zu uns nach Unzen, und «FF» verschwand. Die Bäume begannen sich wunderschön zu verfärben, der japanische Herbst zog ein.

Anfang Oktober fuhren wir mit der Asama Maru von Nagasaki zurück nach Shanghai. Dort erwartete mich ein Telegramm: «Deutsches Konsulat Japan in Yokohama erwägt Rücktransport von Frauen und Kindern per Schiff nach Genua. Bei Mitfahrinteresse bitte sofort nach Yokohama begeben und im Konsulat melden.» Hals über Kopf packte ich wieder meine Koffer. Um alles in der Welt wollte ich auf diesem Weg zurück zu meinen Kindern. Erleichtert nahm ich Abschied von Vera, Dody und Erika, einige Tage später befand ich mich schon wieder auf der Fähre nach Nagasaki.

Um die nötigen Papiere ausstellen zu lassen, musste ich zwei Tage dort im Hotel verbringen und sah mir die Stadt an. Immer wieder wurde ich von jungen Männern verfolgt, die Sonnenbrillen trugen. Auf der Zugfahrt konnte ich den heiligen Berg der Japaner, den Fudschiyama, sehen. Ein mitreisender Japaner schnalzte vor Freude immer wieder mit der Zunge, verbeugte sich tief bei der Ansicht des Berges und murmelte fremdartige Worte. In unserem Abteil herrschte eine geradezu religiöse Stimmung.

Es war schon dunkel, als der Zug in Yokohama eintraf. Im New Grand Hotel traf ich Helga Kuttner und andere Sumatra-Bekannte wieder, die schon einen Tag vor mir eingetroffen waren. Auf den Zimmern war es lausig kalt, denn es wurde noch nicht geheizt, und die japanischen Seidensteppdecken wärmten nicht sonderlich. Das Zimmermädchen, das ich herbeiläutete, bedauerte aufrichtig, dass sie mir keine zweite Decke bringen könne, da das Hotel überbelegt sei.

Im deutschen Konsulat hörte ich, dass die Reichsregierung ein Fährschiff gechartert hatte, um die deutschen Frauen und Kinder nach Genua zu bringen. Wir mussten aber noch auf die Ankunft der restlichen Mitreisenden warten. Unsere Niederländisch-Indien-Frauen waren alle aus den Tropen gekommen, sie hatten kaum Winterkleidung und verkrafteten den Temperaturwechsel schlecht. Die meisten von ihnen überfielen schon in der ersten Zeit schwere grippale Infekte. So fand ich meine Bekannte Gertrud Müller aus Sumatra am Bett ihres Jungen sitzend, der gerade eine Blinddarmoperation überstanden hatte. Das Hotelzimmer war spartanisch eingerichtet und kalt. Gertrud begann zu weinen, als sie mich sah. Ich wusste, dass sie viele holländische Gulden im Zwischenboden ihres Koffers mitgenommen hatte, um in Japan die notwendigen Wintersachen kaufen zu können. Bei der Ankunft in Japan hatte sie jedoch alle Devisen abgeben müssen und besaß nun keinen Cent mehr. Als sie versuchte, beim Konsulat einen Gutschein für entsprechende Einkäufe zu bekommen, wurde ihr gesagt: «Ihr Wintermantel ist noch gut, Wollsachen sind hier nicht so notwendig, man kann für die Übergangszeit auch mal zwei Hemden oder Pullover übereinander anziehen.» Da sie aber gehört hatte, dass ei-

nige alleinstehende Damen von Kopf bis Fuß neu eingeklei-
det worden wären, nannte sie mir deren Namen und fragte
mich um Rat.

Auf dem Weg in die Stadt traf ich meine Freundin Elisabeth Seele mit ihren zwei Kindern. Auch sie hatte Probleme
mit dem Konsulat und bestätigte mir, dass gewisse alleinstehende Frauen bevorzugt wurden. Sie sagte mir die Namen,
und ich wusste Bescheid.

Zum Abendessen war ich bei einer Familie eingeladen, die
zum Freundeskreis der Dormanns gehörte. Dort lernte ich
den deutschen Konsul Seefeld kennen, der selbst das Gespräch auf die internierten deutschen Frauen aus Niederländisch-Indien brachte. Er war erstaunt, als ich ihm sagte, dass
ich auch dazu gehörte. Offenbar hatte sich nie einer der Kon-
sulatsherren die Mühe gemacht, sich mit unserem Schicksal
auseinanderzusetzen. Ich erzählte ihm, wie man Frauen mit
Kindern beim Bezug von Gutscheinen vernachlässige und
dass gewisse alleinstehende Damen mit etwas losem Lebens-
wandel bevorzugt würden. Unverblümt berichtete ich, dass
das Konsulat viele Devisen von den Frauen eingenommen
habe, die gewissermaßen unter dem Druck der «Gesetzmä-
ßigkeit» nicht mit leichtem Herzen abgegeben wurden. Konsul Seefeld zog ein Notizbuch aus der Tasche und notierte
sich die Namen der bedürftigen Frauen.

Dann lenkte ich das Gespräch auf die Frage, für wann
unsere Abreise geplant sei. Ich erfuhr, dass die politische
Entwicklung leider nicht zum Guten stünde. Man wisse
nicht recht, ob sich Amerika weiterhin neutral verhalte. Dies
ließ mich aufhorchen, und ich ahnte, dass aus unserer Rückreise nichts werden würde.

Immerhin, meine Gespräche mit dem Konsul hatten gefruchtet. Schon ein paar Tage später erhielten alle bedürftigen Frauen genügend Gutscheine, um sich einkleiden zu können.

Eines Morgens wurde uns mitgeteilt, dass die Läden der Hotelfenster geschlossen bleiben müssten. Der Bruder des Tennos, des japanischen Kaisers, würde mit Freunden einen kleinen Imbiss in unserem Hotel einnehmen. Niemand dürfe sich am Fenster zeigen. Die beiden Fenster meines Zimmers im vierten Stock an der Vorderfront waren bereits geschlossen worden, als ich vom Frühstück heraufkam. Doch ich war neugierig und öffnete einen der Läden einen Spaltbreit, denn ich wollte das Schauspiel zu gern sehen. Ich schloss die Tür ab und stellte mich in einiger Entfernung hinter den schmalen Fensterspalt. Auf diese Weise hatte ich den großen Platz vor dem Hotel einigermaßen im Blick. Kein Mensch weit und breit, nur ein paar Polizisten waren zu sehen. Bald hörte ich Pferdegetrappel. In der ersten Kutsche, die von zwei Rappen gezogen wurde, saßen hohe Offiziere mit Orden und einem Haufen Lametta an der Brust. Steif und würdig thronten sie in ihren Polstern. Die zweite Kutsche wurde von zwei Schimmeln gezogen, auf dem Bock hockte ein in Livree gekleideter Kutscher. In diesem Prunkwagen reiste der kleine, bescheiden aussehende Prinz. Dahinter ritten mehrere Offiziere der Leibgarde. Die Reiter zügelten die Pferde und sprangen ab, und zwei der Offiziere öffneten die Kutsche. Der Prinz stieg aus, ein kleiner Mann mit einer dicken Hornbrille. Der Säbel, der ihm von einem Offizier überreicht wurde, war fast länger als er selbst, und als die Gesellschaft ins Hotel ging, glaubte ich, das Geräusch des über den Boden schleifenden Metalls zu hören. Nach gut einer Stunde wurden Befehle gegeben, die Pferde schnaubten und wieherten, und die ganze feudale Gesellschaft verließ nach einigen Zeremonien den Ort. Plötzlich war alles wieder auf den Beinen, aus allen Ecken des Platzes, aus allen Türen quollen Menschen heraus, es wimmelte und quirlte, der Spuk war vorbei.

Wir warteten noch immer auf Nachricht vom Konsulat darüber, wann unser Schiff endlich auslaufen würde. Am nächsten Tag wurde meine Vermutung zur Gewissheit: Wir erfuhren, dass man uns nicht nach Genua bringen würde. Es lag etwas in der Luft. Alle Kisten und Koffer, die im Hafen deponiert waren, wurden zurückgebracht und verteilt. Nun mussten die vielen deutschen Frauen und Kinder vom Konsulat neu verteilt werden. Einige blieben in Japan, andere wurden nach China geschickt. Wir waren niedergeschlagen.

Ich fuhr vorerst nach Kobe. Dort traf ich Hilda von Rüning mit ihren Kindern, die ich aus unserem Internierungslager in Sumatra nicht in der besten Erinnerung hatte. Sie sah verwahrlost aus, mir schien, dass es mit ihr abwärtsging. Mit ihrem interessanten Aussehen, den rötlichen, lockigen Haaren, ihrem sinnlichen Mund und dem gebrochenen Deutsch zog sie viele Männer in ihren Bann. Sie behauptete, die Enkelin einer russischen Gräfin zu sein. Richtiger war, dass sie die Tochter eines malaiischen Mischlings und einer Dressurreiterin aus Europa war, wie ich nach dem Krieg erfahren sollte. Sie war in Indonesien aufgewachsen und hatte einen Deutschen geheiratet, einen Assistenten der Deli-Gesellschaft, der den Adelstitel mit in die Ehe brachte. Das aber konnten die deutschen Herren in Japan nicht wissen und lagen der schönen Hilda zu Füßen. Ihre Kinder stromerten derweil durch die Stadt und stahlen wie die Raben. Die Polizei erschien fast jeden Tag bei ihr. Es wurden Protokolle aufgenommen, und anschließend verdrosch sie die Kinder mit dem Pantoffel.

Zwei Tage später quartierte sich auch Helga Kuttner im Hotel ein. Gleich am ersten Abend saß sie mit einem ausgesprochen gutaussehenden Kerl am Nebentisch, der sich bei mir überschwänglich als Bekannter von Dody vorstellte. Bei unserer nächsten Begegnung nahm sie mich zur Seite: «Claire, ich wollte dich um etwas bitten. Du kennst doch Gott und die halbe Welt. Bitte sag meinem Bekannten nicht, dass ich zwei Kinder in Deutschland habe. Ich werde doch nie mehr in meinem Beruf als Artistin arbeiten können, mein Mann auch nicht. Ohne Training sind wir doch ganz steif geworden. Jetzt muss ich sehen, dass ich nicht in Armut gerate, und für die nächsten Jahre vorsorgen.» Das klang zwar irgendwie vernünftig, ging aber so gegen meine Prinzipien, dass Käthe und ich unversöhnt auseinandergingen. Ich konnte ihren Standpunkt nicht nachvollziehen. Weinend verließ sie mich, wir trafen uns nicht wieder.

Plötzlich wurden Gerüchte laut, dass alle Hotels von den Frauen und Kindern geräumt werden müssten, weil sie für Einquartierungen von Soldaten und Offizieren und die Zusammenlegung von Truppenteilen zur Verfügung gestellt werden sollten. Würde sich der Krieg ausweiten und auch auf hiesige Gebiete übergreifen? Das Verhältnis zwischen Japan und den USA war gespannt. In den Zeitungen wurden beleidigende Artikel über die Amerikaner verfasst.

Hin und wieder bekam ich Nachrichten aus Deutschland, die über das Schweizer Rote Kreuz geleitet wurden. Briefe aus Sumatra von Gustel kamen auch, aber sehr selten. Es durften nur fünfundzwanzig Worte geschrieben werden, und die Männer setzten Bandwurmworte zusammen. Vieles wurde durch die Zensur auch unleserlich gemacht. Die Niederländer waren nach wie vor krankhaft ängstlich.

Für die vielen Flüchtlingsfrauen und -kinder gab es ein kleines Krankenhaus in Yokohama, das von dem Tübinger Arzt Dr. Zirn geleitet wurde. Ihm standen zwei Missionarsschwestern aus Java zur Seite. Wegen meines immer noch schmerzenden Furunkels entschloss ich mich zu einer Untersuchung. Man stellte fest, dass sich das Ganze zu einer Fistel mit Gängen bis zum Mastdarm entwickelt hatte und sofort operativ entfernt werden musste. Zu meinem Ärger bekam ich einen Tag vor dem Eingriff auch noch Halsschmerzen und litt danach mehr unter einer heftigen Erkältung mit Fieber als unter den Schmerzen von meiner Operationswunde.

Am Montag, dem 7. Dezember, betrat ein mir völlig fremder Mann das Zimmer und fragte geradeheraus: «Was sagen Sie dazu, dass Japan mit den Angriffen auf Pearl Harbor den Krieg mit den USA angefangen hat?» Ich wusste von alledem nichts, denn ich konnte im Krankenhaus weder Zeitung lesen noch Rundfunk hören. Da erschien die Schwester und warf den Herrn aus dem Zimmer. Ich sollte von den Kriegshandlungen offenbar noch nichts erfahren. Würde Gustel nun freikommen, wenn die Japaner nach Sumatra übersetzten? Oder würde er von den Holländern woandershin verfrachtet werden?

• • • • • • •

Der Überraschungsangriff der Japaner auf den amerikanischen Flottenstützpunkt auf Hawaii führt zum Kriegseintritt der USA und Großbritanniens. Dann erklären Deutschland und Italien den USA den Krieg, die niederländische Exilregierung tut dies von London aus gegenüber Japan. Am 10. Dezember versenken die Japaner die zwei wichtigsten britischen Marineschiffe vor Malaysia, die den Weg nach Singapur versperren sollten. Damit ist die Macht der Engländer und Holländer im Fernen Osten gebrochen. Japan beginnt mit einer Offensive Richtung Philippinen und Niederländisch-Indien, kurz darauf nehmen sie Singapur ein, und der Weg nach Sumatra ist frei.

Nun rächt sich, dass die holländische Regierung ihren selbstherrlichen Kolonialstil beibehalten hat. Niederländisch-Indien hat sich immer noch nicht ganz von der Wirtschaftskrise erholt, das Land ist in einem desolaten Zustand. Die einheimische Bevölkerung steht zum großen Teil auf der Seite der Unabhängigkeitsbewegung und hofft darauf, die ungeliebte Kolonialmacht endlich loszuwerden, wenn es sein muss, mit Hilfe der Japaner.

Am 28. Dezember 1941 wird Medan angegriffen. Hastig räumen die Niederländer das Lager Alas Valley und verschiffen die rund tausendfünfhundert Gefangenen im Januar 1942 unter unmenschlichen Bedingungen auf drei Schiffen nach Britisch-Indien. Eines davon, die Van Imhoff, wird von den Japanern bombardiert und sinkt, mehr als vierhundert Deutsche sterben. Mit einem Schlag ist nahezu ein Drittel der deutschen Frauen und Kinder, die im Juni des Vorjahres nach Japan verschifft worden sind, Witwen und Waisen. Auch Claire weiß lange nicht, ob ihr Mann unter den Opfern ist.

Nach ihrer Ankunft in Bombay werden die Gefangenen plötzlich gut behandelt. Zunächst müssen sie durch mehrere Übergangscamps ziehen. Dann bringt man sie in die Vorberge des Himalaja, wo sie für die nächsten Jahre im Lager Dehra Dun ein verhältnismäßig selbstbestimmtes Leben führen. Mein Großvater wird während dieser zweiten Gefangenschaft in seinem Leben fünfzig Jahre alt.

Auf Sumatra werden die Niederländer immer unruhiger. Nach einem erneuten Bombardement von Medan versuchen viele Frauen und Kinder, auf die vermeintlich sichere Nachbarinsel Java zu gelangen. Doch im Februar 1942 versenken die Japaner sämtliche verbliebenen niederländischen Marineschiffe und landen auf Sumatra und Java.

Die Holländer müssen erschüttert zur Kenntnis nehmen, dass die einheimische Bevölkerung die Japaner nicht als Besatzer empfindet, sondern sie als asiatische Befreier an vielen Orten begrüßt. Die verbliebenen Europäer – die meisten sind Niederländer – sollen sofort interniert werden, erhalten aber einige Tage Zeit, um ihre Habe zusammenzusuchen. Wer mit seinen Hausangestellten vor der Ankunft der Japaner gut auskam, ist nun im Vorteil, denn man hilft ihm vielleicht sogar beim Packen. In anderen Fällen gibt es Übergriffe, Raub und Mord. Die Familien werden getrennt, Frauen und Kinder in Lager gebracht, vermutlich jene, in denen vorher die deutschen Frauen einquartiert waren. Die Niederländerinnen werden dort bis zum Kriegsende bleiben und unter wesentlich schlechteren Bedingungen als vorher die deutschen Frauen leben. Viele von ihnen sterben. Die meisten männlichen Europäer werden nach Birma verschifft. Dort setzt man sie im Eisenbahnbau ein, wo viele ihr Leben lassen.

· · · · · · ·

Das Christfest verbrachten wir Frauen im Deutschen Klub, aber weihnachtlich war uns allen nicht zumute. Die Kriegsereignisse waren nun auch in Kobe zu spüren, alles wurde rationiert, man führte Lebensmittelkarten ein, und um Energie zu sparen, wurde für den zivilen Bereich zeitweise der Strom abgeschaltet.

Zum Glück wusste ich nicht, dass Gustel das Weihnachtsfest im Gefängnis von Siantar auf Sumatra verbrachte. Er gehörte zur ersten Gruppe von deutschen Internierten, die zum Hafen nach Sibolga gebracht und dort eingeschifft wurden. Die Holländer lösten das Lager Alas Valley auf und brachten alle deutschen Männer nach Britisch-Indien. Sie befürchteten – verständlicherweise – Racheakte der Deutschen für die Demütigungen bei ihrer Gefangennahme und ihrer Behandlung in den Lagern, falls die Japaner Sumatra besetzten.

Weil in Kobe viele Europäer und auch Deutsch sprechende Japaner wohnten, kam man auf die Idee, einen Vortrag über die Flüchtlinge aus Niederländisch-Indien zu halten. Man hoffte, dass es durch mehr Kontakt auch mehr Verständnis für unsere Probleme gäbe. Die Dame, die den Vortrag halten sollte, fiel aber kurzfristig aus, und ich wurde gebeten einzuspringen. Die Veranstaltung fand im Deutschen Klub statt, der Saal war bis auf den letzten Platz besetzt. Ich hatte Lampenfieber, aber man hörte mir aufmerksam und interessiert zu. Nach etwa eineinhalb Stunden erntete ich großen Beifall und wurde von allen Seiten umringt. Ich wurde gebeten, den gleichen Vortrag in Shanghai zu wiederholen, was ich sehr gern getan hätte. Dazu kam es aber nicht, denn Vera und Dody verboten es mir glattweg. Ich vermutete, dass ich keine Rolle in der «Gesellschaft» spielen sollte, und fügte mich widerstrebend. Vera bekam regelrechte Zustände, als sie von dem Vorhaben erfuhr.

Einer der Hauptbetreuer der Flüchtlingshilfe in Kobe nahm mich nach dem Vortrag zur Seite und fragte, warum ich nicht auch aus dem Flüchtlingsfonds betreut werde. Ich erwiderte, dass mein Schwager Dormann mich privat unterstütze. Darauf erhielt ich zur Antwort: «Ich kenne Ihren Schwager ganz genau. Eines Tages wird er die angefallenen Kosten auf Heller und Pfennig von Ihnen zurückfordern. Ich schlage Ihnen vor, dass Sie bei uns im Deutschen Heim aufgenommen werden, wo die meisten der Flüchtlingsfrauen wohnen. Frauen wie Sie können wir hier in Kobe gut gebrauchen, Arbeit gibt es genug, und Sie könnten einiges hinzuverdienen.» Ich war verunsichert. Was sollte ich tun?

Am selben Abend wurde im Deutschen Klub der Film «Es war eine rauschende Ballnacht» gezeigt. Ich saß neben einer gebürtigen Niederländerin, die mit einem unserer deutschen Pflanzer verheiratet war. Als Vorspann lief eine Wochenschau, in der die Kapitulation Hollands in Den Haag gezeigt wurde. Meine Nachbarin weinte, was ich nur zu gut verstehen konnte. Da begannen zwei vor uns sitzende Frauen zu schimpfen: Vermutlich sei die Dame neben mir eine Spionin und würde gegen uns Deutsche arbeiten. Als wir dies hörten, standen wir beide demonstrativ auf und verließen den Saal. Sollte ich wirklich mit diesen Frauen die nächste Zeit zusammen verbringen? Vielleicht wäre es doch besser, nach Shanghai zurückzukehren.

Zunächst aber musste ich erneut ins Krankenhaus, um eine Nachoperation an meiner Geschwulst durchführen zu lassen. Die Kosten dafür wurden von der Flüchtlingshilfe übernommen. Am Montag kam ich in die Normandieklinik. Nun aber musste ich mit einer längeren Regenerationszeit im Krankenhaus rechnen, bis wirklich alles verheilt war. Nach ein paar Tagen fiel mir auf, dass man sich besonders liebevoll um mich kümmerte. Der Sohn der Familie Hirschberger kam und brachte mir seine Gitarre: «Ich möchte Ihnen eine Freude machen, Frau Hake. Ich spiele das Instrument schon lange nicht mehr, deshalb wollen wir es Ihnen schenken. Ich bin froh, wenn ich nicht mehr üben muss.» Abends kam seine Mutter mit Blumen, dann schauten die Schwestern eine nach der anderen in mein Zimmer und fragten, ob sie mir etwas Gutes tun könnten. Was war da los?

Am nächsten Tag wurde mir schonend beigebracht, dass eines der drei Schiffe, das deutsche Internierte von Sumatra nach Bombay bringen sollte, torpediert worden sei und mehrere hundert Männer damit untergegangen seien, nur sehr wenige hätten sich retten können. Die Vermisstenliste wurde sofort angefordert, aber es würden Wochen vergehen, bis man Sicherheit hätte. Diese Nachricht traf mich schwer. War Gustel auf diesem Schiff gewesen? War er mit untergegangen? Nein, das war einfach nicht möglich. Er lebte, davon war ich überzeugt. Wir würden uns wiederfinden. Doch diese nagende Ungewissheit war furchtbar.

In der fünften Woche meines Klinikaufenthaltes besuchte mich Herr Hoppe, mit dem mich Vera gleich nach meiner Ankunft hatte verkuppeln wollen. Er kam, um mir mitzuteilen, dass mein Schwager geschäftlich in Japan zu tun habe und mich mit zurück nach Shanghai nehmen wolle. Dann fragte er ganz unverblümt, ob ich Hilda von Rüning kenne und ihm im Vertrauen etwas über diese arme Frau sagen könne, die als eine «Von» doch viel zu armselig lebe. Er wolle sich dafür einsetzen, dass sie standesgemäßer untergebracht würde. «Das freut mich», war alles, was ich dazu sagen konnte. Sollte der verliebte Kater doch selbst sehen, mit wem er es bei Hilda zu tun hatte.

Endlich erreichte uns die Vermisstenliste der Van Imhoff. Fieberhaft sah ich all die Namen durch und erschrak bei vielen, die ich kannte. Aber mein Gustel war nicht darunter. Besonders nahe ging mir das Schicksal von Frau Schalk, die mit mir im Kobe-Hotel wohnte. Sie musste ihren Mann und ihre zwei Söhne, siebzehn und einundzwanzig Jahre alt, beklagen. Ich weinte mit ihr vor Schmerz über dieses grausame Schicksal und dann wieder vor Dankbarkeit, dass mir mein geliebter Mann erhalten geblieben war.

Kurz vor der Abreise zog ich zurück ins Hotel. Meine Eisenbahnfahrt bis Shimoniseki und die Überfahrt mit der Fähre verliefen reibungslos. Am Fahrkartenschalter in Moji traf ich auf dieselbe Verkäuferin wie vor einem Jahr. Nun verstand sie mit einem Mal kein Englisch mehr, es durfte nur noch Japanisch gesprochen werden. Japan lag im Krieg mit Amerika, und kein Japaner verstand mehr Englisch, auch kein Deutsch. Alle Schriftzüge in lateinischen Buchstaben waren übermalt worden.

Da legte ich meine Hände wie zum Beten zusammen und an mein Ohr. Die Schalterbeamtin verstand, und wir lachten beide. Neben mir stand ein großgewachsener Japaner in einer tadellos sitzenden Uniform. Er hatte dieses kleine Schauspiel beobachtet, legte seinen Arm auf meine Schulter und fragte in tadellosem Deutsch, ob ich einen Schlafwagenplatz haben wolle. Im Nu erhielt ich die Karte. Der Japaner nahm mich am Arm und ging mit mir zu einer Bank, auf der junge Soldaten saßen und uns sofort Platz machten: Mein Begleiter war offenbar ein hohes Tier. Er erzählte mir, dass er auf der Militärakademie in Berlin gewesen sei und dort Deutsch gelernt habe. Dann wollte er wissen, woher ich komme und was ich in seinem Land mache. Bereitwillig gab ich ihm Auskunft. Als ich erzählte, dass ich von Sumatra komme, sagte er: «Dorthin fahre ich bald und werde das Land von Ihnen grüßen.»

Plötzlich entstand eine große Unruhe in der Bahnhofshalle. Die Menschen erhoben sich und verbeugten sich, so auch mein Begleiter, der mich bat, es ihm gleichzutun. Vor uns ging ein Zug Menschen vorbei, unter ihnen einige Priester in weißen Gewändern. Jeder trug eine weiße Holzurne in den Händen. Wie ich von dem Offizier neben mir erfuhr, enthielten sie die Asche von gefallenen japanischen Soldaten und wurden nun in heimatlicher Erde bestattet. Zahlreiche Menschen in der Bahnhofshalle schlossen sich dem Zug an, sodass auch wir uns einreihten. In der Nebenhalle wurden alle Urnen auf einen großen Tisch gestellt. Man entzündete Räucherkerzen, und alle schritten an den Aschekrügen vorbei und verbeugten sich, um den Toten die letzte Ehre zu erweisen. Die Heimat dankte den Gefallenen auf diese Weise, dass sie sich für das Vaterland geopfert hatten.

Mein Gepäck stand danach noch immer vor der Bank, auf der wir gesessen hatten. In Japan wurde nicht gestohlen. Mein Begleiter sah auf seine Uhr. «Mein Zug geht in fünf Minuten. Ich zeige Ihnen jetzt Ihren Bahnsteig, dann muss ich mich von Ihnen verabschieden. Gute Reise!» Er verbeugte sich, und ich erwiderte seine Reisewünsche. Die japanische Erziehung, die Aufrichtigkeit, Ehrlichkeit und Hilfsbereitschaft Fremden gegenüber beeindruckten mich immer wieder. Später war es für mich kaum verständlich, dass dieselben Männer mit ihren gefangenen Feinden in den Lagern so grausam umgingen. Gustel hatte mir erzählt, dass die Gefangenen im Ersten Weltkrieg «die ehrenwerten Kriegsgefangenen» genannt wurden. Er hatte nie von Brutalität und Sadismus erzählt. Was sollte dieses Volk so verändert haben?

Aus dem Zugfenster betrachtete ich die vorüberziehende Landschaft. Die Kirschbäume blühten, und die Sonne strahlte vom Himmel, der Krieg war noch weit. Aber mein Herz war schwer. Was sollte ich in Shanghai?

· · · · · · ·

Für die Menschen in Shanghai hat sich das Leben seit Pearl Harbor drastisch verändert, schon allein dadurch, dass die Japaner in die internationalen Niederlassungen einmarschiert sind.

Vera Dormann schreibt an ihre Tochter Irmgard in Deutschland: «Das Aufwachen am 8. Dezember war etwas sehr ‹nüchtern›, so schnell hatten wir uns die ‹Übernahme› der Japaner nicht gedacht. In der Nacht hörte ich allerdings mal Schießerei, aber man regt sich ja nicht groß auf. Morgens um sieben wurden wir von B. angerufen, Japan hätte Amerika den Krieg erklärt und das Settlement sei überrannt, ein englisches Kanonenboot, was sich am Bund nicht ergeben wollte, sei in den Grund geschossen worden, und der ‹Amerikaner› sei besetzt! Wir hatten nur ein englisches und ein amerikanisches Kanonenboot hier, dies war also der heldenhafte Sieg am Huangpu. Nun kamen nervöse Tage. Die Japaner besetzten die Stadt, den Council (Stadtverwaltung) etc., wir konnten nur mit Passports auf die Straße. An der Schule war die Hauptsperre, Lebensmittelpreise stiegen etc., aber bald wurde alles wieder besser, es herrschte eigentlich Ruhe. Wenn auch jede Woche was niedergeknallt wird, dann sperren die Japsen sofort einen Teil der Stadt und gehen auf Suche nach den Terroristen, aber immer vergebens. Vorläufig hat Dody noch den kleinen Fiat-Wagen, denn er arbeitet ja noch im Council, Letzteres ist keine reine Freude, die haben den Kopf voll, aber trotzdem ist es erstaunlich gut bisher gelaufen, ‹äußerlich›. Das Elend ist natürlich furchtbar, diese Reissschlangen bei der Kälte, denn jeder bekommt nur sehr wenig pro Mal. Müssen auch einen Stempel von der Polizei in ihre Hand bekommen, damit sie sich nicht zweimal anstellen. Tote sieht man mehr denn je morgens! – Nun fängt aber auch die Not unter den Europäern an, unendlich viele werden brotlos, und was wird noch alles kommen? Die Japaner behandeln uns absolut nicht wie eine befreundete, alliierte Macht, sondern für die heißt es nach wie vor hier draußen: ‹Erst wir, dann die Europäer.›»

Durch den Sieg der Japaner können die Ausländer auf einmal keine Geschäfte mehr mit den Chinesen machen. Tatsächlich verhängen die Japaner das Kriegsrecht und riegeln die Stadt konsequent von der Außenwelt ab. Es landen fast keine westlichen Handelsschiffe mehr im Hafen an, und nicht nur die Shanghaier Geschäftswelt sitzt auf dem Trockenen. Rasch werden die wichtigsten Güter knapp, vor allem Benzin, wodurch der motorisierte Verkehr fast vollständig zum Erliegen kommt. Über der Uferpromenade weht groß und unübersehbar die japanische Flagge. Die Japaner unterbinden jeglichen Kontakt in die übrige Welt, ein Zustand, der fast vier Jahre dauern soll. Sie verhängen selbst für die kleinsten Vergehen drakonische Strafen, plündern die Betriebe, rationieren die

Güter und manipulieren die Währung. Dadurch verliert das Geld immer mehr an Wert, was wiederum den Goldpreis in die Höhe treibt, denn das Edelmetall wird nun verstärkt nachgefragt. Die Wirtschaft verfällt geradezu in eine Agonie, entlohnte Arbeit gibt es kaum noch für die Menschen.

Wer bereits vor der Besetzung gute Kontakte zu Chinesen hatte, pflegt diese weiter. Unter den Deutschen misstraut jedoch einer dem anderen, was durch die Tätigkeit der Gestapo in Shanghai unterstützt wird. Da gibt es jene, die seit Jahrzehnten in China leben, Nationalsozialisten und Neuankömmlinge. Spitzel und Denunzianten treiben ihr Unwesen, und in dieser unguten Atmosphäre tönen die deutschen Propagandisten umso lauter, je schlechter die Nachrichten aus Europa für sie werden. In der einzigen deutschen Zeitung in Südchina, dem Ostasiatischen Lloyd, liest man nur die offiziellen, zensierten Nachrichten.

Je stärker die Japaner das Leben in der Stadt reglementieren, desto schwieriger wird es für die Einwohner, sich frei zu bewegen, Lebensmittel zu beschaffen und Kontakte zu pflegen. Den eigenen Stadtbezirk darf man nur noch mit einem speziellen Ausweis verlassen. An der Stadtgrenze nehmen die Japaner den Händlern aus dem Umland ihre Waren für einen viel zu niedrigen Preis ab und lassen sie den Truppen zukommen. Immer mehr Menschen in Shanghai hungern.

Zeitungen und Rundfunksender von alliierten Ländern werden eingestellt, und es lassen sich – außer russischer Propaganda gegen Deutschland – nur noch chinesische, japanische und deutsche Nachrichten empfangen. Angehörige der «feindlichen Nationen», etwa sechstausend Briten und tausend Amerikaner, werden nach und nach in verschiedenen Lagern rund um Shanghai unter unwürdigsten Bedingungen interniert. Ihre Häuser werden geplündert oder von Japanern besetzt. Indes leben die deutschen «Kollegen» weiter ihr privilegiertes Leben. Sie können sich noch nicht vorstellen, dass sie schon bald ein ähnliches Schicksal ereilen wird.

Vera Dormann hält fest: «Die Japaner gehen auf Suche nach Terroristen, aber immer vergebens. Hier ist nun ein neues Polizeisystem vom japanischen Chef ausgeknobelt worden. Alle paar Häuser steht eine ‹Heimwehr› mit Seilen. Alle Alleyways sind mit riesigen Toren versehen aus schweren Balken. Überall stehen Wärterhäuser mit Telefon und Klingelsignal. Bei einer Schießerei wird vom ersten Häuschen Alarm geklingelt, die Heimwehr muss alle Leinen über die Straßen werfen, alle Eingänge werden dann sofort abgesperrt. Bist Du nun zufällig in dem Block, kann es passieren, dass Du stundenlang auf der Straße zwischen zwei Seilen gefangen gehalten wirst. Es sind natürlich schon die komischsten Sachen passiert, man kann überall mal gekloppt werden.

Die Radiogrüße zweimal in der Woche sind jetzt unsere einzige Verbindung (nach Deutschland), und jeder versucht nun, in dieser Zeit zu Hause am Apparat zu sein. Todesnachrichten sind ja anscheinend verboten, aber zu Hause hilft man sich, indem es ‹durch die Blume› weitergegeben wird. So erhielten Freunde von uns die Nachricht, dass ihre Mutter seit Juni letzten Jahres bei Tante Amalie sei. Diese Tante ist aber schon vor etlichen Jahren gestorben ...

Unser hiesiger Radiosender hat sich sehr ausgebaut, und seit dem 8. Dezember, als sofort alle Sender schweigen mussten, durfte er weitersenden. Leider sendet jetzt auch ein russischer Sender, sie nennen sich: ‹Hier die Stimme der Sowjetunion›. Natürlich spricht das deutsche Programm ein Emigrant, natürlich rasend Anti-Nazi, und die Japaner tun anscheinend nichts, dem das Maul zu stopfen.

Was wir alle unverständlich finden, aber es ist kein Geheimsender, sondern offene Station ...

Wenn ich Dir nun von unserem Umschwung hier erzähle, wirst du staunen. Die Geldsache ist eine Katastrophe. Altes Geld (Chungking-Geld) heißt ‹Fapi-Scheine› und ist dreißig Prozent weniger wert als neue Nanking-Scheine von der Central Reserve Bank (CRB). Man bezahlt also in Fapi-Dollar, CRB-Dollar und Yen, hat also immer dreierlei Geld bei sich. Taxis kosteten zuletzt sieben Fapi-Dollar, früher einen Dollar. Jetzt kostet eine Rikscha von hier bis Seymour Road einen Dollar! Autos sieht man kaum noch. Jeder, der noch etwas elastisch ist und wo das Portemonnaie es noch erlaubt, kauft sich ein Fahrrad. Für meines habe ich schon tausend Dollar bezahlt, aber sehr schick! – Torpedo (Freilauf) und Bosch-Lampe. Hintendrauf ein Körbchen zum Abschließen, denn geschickt wird nichts mehr. Mir macht das gar nichts aus, ich bin ja auch nicht mit dem Auto in der Wiege geboren. Man muss sich eben so einrichten, dass man nur bei gutem Wetter ausgeht. Da die Verhältnisse hier natürlich rasend unsicher geworden sind, haben wir alle zwei Schlösser. In Hungjao fahren wir nur zu mehreren, denn da wird man am hellichten Tag von Highway Robberies überfallen (Pelzjacke, Bargeld).

Sehr traurig war die Ermordung vom alten Herrn Mielk, der in Hungjao Road, wo er Rad fuhr, glatt niedergeschossen wurde, um das Rad zu stehlen. Über vierzig Jahre in China und dann so sterben. Letzten Sonntag treff ich das Ehepaar Tiefenbacher zu Fuß, man hatte ihnen gerade unter Vorhalten des Revolvers (fünf Mann hoch), beide Fahrräder abgenommen ... Müllabfuhr gibt es nur alle paar Tage mit Handkarren. Die Chinesen schmeißen nun alles auf einen Haufen in eine Ecke der Straße, dann kommt der Wind und treibt sein Spiel ...

In einem Jahr werden wir kein europäisches Geschäft mehr haben, was nicht in jüdischen Händen ist, denn die Engländer müssen alle zumachen ... Neulich habe ich in Hungjao mal wieder Golf gespielt. Der Klub ist auf Druck der Japaner öffentlicher Golfplatz geworden, die Engländer sind aber noch drin, eine komische Sache. In Hungjao ist es aber jetzt so unsicher, dass man die Lust daran verliert ...

Toll ist jetzt der Reisschmuggel: Durch Stacheldraht und Creeks voller Schlamm wird ‹geschoben› und dann auf den Straßen teuer verkauft. – Neulich beobachtete ich Folgendes: In einer Toreinfahrt standen Weiber und schüttelten sich, als ob sie epileptische Anfälle hätten, auf einmal entdeckte ich auf dem Boden ein großes Tuch, auf dem die Weiber standen, und aus den Hosen, Ärmeln, und aus dem Leibgürtel rieselte der Reis heraus! – Es war ja so komisch. Man muss schon seinen Humor behalten! ... Ab und an laufe ich jetzt ins Kino, mehr wie früher. Lichtreklame hat in Shanghai ganz aufgehört. Abends ist ja auch alles still. Ab zehn Uhr sind alle Kabaretts geschlossen, also no more Nightlife.»

Claire hat in Japan von all diesen Veränderungen in Shanghai nichts mitbekommen. Da sie die Stadt vorher nur auf der Durchreise erlebt hat, nimmt sie die nun herrschenden Zustände als quasi normal hin.

· · · · · · ·

Am Nachmittag verließ die Kobe Maru den Hafen von Nagasaki. Die Passagiere mussten unter Deck bleiben, bis wir die vorgelagerten Inseln passiert hatten und im offenen Meer waren. Etwas mulmig war mir doch, denn mit dem Kriegseintritt von Japan und den USA musste man auf U-Boote vorbereitet sein. Rettungsgerät und Schwimmwesten waren immer griffbereit. Vera holte uns in Shanghai ab, irgendwie kam sie mir verändert vor. Kaum saß ich in meinem schönen Zimmer auf dem Bett, kam die alte Haushälterin herein, die von den Dormanns stets nur «die Olle» genannt wurde: «Our Missy crazy! Yes, crazy, she must have two husbands, one not enough!» Ein Mann sei ihrer Herrin nicht genug.

«Amah, wie kannst du so etwas sagen?»

«Wait and see, our Missy crazy!»

Erika kam aus der Schule und begrüßte mich strahlend: «Ich bin ja so froh, dass du wieder da bist. Mutter ist immer nur mit ‹FF› zusammen. Papi tut mir so leid.»

Ich versuchte sie zu beruhigen: «Weißt du, ‹FF› ist genauso ein unruhiger Geist wie deine Mutter. Dein Vater sitzt halt am liebsten in seinem Büro, das war bei meinem Vater früher auch so.» Was sollte ich dem armen Kind denn anderes sagen, ich durfte mich doch nicht in diese pikanten Familiengeschichten einmischen.

Im Dormann'schen Haus bekam ich nun eine Aufgabe: Ich erhielt sämtliche Schlüssel und wurde die Hüterin von Hausschlüssel und Vorräten. In einem dafür hergerichteten Raum lag unser Reisvorrat auf dem Holzboden. Diesen musste ich in der Woche dreimal harken, damit er luftig blieb und nicht anfing zu schimmeln. In Shanghai herrschte ein mörderisches Klima im Sommer, bei der hohen Luftfeuchtigkeit schimmelte alles noch schneller als in den Tropen. Auch gegen Ungeziefer sollte das Harken gut sein. Von nun ab hatte ich ständig Schnupfen, meine Augen tränten Tag und Nacht. Ich plagte mich weiter, doch ich ahnte, dass dies eine Reisstauballergie sein musste.

In der Deutschen Schule hatte man mittlerweile erfahren, dass ich im Lager auf Sumatra Handarbeitsunterricht gegeben hatte, und bat mich, dies auch an der Kaiser-Wilhelm-Schule zu tun. Ich freute mich über das Angebot, denn damit würde ich finanziell unabhängiger und könnte mein Talent nutzen. Ich sagte zu, unter der Bedingung, dass ich erst meine Verwandtschaft fragen müsste, weil ich in ihrem Hause auch eine kleine Aufgabe übernommen habe. Doch ich hatte die Rechnung ohne den Wirt gemacht.

«Das kommt gar nicht in Frage!», sagte mein Schwager sofort. «Du kannst doch anderen nicht den Job wegnehmen, wenn du hier ein Auskommen hast.»

«Misch dich nicht in diese Angelegenheit ein, ich habe hier nur ein Vorabgespräch geführt», erwiderte ich.

«Schlag dir das bitte aus dem Kopf. Du hast hier im Haus genug zu tun, auch Vera braucht deine Hilfe.»

Vera kam hinzu und pflichtete ihm bei: «Du wirst hier doch gebraucht! Lassen wir es also dabei bewenden.» Schweren Herzens sagte ich der Schule ab. Noch zweimal hätte ich Möglichkeit gehabt, in Shanghai zu arbeiten, aber immer wieder versuchte Dody, es zu verhindern. Ich hatte den Eindruck, dass er in der «Gesellschaft» nicht als knauserig dastehen wollte. Dabei hätte ich so gern selbständig Geld verdient. Manchmal war ich so verzweifelt und wäre am liebsten mit wehenden Fahnen ins Deutsche Heim umgesiedelt. Doch es war voll belegt, ich hätte mich also um die Aufnahme bewerben müssen, und irgendwie arrangierten wir uns dann immer wieder im Hause Dormann. All die Jahre ärgerte ich mich über mich selbst, dass ich mich Dody gegenüber genauso wenig wehren konnte wie früher meinem Vater gegenüber.

1942. Es war Juni, und die Sommerferien brachen an. Am Pfingstmorgen, kurz bevor die Reise nach Japan losging, brachte der Boy seinem Master die Post. Dody überreichte mir einen blauen Briefumschlag, der an mich adressiert war. Es war der erste Brief von meinem Mann aus Indien, aus dem Übergangslager Ramgar bei Kalkutta. Nach so langer Ungewissheit hielt ich endlich das erste Lebenszeichen in Händen. Ich wollte aufstehen und den Brief allein oben in meinem Zimmer lesen, aber Dody sagte: «Nun reiß doch den Brief auf und lies ihn endlich vor. Auch wir wollen wissen, wie es Gustel geht und wie er die Strapazen überlebt hat.» Ich sagte nur leise: «Nein, das kann ich nicht. Ich muss ihn zuerst allein lesen.»

«Nun stell dich bloß nicht so an!», zischte Vera. Da stand ich auf und verließ das Zimmer. Sie aber lief mir hinterher und packte mich am Arm: «Ich wünsche mir von dir mehr Haltung in meinem Haus, denn das Schicksal deines Mannes, der auch mein Bruder ist, geht uns genauso an.»

«Der Brief ist an mich gerichtet. Ich habe das Recht, ihn als Erste zu lesen, und zwar allein!» Im Zimmer lief das Radio, das ich vergessen hatte abzustellen. Gerade ertönte das Largo von Händel, das Gustel und ich so oft zusammen gespielt hatten. Ich las den Brief mit wehem und dankbarem Herzen. Er lebt, dachte ich nur immer wieder, er ist gesund. Die Überfahrt auf dem holländischen Frachter, bei der Hitze zusammengepfercht im Inneren der Laderäume, Stacheldraht um das ganze Schiff herum, behandelt wie Tiere, musste furchtbar gewesen sein. Die Engländer waren entsetzt über die schlechte Behandlung der Deutschen und beschwerten sich beim holländischen Konsulat. Dann wurden die Gefangenen sofort zum Duschen und Reinigen der Kleider geführt und bekamen Tee. Die Briten behandelten sie korrekt und human. Ich war so glücklich. Nun würde sicher alles gut werden.

Auf meine Anregung hin hatten wir für die Sommerferien ein Mädchen aus Sumatra im Haus aufgenommen. Ihre Mutter lebte im Deutschen Heim und war froh, die Tochter für einige Wochen bei uns gut aufgehoben zu wissen. Hannah hatte ein natürliches Wesen und war das genaue Gegenteil der phlegmatischen Erika, die mit ihrer Bequemlichkeit ihre Mutter täglich auf die Palme brachte. Hannah avancierte schnell zu einer Art Lieblingstochter von Vera, außerdem aß sie alles, was auf den Tisch kam. Wir hofften, dass sie einen guten Einfluss auf Erika ausüben würde.

Als wir nach Japan in die Ferien fuhren, nahmen wir Hannah mit. Unsere Überfahrt nach Nagasaki verlief ohne Zwischenfälle, wir mussten nur die Schwimmwesten ständig anbehalten, und damit lag es sich schlecht in den Betten. Wir beiden Frauen und die Mädchen bewohnten eine Luxuskabine, die «Olle», die für die Ferien mit nach Unzen kam, schlief an Deck. Sie wollte partout nicht in eine Kabine. Das Schiff fuhr einen Zickzack-Kurs und legte sich immer schwer über, wenn es die Richtung änderte. Gemütlich war diese Fahrt keineswegs, man merkte, dass Krieg war und alles sich darauf einstellte. Kaum hatten wir uns im Ferienhaus wieder eingerichtet, tauchte Fritz Feldhaus auf, und Vera rannte mit ihm wieder über alle Berge.

Man sah in Japan weniger Männer als im letzten Jahr, auch Handwerker gab es kaum. Alle waren im Krieg, und die Frauen und Kinder mussten sehen, wie sie das Geld verdienten. Ich spazierte oft ins Kyushu-Hotel hinunter, um ein Schwefelbad zu nehmen. Hier traf ich mich regelmäßig mit Frau Doll, der Professorengattin, die uns Frauen aus Niederländisch-Indien im letzten Jahr Sprachunterricht gegeben hatte. Von ihr lernte ich viel über japanische Sitten und Gebräuche, über den Schintoismus und seinen weisheitsvollen Weg zur Harmonie.

Nach einem warmen Bad legten wir uns in ihrem Hotelzimmer zur Entspannung nieder. Da hörten wir Stimmen aus dem Haus auf der anderen Straßenseite. Wegen der Hitze standen die Fenster weit offen. Im gegenüberliegenden Hotelzimmer sahen wir einen Japaner, der gerade seine letzten Hüllen der Zimmer-Nesan übergab, die sich tief vor ihm verbeugte. Plötzlich drückte er sie zu Boden und warf sich über sie. Der Akt verlief so schnell und wortlos wie ein Hahnentritt. Nach vollbrachter Tat stand er auf, schüttelte sich, wickelte sich in seinen Kimono, verbeugte sich und verschwand durch die Tür. Daraufhin verbeugte sich die arme Frau ebenfalls in seine Richtung.

«Himmel», sagte ich, «das ist ja schrecklich!»

«Ja, hier kennen sie kaum ein Liebesvorspiel», belehrte mich meine Japanischlehrerin. «Es geht ruckzuck. In den meisten Hotels auf dem Land gehört dies zum Service, so wie bei uns in Europa das Schuheputzen. Ein Schriftzeichen in den Gästezimmern, meistens im Schrank, weist darauf hin, wo es erlaubt ist.»

Einige Tage verbrachten wir in Kakusa, einem Ferienort am Meer, dort gab es einen herrlichen Strand zum Baden. Feldhaus wurde als einziger Mann unter vier Weibern richtig übermütig, und wir hatten viel Spaß miteinander. Am Abend

bestiegen wir alle zusammen den nahe gelegenen Tempel-
berg, der als Fels direkt aus dem Meer aufstieg. Ich mochte
nicht weiter mitgehen, kehrte um und setzte mich am Strand
auf ein umgekehrtes Fischerboot. Dann sah ich hinaus auf
das weite Meer, das kleine Wellen auf den Strand warf. Die
Sonne hatte gerade den Horizont erreicht, da erklang ein
langer, tiefer Ton von der Höhe des Tempelberges. Der Priester schien uns mit seinem Gongschlag wissen zu lassen, dass
die Sonne nun versank. Wieder ein ruhiger Schlag, die Luft
erzitterte leicht. Ich hatte das Gefühl, als ob der Ton mit den
leisen Wogen am Strand entlangwanderte und bei jedem
Vorsprung an der Küste ein kleines Echo erzeugte. Ein dritter
Ton. Die Sonne war vollkommen untergegangen, nur noch
zu ahnen, dort, wo das Rot des Horizonts etwas heller leuchtete. Der Schall wanderte von mir fort, wurde irgendwo verstärkt und tönte dann langsam in der Ferne aus. Erfüllt von
dieser Schönheit und der Harmonie des zu Ende gehenden
Tages überfiel mich eine unstillbare Sehnsucht nach Gustel.
Dann wurde es dunkel. Nur unwillig erhob ich mich und
wanderte am Strand entlang dem Fischerdorf zu. Von dort
hörte man fröhliche Stimmen, und von der See her waren
Ruderschläge zu vernehmen, die Fischerboote kehrten vom
Fang zurück. Am kleinen Hafen traf ich Vera und Fritz Feldhaus, lange schauten wir beim Entladen der Boote zu.

Im August eröffnete mir Vera, dass sie mit Feldhaus den
Aso, den Vulkanberg von Kyushu, besteigen wollte und einige
Tage fort sein würde. Kaum waren die beiden aufgebrochen,
kam ein Telegramm aus Shanghai: «Treffe morgen in Naga-
saki ein. Dody.» Was sollte ich bloß tun? Gott sei Dank hatte
Vera mir ihre Telefonnummer hinterlassen. Ohne lange

nachzudenken, lief ich zum Kyushu-Hotel hinunter und bat dort, telefonieren zu dürfen. Obwohl man mir sagte, dass die Verbindung sofort unterbrochen würde, falls man nicht Japanisch sprach, ließ ich mich verbinden. Kaum hatte ich Vera am Apparat, sagte ich hastig: «Dody kommt morgen!» Schon war die Verbindung abgebrochen, hoffentlich hatte Vera mich verstanden. Ich war furchtbar aufgeregt, wenn Dody dahinterkam, würde er uns alle zum Teufel jagen.

Am nächsten Mittag kehrten Vera und Feldhaus zurück, beide bedrückt und schweigsam. «FF» verließ mit Sack und Pack sofort das Haus und fuhr ins Hotel. Am Abend traf dann Dody ein, Vera hatte ein schlechtes Gewissen und war kaum ansprechbar. Auch mein Schwager redete nur, wenn es nicht zu vermeiden war, die Luft war zum Schneiden. Nach einem schrecklichen Frühstück klingelte es: Es war Feldhaus, der wohl «zufällig» vorbeischauen wollte. Plötzlich hörte ich Dodys Stimme: «Sie schämen sich wohl gar nicht, mein Haus zu betreten. Sofort raus, bevor ich mich vergesse!» Feldhaus' hohe Stimme antwortete irgendetwas, das nicht zu verstehen war, aber Dody unterbrach ihn brüllend: «Sie wollen mir nur meine Frau wegnehmen. Verlassen Sie augenblicklich mein Haus!»

Ich versuchte, Vera und Dody aus dem Weg zu gehen, und machte mich ans Reissieben auf dem Dachboden. Die «Olle» kam hoch, sagte grinsend: «Crazy, crazy», schüttelte den Kopf und trollte sich wieder. Nach einiger Zeit erschien Veras verweintes Gesicht in der Bodenluke. Sie kniete sich vor mich, legte ihren Kopf in meinen Schoß und heulte. «Er will mich rausschmeißen!» – «Das hast du nun davon!» – «Aber er ist doch so langweilig.» – «Warum hast du dann deinen ersten

Mann für ihn verlassen, das verstehe ich nicht.» Vera nahm den Kopf von meinem Schoß und blickte mich trotzig an: «O Claire, mit dir kann man überhaupt nicht sprechen, du bist immer die Moral in Person.»

«Wir sind einfach sehr verschieden, Vera. Du hast den treuesten Ehemann, eine süße Tochter, ein tolles Zuhause, wirst verwöhnt, da kann ich dich einfach nicht verstehen. Was willst du denn noch mehr?»

«Ich weiß nicht. Mit Dody fühle ich mich so alt, irgendwie können wir auch nicht miteinander reden.»

«Jetzt warte erst mal ab, was Dody beschließt: Er wird in jedem Fall einen Skandal vermeiden wollen, denn das träfe ihn genauso. Das könnte ihn seine Stellung kosten.» Eine zerknirschte Vera kroch die Leiter hinab, und ich ging zum Baden ins Hotel.

Am nächsten Morgen kam Dody zu mir ins Zimmer und setzte sich schluchzend auf die Bettkante: «Feldhaus will mir Vera wegnehmen! Das musst du doch gesehen haben. Warum hast du mir nichts gesagt?» So verzweifelt hatte ich meinen Schwager noch nie gesehen, aber ich mochte mir nicht die Schuld in die Schuhe schieben lassen. Und schon platzte es aus mir heraus: «Dody, alle Spatzen pfiffen es von den Dächern, und du willst nichts gemerkt haben? Wenn du als Ehemann es nicht fertigbringst, mit Vera deutlich zu reden, was erwartest du dann von mir? Glaubst du wirklich, dass Vera sich von mir etwas hätte sagen lassen? Sie hätte sich nur belehrt gefühlt, und unser Zusammenleben wäre noch viel schwieriger geworden. Bitte, lass mich nach Shanghai zurückgehen. Ich ziehe zu meinen Freundinnen ins Deutsche Heim, wo ich eigentlich hingehöre.» Davon wollte mein Schwager aber gar nichts wissen, er murmelte etwas von «abwarten» und «Zeit verstreichen lassen» und ging davon. Nun heulte ich Rotz und Wasser.

Beim Frühstück hatte ich Magenschmerzen, obwohl die Stimmung insgesamt entspannter war. Ich verzog mich wieder auf den Dachboden und siebte den Reis fertig. Vera kam hinterher, diesmal mit einem verschämten Lächeln auf den Lippen: «Er behält mich! Er verzeiht mir!» – «Da hast du aber Schwein gehabt», sagte ich. «Nun weißt du hoffentlich, was du zu tun hast.» Sie aber lächelte mir nur verschmitzt zu.

Bei einem unserer nächsten Ausflüge zum Meer sah ich eine Europäerin mit zwei jungen Mädchen an der Bushaltestelle stehen. Es war Käthe Bärensprung mit ihren Töchtern, die ich auf der Gneisenau kennengelernt hatte, als ich 1938 meine Jungen nach Deutschland ins Internat gebracht hatte. Sie begrüßte mich stürmisch, und ich stellte ihr Vera vor, die zu Eis erstarrte und kühl zurücknickte. Käthe wohnte ebenfalls in Unzen, so nahmen wir denselben Bus, und sie setzte sich an meine Seite. Wir hatten uns so viel zu erzählen: Ihr Mann, der jüdischer Abstammung war, war persönlicher Berater von Chiang Kai-shek gewesen und befand sich jetzt in den USA. Als seine Frau mit den Kindern nachreisen wollte, wurde ihr der Weg durch den Kriegseintritt Japans und der USA versperrt. Nun wohnte sie in Shanghai und verbrachte die Ferien wie wir in Unzen. Ich freute mich, hier eine zusätzliche Bekannte gefunden zu haben. Doch kaum waren Vera und ich allein, fauchte sie: «Die kannst du uns nicht ins Haus bringen. Ihr Mann ist vor Hitler ins Ausland geflohen, wer weiß, was der dort macht? Seine Beratertätigkeit bei Chiang Kai-shek war nicht besonders rühmlich.»

«Ich bringe euch niemanden ins Haus, der euch nicht zusagt», erwiderte ich. «Ich möchte nur gern mit Menschen zusammenkommen, die ich mag, und ich werde nicht lange fragen, ob du sie magst oder nicht. So viel Freiheit musst du mir schon zugestehen.»

Mein Magen machte mir zunehmend Sorgen. Zwei Nächte lang hatte ich Koliken, aber es gab hier weit und breit keinen Arzt, und meine Verwandtschaft war nicht ansprechbar. Vera war gereizt, und Dody verkroch sich in seinen Büchern und Zeitungen. Ich fühlte mich hoffnungslos verlassen, und zum Essen musste ich mich überwinden. Niemand war da, mit dem ich meine Sorgen und Nöte hätte besprechen können, ich fraß immer nur alles in mich hinein.

• • • • • • •

In Shanghai beeinträchtigt der Krieg den Alltag immer stärker. Die japanischen Besatzer lassen Denkmäler, Heizungen und Fahrstühle demontieren, deren Metall man für die Waffenproduktion einschmilzt. Um die Nachrichtenübermittlung von Europa nach Asien zu unterbinden, werden aus allen Radiogeräten die Empfänger für Kurzwelle ausgebaut. Die Deutschen in Shanghai erhalten auf diesem Weg also keine Verwandtengrüße mehr.

Vera schreibt: «Das Leben für die Chinesen ist grausig geworden, sie können kaum das Essen bezahlen. Reis bekommen sie auf Karten, und nur die Hälfte, was sonst die ‹Olle› futtert. Die Preise sind auch furchtbar. Rikscha bis zur Schule, bei gutem Wetter zwei Dollar, sonst fünf bis sechs Dollar. WC-Papier: eine Rolle zwölf Dollar, Benzin: eine Gallone, hinten herum, sonst hundertsechzig Dollar. Reizende Verhältnisse! Gestern kaufte ich Obst: fast dreihundert Dollar, und das langt kaum eine Woche. Man lebt also wieder in einer Inflationszeit, keine Ahnung, was das Geld zur Ware wert ist ... Das Elend auf der Straße ist furchtbar. Tausende und Abertausende sind ins Innere abgezogen aus der hungernden Stadt ... Das Straßenbild von Shanghai würdet Ihr kaum wiedererkennen. Es gibt jetzt viele Pedicabs, eine Doppelrikscha mit Radfahrer vorne, wie Dreirad, es geht etwas langsam, aber man sitzt sehr bequem. Von hier ins Palast-Hotel kostet es fünfzehn Dollar ... Hier werden nun die Feinde immer zu fünf- bis sechshundert eingesperrt, aber man gibt ihnen zwei Wochen vorher Bescheid, sich vorzubereiten. Sie nehmen es alle sehr tapfer. Ich weiß nicht, ob wir Deutschen es so gefasst genommen hätten. Im Golfklub Hungjao, wo ich wieder spiele, ist es ein merkwürdiges Bild. Engländer mit roter Armbinde, Japaner, Deutsche, Franzosen, alles sitzt im Klub. Letzten Donnerstag nahm der Golflehrer Narris Abschied, da er morgen antreten muss. Er saß dann noch strahlend mit drei Japanern beim Mittagessen! Was für eine verrückte Welt.»

· · · · · · ·

Zurück in Shanghai, wurde ich manchmal den Verdacht nicht los, dass Dody mich als Blitzableiter zwischen Vera und sich missbrauchte. Ich misstraute meinem Schwager im selben Maß, wie ich ihn respektierte. Wohl auch aus diesem Grund nahmen meine Magenbeschwerden immer mehr zu. Wie eine geballte Faust steckte etwas in meinem Oberbauch und tat weh. Im Mai 1943 bekam ich während einer Rikscha-Fahrt eine Kolik. Ich spürte einen heißen Schmerz in der Magengegend, der bis in die Brust hinaufzog. Der Rikscha-Kuli konnte mich gerade noch am Paulun-Hospital abliefern, wo ich Schwester Alwine in die Arme lief. Die Diagnose lautete: Meine Gallenblase hatte keine Flüssigkeit mehr, die

Gallenwege waren durch Steine verstopft, und die Leber war vergrößert. Ohne Operation sei ich in zwei Monaten tot, sagte Professor Daus, denn dann würde es zu einem Leberabszess kommen. Ich sollte so schnell wie möglich operiert werden. Ich musste an meine Mutter denken, die an einem Leberabszess gestorben war. Vollgestopft mit Schmerzmitteln machte ich mich auf den Weg nach Hause.

Veras Reaktion war zu erwarten gewesen: «Das passt mir aber gar nicht.» Sie hatte vor, nach Peking zu reisen, und nun fehlte ich als Kinderfrau. An dem Tag, an dem ich ins Krankenhaus ging, lag sie morgens im Bett und ließ sich von der Haar-Amah die Kopfhaut massieren. «Mach's gut», sagte sie, und ich: «Du auch.»

Die Operation ging auf Leben und Tod, denn mein Herz war so schwach, dass Schwester Alwine mich nur mit Mühe aus der Narkose zurückholen konnte. Immer wenn ich wegträumen wollte, appellierte sie an mein Pflichtbewusstsein: «Frau Hake, wachen Sie auf! Ihr Mann und Ihre Kinder brauchen Sie!», und holte mich wieder in die Wirklichkeit zurück. Als die Narkose nachließ, stellten sich höllische Schmerzen ein, aber der Arzt wollte mir keine lindernden Mittel geben. Er hatte berechtigte Angst, dass ich für immer einschlafen würde. Am Abend trat er dann mit einer fremden Schwester ans Bett. «Das ist Paulina Michailowa. Sie wird die Nacht über bei Ihnen bleiben.» Diese Schwester hatte überirdische Kräfte. Wenn ich von den Schmerzen fast zerrissen wurde, legte sie mir ihre flache Hand unter den Rücken. Auf einmal wich der Schmerz, ich fühlte mich ganz leicht und hatte das Gefühl zu schweben. Von Zeit zu Zeit fragte sie mich: «Mrs. Hake, do you have pain?» Wenn ich nickte, dann schob sie

mir wieder die kühle Hand unter den Rücken, und ich durfte
eine Weile Ruhe finden. Drei Nächte half sie mir auf diese
Weise zu überleben. Am vierten Morgen ging es mir wesent-
lich besser, und wir nahmen innigen Abschied voneinander.
Nach fünf Wochen im Krankenhaus durfte ich wieder nach
Hause.

Die «Olle» kam nun oft abends zu mir, setzte sich auf die
Couch und begann ein Gespräch. Ich hörte ihr gern zu und
bat sie, mir etwas aus ihrem Leben zu erzählen.

Sie stammte aus einer Bauernfamilie, und weil kein
Sohn in der Familie aufwuchs, wurde kurzerhand ein
Junge gekauft und mit ihr vermählt. Ihr Mann schickte sie,
bereits schwanger, in die Stadt, um Geld zu verdienen. Zur
Entbindung musste sie wieder nach Hause zurückkehren.
Dort gebar sie ein Mädchen und wurde sofort wieder zur
Arbeit in die Stadt geschickt. Um das Kind kümmerte sich
niemand, sodass es starb, denn Mädchen wurden als nicht
lebenswert angesehen. Bald erwartete sie erneut ein Kind
und gebar wieder ein Mädchen. Auch dieses starb. Wieder
wurde sie schwanger und musste wieder in die Stadt zum
Geldverdienen. Endlich gebar sie den ersehnten Sohn, der
A-Mi genannt wurde. Nun durfte sie zu Hause bleiben und
ihren Sohn nähren. A-Mi gedieh prächtig, er war fleißig und
ging den Eltern bei allen Arbeiten zur Hand. Als er ins Hei-
ratsalter kam, kaum sechzehnjährig, wurde für ihn ein Mädchen aus einer kinderreichen Familie ausgesucht, das seine
Frau werden sollte.

Nach dem Tod des Vaters übernahm der Sohn den kleinen
Landbesitz, verfiel dem Opium und wurde Spieler. Es wurden
immer wieder neue Wasserbüffel gekauft, die die Wasser-

räder zur Bewässerung des Landes drehten. Dabei machte er Schulden. Unsere «Olle» verdingte sich wieder in der Stadt, und mit dem verdienten Geld wurden die Schulden des Sohnes, die Wasserbüffel und später auch die große Hochzeit bezahlt. Nach der Heirat stellten sich keine Enkelkinder ein. Ihre Schwiegertochter wurde in Shanghai untersucht, und man fand alles in Ordnung. Auch ein chinesischer Wunderdoktor konnte dem Paar nicht helfen, vermutlich war das Opium Schuld an der Zeugungsunfähigkeit. Unsere Amah kaufte dann von ihrem bei den Dormanns verdienten Geld einen Jungen als Erben und später noch ein Mädchen als dessen Braut. A-Mi starb im Delirium.

Als wir Shanghai später verließen, ging die «Olle» zu Fuß die einhundert Kilometer zu ihrem kleinen Hof zurück.

Langsam verheilte die Narbe, und ich begann wieder, kleinere Spaziergänge zu unternehmen. Die großen Ferien hatten begonnen, kein vernünftiger Europäer weilte in Shanghai. Vera und Dody waren in Peking, allerdings ohne Erika und Hannah, die wieder für längere Zeit bei uns war. Eines Tages schrie Erika vom Garten zu mir hoch: «Tante Claire, komm schnell!» Ich sprang, so schnell es mein Zustand erlaubte, in den Garten hinab und sah, wie die arme Hannah würgend über dem Waschbecken hing. Sie erbrach ein ganzes Knäuel Würmer aus. Da die Chinesen alles mit menschlichen Exkrementen düngten, durfte man nichts ohne aufwendiges Waschen mit Kaliumpermanganat oder Abkochen essen. Natürlich hielten sich die Kinder am wenigsten daran, und beide bekamen eine Wurmkur verpasst.

In den nächsten Tagen wurde es unerträglich heiß und schwül, und ich musste die Mädchen mit Nachhilfestunden quälen, wozu sie beide keine Lust verspürten. Die Hitze wurde immer unerträglicher, und die steigende Luftfeuchtigkeit war kaum zu ertragen. Ein Taifun kündigte sich an. Ich brach den Unterricht ab und traf Vorkehrungen für den Sturm. Bald regnete es ohne Unterlass, um das Haus heulte der Wind.

Wie sehr der Antisemitismus auch in Shanghai Einzug gehalten hatte, zeigte sich daran, dass Erika und Hannah, die beide Mitglied im «Deutschen Jugendbund» waren, dort immer mehr mit antijüdischer Hetze konfrontiert wurden. Zwei der etwa zwanzigjährigen Leiterinnen wurden aufgefordert, Fotos von Deutschen zu machen, die in jüdischen Geschäften einkauften. Dazu bekamen sie vom deutschen Konsulat Kameras ausgehändigt. Diese Fotos wurden, meist entsprechend betextet, in der deutschen Zeitung veröffentlicht.

Einmal pro Woche gab es einen Kaffeeklatsch für die deutschen Frauen, zu dem wir uns alle einfanden. Ich ging hauptsächlich meiner Freundinnen wegen hin. Da kam es immer öfter vor, dass in aller Öffentlichkeit gesagt wurde: «Frau XY, was haben Sie gestern in diesem Judengeschäft zu suchen gehabt?» Als Beweis wurden dann Fotos gezeigt. Dann drohte man durchaus, dass im Falle des deutschen Sieges mit Konsequenzen zu rechnen sei. Ganz ernst nahmen wir dies nicht, aber eine Unsicherheit blieb immer. Im Hause Dormann unternahm man gar nichts gegen diese Diffamierungen. Unter meinen Freundinnen hieß es nur: «Seid vorsichtig bei Dormanns!»

● ● ● ● ● ● ●

Anders als die Dormanns stehen die meisten mächtigen Kaufleute der nationalistischen und vermeintlich sozialistischen Ausrichtung von Hitlers Politik eher ablehnend gegenüber. Sie fürchten nämlich, ihren internationalen Geschäften könnte damit der Boden entzogen werden. Eine NSDAP-Ortsgruppe ist 1932 mit nicht einmal dreißig Mitgliedern gegründet worden, die Anhänger kommen eher aus den unteren Schichten. Bis zum Herbst 1933 sind es rund hundertvierzig geworden, etwa zehn Prozent der Deutschen, die zu jener Zeit in der Stadt leben. Eine offen antisemitische Haltung liegt den meisten nichtjüdischen Deutschen in Shanghai eher fern. Schließlich sind viele alteingesessene Juden wichtige und mächtige Geschäftspartner. Gleichzeitig ist man darauf angewiesen, mit dem Deutschen Reich zusammenzuarbeiten. Mit der Zeit siegt bei vielen die Furcht vor Benachteiligungen oder Entlassung, und man passt sich an die diktierte Haltung an. Immer mehr Deutsche sind in die Partei eingetreten und haben ihre Kinder in die örtliche NS-Jugendorganisation gegeben.

Die Rechtsprechung unterliegt inzwischen den Japanern. Sie verhindern, dass die Gestapo in Shanghai so frei agieren kann wie in Deutschland. Meist beschränken sich die Repressalien auf wirtschaftlichen Druck.

Zur Zeit des Angriffs auf Pearl Harbor im Dezember 1941 ist die Zahl der Flüchtlinge zehnmal so hoch wie die der alteingesessenen Deutschen. Die Juden bauen sich neue Existenzen auf, eröffnen Geschäfte, Restaurants und Buchhandlungen, einige veranstalten kulturelle Ereignisse. Zahlreiche suchen als Handwerker ihr Auskommen. Viele sind auf die Unterstützung durch wohltätige Stellen angewiesen, zum Beispiel von den Amerikanern. Die meisten alteingesessenen Deutschen meiden die «Emigranten» in Shanghai, die wenigen, die sich für sie engagieren, tun dies im Geheimen.

So berichtet Vera Dormann nach Deutschland: «Neulich war ich bei Alli, die wollen auch umziehen, weil in ihr Haus lauter Emigranten ziehen ... Das Judenproblem ist sehr übel. Die ganze Bubbling Well ist voll von neuen, chicen Läden, alles nur Emigranten, und von Tür zu Tür laufen verlumpte Emigranten und betteln. Wenn man seine Landessprache hört, geht einen ein Schauern an.» Doch längst nicht alle Shanghai-Deutsche reden so.

Claires Freundinnen gehören dem Kreis um den evangelischen Pfarrer Fritz Maass an. Er macht keinen Hehl aus seiner Kritik am Nationalsozialismus. Man hört seine Predigten oder trifft sich im Hause gleichgesinnter Christen. Dort spricht man ehrlich über seine Gesinnung, auch in Claires Beisein, wohl wissend, dass diese hinterher ins Haus Dormann zurückkehrt. Dabei weiß man von Dody, dass er Parteimitglied ist und durch seine Stellung in der Wirtschaft in engem Kontakt mit dem Deutschen Reich steht. Würde sie über das Treffen reden oder nicht, ist jedes Mal wieder die bange Frage. Ganz sicher fühlen sich dabei nur ihre besten Freundinnen.

Die geflüchteten deutschen Juden unterstehen dem chinesischen Recht, da sie außerhalb der internationalen Gebiete wohnen. Seit Pearl Harbor herrschen die Japaner auch über die internationalen Gebiete und fassen die meist verarmten Juden in «restricted areas» im Stadtteil Honkew zusammen, für den sich rasch der Name «das Ghetto» einbürgert. Erhielten sie bis dahin noch Unterstützung aus den USA, so bleibt diese nun vollkommen aus. Die Japaner nennen ihre Zusammenlegung in ein Viertel eine «Schutzmaßnahme» und machen mit der Verfolgung nicht in der Weise ernst, wie es die deutsche Regierung gern sähe. Honkew wird nicht eingezäunt, und man kann es mit einem entsprechenden Passierschein verlassen.

· · · · · · ·

Eine meiner allerliebsten Freundinnen in Shanghai war
Paula Mayer. Wie meine anderen Bekannten wurde auch sie
nie ins Haus Dormann eingeladen. Kennengelernt hatte ich
sie während meines Gesangsunterrichtes. Ja, ich nahm endlich, mit dreiundvierzig Jahren Gesangsunterricht, dagegen
hatte meine Verwandtschaft merkwürdigerweise nichts einzuwenden. Bei Bankdirektor Franz war ich zum Tee eingeladen. Einige junge Mädchen sangen uns klassische Lieder vor,
unter anderem ein Schumann-Duett, einstudiert von der in
Shanghai bekannten Gesangslehrerin Irmgard Menzel. Sie
war zu Beginn des Krieges während einer Operntournee in
Japan hängengeblieben. Kurz entschlossen fragte ich Menzel
nach dem Preis ihrer Gesangsstunden. Nach einem Vorsingen war sie ganz begeistert, da sie für eine Sopranistin noch
eine Duettpartnerin suchte. So ging ich nun jeden Donners-
tagmorgen zum Unterricht und zur Stimmbildung. Bald
wurde ich einer netten rothaarigen Dame vorgestellt, die
einige Jahre jünger war als ich. Ich mochte Paula auf Anhieb,
und unsere Stimmen harmonierten. Ich kaufte antiqua-
rische Gesangbücher oder ließ Lieder von einer jüdischen
Emigrantin von Hand kopieren. Diese lebte in furchtbarer
Armut und freute sich, etwas Geld verdienen zu können.

Zu den Liedern begleitet wurden wir von Fürstin Leuch-
tenberg-Beauharnais, einer Nachfahrin Napoleons. Die
Weißrussin war vor der Revolution aus Petersburg geflohen
und hatte die grauenhafte Flucht als Einzige der ganzen
Familie überlebt. «Hungern ist nicht schlimm», sagte sie
einmal zu mir. «Man muss nur immer viel Wasser trinken,
Flüssigkeit zu sich nehmen. Frieren und Erfrieren ist viel
schlimmer.» Sie war eine große, hagere Frau mit verhärmten

Gesichtszügen. Ihr Alter war kaum schätzbar, aber sie spielte meisterhaft Klavier, wenn sie nüchtern war. Beim Üben saß ihr Freund, General Fürst Barutow, auf dem zerschlissenen Sofa gegenüber, über das eine ehemals weiße Spitzendecke geworfen war. An den gekalkten Wänden klebten zerdrückte Wanzen, und neben dem Klavier hingen unzählige Vogelbauer mit Kanarienvögeln darin. Wenn wir sangen, zwitscherten sie lauthals mit. Das waren ihre Kinder.

Ich las viel und gern, und Vera bekam oft Bücher geschenkt, die sie unbedingt lesen musste, weil sie hinterher um ihre Meinung gefragt wurde. Meist fand sie weder Zeit noch Muße dazu und gab mir die Bücher zu lesen. Ich schilderte ihr dann die Inhalte, mit deren Hilfe sie sich durch die Konversationen jonglierte. Sie verstand es grandios, aus dem, was sie von mir zu hören bekam, die Essenz herauszuhören und die Pointen von den Nebensächlichkeiten zu trennen.

Ab und zu, viel zu selten, erhielten wir Briefe. Sie liefen alle über unsere Deckadressen in der Schweiz, entweder über meine Schwester Louise oder meinen Freund Heinz. Veras Sohn aus ihrer ersten Ehe, Werner, sandte uns eine Hochzeitsanzeige samt Bild des jungen Paares. Vera legte es stillschweigend zur Seite. Meine Schwiegermutter schrieb von heftigen Bombenangriffen auf Hamburg, aber dass ihre Wohnung außer zerbrochenen Fensterscheiben unbeschädigt geblieben war. Danach folgte dummes Zeug über die Braut von Werner, ihren niedrigen Stand, die einfache Bildung und den Mangel an Geld. Da schlitterte die Alte am Bombentod vorbei und wagte über jemanden zu urteilen, den sie nicht einmal kannte. Über meine beiden Jungen wusste sie zu berichten, dass mein Schwager Kurt und seine

Frau Viola beide in ein Erziehungsheim geben mussten, da sie nichts taugten und den Pflegeeltern nur Ärger bereiten würden. Ich kochte vor Wut. Gott sei Dank lag auch ein Brief von Schwager Kurt dabei. Er teilte mir mit, dass die Bombenangriffe immer schlimmer wurden. Ihr Haus lag am Rande eines Flugplatzes für Nachtjäger, der besonders Angriffen ausgesetzt war. Deshalb beschlossen Kurt und Viola, die Kinder zur Sicherheit wieder auf ein Internat zu geben, das nicht bombengefährdet war. Diese Schule lag in Dingelstädt im Eichsfeld.

Dann bekam ich Nachricht von Gustel, dass er ins Lager Deoli in der Wüste Tarr gekommen war. Dieser Brief war über ein Jahr unterwegs gewesen. Freunde gaben mir ein Buch, das die dortige Gegend und das Militärlager der Engländer beschrieb. Zu lesen war, dass es tagsüber sehr heiß und staubig sei, die Temperatur in den Nächten aber auf unter null Grad sinken könne. Gott sei Dank bekam ich jetzt etwa alle zwei Monate kleine blaue Briefe von meinem Mann, sie waren etwa ein halbes bis Dreivierteljahr unterwegs gewesen. Eine direkte Postverbindung Indien–China gab es wegen des andauernden Krieges nicht. Gustel machte sich große Sorgen um mich und unsere Söhne. Mit allen Mitteln hatte ich zu verhindern versucht, dass er von meiner Gallenoperation erfuhr. In einem seiner Briefe durfte ich dann lesen, dass Vera ihm meinen schlechten Gesundheitszustand beschrieben hatte. Außerdem bekam auch er regelmäßig Post von seiner Mutter aus Hamburg, die auch ihm den Unsinn über unsere Buben schrieb.

Die Siegesmeldungen der deutschen und der japanischen Truppen wurden immer seltener. Heldenhaft wurde nur noch verteidigt und in geordneten Zügen die Front begradigt. Die Japaner mussten eine Insel nach der anderen im Pazifik aufgeben, trotz Kamikaze und heldenhaftem Einsatz der Männer.

Aus Kobe kam ein Brief von Herrn Hoppe: Ich möge doch bitte für Frau von Rüning und ihre Kinder Kleidung kaufen. Die «arme Frau» habe kaum mehr etwas zum Anziehen und brauche Wintermantel, Regenmantel, Kleider, Schuhe und so weiter. Ich solle alles bei der Defag abliefern. Dort sei man im Bilde und würde mir die Auslagen bezahlen. Also fuhr ich eines Morgens mit einer riesigen Liste in die Stadt und kaufte das Erwünschte ein. Ich wusste, dass in Japan kaum mehr etwas zu bekommen war, die Amerikaner standen vor der Tür, und die letzten großen Schlachten auf den Inseln und auf See gingen für die Japaner verloren. Meine Freundinnen im Deutschen Heim waren empört, als sie davon hörten. Drei Monate später machte ich mich erneut auf und kaufte Kleider für Hilda. Herr Hoppe schrieb, dass der armen Frau von Rüning alle Kleider gestohlen worden seien. Ich vermutete eher, dass Hilda alles verkauft hatte, brachte aber wieder bergeweise Kleidung zur Defag. Dort war man erstaunt, ersetzte aber alle Auslagen. Als Vera das letzte Mal aus Japan zurückkam, erzählte sie mir, aus Hildas Haus sei ein Bordell geworden. Herr Hoppe war auf allen Auslagen sitzengeblieben, denn der vermeintliche Adelsverwandte bei der Defag hatte festgestellt, dass Hilda gar nicht wirklich mit ihm verwandt war.

Kurz vor Weihnachten 1944 fragte Vera mich nach meinem Weihnachtswunsch: «Ohne deine Hilfe würde hier vieles nicht so gut laufen. Dody möchte, dass du dir einen wirklichen Wunsch erfüllst.» Ich nannte ihr ein Abendkleid, das ich kurz zuvor in einem Schaufenster gesehen hatte. Tatsächlich kaufte sie es – für sich. Mir gab sie einen «wunderbaren» Seidenstoff, aus dem ich mir etwas schneidern könnte.

Auch von Fritz Feldhaus hörten wir wieder. Er hatte sich eine neue Zeitvertreiberin angeschafft, mit der Vera sofort in schriftlichen Kontakt trat. «Ich weiß doch, wie ‹FF› behandelt werden möchte. Schließlich habe ich viel Erfahrung mit ihm.» – «Pfui Teufel, Vera! Zu Hause wartet eine Frau auf ihn.» – «Ja, aber mit der ist er nicht glücklich.» Um den Leuten der Shanghaier Gesellschaft die Mäuler zu stopfen, brachte sie es sogar fertig, Feldhaus zur nächsten Feier einzuladen.

Mir schien, als ob die meisten Gäste der Partys immer lauter und hysterischer wurden. Uns allen saß die Angst im Nacken, über die man aber nicht sprechen durfte, um nicht «zersetzend» zu wirken. Im Rundfunk hörten wir, dass die Alliierten in Europa mit der Invasion begonnen hatten und schon an mehreren Stellen der Kanalküste gelandet waren. Nun hockten wir immer öfter vor dem Radio. Mir gefiel der Ton dieser deutschen Nachrichten gar nicht. Wie konnte man noch so angeben? Meine Schwiegermutter aus Hamburg hatte doch glatt in ihrem letzten Brief geschrieben: «Lass sie nur kommen, die Amerikaner! Wir sind stark genug und gut gerüstet!»

13 Rette sich, wer kann

Für die Menschen in Asien beginnt der Zweite Weltkrieg nicht mit dem deutschen Angriff auf Polen, sondern bereits mit jenem der Japaner auf China im Jahr 1937. Und er endet erst mit den amerikanischen Atombombenabwürfen auf Hiroshima und Nagasaki und der dadurch erzwungenen Kapitulation Japans im August 1945.

Lange vor der Kapitulation Deutschlands im Mai sehen die Shanghai-Deutschen bereits den Sieg der Alliierten nahen. Sie fürchten sich davor, was im Fall einer deutschen Niederlage auf sie zukommen könnte. In den ersten Monaten des Jahres 1945 beginnen viele ausländische, darunter auch die deutschen Unternehmen, ihre verbliebenen Produkte gegen Lebensmittel einzutauschen. Man will verhindern, dass bei einem Notstand, den man bei einer Aufgabe der Achsenmächte erwartet, die Shanghai-Deutschen auf die chinesischen Behörden angewiesen wären.

Den Frauen im Deutschen Heim wird geraten, so viel Geld wie möglich auszugeben und in Naturalien anzulegen. Allen ist klar, dass bei einer Niederlage auch kein Geld mehr aus Deutschland an die Frauen aus Niederländisch-Indien fließen wird. Außerdem soll so wenig wie möglich den Besatzern in die Hände fallen. Viele Frauen kaufen Perlenketten, wie teuer sie auch sein mögen.

•••••••

Eine typische Feier mit deutschen Gästen war der Geburtstag von Herrn Hoppe. Japan war ihm zu unsicher geworden, deshalb hatte er seinen Wohnsitz wieder nach Shanghai verlegt. Ich saß beim Begrüßungsdrink in der Bibliothek und beobachtete die anderen Gäste. Fast alle kannte ich und fand es mehr als amüsant, den Gesprächen zuzuhören. Geblödelt wurde überall, auch geflirtet. Beim kalten Buffet wurde ich von allen Seiten von charmanten Herren bedient. Mitternacht kam und damit Hoppes Geburtstag. Vera war die Erste, die ihm gratulierte und ihn umarmte. Auf dem Klavier wurde ein Tusch gespielt, und die Gratulationstour ging weiter. Ich war eine der Letzten, reichte ihm die Hand und wünschte ihm alles Gute. Blitzschnell umarmte er mich und versuchte, mich auf den Mund zu küssen, aber ich riss den Kopf zur Seite, und er traf nur den Hals. Vera geriet darüber so in Rage, dass sie aufsprang und mich zu einem Herrn stieß, der hinter mir im Sessel saß. Der fing mich auf und versuchte, mir ebenso mit Gewalt einen Kuss zu verpassen. Da machte ich mich frei, lachte und setzte mich auf den freien Stuhl daneben. Schon wieder versuchte mich der Kerl auf seinen Schoß zu ziehen, sodass ich mich richtig wehren musste und spitz fragte, warum er denn seine reizende Frau nicht mitgebracht habe. Ohne die sei es doch viel lustiger, war die Antwort. Ich stand auf und verließ den Raum. Überall wurde geknutscht. Eine nicht mehr ganz junge Dame in einem silbergrauen, enganliegenden Abendkleid machte in diesem Augenblick einen Kopfstand, der bewundernswürdig war. Ihr langes Kleid machte ratsch und fiel ihr über den Kopf. Was man nun sah, war ein wirklich hübscher Po, bekleidet von einem Minislip. Alles lachte, johlte, klatschte.

In einem Nebenzimmer saßen zwei Kollegen meines Schwagers und riefen mich herein: «Tante Claire, kommen Sie doch zu uns!» Schon rutschten sie auf dem Sofa auseinander und machten Platz. «Wie schön, neben einer wirklichen Dame zu sitzen. Sagen Sie, wie schaffen Sie das bloß mit Vera?» Mein linker Sitznachbar sah mich fragend an. Ich biss mir auf die Lippe und dachte nur: bloß keinen Skandal, und versuchte, das Leben bei Dormanns in den schönsten Farben zu schildern.

An einem Abend wurde hoher japanischer Besuch bei uns erwartet. Die Herren waren einige Tage vorher eingeladen worden und hatten mündlich zugesagt. Dody und Vera warteten und warteten, aber die Gäste kamen nicht. Alles wurde nervös, besonders die Hausfrau. Mein Schwager bat mich, einen Brief in die Avenue Haig zu bringen, um herauszubekommen, ob mit den Herren noch zu rechnen wäre. Mit einer Rikscha fuhr ich hin und läutete an einem hohen, schmiedeeisernen Tor. Ein Japaner niederen Dienstgrades sagte mir, ich solle doch Mr. und Mrs. Dormann ausrichten, die Japaner befänden sich im totalen Krieg und hätten jetzt keine Zeit mehr für Partys – anders als die Deutschen, die sich offenbar immer noch vergnügen wollten. Eine grandiose Abfuhr. Vera aber reagierte sofort: Als wenn nichts geschehen wäre, telefonierte sie herum und lud Bekannte und Freunde ein. Eine Stunde später saß alles am Tisch, aß und plauderte.

Ein paar Tage später wurden japanische Kaufleute eingeladen. Weil es wie eine familiäre Feier aussehen sollte, wurde ich dazugebeten. Meinen japanischen Tischherrn kannte ich von Unzen her, denn ihm gehörte das Grundstück von Dormanns Sommerhaus. Es wurde viel vom Krieg gesprochen, und Herr Sawajama rief plötzlich laut: «Ich hoffe, dass sich einer meiner zwei Söhne bald für Kaiser und Vaterland opfern wird, denn sie sind in der Ausbildung zu Kamikazefliegern!» Er glühte vor Begeisterung, uns aber lief ein kalter Schauer über den Rücken. Könnte ich für meine beiden heranwachsenden Söhne auch so fühlen? Ich dachte dabei an Kurt, der jetzt siebzehn war, und Gustav, der gerade sechzehn wurde. Wie mochte es ihnen in Deutschland ergehen? Von Kurt wusste ich, dass er zum Reichsarbeitsdienst und später zu einer Elitekampfeinheit eingezogen worden war. Die Nachrichten, die ich aus Deutschland erhielt, brauchten Monate und waren spärlich, weil sie zensiert wurden. Schwager Kurt und seine Frau Viola schrieben so selten und die Buben noch weniger. Nur auf mein Bild hin, das ich vom Fotografen hatte machen lassen und das sie über die Schweiz bekommen hatten, antworteten sie lieb. Mit jedem Jahr entschwanden mir meine Söhne mehr, aber für einen Krieg hätte ich sie nie, niemals opfern wollen.

Seit drei Jahren führte ich wieder ein Tagebuch, dem ich all meine Freude und mein Leid anvertraute. Ich vermerkte darin auch die Gäste, die eingeladen wurden und im Haus verkehrten, denn oft war Vera froh, wenn sie bei mir nachfragen konnte, wer wann bei ihr zu Gast gewesen war. Mein Schwager ging die Wände hoch, als er von Vera erfuhr, dass ich dieses Tagebuch schrieb. Er kam sonst nie in mein Zimmer im zweiten Stock. Diesmal aber scheute er die Mühe nicht und befahl mir, das Buch sofort zu verbrennen. Da die Zeiten nach Untergang und Vernichtung aussahen, fürchtete er, man könnte den Inhalt gegen ihn verwenden, wenn das Tagebuch in fremde Hände fiele. Allein die Gästeliste könnte ihn kompromittieren. Heulend warf ich das Buch ins Feuer, noch heute verstehe ich nicht, warum ich es nicht einfach Bekannten zur Aufbewahrung gab. Aber ich hatte auch Angst vor der Zukunft und wollte nicht, dass meine Verwandtschaft wegen mir in Schwierigkeiten käme.

Anfang 1945 waren kaum mehr Kohlen zu bekommen, und die Zentralheizungen wurden abgestellt. In Erikas Zimmer wurde ein Holzofen aufgestellt, und unten im großen Wohnzimmer brannte der Kamin. Wir schliefen in ungeheizten Räumen. Fürs Baden bestellte Vera bei einem Chinesen einen großen japanischen Holzbottich mit einem kleinen Ofen, der mit Ölkuchen und Gartenholzabfällen gefüttert wurde. Der Bottich wurde entsprechend Dodys Körperumfang gebaut, denn die genormten Zuber waren zu klein für ihn. Am Bedienstetenhaus wurde die Terrasse, die nie benutzt wurde, zu einem weitläufigen Wasch- und Badezimmer ausgebaut. Dann lieferte der Chinese den Holzbottich, der viel zu groß ausgefallen war. Zu viert hatten wir Frauen darin Platz und feierten kleine Badefeste. Wir genossen die Wohltat, denn das Frühjahr 1945 war außergewöhnlich kalt, eisige Winde wehten von Norden.

Die Nachrichten aus Europa kamen spärlich und waren voller Widersprüche. Uns lagen die ungewissen deutschen «Kriegserfolge» im Magen. Wir hörten von entsetzlichen Bombenangriffen auf deutsche Städte. Dresden sollte total zerstört worden sein, Tausende von Toten waren zu beklagen, Hunderte von Flugzeugen sollten abgeschossen worden sein. An allen Fronten geordnete Rückzüge. Kurz, in Deutschland ging es dem Ende entgegen, die Alliierten waren auf dem besten Weg, den Krieg zu gewinnen. Grausame Verbrechen an der deutschen Zivilbevölkerung und unter den Ostflüchtlingen durch die Russen kursierten hier als Gerüchte. Ständig wurden ausländische Sender gehört, wir schenkten ihnen jetzt auch immer mehr Glauben. Die Apokalypse war eingeläutet, das Ende des Dritten Reiches stand bevor.

Wo waren meine beiden Jungen? Über Gustel hatte ich vor einigen Wochen gehört, dass er in ein neues Sammellager nach Dehra Dun zum Himalaja gebracht worden sein sollte. Später bekam ich einen kurzen Brief von ihm, der über ein Jahr unterwegs gewesen war. Darin bestätigte er die Information, es ginge ihm den Umständen entsprechend gut. Je verrückter alles um mich herum wurde, desto einsamer fühlte ich mich. Wie würde ich zu meinen Söhnen kommen können, wenn Deutschland den Krieg verlor? Würde ich sie dann überhaupt jemals wiedersehen? Ich befand mich mitten in einer Depression. Für Vera war ich schlicht wehleidig.

Veras Schwiegersohn, der Mann ihrer Tochter Irmgard, war schwer verwundet aus Stalingrad herausgekommen und für seinen Einsatz mit dem Ritterkreuz mit Eichenlaub und Schwertern ausgezeichnet worden. Dies hatten wir über Kurzwellenfunk nach Entschlüsselung der Nachricht gehört. Hier waren alle maßlos stolz deswegen. Nach seiner Genesung, die etwa ein Jahr gedauert hatte, war er wieder an die Ostfront nach Kurland-Baltikum gekommen, wo er auf dem Rückmarsch im Oktober 1944 bei der Verteidigung eines Brückenkopfes fiel. Dies hörten wir jetzt über die Schweiz. Waren meine beiden Söhne auch Soldaten, und kämpften sie auch an der Front? Diese Ungewissheit zermürbte mich.

• • • • • • •

In Shanghai feiert man am 20. April noch einmal Führers Geburtstag, doch die Deutschen haben die Niederlage bereits vor Augen. Von Hitlers Tod zehn Tage später erfahren sie am 2. Mai aus den

morgendlichen Radionachrichten. Für den 7. des Monats wird eine
Trauerfeier angesetzt, man weiß noch nicht, dass Deutschland an
diesem Tag bedingungslos kapitulieren wird. Die NSDAP-Orga-
nisationen werden aufgelöst, und die Parteioffiziellen beginnen,
sich nach und nach abzusetzen.

Im Pazifik geht der Krieg unterdessen weiter, und die Japaner
herrschen immer noch über Shanghai. Im Juni schließen sie das
deutsche Konsulat. Die Deutsche Gemeinde gründet sich neu, um
sich von belasteten Parteigenossen im Vorstand zu befreien. Sie
kümmert sich nun auch um die Versorgung der Frauen aus Niederländisch-Indien, die seit der Kapitulation kein Geld mehr aus
Deutschland erhalten. Auch andere demokratische Organisatio-
nen werden von Deutschen aus der Taufe gehoben.

• • • • • • •

Mai 1945. Deutschland hatte bedingungslos kapituliert,
und die Stimmung im Hause Dormann rutschte auf den
Nullpunkt. Das war das Ende! Hitlers Tod, der in Shanghai
festlich gefeiert wurde, veranlasste wahrhaftig auch Dody
und Vera, eine Party zu geben. Einige traurige Kerle in Uniformen waren dabei, um von ihrem Führer im intimen Kreis
Abschied zu nehmen. Einige andere erschienen schon in Zivil,
fielen in den Gesprächen über Hitler und seine Leute her
und wussten zu berichten, was für ein großer «Teppichbei-
ßer» Hitler gewesen sei. Diese Heilbrüller taten kund, dass
sie das alles hätten kommen sehen. Fassungslos stand ich
dieser Charakterlosigkeit gegenüber. Hatten dieselben Leute
bei der letzten Party nicht am lautesten Durchhalteparolen
gegrölt? Ohne zu überlegen, fragte ich in den Raum hinein:
«Und trotzdem haben Sie bis zum letzten Augenblick mitge-

macht?» Mein Schwager sah mich entsetzt an und erwiderte scharf: «Claire, schweig sofort! Hier in meinem Hause gibt es keine Beleidigungen und schon gar keine Diffamierungen. Was hier passiert ist, das verstehst du nicht. Hier brechen Welten zusammen, auch unsere Firma wird sich hier nicht mehr halten können.»

«Nein, das verstehe ich nicht!», erwiderte ich, sah Dody und einigen der Herren in die Augen und verließ den Salon.

In den nächsten Tagen sollte ich noch einige ähnliche Situationen erleben. Rette sich, wer kann, war die Devise. Es wurde noch und noch geschieden. Man gab den in Deutschland oder sonstwo im Krieg hängengebliebenen Ehefrauen den Laufpass und heiratete auf Chinesisch die Sekretärinnen, nur um im Land bleiben zu können. Zu den Partys wurden die neuen Ehefrauen eingeladen, eine grandiose Abschiedsvorstellung von Würde und Anstand. Jeder hoffte, dass China nach Abzug der Japaner neutral werden und das paradiesische Vorkriegsleben wieder Einzug halten würde. Bloß nicht in das ausgebombte Deutschland zurück, denn das hätte für alle ein Leben ohne Bedienstete, ohne den gewohnten Reichtum zur Folge gehabt, und davor hatten alle eine panische Angst. Meine Verwandtschaft fand diesen Zirkus ganz normal und verwies auf den Untergang von Rom, wo es schließlich auch drunter und drüber gegangen sei. Ich hätte mich den neuen Zeiten entsprechend zu verhalten.

Auch gebürtige Schweizerinnen liefen in ihr Konsulat und wollten von ihren deutschen Männern geschieden werden, um möglichst schnell in die sichere Heimat zu kommen. Vera hatte offenbar Angst, dass auch ich diesen Schritt in

Erwägung ziehen könnte, und heulte den ganzen Tag über: «Bleib bei mir! Hilf uns, diese Zeit zu überstehen!» Ich dachte nicht im Traum daran, mich von Gustel scheiden zu lassen, auch wenn es nur pro forma gewesen wäre, um später wieder zu heiraten. Vom Schweizer Konsulat bekam ich diese «Anregung», auch die Briefe aus der Schweiz spielten dieselbe Musik, sogar Heinz erwog diesen Schritt, um mich aus der Hölle hier herauszuholen. Doch obwohl ich auf diese Weise das Schweizer Bürgerrecht zurückerhalten hätte, mochte ich meinen Liebsten nicht verraten. Ich hatte ihn schließlich auch für schlechte Zeiten geheiratet, nicht nur für die guten. Das hatte ich ihm doch in der Nacht, bevor er abgeholt wurde, versprochen. Und während mich alle Welt für verrückt oder stur erklärte, blieb ich unbeirrbar bei meinem Entschluss.

Das Autofahren hatte nun für die Deutschen ein Ende. Mein Schwager schaffte sich ein Pedicap an, einen Zweisitzer, der von einem Kuli gezogen wurde. Vera fuhr tapfer mit dem Rad und war viel unterwegs. Die Japaner impften Straßenzug um Straßenzug durch, weil man in Shanghai eine Choleraepidemie befürchtete. Überall an den Grenzen des Settlements, der Konzession und der chinesischen Gebiete standen Rot-Kreuz-Wagen. Das Personal fragte laufend nach den Impfausweisen, wer keinen bei sich trug, wurde trotz vorheriger Impfung sofort wieder geimpft. Mit diesem strengen Vorgehen gelang es den Japanern, die Stadt praktisch seuchenfrei zu bekommen. Ich hatte den Impfschein mit Fingerabdruck stets bei mir, Vera aber geriet bei ihren Fahrradtouren drei Tage nacheinander in Kontrollen und wurde jedes Mal, trotz lautstarker Proteste, wieder geimpft.

Sie vergaß ihren Impfschein ständig zu Hause, nach der dritten Spritze kam sie halb tot heim, das war ihr dann eine Lehre.

Alle meine Freundinnen wurden plötzlich interessant für Vera. Sie ließ sich nicht nur dazu herab, sie zu grüßen, sie lud sie sogar zum Tee ein, wobei sie sich besonders für Schweizerinnen und deutsche Nazigegnerinnen interessierte. Vera war bekannt für ihre wöchentlich stattfindenden «Brunche», zu denen die einschlägig Bekannten bislang selbstverständlich nicht gehört hatten. Aber fast keine meiner Freundinnen folgte ihren Einladungen.

Das Brot wurde immer schlechter, da es mit Mais verbacken wurde. Es war ein pampiges, klebriges Zeug, und wenn es trocken war, zerbröselte es. Wir alle litten an Durchfällen, und meine amöbengeschädigten Därme streikten.

Als ich das nächste Mal meine Freundin Ische Drebing besuchen wollte, die nicht im Deutschen Heim lebte, sondern auch privat untergekommen war, zögerte sie: «Für morgen muss ich dir leider absagen, es kommt schon jemand zu mir.»

«Passe ich nicht zu diesem Besuch?»

«Ich weiß es nicht, es sind Juden.»

«Ich habe nichts gegen Juden. Wenn ich irgendwie helfen kann, sag es mir bitte!»

«Vor einigen Tagen stand ein Mann vor meiner Tür, der auf dem Rücken eine Schleifmaschine schleppte. Er fragte mich in einem sehr schlechten Englisch, ob ich Messer und Scheren zum Schleifen habe. Ich aber antwortete auf Deutsch. Da entschuldigte er sich wegen seiner schlechten Aussprache und fing an zu weinen. Ich bat ihn herein und reichte ihm etwas zu trinken, und so kamen wir ins Gespräch. Ich erfuhr, dass er in Hamburg eine koschere Schlachterei besessen hatte und mit seiner Frau im letzten Moment Hamburg verlassen konnte. Er hatte schon die Aufforderung zur Meldung im Sammellager in der Tasche. Nur mit Hilfe von Nachbarn seien er und seine Frau über Dänemark und Schweden nach Shanghai gekommen. Und nun fristet er hier sein Leben unter den unwürdigsten Bedingungen. Bei Deutschen habe er nie gern um Arbeit und Hilfe nachgefragt, weil er befürchten musste, auch hier weiter verfolgt und gedemütigt zu werden. Er heißt Goldschmidt, und für morgen habe ich ihn mit seiner Frau zum Tee eingeladen.»

Wie wohltuend war die Begegnung mit den alten Goldschmidts nach all den Partys, die mir nie etwas für Geist und Gemüt gaben. Herr Goldschmidt stimmte deutsche Volkslieder an, und wir fielen ein, worauf seine Frau in Tränen ausbrach. Ihr Mann nahm sie in den Arm und tröstete sein «Mütterchen». Wir ließen sie dann von daheim in Hamburg erzählen. Diese beiden Menschen waren mir so viel näher als meine Verwandtschaft. Als Freunde, die sich gern gegenseitig helfen wollten, trennten wir uns. Tatsächlich bekam Ische später in Deutschland noch Post und Carepakete von ihnen aus Australien, wohin es die beiden verschlagen sollte.

Erika, die bei Ische ein Hauswirtschaftspraktikum machte, lernte Herrn Goldschmidt ebenfalls kennen und bat ihn, doch auch zu uns nach Hause zu kommen, weil dort kaum ein Messer mehr schneide. Leider vergaß sie, diesen Besuch anzukündigen. Ich war gerade in der Küche, als ich draußen im Hof ein wildes Spektakel hörte: Die «Olle» und der kleine Koch schimpften wie die Rohrspatzen. Ich lief

hinaus und erkannte Herrn Goldschmidt mit seiner Schleifmaschine. «Die junge Missie hat mich zum Schleifen aller
Scheren und Messer gebeten», sagte er erregt. Die «Olle» ließ
sich das von Erika bestätigen, und nun konnte Herr Goldschmidt mit seiner Arbeit beginnen. Ich blieb bei ihm in der
Küche stehen und unterhielt mich mit ihm, als die Tür auf-
gestoßen wurde und mein Schwager wutentbrannt herein-
stürzte. Vermutlich hatte sich der kleine Koch beim Master
über den fremden Mann beschwert. In Pidgin schrie Dody:
«Was hast du hier zu suchen? Scher dich raus!» Er packte
den verdutzten Mann und wollte ihn zur Tür hinausschie-
ben, aber ich kam ihm dazwischen und versuchte die Situation zu erklären. Mein Schwager besann sich und sagte teil-
nahmslos: «Na dann, mach weiter», und verschwand ohne
Entschuldigung. Es war mir so peinlich, ich wusste gar nicht,
wie ich mich für so eine Entgleisung entschuldigen sollte.

Da die amerikanischen Luftangriffe auf Shanghai und
Umgebung zunahmen, ließ mein Schwager unter dem Esszimmer einen Keller ausschachten. Es entstand ein ziemlich
großer Luftschutzraum. Shanghai ist eine Stadt, die auf
Hunderttausenden von Pfählen steht, weil der Boden sehr
moorig ist und das Grundwasser nicht tief unter der Erde
liegt. Der Luftschutzraum glich einer Säulenhalle. Nach einigen Tagen bekam man nasse Füße, denn das Wasser begann
zu steigen. Bald stand man bis zu den Knöcheln darin, und
bei jedem Luftangriff saßen wir mit angezogenen Beinen
auf den Stühlen, um trockene Füße zu behalten. Schließlich
reichte der Pegel bis unter die Sitze, und Dormann kaufte
hohe Barhocker. Unser Schäferhund Wölfi schwamm um
uns herum. Er hatte eine grauenhafte Angst vor den Bom-

beneinschlägen und schmiegte sich immer eng an mich. Es
dauerte nicht lange, und oben im Ess- und Wohnzimmer
sprossen Pilze aus dem Parkett.

Bei einem meiner nächsten Zahnarzttermine in einem
Hochhaus am Bund gab es Fliegeralarm. Alles flüchtete in
die Keller. Wir waren kaum unten, da hörten wir ein ohren-
betäubendes Knattern und Schießen. Amerikanische Tief-
flieger flogen die Straßenzeilen rauf und runter und schos-
sen mit ihren Bordmaschinengewehren auf alles, was sich
bewegte. Einige Geschosse schlugen ins Hochhaus ein, richteten aber nichts weiter an. Als der Spuk vorbei war, wurde
die Behandlung wieder aufgenommen.

Manche Chinesen zeigten nun unverhohlen ihre Freude
darüber, dass die japanische Herrschaft offensichtlich zu
Ende ging.

• • • • • • •

**Ein amerikanisches Bombergeschwader zerstört am 17. Juli 1945
einen Teil der Stadt, viertausend Menschen sterben.**

• • • • • • •

Obwohl keiner von uns wusste, was mit uns geschehen würde,
gingen die Partys weiter. Nur die Gäste hatten sich geändert.
Der Koch fing an zu stehlen, seine Hochachtung vor dem
reichen Master schmolz dahin. Er wurde so frech, dass Dody
ihn entließ. Vera und ich kochten nun, der «kleine» Koch
putzte das Gemüse und schälte die Kartoffeln. Uns fiel auf,
dass sein Gesicht und die Arme blutig zerkratzt waren. Wanzen? Was wir im Bedienstetenhaus vorfanden, war schlimmer,
als wir es uns je hätten ausmalen können. Sofort wurde ein

jüdischer Kammerjäger gerufen, der drei Tage lang arbeitete. Die Möbel wurden ausgeräumt und abgespritzt, die Tapetenleisten entfernt und durch neue ersetzt, die leeren Räume ausgeräuchert. Die Rechnung war hoch, doch nach vierzehn Tagen krochen die Viecher wieder an den Wänden entlang. Der Kammerjäger kam erneut, verbrannte die Rattanstühle, schmiss die Koffer raus und brachte die Tapetenleisten gar nicht mehr an. Er räucherte und spritzte alles noch einmal durch, aber ohne Erfolg, denn nach zwei Wochen begann alles von vorn.

Vera fragte mich: «Spielst mit mir Kammerjäger?» So warfen wir uns am nächsten Morgen in Overalls, banden Kopftücher um und reinigten selbst die Bedienstetenkammern mit einem höllischen Giftzeug aus der Apotheke, das Kofa hieß. Lange hatte ich Vera nicht mehr so tatendurstig gesehen, sie putzte und «säuberte» um ihr Leben. Das Mittel machte den Viechern tatsächlich den Garaus. Doch dann schienen die Seelen der getöteten Wanzen Rache an uns zu nehmen, denn nun begann es uns überall zu jucken, und wir bekamen Ausschläge. Dies hing wohl mit dem giftigen Mittel zusammen. Ein intensives Bad im Holzbottich war unsere Rettung.

Im Sommer 1945 wurde der Gärtner aus Kostengründen entlassen. Vera mähte eigenhändig den Rasen, während ich das Unkraut jätete. Sie lief den ganzen Tag im Overall herum oder in einem ihrer neuen Sommerkleider, die bei der Hitze bestimmt angenehmer zu tragen waren. Trotzdem gab ihr der Overall eine Aura von «Ich pack das schon! Wir werden das schon schaffen». Tapfer war sie wirklich. Wir beide hielten den Garten nun auch ohne Gärtner gut in Schuss.

Mir machte diese zusätzliche Arbeit Freude, denn auf diese
Weise war ich an der frischen Luft. Spazieren gehen konnte
man nämlich nicht mehr aufgrund der veränderten Zei-
ten. Kein Europäer konnte mehr in das kühlere japanische
Klima fliehen, alle mussten in der mörderischen Hitze von
Shanghai ausharren.

· · · · · · ·

Die mittlerweile hungernden Chinesen erhoffen mit jedem neuen
amerikanischen Angriff die Kapitulation der Japaner. Inzwischen
sind die Russen in die Mandschurei einmarschiert und üben auch
vom Land her Druck auf die Japaner aus. Am 15. August verliest
schließlich der Tenno selbst im Radio seinen Erlass, mit dem Japan
seine Aufgabe erklärt. In Shanghai bricht nach der ersten ängst-
lichen Ungläubigkeit Festtagsstimmung aus, man zündet Feuer-
werkskörper und feiert in den Straßen.

Für die Internierten aus den alliierten Staaten, die um Shanghai in Lagern sitzen, ist dies die Befreiung. Ohne Lebensmittel
müssen sie sich bis zur Stadt durchschlagen und versuchen, in
ihre alten Besitzungen zurückzukehren. Die jüdischen Flüchtlinge
im «Ghetto» sind nun nicht mehr den Schikanen der Japaner ausgesetzt. In Shanghai untergetauchte Deutsche, die in den Konzen-
trationslagern oder an Kriegsschauplätzen Verbrechen begangen haben, versuchen zu fliehen, werden aber oft von jüdischen
Flüchtlingen ausgemacht und angezeigt.

· · · · · · ·

Zwei Tage vor meinem fünfundvierzigsten Geburtstag war
Japan am Ende. Amerikanische Atombomben löschten am
6. August Hiroshima und am 9. August Nagasaki aus. Hölle,

Tod, Verstrahlung, langsames Siechtum, furchtbares Elend –
es war unfassbar, was Menschen sich gegenseitig antun
konnten. War dies der Beginn des Niedergangs der Menschheit auf dieser Erde? Die bedingungslose Kapitulation folgte,
der Gottkaiser musste abdanken. Japans Sonne war untergegangen.

Einige Tage später kamen die ersten Amerikaner nach
Shanghai. Die Stadt wurde gottlob ohne Blutvergießen
eingenommen, denn die Japaner hatten sich zurückgezogen
und ins Hinterland begeben. Oder sie hatten mit allen möglichen kleineren und größeren Schiffen versucht, Japan zu
erreichen. Die meisten davon wurden versenkt.

Mein Schwager drückte mir zum Geburtstag ein «Gold-
baby» in die Hand, einen kleinen Barren von einer Unze
Gold. Dies sollte ein Dankeschön sein für die Arbeit, die ich
bei ihnen geleistet hatte. Es war schon mein zweites Gold-
baby, denn vor zwei Jahren hatte ich schon eines von ihm
bekommen. Ich freute mich, denn dies sollte der Grundstock
sein für unsere Anfangszeit in Deutschland. Vera machte
gleich wieder einen ihrer dummen Scherze und feixte: «Wie
unmoralisch, nun hast du von meinem Mann ein Baby
bekommen!»

Langsam hatten wir auch wieder Postverbindungen. Da
erreichte mich über das Rote Kreuz eine Hiobsbotschaft
von meiner Schwägerin Viola aus Deutschland. Unser älterer Sohn Kurt war vermisst. Sein Bruder Gustav arbeitete
irgendwo in der Heide in der Landwirtschaft. Violas Mann
Kurt war in Gefangenschaft in Belgien, sie selbst arbeitete
als Dolmetscherin bei den Engländern, weil sie in Kanada
geboren war und einigermaßen gut Englisch sprach. Als

sie nach den ersten Kriegswirren wieder in ihr Haus nach
Fassberg zurückkam, lebte Gustav, der die letzten Monate
Flakhelfer gewesen war, bei Nachbarn unter dem Dach. Die
guten Leute hatten den halb verhungerten Sechzehnjährigen
bei sich aufgenommen. Mein Herz war zentnerschwer, mein
Verstand konnte dies alles nicht aufnehmen und bewältigen.
Kurt musste und würde wieder auftauchen, es war undenk-
bar für mich, dass er einfach verschwunden war. Nun war
dieser unselige Krieg endlich zu Ende, und die schlechten
Nachrichten fingen für mich erst an.

Von Gustel bekam ich nun ziemlich regelmäßig die blauen,
zensierten Briefe, und er erhielt meine Nachrichten über die
Schweiz. Aus Deutschland hörte ich dann gar nichts mehr,
weder von Schwager Kurt noch von Viola, Gustav oder von
meinem vermissten Kurt. Mein Schweizer Freund und Hel-
fer Heinz bemühte sich unermüdlich, unseren ältesten Sohn
ausfindig zu machen. Selbst den Vatikan schaltete er ein.

· · · · · · ·

Nach vier Jahren Besatzung ziehen die japanischen Truppen aus
China ab, die japanischen Zivilisten werden in ihre Heimat zurückgebracht. Nun übernimmt Chiang Kai-sheks chinesische National-
regierung in Shanghai die Verwaltung der internationalen Niederlassungen und die Kontrolle über die Wirtschaft. Auch die anderen
japanisch besetzten Gebiete gehen in ihren Machtbereich über.
Sie beherrschen damit ganz China außer der großen Zone im Nordwesten, die von den Kommunisten unter Mao Tse-tung gehalten
wird, die vier Jahre später das ganze Land unter ihre Gewalt bringen werden.

Ende August 1945 kommen die ersten US-Soldaten in die Stadt.

Die Menschen machen wieder Geschäfte, auch der Schwarzmarkt floriert. Zahlreiche Straßen erhalten neue Namen, und man fährt jetzt auf der rechten statt auf der linken Seite. Die Amerikaner wollen den Chinesen helfen, die japanischen Truppen zu entwaffnen und sie in ihre Heimat zurückzuführen. Dazu landen im September rund fünfzigtausend US-Marinesoldaten an der chinesischen Küste. Die Amerikaner versuchen, Chiang Kai-shek zum Friedensschluss mit den Kommunisten zu bewegen. Als dies scheitert, kommt es im Sommer 1946 erneut zum Bürgerkrieg.

Im deutschen Generalkonsulat hatte man bis zur Kapitulation der Japaner noch unter dem Namen «Deutsches Amt» weitergearbeitet. Nun wird es genauso geschlossen wie der deutsche Rundfunksender, der in der Kaiser-Wilhelm-Schule untergebracht war. Er hatte das Rufzeichen «XGRS», X für «Shanghai», GRS für «German Radio Station». Die Chinesen besetzen die Sendeanlage, und ein Kommentator begeht Selbstmord. Die Schule selbst wird im September 1945 aufgelöst, und die Amerikaner erhalten das Gebäude als Wohn- und Klubhaus. Die Deutschen Klubs übernehmen die Chinesen.

Der neu gewählte Vorstand des Deutschen Vereins muss seine Aktivitäten mit einer chinesischen Kommission abstimmen. Doch die Wirtschaft liegt noch am Boden, es gibt auch keine Vorräte mehr. Bald schon beschlagnahmen die Chinesen Häuser und Wohnungen, in denen Deutsche leben. Die Bewohner müssen sie innerhalb weniger Stunden verlassen und dürfen nur ein paar Koffer mitnehmen. Manch eine Familie wird nun zum zweiten Mal aus ihren vier Wänden vertrieben. Dennoch hoffen viele Alteingesessene, in der Stadt bleiben zu können. So mancher frühere Nationalsozialist geriert sich nun als überzeugter Demokrat und sucht Kontakt zu Juden oder Widerstandskämpfern.

Die Amerikaner sind sich noch nicht klar darüber, ob die Deutschen wie die Japaner abgeschoben werden sollen. Sie beobachten und überprüfen alle, die Nationalsozialisten gewesen oder mit ihnen zusammengearbeitet haben könnten. Bei dieser Aufgabe wird der amerikanische Geheimdienst unterstützt von jenem der Kuomintang Chiang Kai-sheks. Die Deutschen werden eingeteilt in Belastete, Mitläufer und «Nichtnazis». Firmeninhaber oder -teilhaber zählen in den Augen der Amerikaner auf jeden Fall zu den «Belasteten», haben sie doch mit dem Deutschen Reich kooperiert.

Wer als unbelastet gilt, darf vorläufig in der Stadt bleiben. Rund zweihundert Deutsche identifiziert man als Nationalsozialisten und interniert sie in einem Lager. Viele nutzen jedoch ihre Geschäftskontakte zu einflussreichen Chinesen und können sich der Internierung entziehen. Wer abgeschoben werden soll, bemüht sich ebenfalls – und durchaus mit Chancen auf Erfolg – um eine Ausnahmeregelung. Jene, die entsprechend den endgültigen Listen interniert werden sollen, müssen innerhalb von drei Tagen ihre Koffer packen. Höchstens hundertfünfzig Kilo dürfen diese wiegen. Das Gepäck wird nach Kiangwan ins Lager gebracht. Bei der Abreise darf jeder noch so viel mitnehmen, wie er in einem Gang tragen kann.

Schließlich aber sollen die deutschen Unternehmen verkauft werden, womit den Deutschen in Shanghai die Existenzgrundlage genommen würde.

• • • • • • •

Dann kam der 27. September 1945. Dody fuhr nur noch vormittags in sein Büro, denn es gab kaum mehr etwas zu tun, weil alles den Chinesen übergeben wurde. Zum Mittagessen kam er immer heim. Vera hatte Küchendienst, und Amah half ihr. Es läutete, ich ging hinunter zur Haustür. Vor mir stand ein großer, stämmiger Chinese in Uniform, der sich als Major ausgab und nicht erst abwartete, ob er hereingebeten wurde. Mit ihm drängten sich etwa zehn chinesische Soldaten ins Haus. Der Major sprach nur chinesisch und versuchte in barschem Ton, Vera etwas zu erklären. Unsere Amah musste übersetzen: Er sei von der neuen Zentralregierung beauftragt, dieses Haus zu besetzen. Es müssten etliche Räume hergerichtet werden, denn das Haus sei groß genug, damit er und seine Mannschaft darin eine Unterkunft fänden. Noch während er sprach, strömten die Soldaten ins Wohn-, Ess- und Herrenzimmer, begafften alles und betasteten voller Freude alle für sie fremden Gegenstände. Da fuhr Dody mit dem Pedicab vor und erkannte sofort, was los war. Während wir steif vor Entsetzen noch in der Halle standen, begrüßte er den ungebetenen Gast geradezu überschwänglich. Als er erfuhr, dass es sich um die Besetzer seines Hauses handelte, tätschelte er dem Major die Schulter, legte seinen Arm um seinen Rücken und säuselte unterwürfig: «We are friends, are we not?» Immer wieder verneigte er sich lächelnd und murmelte alle möglichen Sprüche auf Englisch und Chinesisch. Es sei ihm eine große «Ehre», dass gerade der Major mit seinen netten Soldaten hier bei ihm sein Domizil einrichten wolle. Mit offenem Mund betrachtete ich dieses unglaubliche Schauspiel. Was konnte mein Schwager doch falsch sein. Natürlich ging es hier um alles oder nichts. Wir konnten von Glück sagen, dass wir weiter dort bleiben durften.

Das Ende vom Lied war, dass der Major sich mit seinem Adjutanten das Untergeschoss teilte, während wir weiter in den oberen Stockwerken wohnen konnten. Seine Mannschaft sollte in das Bedienstetenhaus und die große Garage ziehen. Dann verschwand die Besatzung, um ihr «Equipment» zu holen. Kaum war die Tür zu, machten Vera und ich uns im Wohnzimmer zu schaffen. Mit Hilfe der «Ollen» räumten wir die Schränke nahezu leer, vor allem das Silber und andere kostbare Gegenstände wurden sofort versteckt. Vor der Tür stand ein Posten, der Dody abtastete, als er das Haus verlassen wollte. Bald darauf kehrte die Besatzung wieder, angeführt von ihrem Major «Teiggesicht», wie wir ihn bald nennen sollten. Dieser ging gleich hoch in Dodys Schlafzimmer, öffnete den Wäscheschrank und nahm sich frische Unterhemden und lange Unterhosen heraus. Dann entkleidete er sich, warf seine schmutzige Unterwäsche in den Papierkorb und zog Dodys saubere an. Seine Uniform ließ er liegen, im Haus lief er fortan in diesem Dress herum. Aus der Unterhose schaute hinten sein «Vollmond» heraus, denn er hatte sie verkehrt herum angezogen.

In Erikas Wohn- und Spielzimmer hielten wir Kriegsrat. Wir schmiedeten Pläne, wie alle Dinge, die Vera am Herzen lagen, aus dem Haus geschafft werden könnten. Bald wussten wir, was zu tun war. Im Garten stand der Zwinger von Wölfi, der ganz auf uns abgerichtet war und keinen Fremden an sich heranließ. Unser Garten grenzte an eine kleine Anwohnerstraße, an der auch das Grundstück von Schweizern lag, die ich gut kannte. Er war Chef des Internationalen Roten Kreuzes und einer großen Schweizer Firma. Wir hatten uns über die Nachbarschaft mit dem Ehepaar angefreundet. Dormann hatte schon damit gerechnet, dass die Familie Egle ihm einmal sehr behilflich werden könnte.

Vor einiger Zeit, eine Vorahnung hatte da wohl mitgespielt, war der große Safe aus dem Schlafzimmer in die Eingangshalle gewuchtet worden. Vera und ich hatten ihn mit einem grün-goldenen Brokatstoff verhüllt, und der Koch hatte eine große Palme daraufgestellt. Kein Mensch konnte ahnen, dass darunter ein Tresor mit Inhalt verborgen war, so dekorativ wirkte er in der Eingangshalle. Da wir nun das Esszimmer nicht mehr benutzen durften, wurde Erikas Sitzecke heruntergeholt und in der Halle neben dem verdeckten Safe als Essecke platziert. Dies war eine zusätzliche Tarnung.

Unsere Stimmung war nach diesem Tag unter null. Gottlob war die große Sommerhitze vorbei, und man zog gern wieder etwas Warmes an. So saß ich mit meinem hochgeschlossenen Pyjama auf dem Bett, als die «Olle» hereinkam und mitteilte, der Major habe befohlen, dass die Türen im Haus nicht abgeschlossen werden dürften. Ich fand keinen Schlaf und beschaute Fotoalben, die ich neben meinem Bett liegen hatte. Es mochte kurz vor Mitternacht gewesen sein, als die Tür aufgerissen wurde und der Major in mein Zimmer trat. Er steuerte direkt auf mein Bett zu und schaute mich mit seinen undurchdringlichen Schlitzaugen an. Dann eröffnete er ein Gespräch in Pidgin und versuchte mir zu erklären, dass er nicht schlafen könne. Ich sagte ihm: «Geh runter zum Master, der hat sehr gute Pillen zum Schlafen. Weißt du, diese Pillen sind von der Firma Bayer, die auch das gute Aspirin herstellt.» Ein süßliches Lächeln überzog sein Teiggesicht: «No wantchee medicine, I wantchee you!»

Ich lachte laut auf, weiß Gott, woher ich in diesem Augenblick die Kraft hatte, ruhig zu bleiben: «Mach dich nicht lächerlich, ich bin eine alte Frau!»

«You not old, I wantchee you!»

«I am an old granny, look here, these are my grandchildren!», und damit nahm ich eines der Fotoalben vom Nachttisch und zeigte ihm das Bild meiner Kinder, das er mit Interesse ansah. Ich beschaute indessen widerwillig diesen Major, der sich, nur mit der Unterhose bekleidet, neben mich aufs Bett gesetzt hatte. Er nahm ein Album auf den Schoß und beschaute es langsam, und ich erzählte ihm von Sumatra, dass mein Mann «prisoner of war» in Indien und ich selber alt und krank sei.

«You not old», sagte er wieder und glotzte mich an.

«I am old and sick», sagte ich erneut, zeigte auf meine Brust und hustete erbärmlich und speichelte dabei. Dann fragte er etwas abgelenkt, wo ich meinen Schmuck, mein Geld und Gold hätte.

«Das haben mir die Holländer alles weggenommen.»

«Wo hat der Master sein Geld?»

«Das weiß ich nicht, ich bin doch bloß eine arme, kranke Frau, eine alte Auntie, die hier im Hause aushilft für Essen und Trinken.»

Daraufhin stand er auf und öffnete sämtliche Schränke, Schubladen und Ablagen und wühlte in den Sachen herum. Dann kam er wieder auf mich zu. Ich war wild entschlossen, über die Couch zur Balkontür zu laufen und in den Garten hinunterzuspringen, wenn er mich anrühren sollte. Ich würde mich wehren wie eine Rasende.

«I wantchee you!» Er kam immer näher, schien aber zu zögern.

«Du hast doch deinen Adjutanten. Schicke ihn in die Avenue Joffre, da stehen die kleinen, niedlichen Chinesenmädchen, die kommen gern mit und sind gesund und nicht so alt und krank wie ich! Du hast ein schönes, großes Zimmer, und da kannst du dich in Freuden der Liebe hingeben.» Er sah mich misstrauisch an. Ich spürte, wie es in seinem Gehirn arbeitete. Dann verließ er plötzlich das Zimmer.

Ich stand leise auf und öffnete die Balkontür hinter der Gardine etwas weiter, damit ich sie bei einem erneuten Besuch schneller aufstoßen könnte. Aus dem Zimmer der «Ollen» hörte ich auf einmal lautes Schimpfen und Schreien, nun musste die arme «Olle» dran glauben. Ich holte mir aus dem Vorratsraum ein Küchenmesser und ging wieder in mein Zimmer zurück. Trotz der Waffe in meiner Hand war an Schlaf nicht zu denken, und so verstrichen die Stunden, bis es anfing zu dämmern. Warum hatte mein Schwager nicht eingegriffen? Sein Zimmer lag direkt unter meinem, er musste alles mitgekriegt haben, auch das Geschrei der «Ollen» war ja nicht zu überhören gewesen. Seine schmierige Unterwürfigkeit am Mittag hatte den Major doch sehr beeindruckt, warum hatte Dody jetzt nicht den Mut gehabt dazwischenzutreten? Wie ich ihn dafür verachtete. Als ich Dody am Morgen traf, tat er völlig unschuldig: «Es ist doch nichts passiert, und dass die ‹Olle› dran glauben musste, na wenn schon! Ist halt das Recht des Siegers. Deutschland hat kapituliert, da müssen wir uns schon was gefallen lassen.»

«Und wenn der Kerl sich über deine Frau oder deine Tochter hergemacht hätte? Wärst du dann auch unter deiner Bettdecke geblieben und hättest gehofft, dass sie nicht allzu sehr leiden? Ich empfinde nur noch Ekel in diesem Haus.»

«Schluss jetzt!», schrie er. «Ich wünsche von allen, dass über die nächtliche Episode nicht mehr gesprochen wird. Das bleibt unter uns, ist das klar?» Ich sah ihn nur an und fragte mich, wie ich am schnellsten dieses Haus verlassen könnte. Zunächst beschloss ich, von nun an auf einem Campbett im Schneiderzimmer zu schlafen, das ebenerdig lag.

Die «Olle» schimpfte am Morgen in allen Tonarten über den Major, ich sah ihn Gott sei Dank nicht im Haus. Mittags aber kam er wieder, sah mich beim Packen meiner Habe und versuchte, mich zu packen: «You not sick», brüllte er. Ich schmiss mich hin, er stolperte und verlor das Gleichgewicht. Ich war im Vorteil, rannte die Treppe hoch und warf mich in das Zimmer meines Schwagers hinein. «Da kannst du dir die Annäherungsversuche selbst ansehen», rief ich, während der Major hinter mir die Treppe herunterstolperte. Dody trat ihm entgegen, legte den Arm um seine Schulter, lächelte und sagte: «We are friends, are we not?» Mir war speiübel.

Nachdem ich mich etwas beruhigt hatte, ging ich zu Frau Egle hinüber. Sie fragte gleich nach unserer chinesischen Hausbesetzung, und ich stellte fest, dass sie über die nächtlichen Vorfälle durch Vera längst informiert war. Sollten wir laut Dody nicht alle Stillschweigen bewahren, oder galt das etwa nur für mich?

«Das geht zu weit, was diese chinesische Soldateska sich erlaubt!», meinte Frau Egle. «Ich gehe sofort zu den amerikanischen Besatzern und frage, ob Sie zu mir übersiedeln können. Die beiden Zimmer oben in den Schrägen könnten ganz zu Ihrer Verfügung stehen.» Noch am selben Abend kam der Anruf, dass die Amerikaner mir leider nicht erlaubten, aus dem Dormann'schen Haus auszuziehen, das hätte ich schon vor der chinesischen Hausbesetzung tun sollen. Aber sie würden dafür sorgen, dass die Besatzer uns

Frauen in Ruhe ließen. Der Appell der Amerikaner fruchtete tatsächlich: «Teiggesicht» bekam Order, uns nicht mehr zu belästigen. Wir aber bekamen die unmissverständliche Anweisung, nichts aus dem Haus zu räumen, und jedes Mal, wenn einer von uns das Haus verließ, wurde er einer Leibesvisitation unterzogen. Nach einigen Tagen wurden die Untersuchungen lascher durchgeführt, da die Bewacher ständig wechselten.

Ein gemeinsamer Feind macht stark, deshalb hielten Vera, die «Olle» und ich in den nächsten Tagen wie Pech und Schwefel zusammen. Wir packten in Veras Zimmer kleine, viereckige Bastkörbchen mit Silbersachen und anderen Kostbarkeiten. Auch eine Münzsammlung wurde heimlich eingepackt. Wertvolle chinesische Teppiche, Läufer und Wandbehänge rollten wir zusammen und ersetzten sie gegen weniger wertvolle. All dies wurde heimlich zum Abtransport in einem schlecht zugänglichen Raum deponiert und sollte dann später bei Dunkelheit aus dem Haus gebracht werden. Wir hatten nämlich bemerkt, dass die Chiang-Kai-shek-Soldaten nicht wagten, abends die Unterkünfte zu verlassen, weil die Roten Garden angeblich schon dicht vor Shanghai standen. Den Hund ließen wir frei im Garten laufen, damit kein Fremder sich in seine Nähe wagte. Die hintere Gartenpforte, die zu einer ruhigen Villenstraße führte, wurde von «Teiggesicht» eigenhändig versiegelt. Wir konnten den feinen Draht aber aus dem Siegel lösen und die Pforte öffnen. Der Metallfaden ließ sich ganz einfach wieder zurückstecken. Für den Abtransport der Gegenstände wurde auch der Hühnerstall verwendet, der unter meiner Aufsicht stand. Ich machte mich nun vermehrt im Hühnerstall «nützlich». Jedes Mal,

wenn ich dort zu tun hatte, verbarg ich unter der Schürze
oder dem Mantel Päckchen, die ich hinter dem Stall in ein
dichtes Gebüsch legte. So ging es mehrere Tage lang. Aus
dem Fenster von Erikas Zimmer ließen wir per Wäscheleine
Korb auf Korb und Teppich auf Teppich herunter und depo-
nierten alles im Zwinger. Ich stand unten und löste die Kno-
ten, während Erika mit dem Hund im Garten herumtollte,
um die Bewacher abzulenken. Alles verlief planmäßig. Sil-
berleuchter, Nähmaschine, Kristallgläser, wir wurden immer
übermütiger. Dody wunderte sich über die neuen «alten»
Teppiche auf den Böden und verbot uns, weitere Dinge aus
dem Haus zu bringen. Vera und ich schauten uns jedoch nur
an und sagten mit gekreuzten Fingern: «Ja, Dody!»

Als mehr oder weniger alles Wertvolle aus dem Haus war,
band sich Vera ein Kopftuch um, ging vorn aus der Haustür hinaus und behauptete, spazieren gehen zu wollen. Sie
mietete aber eine Rikscha und fuhr mit dieser zur hinteren
Gartenpforte. Ich hatte inzwischen die Versiegelung gelöst,
und mit Hilfe der «Ollen» beluden wir das Gefährt, das Vera
dann das kurze Stück zum Haus der Familie Egle dirigierte.

Erikas Aussteuer und Veras Pelze samt einigen anderen
wertvollen Stücken wurden eines Abends von einem Bestat-
tungswagen abgeholt. Auch Dody, dem anfangs vor Angst
die Knie geschlottert hatten, als er unseren Aktionismus
beobachtete, hatte sich aufgerafft, uns zu unterstützen. Mit
Hilfe von chinesischen Freunden konnte er den Beerdigungs-
wagen mieten. Die zwei Bewacher auf dem Hof wurden besto-
chen und hielten dicht. Auch die schöne Standuhr mit dem
Westminsterschlag, die in der Halle gestanden hatte, kam
auf diese Weise aus dem Haus. Wie jeder begüterte Chinese

schon zu seinen Lebzeiten seinen Sarg im Hause aufbewahrt, so sagten wir den Bewachern, dass diese in Schwarz gehüllte, lange Uhr Dormanns Sarg wäre. Man schmunzelte und ließ die Fracht passieren. Die beiden Silberschüsseln, die Mutter uns zur Hochzeit für Curry und Reis geschenkt hatte, schmuggelte ich eigenhändig aus dem Haus. Ich band mir erst eine, dann die andere Schüssel unter meine Schürze vor den Bauch und zog darüber ein weites Kleid. Damit ging ich direkt zu Egles hinüber. Die beiden Deckel mit den Griffen trug ich als Büstenhalter in meinem Robben-Pelzcape.

Ein Meisterwerk war das Herausschaffen des großen Geldschrankes aus der Halle. Mit dem Ehepaar Egle hatten wir ein wunderbares Schauspiel geplant. Sie kamen am Abend zu einem Drink, wir führten ein harmloses Gespräch, bis wir auf ein vorher abgesprochenes Thema kamen, das die Gemüter erregen sollte. Herr Egle begann furchtbar zu schimpfen und wurde ausfallend gegen Dormann. Dieser solle ihm endlich seinen Safe zurückgeben, den er ihm nur geliehen habe. Gerade jetzt in dieser unruhigen Zeit, wo man täglich mit Einbrüchen und Untreue der Bediensteten rechnen musste, wolle er Wertgegenstände und Geld in einem sicheren Safe verwahrt wissen. Dormann widersetzte sich scharf und bestand darauf, dass der Safe so lange wie abgesprochen bei ihm bleiben müsse. Heftige Wortgefechte folgten, ein jeder beharrte auf seinem Standpunkt, und das «Wala-wala», wie solch ein Palaver auf Pidgin hieß, wurde immer lauter. Die «Olle», der Boy und der Koch kamen hereingestürzt, und schließlich wurden die Soldaten geholt. Herr Egle, der perfekt Chinesisch sprach, erklärte den Sachverhalt. Die Soldaten begriffen und standen zum neutralen Schweizer. Also wurde eine

Rikscha besorgt und der Safe mit vereinten Kräften verladen. Die Soldaten staunten nicht schlecht, als unter der Palme ein Tresor zum Vorschein kam. Dody schmiss sich immer wieder dazwischen und Vera schimpfte wie eine Furie. Ich stand nur hilflos mit offenem Mund dabei, innerlich aber feixend, dass alles wie geplant lief. Egles gingen, ohne sich zu verabschieden. Dieser Coup wurde ein paar Tage später entsprechend gefeiert, denn Vera und Dody hatten nun Papiere und allen Schmuck, Gold und Bargeld in Sicherheit gebracht.

Weihnachten 1945 nahte, ein trauriges Fest. Auch der «kleine» Koch war mittlerweile entlassen worden. Doch so ganz ohne Gäste wollte Vera nicht feiern, das fand sie zu langweilig, zu spießig. Aber alle Bekannten, die früher gern gekommen waren, hatten offenbar mit sich selbst genug zu tun, und Vera erntete nur Absagen. Am Morgen des Heiligen Abends war ich mit der «Ollen» dabei, die Gans zu füllen, die Dody irgendwo aufgetan hatte, da klingelte es. Vera war noch mit dem Fahrrad unterwegs, da brachte die «Olle» den Gast zu mir in die Küche. Es war Frau Thiele, die Sekretärin von Dody, die kam, um uns allen fröhliche Weihnachten zu wünschen. Ich erwiderte die Wünsche, aber fügte hinzu: «So fröhlich werden sie wohl nicht, denn ich bin in Sorge um meinen Mann und meine Kinder.»

«Haben Sie endlich Nachricht von ihnen?»

«Nein», erwiderte ich, «mein Älterer gilt als vermisst, und vom Jüngeren und meinem Mann ist seit einem Vierteljahr keine neue Nachricht eingetroffen.»

«Sie Ärmste», sagte sie nur, und schon kamen mir die Tränen.

In diesem Augenblick betrat Vera die Küche, sah, dass

ich weinte, riss mich vom Stuhl, ergriff mit beiden Händen meine Schulter und schüttelte mich hysterisch: «Was hast denn du schon verloren? Gut, dein Sohn Kurt ist vermisst, aber der wird schon wiederkommen. Aber wir hier verlieren alles, unser Haus wird uns futsch gehen, mein Schwiegersohn ist gefallen, ja, gefallen! Und von meiner Irmgard weiß ich auch überhaupt nichts. Aber du, liebe Claire, hast noch deine Schweizer Verwandtschaft, zu der du jederzeit hingehen kannst. Geborgen und behütet. Wir kommen nach Deutschland und haben nichts, überhaupt nichts! Kein Dach über dem Kopf, Dody keine Arbeit, wir müssen ganz von vorn anfangen. Es wird entsetzlich.»

Frau Thiele war mittlerweile verschwunden, dieses Schauspiel mochte sie wohl nicht mit ansehen.

«Vera», sagte ich scharf, «du hast von mir Haltung verlangt. Diese Haltung sollst du jetzt und in diesem Augenblick zu spüren bekommen. Ich werde dieses Haus verlassen, und zwar sofort.» Ich drehte mich um, ging aus der Küchentür und hinauf in mein Zimmer. Hinter mir hörte ich immer noch: «Was hast du schon verloren?»

Ich zog meinen Mantel an, setzte den Hut auf und ging zum Schweizer Generalkonsulat, das ganz in der Nähe lag. Ich bat darum, einen Konsul sprechen zu dürfen, ich sei zum ersten Mal hier. Mitgefangen, mitgehangen, dachte ich, hoffentlich bleibt mir das «mitgehangen» erspart. Ein Herr empfing mich und stellte sich als Konsul Styner vor. Ich nannte meinen Namen.

«Frau Hake», sagte er, «auf Sie habe ich schon lange gewartet! Sie sind die Letzte, die uns um Hilfe bittet. Möchten Sie sich auch scheiden lassen?»

«Nein», antwortete ich.

«Das hätte mich auch sehr gewundert. Aber was kann ich dann für Sie tun?»

«Ich möchte sofort aus dem Haus meiner Verwandten ausziehen und zu Schweizer Freunden gehen. Außerdem möchte ich Sie fragen, welche Papiere und Visa ich brauche, um in die Schweiz zu meinen Verwandten reisen zu können.»

«Dazu brauchen Sie das Schweizer Visum, das Sie sofort beantragen können. Füllen Sie die Formulare so schnell wie möglich aus, und legen sie vier Passbilder bei. Bringen Sie dann alle Unterlagen bis heute Mittag wieder hierher, dann können sie noch morgen mit einem Kurier nach Bern gehen. Was Ihren Umzug zu Schweizer Freunden betrifft, können Sie, solange das Haus Ihres Schwagers von Chinesen besetzt ist, Ihr Domizil nicht ändern. Erst wenn die Besatzung abgezogen ist, können Sie ausziehen. Meine Hilfe steht Ihnen dann zur Verfügung.»

Kaum war ich zu Hause, herrschte Vera mich an: «Wo warst du?» – «Auf dem Konsulat.» – «Nein!» – «Doch! Ich kann deine Erniedrigungen nicht mehr ertragen. Ich war für euch doch nur Mittel zum Zweck.»

«Du bist verrückt! Claire, wir brauchen dich doch», sie wurde ganz kleinlaut, «komm, lass uns einfach alles vergessen. Meine Nerven sind am Ende, ich bin einfach durchgedreht.»

Der Heilige Abend war ein einziger Krampf. Wir gingen zu Egles herüber, die sich groß in Schale geworfen hatten. Sie wollten im Französischen Klub feiern. Die Franzosen und Engländer waren mittlerweile alle aus den Internierungslagern entlassen worden und wohnten wieder in ihren

Häusern. Bei uns waren die Parterreräume kurz vor Weihnachten wieder frei geworden, der Major war verschwunden, nur in der Garage und im Gärtnerhaus wohnten noch zwölf chinesische Soldaten.

Und doch fühlten wir uns nicht sicher. Etliche Deutsche wurden aufgefordert, ihre Häuser ganz zu verlassen. Einige zogen zu europäischen Freunden, andere bekamen Wohnungen von befreundeten Chinesen zur Verfügung gestellt, andere wussten gar nicht, wohin. Es würde sicher nicht lange dauern, und auch meine Verwandtschaft müsste sich eine neue Bleibe suchen. Vermutlich hatte mein Schwager bereits eine in der Hinterhand, aber er sprach mir gegenüber nicht davon. Sicher kannte er Leute, die ihm in irgendeiner Weise zu Dank verpflichtet waren. Ich vermutete aber, dass diese Bleibe dann nicht für mich gedacht sein würde.

Mitte Januar 1946 meldete sich eine chinesische Delegation, die Haus und Grundstück ansehen und eine Inventur vornehmen wollte. Zehn Tage vorher hatte bereits Madame Chiang Kai-shek, die Frau des Generalissimus der Kuomintang, mit einigen Freundinnen das Haus besichtigt. Ich saß gerade in meinem Zimmer am Schreibtisch, als die Damen und Herren ohne Anklopfen eintraten. Für diese Kommission war ich Luft, niemand entschuldigte sich, die Damen gingen kreuz und quer im Zimmer herum. Selbst Vera hatte man nicht gegrüßt und ging ohne einen Wortwechsel an ihr vorbei, was sie maßlos aufregte. Dormanns gehörten nämlich vorher sehr wohl zu gesellschaftlichen Bekannten von Chiang Kai-shek, aber in den Augen dieser Kommission gehörten wir nun zu den «poor people». Ungeniert betrachtete ich die First Lady dieses Landes, die für eine Verwandte eine

Bleibe suchte. Unser Haus schien nicht geeignet zu sein, denn die verwandte Dame zog einige Tage später bei den Nachbarn ein. Ich vermutete, dass unser Haus zu schlecht zu bewachen war. Die Anhänger Chiang Kai-sheks hatten große Angst vor der sich schnell entwickelnden kommunistischen Bewegung unter ihrem Führer Mao Tse-tung. Dieser Name tauchte nun an allen Orten auf. Überall gab es Untergrundkämpfer und Partisanen, die für die neue freiheitliche Idee kämpften, für ein geeintes China unter kommunistischer Führung.

Nach erfolgter Inventur war für mich das weitere Verbleiben im Hause Dormann erledigt. Ich ging in mein Zimmer hinauf, packte meine wenigen Habseligkeiten, verabschiedete mich von Dody, Vera und Erika und ging zu meiner neuen Bleibe bei der Familie Egle. Vera war ziemlich am Ende, was ich gut verstehen konnte, schließlich hatte ich in Sumatra Ähnliches durchgemacht. Es war eine Vertreibung aus dem Paradies.

Am Nachmittag kam Dody selbst zu Egles herüber und fragte, ob sie ein wertloses Ölgemälde hätten, das er ihnen abkaufen könne. Tatsächlich brachte er es dann noch fertig, zwei riesige wertvolle Gemälde aus seinem Haus zu schmuggeln und gegen alte Ölschinken auszutauschen. «Bild ist Bild. In der Inventur sind keine Motive vermerkt worden.» Die beiden Originalbilder fanden tatsächlich den Weg nach Deutschland. Kurz darauf musste meine Verwandtschaft aus ihrer Villa ausziehen und fand Unterschlupf bei einer englischen Familie.

Vom Schweizer Konsulat hatte ich immer noch keine Mitteilung erhalten, dass mein Visum eingetroffen sei. Meine Schwester Louise und auch Heinz schrieben, dass es schon längst in Shanghai sein müsste. Ich wartete und wartete, aber nichts geschah.

Mein Domizil hatte ich zwar bei Egles aufgeschlagen, tagsüber aber wanderte ich auf den Markt, kaufte ein und verbrachte den Rest des Tages bei meiner Freundin Paula Mayer, die mit Mann und Kindern provisorisch in einem Möbellager untergekommen war. Die Märkte in Shanghai müssen laut Vera früher wunderbar gewesen sein: Alles Leben spielte sich auf der Straße ab, alle Waren lagen vor den Geschäften aus, und es gab keine hemmenden Schaufenster. Jetzt aber wurde es immer schwieriger, auf den Märkten einzukaufen, denn die angebotene Ware wurde von Tag zu Tag teurer und schlechter. Einiges bekam man gar nicht mehr.

Überall sah man sieche und leprakranke Chinesen mit ihren zerfressenen Gesichtern herumlaufen. Sie erschreckten einen an allen Ecken, und man hatte immer loses Geld bei sich in der Tasche, um es den armen Teufeln vor die Füße zu werfen, wenn sie einen anzufassen drohten. Nach dem Abzug der Japaner, die wirklich für Ordnung und Sauberkeit gesorgt hatten, öffneten die Chinesen die Leprosenheime, damit die Insassen sich selbst ihren Lebensunterhalt erbetteln konnten. Die derzeitige Regierung gab das Geld lieber für Chiang Kai-sheks Armee aus, in der Hoffnung, dass der Kommunismus stalinistischer Prägung sich nicht weiterentwickeln könnte. Doch jeder Dummkopf konnte sehen, dass dies nicht funktionierte. Im Untergrund arbeiteten die Kommunisten sehr rührig, und das gesamte Regierungs- und Beamtenwesen war korrupter denn je. Es stank geradezu nach Revolution, und schon hörte man, dass Mao Tse-tung auf dem großen Marsch sei, China zu erobern.

In den Straßen trollten, krochen und schleppten sich die Elendsgestalten herum, dazu noch die vielen Bettler in ihren verlausten Kleidern. Dann die toten Säuglinge, die in den Straßen herumlagen, meist Mädchen, ausgesetzt zum Verhungern. An den Kadavern taten sich verwilderte Hunde gütlich. Das große Grausen konnte einen packen. Bloß raus hier aus diesem Land! Dieses Volk hatte ja nicht einmal Mitleid mit den eigenen Leuten.

Tage später fragte ich erneut beim Schweizer Konsulat an, ob das Visum für mich eingetroffen sei. «Nein», sagte mir ein Herr Kepeler, der zuständige Beamte, «es wird noch eine Weile dauern.» Dann machte er eine Äußerung, die mir die Sprache verschlug: Nur eine zweitklassige Schweizerin könne einen «Schwoben», also einen Deutschen, heiraten. Deshalb würde es bei diesen Schweizerinnen ein wenig länger dauern, bis das Visum da sei.

Ich hätte dem Kerl ins Gesicht schlagen können, aber damit hätte ich das Papier auch nicht eher erhalten. Also riss ich mich zusammen und ging bedrückt zu Paula Mayer. Eines Tages wurde sie gebeten, amerikanische Soldaten einzuladen, da die armen Jungs gar keine Ansprache hätten in dieser Stadt. Also kamen am Sonntag zwei «Amis» zum Tee.

Paulas Sohn Jörg übte gerade eine Bach-Fuge am Klavier, da nahm einer der Soldaten die Noten vom Klavier, sah sie an, setzte sich neben Jörg und gab uns auswendig ein Bach'sches Klavierkonzert. Wir waren hingerissen und applaudierten heftig, denn der junge Mann hatte sehr professionell gespielt. Da drehte er sich auf dem Klavierhocker um, druckste ein wenig und fragte dann auf Englisch: «Und Sie sind Deutsche?» – «Ja, natürlich!» – «Richtige Deutsche?» – Als wir auch dies bestätigten, wagte er zu erzählen, dass er gelernt habe, dass alle Deutschen schlecht seien. Sie seien Verbrecher und Judenschlächter, die bekämpft werden müssten. Seine Mutter sei auch Deutsche, das habe er sich nie öffentlich zu sagen getraut. Wir fragten, ob seine Mutter auch Klavier spiele. «Ja, sie ist Konzertpianistin, meine Lehrerin. Und nach dem Krieg werde ich Musik studieren.» Der andere junge Soldat hatte sich unsere Unterhaltung stumm angehört. Nach einiger Zeit traute er sich doch noch zu fragen: «Sie sind wirklich Deutsche? Ich fasse es nicht!» Was hatte man den beiden netten Kerlen nur über die Deutschen erzählt? Es war überall dasselbe, auch bei uns hatte man von den Amerikanern nur Horrorgeschichten gehört.

Ich ging wieder zum Schweizer Konsulat. Das Ekel von Konsulatsbeamtem teilte mir mit, dass mein Visum «leider» immer noch nicht da sei. «Gut», sagte ich erstaunlich selbstbewusst, «dann telefonieren Sie bitte sofort auf meine Kosten nach Bern und fragen, wo das Visum bleibt. Nach Aussage meiner Verwandten ist es nämlich schon vor Wochen abgeschickt worden.» Herr Kepeler stand betont langsam auf und ging in ein Nebenzimmer. Da die Tür einen Spalt breit offen stand, konnte ich aus dem folgenden Gemurmel deutlich folgende Äußerung heraushören: «Nun, dann muss es jetzt sein, ein längeres Zurückhalten ist nicht mehr möglich!» Herr Kepeler kam zurück und teilte mir hocherfreut mit: «Frau Hake, Ihr Visum ist soeben mit der Post eingetroffen. Bitte geben Sie mir Ihren Pass, damit es eingetragen werden kann.» Ich war zu kampfmüde geworden, um mich nach dem Datum des Einganges zu erkundigen. Nur ein Gedanke trieb mich noch an: «Weg von hier!»

Mit Visum war ich für meine Verwandten plötzlich wieder interessant geworden, und ich wurde sofort zum Tee eingeladen. Sie wohnten mittlerweile in den Räumen der alten Firma, streng bewacht von Wölfi. Dody fragte ungläubig, ob ich das Visum wirklich erhalten hätte. Erika aber hängte sich an meinen Hals und bettelte: «Nimm mich mit, Tante Claire, nimm mich mit in die Schweiz!»

Nun musste ich versuchen, eine Schiffspassage oder ein Flugticket zu bekommen. Ich war sogar beim britischen Konsul gewesen, nachdem ich ein englisches Reisebüro besucht hatte. Dort wurde mir mitgeteilt, dass es zurzeit aussichtslos sei, Passagen zu bekommen, weil vorerst Amerikaner, Franzosen, Engländer und Holländer berücksichtigt würden. Die Deutschen mussten warten. Immerhin nahm man meinen Namen auf die Warteliste.

Da erfuhr der deutsche Hilfsverein, der sich unter anderem um die Frauen aus Niederländisch-Indien kümmerte, dass ein amerikanischer Truppentransporter nach China unterwegs war, um die «Nazis» abzuholen und nach Deutschland zu bringen. Der Hilfsverein hatte sich an die Amerikaner gewandt und angefragt, ob dieses Schiff auch die Frauen mit Kindern aus Niederländisch-Indien mitnehmen könnte. Zuerst hieß es nein, dann später ja.

Hier sah ich eine Möglichkeit, aus China herauszukommen. Obwohl ich vom Deutschen Hilfsverein nicht unterstützt wurde, erreichte Herr Egle, dass ich mich den deutschen Frauen anschließen durfte. Nun gab es wenigstens einen Hoffnungsschimmer. Mein Ausreisevisum aus China hatte ich mit Hilfe des Schweizer Ehepaars Unkel bekommen, das ich auf einem Fest kennengelernt hatte. Die Urkunde war befristet auf einen Monat. Viele Deutsche, darunter auch Dormann und Familie Mayer, hofften, in Shanghai bleiben und ihre berufliche Tätigkeit irgendwann wieder aufnehmen zu können.

Von Dody wollte ich wissen, ob ich die beiden Goldbabys in mein Gepäck oder besser auf den Leib nehmen solle. Er riet mir, sie ihm zu geben, er würde dafür sorgen, dass sie nach Deutschland kämen. Gutgläubig, wie ich war, gab ich sie ihm. Nicht einmal eine Quittung verlangte ich dafür, waren wir doch Verwandte. Hätte ich sie Egles gegeben, wären sie mit hundertprozentiger Sicherheit in die Schweiz gelangt. Nach dem Krieg wollte sich mein Schwager nicht mehr an die Situation erinnern können. Unwillig und grob behauptete er, nie von mir Goldbabys bekommen zu haben. Er, der all seine Goldbarren, Schmuck, Wertsachen, Möbel und Gemälde durchaus auch mit meiner Hilfe sicher nach Deutschland gerettet hatte, bezichtigte mich im Beisein anderer Verwandter bei einer Familienfeier in Hamburg wahrhaftig der Lüge.

● ● ● ● ● ● ●

Während die Chinesen sehr wohl ein Interesse daran haben, dass so mancher geschätzte deutsche Geschäftspartner im Land bleibt, wollen die Amerikaner alle Deutschen repatriieren. Als Erste sollen die belasteten Nationalsozialisten nach Deutschland zurückgeführt werden. Dort wollen die Amerikaner sie auf dem Hohenasperg bei Ludwigsburg internieren und entnazifizieren. Die Frauen aus Niederländisch-Indien schließen sich freiwillig dieser Möglichkeit zur Rückkehr an, und so werden sie von den Amerikanern nicht viel anders behandelt als die Nazis.

● ● ● ● ● ● ●

Wir Frauen aus Niederländisch-Indien bekamen die Aufforderung, uns im Generalhospital gegen Pocken, Cholera, Pest
und so weiter impfen zu lassen. Wir wurden gespritzt, geritzt
und geplagt. Die Marine Robin, unser Transportschiff, lag
bereits im Hafen von Shanghai. Dann mussten wir unsere
Koffer durch den Zoll bringen. Die Lagerhalle war überfüllt
mit dem Gepäck all der Niederländisch-Indien-Frauen. Die
Abfertigung ging langsam voran, denn die chinesischen
Zöllner wollten alles ansehen und wühlten in den Koffern
herum. An Bord durften wir später nur so viel Gepäck bringen, wie wir am Körper tragen konnten. Die großen Gepäckstücke wurden im Schiffsinneren verstaut und dabei recht
unsanft behandelt. Die Koffer und Kisten wurden in Netzen
gesammelt und mit dem Ladekran ins Schiffsinnere bug-
siert. Hierbei gingen einige Gepäckstücke zu Bruch, und der
Inhalt verstreute sich auf dem Pier. Die betroffenen Frauen
und Kinder heulten und schrien, eilig wurde dann nur das
Notwendigste zusammengekratzt.

Mein Handgepäck bestand aus einem Rattankoffer, einer
Reisetasche, einem Rucksack und einer Aktentasche mit den
Papieren und der Medizin. Am Rucksack hatte ich einen
Wasserkessel mit Trinkgefäß baumeln und vor dem Bauch
eine Wolldecke mit eingewickeltem Kopfkissen. Als ich
mich Paula Mayer so vorstellte, schlug sie die Hände über
dem Kopf zusammen: «So kannst du unmöglich an Bord
gehen!» – «Warum nicht?» – «Wir müssen dieses Land als
Ladys verlassen und nicht als Auswanderer.» Darüber musste
ich herzlich lachen, denn es hätte auch von Vera kommen
können. «Aber, Paula, ich bin doch ein Flüchtling und wan-
dere aus! Es ist mir doch egal, was die Leute von mir denken.

Hauptsache, ich habe die Sachen dabei, die ich während der Fahrt brauche.»

Die Zollabfertigung lag hinter uns, und die Koffer waren alle an Bord. Wir Frauen hatten noch viel Zeit, bis das Schiff in drei Tagen ablegen würde. So warteten wir im Hafen auf eine Fahrgelegenheit zurück in die Stadt. Ein höherer amerikanischer Offizier kam auf uns zu und eröffnete uns, dass wir nun doch nicht auf dem Schiff mitgenommen werden könnten. Die Amerikaner seien schließlich kein Wohltätigkeitsverein. Nur die «bad Nazis» würden nach Hause transportiert werden. Mir wurde übel vor Schreck. «Und unser Gepäck?», fragten einige Frauen.

«Was bereits an Bord ist, kann nicht mehr ausgeladen werden. In Bremerhaven kann es zwischengelagert werden.»

«Wir haben unseren ganzen Hausstand in den Kisten, womit sollen wir jetzt leben?», fragte Käthe Bärensprung.

Der Amerikaner zuckte mit den Schultern, seine scharfe Antwort täte ihm leid, aber an der Tatsache könne er auch nichts ändern. Wir waren alle wie vor den Kopf gestoßen. Käthe Bärensprung sah mich an: «Claire, ich habe noch eine letzte Trumpfkarte im Ärmel. Die muss ich jetzt ausspielen.» Sie besaß ein persönliches Schreiben von Generalissimus Chiang Kai-shek: Sie dürfe sich an ihn wenden, wenn sie einmal in Not geriete. Dieses Versprechen habe er ihrem Mann gegeben, bevor dieser nach Amerika reiste. Dies hier war ein Notfall.

Wir mussten also einen Weg zu Chiang Kai-shek finden. Als Erstes mieteten wir Rikschas und fuhren zu einem Chinesen, einem guten Bekannten von Käthe, der uns in seinem Büro freundlich empfing. Auf die Frage, ob er uns wohl sagen könne, wie wir an den Generalissimus gelangen könnten, erwiderte er lächelnd, wir sollten versuchen, an die neuen Oberen einer ehemaligen deutschen Firma, jetzt «Doitsu Sen. & Co» zu gelangen. Also wieder in zwei Rikschas und ins nächste Büro. Nach vielem Hin und Her wurden wir tatsächlich von einigen hohen Herren empfangen. Käthe zog ihr Schreiben hervor, und wir erzählten in wackeligem Englisch unsere Geschichte. Sofort wurde uns Tee serviert, lächelnd erklärten uns die sehr liebenswürdigen Herren, dass wir sofort in die Nanking Road fahren sollten, dort wohne der Adjutant des Generalissimus. Nach dem Tee stiegen wir also wieder in die Rikschas und fuhren zur angegebenen Adresse außerhalb der Stadt, am Ende der Nanking Road. Da wir telefonisch angemeldet waren, wurden wir gleich empfangen. Man empfahl uns, dem Generalissimus ein Telegramm zu schicken und ihm hierin mit Empfehlung seines Adjutanten alles zu erklären. Damit waren wir entlassen.

«Kannst du so gut Englisch?», fragte mich Käthe. Ich verneinte und fragte mich, wer uns wohl helfen könnte. Da fiel mir Maria Hänggi ein, eine junge Schweizer Bekannte. Als wir bei ihr eintrafen, hörte sie sich unsere Geschichte an und setzte ein Telegramm auf, das ziemlich lang wurde. Wir gaben ihr unser letztes Geld. «Wenn es mehr kostet, lege ich den Rest dazu.» Und schon war sie unterwegs zum Telegrafenamt. Mehr konnten wir heute nicht erreichen. Die Abfahrt des Schiffes war in drei Tagen, also hatten wir noch Zeit.

Ich war am Ende, als ich abends bei Paula eintraf, wo ich seit einigen Wochen auch wohnte. Dort gab es bereits neue Nachrichten: Die Familien Dormann und Mayer standen auf der amerikanischen Ausweisungsliste und mussten nun

mit dem gleichen Schiff, der Marine Robin, Shanghai verlassen. Was wäre, wenn alle Freunde fahren durften und ich
zurückbliebe? Warum wurde mein sicher irgendwie «belaste-
ter» Schwager umsonst nach Deutschland gekarrt, während
wir Frauen hier im drohenden Chaos bleiben sollten? Den
Nachrichten zufolge würde es vermutlich nicht mehr lange
dauern, bis die Kämpfer Mao Tse-tungs vor den Toren von
Shanghai stünden. Schon jetzt liefen viele Regierungssol-
daten der Chiang-Kai-shek-Truppen zu den Roten über. Ich
war so verzweifelt wie nie zuvor in meinem Leben.

Am Morgen wurde ich gegen acht Uhr von Herrn Egle
angerufen, der mit den Amerikanern gesprochen und den
Bescheid erhalten hatte, dass alle Niederländisch-Indien-
Frauen mitfahren könnten. Allerdings sollten pro Kopf
zweihundertfünfzig US-Dollar gezahlt werden. Für mich
würde er den Betrag von sich aus vorstrecken. Da sagte ich
ihm, dass die Frauen arm wie die Kirchenmäuse seien und
etwa ein Drittel von ihnen verwitwet. Niemals könnten sie
diese enorme Summe aufbringen. Es sei eine Schande, dass
die Nazis umsonst nach Hause geschafft würden, das sei für
sie fast noch eine Belohnung. Er sah dies ein und wollte weiter mit den Amerikanern verhandeln. Vielleicht könne er die
Hilfe des Internationalen Roten Kreuzes mit einschalten.

Dann kamen einige furchtbare Stunden des Wartens, des
Hoffens und des Bangens. Immer wieder läutete das Telefon,
besorgte Mütter wollten wissen, ob schon eine Nachricht da
sei. Am frühen Nachmittag kam endlich der erlösende Anruf
von Herrn Egle: Wir dürften alle mit, ohne zusätzliche Kosten. Der Generalissimus hatte sich persönlich eingeschaltet
und mit den Amerikanern verhandelt. Die derzeitige chinesi-

sche Regierung würde die Kosten übernehmen. Kurzerhand beschlossen die Amerikaner, das Schiff erst in einer Woche auslaufen zu lassen, um noch weitere Deutsche repatriieren zu können. Diesen sollte die Gelegenheit gegeben werden, ihre Angelegenheiten zu regeln. Also packten auch Paula und Otto Mayer ihren Hausstand zusammen.

•••••••

Claire ist sich sicher, dass Chiang Kai-shek für die Rückfahrt der Frauen aus Niederländisch-Indien aufkommt. Jedoch suchen auch andere Frauen nach einem Ausweg und werden bis zum Kapitän der Marine Robin vorgelassen. In ihren Augen ist es ein Entgegenkommen der Amerikaner.

•••••••

Dody hoffte immer noch, bleiben zu können. Er stand mit einigen Chinesen in ständiger Verbindung, denn sein Wissen um die Firma und die alten Geschäftsverbindungen war für die Chinesen eigentlich unentbehrlich, speziell seine Verbindungen nach Japan. Ich war gerade bei ihnen, als Wölfi irrsinnig zu bellen anfing. An der Tür wurde gerüttelt, und eine laute Stimme rief: «Mr. Dormann, open the door!» Wer nicht hinging, war Dody, da watschelte die «Olle» zur Tür und fragte, wer da sei. «New China, we want to speak Mr. Dormann.» Zehn junge Leute stürzten herein, darunter der Sohn von Dr. Wong, der uns gegenüber gewohnt hatte und mit dem wir gesellschaftlich verkehrten. Herr Wong war ein gebildeter Mann, Dozent an der Universität Shanghai. Dody schlotterten die Knie, und er wollte den Sohn freundschaftlich empfangen. Der aber brüllte: «Hier also haben Sie sich versteckt! Wir werden dafür sorgen, dass Sie unser Land schnellstens verlassen, und werden es nicht dulden, dass Sie uns weiterhin ausbeuten und den großen Boss spielen. Wem gehört dieses Haus?»

«Einem Ungarn.»

«Und wo ist dieser Ungar?»

«Zurzeit auf Reisen, ich weiß nicht, wo.»

«Ha, dieses Haus gehört Ihnen, und diesen Ungarn schieben sie nur als Strohmann vor. Ich habe mich erkundigt, Sie kommen mit Ihren Lügen bei mir nicht weiter.»

«Das ist keine Lüge, ich verbitte mir diese Unterstellung.»

«Keine weiteren Debatten. Packen Sie Ihre Habseligkeiten, und verschwinden Sie auf Nimmerwiedersehen!»

Die jungen Leute gingen in der Zwischenzeit durch die Wohnung und schnüffelten überall herum. Erika und Vera heulten. Nach einem abschließenden Palaver verschwanden die Menschen mit dem Ausruf: «Es lebe das rote China, das keine Ausbeuter mehr dulden will! Rot ist der Himmel im Osten! Die aufgehende Sonne wird das neue China erwärmen!» Damit war wohl Mao Tse-tung gemeint.

Bevor wir an Bord der Marine Robin durften, mussten sich alle mitfahrenden Deutschen in ein Sammellager begeben. Lastwagen sollten uns abholen. Ein Taifun kündigte sich an. Um noch einige letzte Besorgungen zu machen, fuhr ich mit einer Rikscha in die Stadt. Während der Fahrt krümmte sich der Rikscha-Kuli plötzlich, und ich sah, wie sich seine Hose rot färbte. Cholera! Man munkelte schon seit einiger Zeit, dass diese Geißel in der Stadt grassierte. Der Kuli stöhnte und warf sich auf die regennasse Straße. Aus meiner Tasche holte ich einige Dollars und gab sie ihm. Im Nu stand eine andere Rikscha neben mir, und ich fuhr damit so schnell wie möglich davon. Mittlerweile goss es in Strömen, streckenweise stand das Wasser bereits knöchelhoch. Bald gab uns der Taifun eine gewaltige Abschiedsvorstellung.

14   Tee und Tränen

Der Wirbelsturm tobte die ganze Nacht. Als am Morgen der Armee-Lastwagen kam, der uns Frauen einsammeln sollte, goss es immer noch in Strömen. Von Paula Mayer gab es keinen langen Abschied, schon morgen würden sie mit Dormanns und anderen Deutschen nachkommen. Wieder ein Aufbruch.

Die Amerikaner versammelten uns zunächst im Camp Kiangwan. Hier, in einem ehemaligen Universitätsgebäude von Shanghai, war seit dem letzten Winter das Internierungslager für die «belasteten Nazis» gewesen. Die großen Hallen waren durch Abteile getrennt worden, Tücher, Decken und Schränke hatten den Familien ein gewisses Maß an Abgeschiedenheit gewährt. Wir Neuankömmlinge wurden nun auf die Säle verteilt und bekamen der Reihe nach Nummern zugeordnet. Meine war die Dreihundertacht.

Nach einem einfachen Abendessen breitete ich die mitgebrachte Matratze neben einer Bekannten aus. Erinnerungen an die Lagernächte auf Sumatra kamen in mir hoch, es herrschte eine ständige Unruhe im Saal, und an Schlaf war nicht zu denken. Am nächsten Morgen mussten wir die Säle verlassen und uns auf die große Treppe in der Halle setzen. Chinesen bewachten uns und sorgten für Ordnung. Zum Frühstück gab es nichts. Endlich rief man die Nummern auf, und gruppenweise wurden wir wieder auf Armee-Laster verfrachtet. Auf unserem Truck war ich die Letzte. Ein junger katholischer Pater sprang von der Ladefläche, hob mein Gepäck hinauf und half mir beim Aufsteigen. Es war Pater Aloysius von der Steyler Mission, der ebenfalls freiwillig nach Deutschland zurückfuhr. Er hätte in Shanghai bleiben dürfen, aber da alle seine Gemeindemitglieder repatriiert wurden, wollte er bei ihnen bleiben. Pater Aloysius war ein bemerkenswerter Mann, der mich noch beeindrucken sollte. In Honkew sahen wir dann am Hafen die Marine Robin, einen amerikanischen Truppentransporter, liegen. Das große Schiff hatte noch einen grünen Tarnanstrich, ein bedrückender Anblick.

An der Reling standen schon viele Menschen: «Tante Hake!», hörte ich von oben helle Jungenstimmen, dann winkten ein paar Frauen und riefen: «Claire!» Es waren jene, die damals zu mir auf die Pflanzung geflohen waren, bevor die Holländer uns interniert hatten. Kaum an Bord, sausten alle auf mich zu und erzählten, dass sie schon einige Tage vorher in Tientsin aufs Schiff gekommen waren. Nach der stürmischen Begrüßung wollten mir die Buben das Gepäck abnehmen, aber der Reverend, wie sich der amerikanische Schiffspfarrer nannte, hielt sie davon ab. Er fand meinen «Aufzug» so bemerkenswert, dass er unbedingt ein Foto von mir machen wollte. Und so stand ich vor ihm mit meiner kompletten Ausrüstung samt Strohhut auf dem Kopf. Der Exodus der Claire Hake, dachte ich nur. Jahre später hörte ich von Freunden, dass sie mich auf einem Foto in einer amerikanischen Zeitschrift erkannt hätten, in der es um die Repatriierung von uns Deutschen ging.

Ich wurde vom Reverend ins Deck Q eingewiesen. Es erwies sich als großer Raum mit unzähligen vierstöckigen Kojen. Ich suchte mir eine aus und belegte zwei für Vera und Erika. Das hatte ich ihnen vorher versprechen müssen. Frauen und Männer waren getrennt untergebracht, Mütter mit Säuglingen hatten auch einen extra Raum. Vera, Dody und Erika erschienen mit den letzten ausgewiesenen Deutschen am nächsten Morgen an Bord. Vera meinte, mich gleich für kleinere Dienste einspannen zu können, aber ich wollte endlich ein freier Mensch sein.

In der Nacht zum 7. Juli 1946 begann unsere Reise um den halben Erdball. Das Auslaufen verzögerte sich dann noch um eine Stunde, da zwei deutsche Bierbrauer, ein Arzt und ein Ingenieur samt Familien von den Chinesen wieder von Bord geholt wurden, weil sie wohl unentbehrlich waren. Gegen Mitternacht hörte man endlich Kommandorufe, die Maschinen liefen an, und wir legten ab. Durch die offenen Bullaugen kam Zugluft herein und vertrieb die stickige Luft unter Deck. Nach einer Stunde liefen die Maschinen auf Volldampf, wir fuhren endlich heimwärts.

Der Morgen dämmerte diesig-grau. Die See war ruhig, und einige wenige Leute lehnten an der Reling, um den frühen Tag zu begrüßen. Die letzten Wochen hatten uns alle mitgenommen, gedankenverloren blickten wir auf die See hinaus. Dies würde keine frohe Schiffsreise werden, wie wir sie gewohnt waren. Das Schicksal würde uns für die nächsten Wochen noch einmal eng zusammenführen und in der Heimat vielleicht auf Nimmerwiedersehen in alle Winde zerstreuen. Ich nahm mir vor, den ersten Gottesdienst, der an Bord gehalten wurde, egal, ob evangelisch oder katholisch, zu besuchen. Ich wollte und musste Gott danken, dass ich heil aus China herausgekommen war.

· · · · · · ·

Die Marine Robin war ein amerikanischer Truppentransporter und soll über tausend deutsche Kriegsgefangene in ihre Heimat zurückbringen. Das Schiff startet am 24. Juni 1946 nach der Übernahme von Passagieren aus Peking und Tientsin von Taku Bar aus und nimmt in Tsingtao weitere Menschen auf. In Shanghai steigen schließlich noch einmal fast siebenhundert zu.

• • • • • • • •

Auf dem Weg zurück begegnete mir Vera in Overall und Kopftuch. Als geborene Organisatorin hatte sie sich bereits die Aufsicht über den Speiseraum für Kinder und Säuglingsmütter verschafft und spielte betont tatkräftig «deutsches Vorbild». Sie feixte, dass man mich für den WC-Dienst eingeteilt hatte, da ich kinderlos und somit ungebunden sei. Sogleich trat eine ältere Dame auf mich zu, die offensichtlich gerade mit Vera gesprochen hatte. Ein kurzer Befehl, und ich hatte mich an die Arbeit zu machen. Zu meinem Dienst, den ich offenbar meiner Schwägerin zu verdanken hatte, gehörte das Reinigen des Waschraums, des kleinen Trockenraums mit den Wäscheleinen und der Toiletten mit zehn Klobecken. Mit einer anderen Dame zusammen machte ich mich an die Reinigungsarbeiten, die innerhalb von zwei Stunden erledigt sein sollten, so lange durfte niemand die WCs benutzen. Gegen Mittag kam der «Commander» und examinierte die Sauberkeit. Er gab Anweisungen, niemals mit Desinfektionsmittel und Schmierseife zu sparen. Bald bekam ich Ausschlag an den Händen, denn Gummihandschuhe gab es nicht.

Nach einigen Tagen wurde die See unruhiger, das Schiff fing an zu schlingern, und die Passagiere wurden seekrank.

Ich war gerade an der Arbeit, als ein Herr, mit Eimer und Schrubber bewaffnet, in den Waschraum trat: «Gnädige Frau, kann ich Ihnen helfen, die WCs mit Salzsäure zu reinigen?» Ich lachte laut: «Das ‹gnädige Frau› wollen wir an diesem Ort lieber weglassen.» Und ich zeigte ihm meine Hände, die unmöglich auch noch Salzsäure vertragen würden. «Nein, meine Gnädigste, diese Arbeit erledige ich allein.» Plötzlich riss eine Frau die Tür auf und stöhnte: «Mir ist so schlecht!» Noch bevor sie das erste WC erreicht hatte, erbrach sie sich direkt vor meine Füße. Da wurde auch mir speiübel, und auch ich übergab mich. Mein unerschütterlicher WC-Helfer schickte mich in die Koje, denn ich konnte mich kaum mehr auf den Beinen halten.

In der Nacht legte sich der Wind, und ich trat gehorsam meinen Klodienst wieder an. Es dauerte nicht lange, und wieder stürzte eine Frau herein und erbrach sich. Ihre Kinder schrien wie am Spieß. Da wurde auch mir wieder schwarz vor Augen, und ich spuckte nur noch Galle. Auf dem Flur nahm mich eine unbekannte Seele in den Arm und führte mich zu meiner Koje, in der ich dann zwei Tage einfach liegen blieb. Mein Leben hätte ich für eine Tasse warmen Tee gegeben, aber bei den Amerikanern hier an Bord gab es nur Kaffee, Eiswasser und kalte Getränke aus Automatenspendern. Vera kam und machte mir Vorwürfe, dass ich den WC-Dienst nicht weitermachte. Wer eine Aufgabe übernommen hätte, solle diese auch pflichtgemäß ausführen. In meinem Elend schaute ich sie nur verständnislos an: «Ich brauche deine dummen Sprüche nicht, ich brauche Hilfe.» Da verschwand sie einfach.

Käthe Bärensprung hatte von meinem Schicksal gehört

und übernahm die Initiative. Vorsichtig, Schritt für Schritt schwankte sie mit mir an Deck und setzte mich auf eine leere Apfelsinenkiste, die an Bord die Deckstühle ersetzten. Ich verlor sofort das Gleichgewicht und kippte samt Kiste um. Käthe half mir so weit auf, dass ich wenigstens auf dem Boden zu sitzen kam. Dann zauberte sie irgendwoher eine Art Regiestuhl aus Stoff herbei, in dem ich mich einigermaßen halten konnte. Seit drei Tagen hatte ich außer ein paar Apfelsinenschnitzen nichts mehr zu mir genommen, deshalb bestand sie darauf, dass ich am nächsten Tag zum Arzt ging. So schlich ich mich am nächsten Morgen hundeelend um zehn Uhr in die Sprechstunde, die im Wechsel von mitreisenden deutschen Ärzten abgehalten wurde. Erst nach der Konsultation durch einen dieser Ärzte konnte man eine Überweisung zu einem besser ausgestatteten amerikanischen Arzt bekommen. Nach einigem Warten empfing mich ausgerechnet ein Doktor, der in Shanghai als Weiberheld verschrien gewesen war. Ich erzählte ihm, dass ich keine Gallenblase mehr hätte und deshalb das fette Essen in der Schiffskantine nicht vertragen könne. Er hörte mich kaum an, ergriff meinen Arm und fing an, daran herumzutätscheln: «Gnädige Frau, Sie sollten froh sein, hier so ein gutes Essen und hervorragenden Kaffee zu bekommen. In Deutschland werden Sie sich bald nach diesen Köstlichkeiten sehnen.» Da riss ich mich los und verließ den Raum. Ich war fertig mit dieser Welt.

Als ich oben an Deck Käthe berichtete, was ich in der «Sprechstunde» erlebt hatte, drehte sich ein vor uns sitzender Herr auf seiner Apfelsinenkiste um: «Darf ich mich vorstellen? Ich bin Dr. Dolecki aus Tientsin. Heute Nachmittag um drei Uhr bin ich in der Sprechstunde, kommen Sie zu mir, Sie gefallen mir nicht.» Ich ging also um drei Uhr hin, der ältere Herr schrieb sofort einen Überweisungsschein für den amerikanischen Arzt. Eine Stunde später saß ich Dr. Wilders gegenüber. «Sie hätten schon sehr viel früher kommen sollen, das Essen hier ist Gift für Sie, und einen Borddienst dürfen Sie in diesem Zustand auf keinen Fall ausführen. Sie haben schon Galle im Blut. Leider haben wir hierfür keine Medikamente an Bord, aber ich verordne Ihnen allerstrengste Diät.»

Von nun ab aß ich auf dem Oberdeck, wo sich auch die Diätküche befand. Die erste warme Tasse Tee nach Tagen war ein Labsal. Dann Toast mit etwas Butter und mittags leichte Kost. Viel Hunger hatte ich nicht, aber was ich aß, vertrug ich. Bald verlor ich den ewigen Druck auf Leber und Magen. «Wo hast du den Tee her?», trompetete mein Schwager, der mit Hoppe zur Inspektion der Sicherheitsschotten eingesetzt war und gerade des Weges kam. «Aus der Diätküche.» – «Wieso, du bist doch nicht krank?» – «Doch, ohne Gallenblase vertrage ich das Essen nicht.» – «So! Sag mal, kannst du mir auch so eine Tasse Tee besorgen, dieser ewige Kaffee hängt mir schon zum Hals heraus.» Also bat ich am Schalter der Diätküche mit schlechtem Gewissen um eine zweite Tasse Tee, die mein Schwager mit Hochgenuss trank. Dann verzogen sich die beiden Männer, die nach ihrem Kontrollgang wie jeden Tag bis in die Nacht Skat spielten.

Alle Passagiere wurden zu Arbeiten auf der Marine Robin eingesetzt. Hier gab es auch unter den Männern keine Hierarchie mehr, und auch der deutsche Generalkonsul arbeitete selbstverständlich mit.

Unsere Wäsche mussten wir selbst mit der Hand waschen, und bei der unerträglichen Hitze war dies häufig nötig. Die beste Wäschezeit war nachmittags um drei Uhr, wenn alles noch beim Mittagsschlaf lag. Ich ging im Kimono, meine Emailschüssel voll schmutziger Wäsche vor mir hertragend, in den kleinen Waschraum. Es war brütend heiß, und da ich bei der Arbeit meinen schönen Kimono nicht durchschwitzen wollte, zog ich ihn einfach aus. So wie der Herrgott mich geschaffen hatte, machte ich die Wäsche, bis eine junge Frau den Raum betrat. Sie sah mich an und lachte: «Sie haben ja so recht! Haben Sie etwas dagegen, wenn ich es Ihnen einfach gleichtue?» Wir unterhielten uns vergnügt, und die Wäscherei wurde uns nicht lang. Als ich meine Sachen aufgehängt hatte, stieg ich unter die Dusche. So sah ich nicht, wie meine Mitwäscherin ganz in Gedanken versunken im Evakostüm den Waschraum verließ. Kurz darauf wurde die Tür aufgerissen, und die Dame kam fuchsteufelswild zurück: «Warum haben Sie mir nicht gesagt, dass ich nackt bin?» Obwohl sie mir so leid tat, musste ich mir Gewalt antun, nicht laut loszulachen. Mir hätte das ebenso passieren können. Auf dem Rückweg begegneten mir Dody und Hoppe, die sich mal wieder auf ihrem Schottenkontrollgang befanden. «Claire, wir haben soeben etwas ganz Entzückendes erlebt! Da kam uns im Gang eine wunderschöne, ziemlich üppige Dame entgegen, eine Waschschüssel voller Wäsche vor dem Bauch. Sie war splitternackt und sah aus wie eine griechische Göttin. Wir starrten sie fassungslos an und grinsten wohl etwas, was sie sichtlich irritierte. Dann blickte sie an sich herunter und bemerkte, dass sie gar nichts anhatte, machte auf der Stelle kehrt und versuchte, mit einem Wäschestück gewisse Blößen zu bedecken. Dabei aber fiel ihr die Schüssel zu Boden. Wir halfen natürlich, die Wäsche zusammenzusammeln, sie aber riss uns die Schüssel aus der Hand und raste zurück, woher sie gekommen war. Ein Anblick für die Götter!»

Die deutschen Männer wohnten unter ihresgleichen, und die Sehnsucht nach dem anderen Geschlecht war – verständlicherweise – groß. Man traf sich spät nachts an Deck und huschte, wenn die Wachen gerade nicht zu sehen waren, unter die Persenning der Rettungsboote. Auch Damen und Herren der «höchsten Gesellschaft» suchten diese Liebesverstecke regelmäßig auf. Wurden sie dabei von amerikanischen Wachen überrascht und gefragt: «Are you married?», wechselte der eine oder andere Geldschein den Besitzer. Bei strengeren Wachen aber wurden die Liebesnester ausgehoben. Die Nachricht verbreitete sich dann schnell über das ganze Schiff, und die Entdeckten mussten in den nächsten Tagen ein peinliches Spießrutenlaufen über sich ergehen lassen. Auch Gerüchte und kleine Skandale waren an der Tagesordnung. Das Leben an Bord wurde bei so vielen Menschen nie langweilig.

Als wir eines Abends an der Insel Ceylon vorbeifuhren, blieb ich etwas länger an Deck stehen und blickte zum Sternenhimmel empor. Dort oben war das Kreuz des Südens, bald würde ich es nie wieder sehen. Wie oft hatte ich, in Gustels Arme geschmiegt, zu ihm emporgeblickt, wenn wir nachts in unserem offenen Opel auf die Pflanzung heimfuhren. Nun stand das Kreuz wieder über mir und grüßte mich ein letztes Mal. Ich blickte nach Norden in Richtung Indien, wo ich irgendwo am Fuße des Himalaja meinen geliebten Mann wusste. Da trat Hanne Salg zu mir: «Da drüben leben unsere Männer! Ob die jetzt auch freikommen?» Ich traute mich nicht, ihr zu verraten, was Dody mir gestern zugeraunt hatte: «Du musst damit rechnen, dass die Engländer ihre

Gefangenen in Indien den Russen überliefern.» Nur das nicht. Die ewige Gerüchteküche zermürbte uns alle.

Schweren Herzens begab ich mich unter Deck und legte mich in meine Koje. Neben mir hörte ich leises Schluchzen. Dort lag die alte Frau Hillmann, eine Russin, die mit einem Deutschen verheiratet war, und weinte in ihr Kissen. Ich schob meine Hand zu ihr hinüber und bekam die ihre zu fassen, da sagte sie: «Mein Mann hat den Verstand verloren, er spricht nicht mehr mit mir. Er ist komplett verrückt geworden!» – «Nein, das dürfen Sie so nicht sagen! Ihr Mann macht sich Sorgen um die Zukunft.» – «Aber er spielt den ganzen Tag Schach und redet mit niemandem mehr!» – «Das lenkt ihn von seinen Sorgen ab. Wann waren Sie das letzte Mal in Deutschland?» – «Ich war noch nie in Deutschland, wir sind seit dreißig Jahren verheiratet, und Wilhelm ist seit vierzig Jahren nicht mehr in der Heimat gewesen.» Sie behielt meine Hand fest in der ihren, und dann schliefen wir ein. So machten wir es von nun an jeden Abend. Tagsüber saß Frau Hillmann neben ihrem Schach spielenden Mann an Deck auf einer Apfelsinenkiste und blickte stundenlang auf das unendliche Meer.

Vor Aden kamen wir in einen richtigen Sturm. Das Schlingern und Schaukeln war entsetzlich, das Schiff wurde emporgehoben und klatschte dann wieder tief in die Wogen hinein, ich glaubte, mein letztes Stündchen hätte geschlagen. Im Roten Meer war der Spuk vorbei. Es war unglaublich heiß, aber unsere Stimmung stieg, als wir erfuhren, dass wir für Port Said Bestellungen zusammenstellen durften für Kaffee, Tee, Reis, Schokolade und andere schwer erhältliche Lebensmittel, die es im Nachkriegsdeutschland nur noch auf dem

Schwarzmarkt gab. Im Sueskanal wurde uns vom Ufer aus zugewunken: Es waren andere deutsche Internierte, die dort in großen Zeltstädten lebten. Mit Erlaubnis unseres Kapitäns hatten wir ein selbstgeschriebenes Banner an unserem Schiff befestigt: «Wir sind Deutsche und fahren nach Hause.»

In Port Said mussten wir Treibstoff tanken, deshalb erhielten einige unserer Vertreter die Erlaubnis zu einem Landgang. Außerdem konnten wir Luftpostbriefe versenden. Ich schrieb gleich meiner Schwester und Heinz in die Schweiz und meinem Sohn Gustav nach Deutschland.

Im Mittelmeer wollte eine völlig verzweifelte Frau über Bord springen. Wir behaupteten, das Meer sei voller Haie und ihr Tod würde ein sehr blutiger werden, dies hielt sie dann von ihrem Vorhaben ab. Uns allen saß die Angst im Nacken, denn nun war es nicht mehr weit bis Deutschland. Der Himmel war bedeckt, und es wurde merklich kühler, Europa hatte uns wieder.

Die Fahrt durch den Kanal und die Nordsee war deprimierend. Überall lagen von Minen oder Bomben zerrissene Schiffswracks, immer wieder ragten Decksaufbauten und Mastspitzen aus dem Wasser. Die Fahrrinne zwischen den Wracks war manchmal so eng, dass wir mit bloßem Auge sehen konnten, wie es im Innern des Schiffes aussah oder was an Deck gelagert war. Langsam näherten wir uns der Wesermündung, Helgoland konnten wir entfernt erkennen, es war völlig zerbombt. Dem Weserleuchtturm «Roter Sand» war das Dach weggeschossen worden, und ein Feuerschiff hatte den Notdienst übernommen.

Alle hatten wir eine Mordsangst vor Minen. Manche unserer Mitpassagiere weilten mehr auf als unter Deck, um im

Notfall schnell in die Rettungsboote springen zu können. Gegen Ende der Fahrt unterschrieben wir alle ein Dankes-schreiben an den Käpitän, weil er uns so sicher durch die gefahrvollen Gewässer geführt hatte.

Als wir uns Bremerhaven näherten, kamen langhaarige Jugendliche in Ruderbooten auf die Marine Robin zu. Für uns ein völlig neuer Anblick, weil wir nur den kurzen, mili-tärischen Haarschnitt kannten, der auch von den Japanern gepflegt wurde. Diese Jugendlichen kreisten um uns herum und bettelten nach Zigaretten und Lebensmitteln. Wir frag-ten, ob es hier keine Frisöre mehr gäbe. Lachend erwiderten sie, dass in Deutschland lausige Zeiten angebrochen seien, Kämme und Haarscheren seien von den Besatzern als Kriegs-beute einkassiert worden.

Als wir in der Weser am Deich entlangfuhren, sah ich Hunde und Katzen und dahinter die kleinen Häuser mit den gepflegten Gärten. Auf der anderen Seite der Weser erblickte ich sogar Weiden mit schwarzbunten Kühen. Es war in Deutschland scheinbar doch nicht so schlimm, wie man es uns durch die Zeitungen weismachen wollte. Es hatte geheißen, dass sämtliches Viehzeug bereits in die Kochtöpfe gewandert sei.

Doch dann fuhren wir in Bremerhaven ein. Der Anblick erschütterte mich. Viel konnten wir vom Schiff aus nicht wahrnehmen, aber es war immerhin die erste zerbombte Stadt, die wir sahen. Wir hatten in Shanghai zwar Fotos von den zerstörten Städten gesehen, auch die Wochenschauen hatten Bilder aus Deutschland gezeigt, aber nun starrte ich fassungslos auf diese vielen Brandruinen. Den Hafen hatten die Alliierten verschont, sie brauchten ihn noch.

15 Viehwaggon und Naziprominenz

Nach einer Reise von vier Wochen legten wir am Nachmittag des 4. August im Hafen an. Unten am Kai erschienen Freunde und Verwandten vieler Mitreisender, sie durften jedoch nicht an Bord. Eine Männerstimme rief: «Dormann! Dormann!» Als mein Schwager sich an der Reling zeigte, rief der Mann von unten hoch: «Sie können in Hamburg nicht zu Ihrer Schwiegermutter, die Wohnung ist von den Engländern besetzt.»

«Hast du gehört?», sagte Dody zu mir. «Zu deiner Schwiegermutter kannst du nun auch nicht.» Wir durften das Schiff ohnehin noch nicht verlassen, offiziell waren die meisten von uns schließlich belastete Nazis. Was würden die Besatzer mit uns anstellen? Nach stundenlangem Warten ging es von Bord in eine schwerbeschädigte Abfertigungshalle.

. . . .

Noch auf der Marine Robin nimmt man den Passagieren sämtliche Dokumente ab. Nach Durchsicht durch eine Zensurkommission sollen sie in Bremerhaven zurückgegeben werden. Aber die Fahrgäste sehen nichts davon je wieder. Claire verliert auf diese Weise sämtliche Briefe, Fotos und alle ärztlichen Atteste. Tatsächlich existieren aus der Zeit auf Sumatra und in Shanghai keine Unterlagen mehr, nicht ein einziger Brief meines Großvaters aus den Gefangenenlagern oder von den Kindern aus Deutschland. So nimmt man den Entwurzelten mit ihren biographischen Papieren

auch ein Stück Identität. Meine Großeltern können sich später
zumindest zahlreiche Fotos wiederbeschaffen, weil sie auf Sumatra viel Korrespondenz führten und auch Bilder verschickten.

• • • • • • • •

Wir saßen auf unserem Gepäck und warteten erneut, bis
hinter der Halle ein Güterzug mit Viehwaggons heranfuhr:
dreißig Waggons, vorn eine, hinten zwei Loks zum Schieben.
Wir wurden aufgerufen und mit je zweiunddreißig Personen
in die Waggons verfrachtet, Männer und Frauen zusammen.
Wenn wir saßen, konnten wir die Beine nicht ausstrecken.
Die meisten der Amerikaner waren übrigens Schwarze und
begegneten uns ausgesprochen freundlich. Sie gaben uns
Decken für die Nacht, die später am Endbahnhof wieder
eingesammelt wurden. Jeder bekam noch ein großes Stück
Brot und eine Dose Corned Beef, pro Waggon gab es einen
großen Kessel heißen Kaffee. Gegen Abend ging die Fahrt
los, keiner wusste, wohin. Neben mir hockte Pater Aloysius
von der Steyler Mission. Er sprang auf, damit ich meine
Beine besser ausstrecken konnte, und stellte sich an die
offene Schiebetür, die nur mit einer Kette gesichert war. Die
Nacht war warm, doch machte uns der Fahrtwind zu schaffen. Schlafen konnte man von dem lauten Gerumpel nicht,
und wenn meine Augen zur Tür wanderten, sah ich den Pater
dort unbeweglich in der Öffnung stehen. Er stand da wie ein
Säulenheiliger. Wir alle hatten in Shanghai erfahren, dass
die Juden in Viehwaggons nach Polen in die KZs geschafft
worden waren. Uns geht es besser, machte ich mir Mut.

Als der Morgen dämmerte, hielt der Zug irgendwo auf
offener Strecke, und wir stiegen aus, um unsere Notdurft

zu verrichten. Die Männer hatten es gut, sie stellten sich
an den Böschungsrand. Aber wir armen Weiber! Jemand
stellte uns einen leeren Blechkanister in den Waggon. Einige
Frauen setzten sich mit Erfolg darauf, andere aber weinten
vor Scham. Ein wenig half dann eine Abtrennung aus Woll-
decken, die hochgehalten wurde. Mit der Zeit gewöhnten wir
uns an das «Volksklosett» an den Bahndämmen und verloren voreinander die Scham, den blanken Popo zu zeigen.
Ganz gemein aber war es, wenn der Zug schon anfuhr und
wir mit kaum hochgezogener Hose hinter unserem Waggon
herlaufen mussten.

Es war weiter eine Fahrt ins Ungewisse, wir hatten nur
bemerkt, dass es Richtung Süden ging. Immer wieder fuhren wir im Schneckentempo durch zerbombte Städte. Es
war furchtbar, das hatten wir nicht erwartet. Die Menschen
waren mager und hatten graue Gesichter. Trotz des sommer-
lich-klaren Himmels sah ich nirgends etwas Schönes, Bun-
tes, woran man sich erfreuen konnte. Alles nur grau in grau.
Der eine oder andere von uns hatte die Bahnstrecke mittlerweile erkannt. Über Kassel, Würzburg und Heilbronn ging
es tagelang immer weiter südwärts. Die Sonne war schon fast
ganz untergegangen, als wir das zerbombte Ludwigsburg
erreichten.

Es war Freitag, der 9. August. Auf einem Güterbahn-
gelände blieb der Zug stehen. Im letzten Dämmerlicht sah
ich einen Berg mit einer Festungsanlage, dem Hohenasperg.
Dann kam der Befehl: «Alle Männer aussteigen!» Sie wurden auf Militärlastwagen gebracht. Wir Frauen und Kinder
mussten weiterhin warten. Sonderbarerweise drang kein
Kindergeschrei aus den Waggons, wir alle waren nach der

tagelangen Fahrt völlig entkräftet. Plötzlich fuhr der Zug wieder an und rumpelte eine halbe Stunde weiter, und dann hieß es für uns: «Alles aussteigen!» Mit unserem ganzen Handgepäck mussten wir in Gruppen eine längere Strecke gehen und wurden dann durch ein eisernes Gittertor in ein schwer bewachtes Areal geleitet.

An jeder Ecke hinter den Mauern stand ein Wachturm. Maschinengewehrläufe richteten sich auf uns. Der innere Platz war durch Scheinwerfer taghell erleuchtet. Hier wurden wir aufgefordert, uns hinzusetzen. Es herrschte eine gespenstische Stille, nur da und dort hörte man kurze Befehle, Räuspern und leise Gespräche. Wieder kein Kindergeschrei, jeder kämpfte gegen die Müdigkeit an. Wer im Lichtkegel stand, sah sich als groteskes Schattenspiel an den Wänden der langen Gebäude. Plötzlich eilten Ärztinnen und Schwestern auf uns Flüchtlinge zu. Mütter mit kleinen Kindern wurden zuerst aus unserer Reisegruppe weggeführt. Dann kamen die anderen Frauen dran, die in Gruppen in die Gebäude geleitet wurden.

Zuletzt stand ich allein mit einer Pflanzerfrau aus Sumatra im Scheinwerferlicht. Zwei junge Frauen kamen auf uns zu und fragten, ob wir Treppen steigen könnten. Sie seien Wehrmachtshelferinnen gewesen und jetzt hier Häftlinge. Sie ergriffen unser Handgepäck, und wir folgten in einen Raum direkt unter dem Dach. Hier standen zweistöckige Pritschen, von denen wir zwei Unterbetten belegen durften. Die beiden Helferinnen legten sich in Schlafsäcken vor unsere Betten direkt auf den Boden. Frühmorgens wurden wir von unseren Betreuerinnen geweckt. Das Frühstück im großen Speisesaal bestand aus Muckefuck, wie der Ersatzkaffee genannt wurde, einem Stück Brot und einem Klecks undefinierbarer Marmelade. Butter oder Margarine gab es nicht. Dann wurden uns Fragebögen und Formulare überreicht, die wir peinlich genau auszufüllen hatten. Zum Mittagessen gab es eine Wassersuppe, in der einige Spinatblätter schwammen.

Nach der Mittagsruhe machte ich mich auf die Suche nach meiner Freundin Ische Drebing. Ich fand sie im selben Haus mit ihren vier Kindern. Ich grüßte die Frau, die auf der gegenüberliegenden Pritsche lag, und war im selben Moment irritiert. Irgendwoher kannte ich diese junge, zierliche Frau mit den dunklen Locken. Ich starrte sie an und versuchte mich krampfhaft zu erinnern, wo ich sie schon einmal gesehen hatte. Da ging die Tür auf, und eine blonde Frau trat ein. Jetzt begann ich an meinem Verstand zu zweifeln. Auch diese Frau kannte ich vom Sehen, konnte sie aber nirgends einordnen. «Wir kommen Ihnen wohl bekannt vor?» – «Ja», sagte ich, «aber ich weiß beim besten Willen nicht, woher.» – «Wahrscheinlich kennen Sie uns aus den Zeitungen. Da sind wir ständig drin. Ich soll angeblich amerikanische Soldaten beim Liebesdienst umgebracht haben, und dies ist Ilse Koch, die Frau des Lagerkommandanten von Buchenwald, Karl Koch. Die Frau von Julius Schleicher sitzt auch hier, die können Sie auch kennenlernen.»

Nun war ich im Bilde. Wir befanden uns hier in der allerbesten Gesellschaft ... Kurz vor der Abreise aus Shanghai hatte ich bei Paula Mayer die Illustrierte Life gelesen. Ein Grauen war in mir hochgestiegen, denn ich konnte mir nicht im Traum vorstellen, dass Frauen zu solchen Verbrechen in der Lage waren. Und nun befanden wir uns hier mitten in

Gesellschaft dieser elendigen Prominenz. Wie weit hatte ich es gebracht!

Eine meiner Freundinnen begann, sich vor den mit uns inhaftierten Nazifrauen zu fürchten. Sie hatten ihr bei der Ankunft das Kind aus dem Arm gerissen und immer wieder gesagt: «Man hat uns unsere Kinder weggenommen. Wir wissen nicht, wo unsere Kinder sind!» Nun ging die berechtigte Angst unter uns um, dass die Frauen dies an uns und unseren Kindern «rächen» könnten. Eine Angst, die der Kommandant des Lagers, als er den besorgten Müttern eine Audienz gewährte, durchaus ernst nahm, und sie innerhalb des Gefängnisses verlegte.

Abends saßen wir noch lange auf dem Hof in der warmen Sonne und berieten über unsere verzwickte Lage. In der Nacht war an Schlaf nicht zu denken. Was würden die Amerikaner noch mit uns anstellen, wenn sie uns hier schon mit Verbrecherinnen einsperrten? Da klang plötzlich eine einsame Blockflöte durch das Haus: «Guten Abend, gute Nacht», und mich überkam das große Heulen.

Der nächste Tag war mein sechsundvierzigster Geburtstag. Ich erwartete nicht, dass außer Vera und Erika irgendjemand davon wusste, trotzdem war mein Essplatz liebevoll mit Wiesenblumen und kleinen gebastelten Geschenken geschmückt. Ich war sprachlos. Eine der Damen hatte am Vortag beim Einsammeln der Formulare mein Geburtsdatum gelesen. Vera und Erika kamen am Mittag vorbei. Vera wieder in Kopftuch und Overall, sie hatte sich freiwillig zum Holzhacken gemeldet. «Ich möchte Deutschland mutig und entschlossen wiederaufbauen helfen», betonte sie. Erika aber fasste sich an die Stirn und sagte: «So ein Quatsch, Mutti!»

Den ganzen Tag herumzusitzen machte mich ganz krank, deshalb besuchte ich einen angebotenen Bastelkurs. Für meinen zukünftigen Haushalt fertigte ich mit den einfachsten und primitivsten Werkzeugen aus Kistenholz ein Schneidebrett und einen Kochlöffel an. Als Schnitzmesser dienten uns unter anderem Glasscherben.

Tage später wurden wir Ostasien-Frauen in den großen Versammlungsraum gerufen. Schon vorher ging das Gerücht um, dass unsere Entlassung anstünde. An der Stirnseite des Raumes hing ein großes christliches Kreuz aus Goldbrokat, hier wurden an Sonntagen auch Gottesdienste abgehalten. Darunter saßen einige uniformierte Amerikaner. Nacheinander wurden wir aufgerufen und nach Devisen oder sonstigen Barschaften gefragt. Wer diese nicht abgäbe, würde mit Gefängnis und Entlassungsentzug bestraft. Ich wollte mich nicht auf Ärger einlassen und gab die letzten zweihundertfünfzig Dollar ab, die ich noch bei mir hatte. Dafür bekam ich eine Umtauschquittung von gut zweihundertfünfzig Reichsmark, die kaum etwas wert waren. Diese heuchlerischen Transaktionen fanden direkt unter dem Kreuz Christi statt. Wie mich das anwiderte. Ich begann an der christlichen Nächstenliebe der Amerikaner zu zweifeln.

Nun hatte ich gar nichts mehr. Wie sollte ich mit diesem wenigen Geld in die Schweiz gelangen? Hinterher ärgerte ich mich über mich selbst, als ich hörte, dass viele der Frauen ihr Geld gar nicht angegeben hatten. Schließlich stand ich einem Herrn gegenüber, der mich fragte, ob ich Schmuck von Wert besäße. «Den haben mir die Holländer und die Chinesen abgenommen. Ich besitze nur noch meinen Ehering und die billige Silberbrosche hier am Kleid.» Das war geschwindelt, denn meinen Schmuck hatte ich hinausschmuggeln können. Doch der Mann gab sich damit zufrieden. Unser Gepäck wurde nicht mehr durchsucht, die Amerikaner hatten nur geblufft.

Am nächsten Tag wurden die ersten unserer Frauen entlassen. Sie waren alle bekannte Parteigenossinnen gewesen. Gemeinsam mit Käthe Bärensprung verfassten wir einen Brief an den amerikanischen Lagerkommandanten und wiesen auf diese unerklärliche Situation hin. Ein paar Stunden später wurde ich zu einem Mr. Wolf gerufen. Er fragte nach meinem Pass. «Sie sind Schweizerin?»

«Ich bin geborene Schweizerin und mit einem Deutschen verheiratet, der im Lager Dehra Dun in Indien einsitzt.»

«Hat man Sie schon nach dem Besitz von Geld und Devisen gefragt?»

«Ja», seufzte ich, «gestern Morgen am großen Tisch unter dem Kreuz Christi.» Er verzog sein Gesicht, hatte sich aber schnell wieder unter Kontrolle.

«Die Holländer und die Chinesen haben mir alles genommen», fügte ich hinzu. «Ihre Landsleute haben mir meine letzten zweihundertfünfzig Dollar gegen läppische zweihundertfünfzig Reichsmark getauscht, die ich bei der Bank abholen kann. Ist das rechtens?»

«Bedauerlich», meinte er, «aber es ist das Recht des Siegers.» Er zögerte, dann sagte er: «Warten Sie bitte einen Augenblick.» Er verließ den Raum und kam nach einigen Minuten wieder. «Nehmen Sie diesen Umschlag und stecken Sie ihn sofort weg. Bitte sprechen Sie mit niemandem darüber! Sie sind frei und können morgen mit dem Truck zum Bahnhof fahren, von dort hilft Ihnen das Rote Kreuz weiter. Ich wünsche Ihnen alles Gute und hoffe, dass Sie mit Ihrem Mann bald wieder vereint sein mögen.» Als er mir den Umschlag überreichte, sah ich den Ring mit Winkelmaß und Zirkel an seinem Finger. Er war Freimaurer. Im Umschlag befanden sich zweihundertfünfzig Dollar.

Nun sammelte ich mein Gepäck zusammen und besuchte alle meine Freundinnen und Bekannten, um mich zu verabschieden. Paula Mayer wäre auch freigekommen, aber ihre Kinder lagen auf der Krankenstation, sie hatten sich auf der Marine Robin die Masern geholt. Ische Drebing und Frau Bärensprung sollten in zwei Tagen von Bekannten abgeholt werden. Die alte Frau Hillmann fiel mir um den Hals, sie wusste noch gar nicht, wohin. Ich sah sie nie mehr wieder.

Am Abend kam eine Rotkreuzschwester auf mich zu: «Könnten Sie sich einer zweiundsiebzigjährigen Missionarswitwe annehmen, wenn Sie in die Schweiz fahren?» Auf diese Weise lernte ich Frau Wohlleber kennen. Sie war Theologin in China gewesen, und der Zufall wollte, dass sie die gleiche Strecke wie ich fahren musste. Mit der freundlichen alten Frau wurde ich gleich warm. Die Missionsschwester, mit der Frau Wohlleber das Zimmer teilte, bat mich inständig, auf die herzkranke Dame aufzupassen.

Am 24. August fuhren wir auf dem kleinen Lastwagen zum Bahnhof Ludwigsburg. Von Anfang an dankte ich dem Himmel, dass er mir Frau Wohlleber als Reisepartnerin gesandt hatte. Wann immer ich an die Schalter oder in Rot-Kreuz-Büros musste, übernahm sie es, über unsere unzähligen Gepäckstücke zu wachen. Leider war unser Abreisetag ein Samstag, und wir konnten unsere Quittungen nicht eintauschen. Die nette Dame im Rot-Kreuz-Büro war ganz unglücklich: «Leider haben die Banken übers Wochenende geschlossen, erst am Montag können Sie nach Stuttgart fahren, um da die Quittung einzulösen, wirklich bedauerlich! Das heißt ...», sie überlegte, «nein, es ist ja ganz einfach: Da Sie das Visum haben und die Einreiseerlaubnis der Frau Wohlleber, brauchen Sie das Geld jetzt noch nicht. Wir geben Ihnen die Fahrscheine bis zur Grenze, und dort hilft Ihnen das Rote Kreuz, in die Schweiz zu kommen. Mittagessen bekommen Sie von uns, und zum Abendessen gebe ich Ihnen Butterbrote mit. Um sechzehn Uhr geht der Zug ab nach Karlsruhe, von dort fahren Sie mit einem Laster, der extra dafür reserviert ist, zum Bunkerhotel, bestellen dort einen Tee und schlafen bis um sechs Uhr. Um sieben steht der Laster bereit, um Sie zum Bahnhof zu bringen. Sie fahren dann nach Weil am Rhein, dort gehen sie zu Fuß über den Otterbach zum Zollhaus. Da werden Sie von den französischen Zöllnern den Schweizern übergeben. Es ist alles ganz einfach. Am letzten Sonntag war ich gerade bei meiner Schwester drüben.»

Als wir unser Mittagessen einnahmen, traf ich einen Bekannten von der Marine Robin. Er bat mich, einen Brief für seinen Freund in Zürich mitzunehmen. Als Gegenleistung half er uns, das Gepäck im Zug zu verstauen, und reichte mir zum Abschied eine Stange «Lucky Strike» ins Abteil, zum Neid aller Mitreisenden. An Bord des Schiffes hatten alle Passagiere ab fünfzehn Jahren Zigaretten kaufen dürfen, und das für einen Spottpreis, was viele für ihren Eigenbedarf nutzten. Dass diese Zigaretten hier in Deutschland die beste Währung darstellten, darauf waren wir Nichtraucher natürlich nicht gekommen. Deshalb war mir noch gar nicht klar, was für ein Geschenk der Mann uns gerade gemacht hatte.

Los ging es Richtung Karlsruhe, im Bunkerhotel verspeisten wir die mitgenommenen Butterbrote zu einer Tasse Brombeertee und legten uns auf die Strohsäcke, die auf den Pritschen die Matratzen ersetzten. Morgens gab es wieder eine Tasse Tee mit einem Stück Brot, und schon stand der kleine Lkw vor der Tür und brachte uns zum Bahnhof. In Weil am Rhein stiegen wir voller Vorfreude aus dem Zug. Auch unser großes Gepäck hatte tatsächlich den Weg hierher gefunden. Ich gab dem Beamten eine Schachtel Zigaretten, mit der Bitte, weiterhin gut auf die Koffer aufzupassen, denn wir wollten zunächst nur mit dem Handgepäck zur Grenze, um alle Formalitäten zu erledigen. Die großen Stücke würden wir dann irgendwie nachholen.

Als wir das Bahnhofsgebäude verließen, um Richtung Otterbach zu wandern, sprach uns ein älterer Herr an. Er sei Professor Bode aus Freiburg und würde uns gern behilflich sein. «Wir wollen in die Schweiz hinüber», sagten wir gerade, da kam ein Bub mit einem Handwagen vorbei und fragte: «Ihr Fraue, brauchet Ihr a Wägele?» Da packten wir kurz entschlossen unsere Handtaschen, Rucksäcke und Köfferchen auf den kleinen Wagen, Frau Wohlleber setzten wir obenauf. Mit ihrem schwarzen Hut und dem aufgespannten schwarzen Schirm sah sie zu putzig aus. Der Herr Professor und ich zogen, und der Junge dahinter schob tüchtig. Die Strecke zum Otterbach war weiter als erwartet, erst nach einer halben Stunde erreichten wir den Schlagbaum. Als der deutsche Zöllner die auf dem Wagen thronende Frau Wohlleber erblickte, starrte er uns an, als kämen wir direkt vom

Mond. «Wo wollet ihr hin?» – «In die Schweiz!» – «Und wo kömmet Ihr her?» – «Aus China!» – «I lasse mi von eu do nöt ufe de Arm nähme!»

Da erklärte unser Herr Professor dem Zöllner den Sachverhalt, und dieser hob verunsichert den Schlagbaum. Er deutete auf ein kleines Holzgebäude auf der französischen Seite. «Do müsset ihr erst hin.» Ein französischer Zöllner hing schon aus dem Fenster und starrte mit offenem Mund unseren merkwürdigen Aufzug an. Ich ging mit unseren Pässen ins Gebäude. «Wo sind die Sichtvermerke, die von der Militärregierung ausgegeben werden?»

«Davon hat man uns nichts gesagt.»

«Schlimm, sehr schlimm!»

«Seit wann gibt es denn diesen Sichtvermerk?»

«Seit drei Tagen. Sie müssen auf die Hauptwache.» Er telefonierte, nach einer langen Weile erschien ein Dienstwagen und nahm uns samt Gepäck auf. Dem Professor und dem Buben steckte ich noch schnell zwei Schachteln Zigaretten zu. Geld hatten wir ja keines, meine Dollar waren im Koffer beim großen Gepäck.

Die Fahrt endete auf einer Anhöhe vor einer Villa. Im Wachraum saß ein dicker rotwangiger Obergendarm, der sich unsere Pässe streng ansah. Wieder wurden wir nach unseren Barschaften gefragt, und wir zeigten brav die Quittungen. «Das Reichsmarkgeld interessiert uns nicht.» Dann ließ man uns bis abends sitzen. Während dieser Zeit wurden immer wieder Reisende ohne Durchreise-Sichtvermerke vernommen. Dabei konnte ich beobachten, wie immer wieder Geldscheine zusammen mit den Pässen überreicht wurden. Der Dicke schob die Scheine gleich in die Schublade. Diese

Reisenden waren dann sofort frei und bekamen ihren Passierstempel. Und wir zwei armen Hühner besaßen nichts, womit wir diesen Kerl hätten bestechen können. Ab sieben Uhr am Abend saßen wir völlig allein im Wachraum, da kam die Haushälterin des Dicken heimlich zu uns gelaufen. Wir hätten doch sicher Hunger, sie würde uns einen Teller Suppe bringen, aber ihre Madame dürfte dies auf keinen Fall erfahren. Die Suppe kam, und wir waren beglückt. Eine Stunde später wurden unsere Personalien aufgenommen. Außerdem mussten wir einen Riesenfragebogen ausfüllen und unterschreiben. Ich war im Zweifel, denn im letzten Passus stand, dass wir mit dieser Unterschrift die französische Besatzungszone nicht mehr betreten durften. Beide wollten wir nicht unterschreiben, denn irgendwann wollten wir ja wieder zurück nach Deutschland. «Unterschreiben Sie ruhig», hieß es. «Diese Situation bleibt ja nicht ewig so, wer weiß, wie es in einem Jahr aussieht.» Also unterschrieben wir. Dann wurden wir in den kühlen und modrig riechenden Keller des Hauses «abgeführt». Hier gab es eine Art Zelle mit zwei nackten Pritschen. Wir deckten uns mit unseren Mänteln zu. Kaum hatte die gläubige Frau Wohlleber ihren Psalm gelesen und ein Gebet gesprochen, erschien ein junger französischer Gendarm an der Verschlagtür und glotzte zu uns herein. Ich dankte Gott, dass ich nicht allein war und die alte Frau einen Schutz für mich bedeutete. Geschlafen haben wir dann trotzdem nicht, denn immer wieder erschienen junge Soldaten und amüsierten sich über uns.

Am nächsten Morgen wurden wir mit dem Auto nach Lörrach zur Hauptgendarmerie gefahren, wo uns eine Sekretärin empfing: «Ihr arme Fraue! Bei diesem schönen Wetter kommt Monsieur le Général nicht ins Büro. Er ist in den Schwarzwald gefahren. Es kann Tage dauern, bis er wieder zurück ist und eine Entscheidung fällen kann. Ich werde versuchen, ihn telefonisch zu erreichen.» Während eines spartanischen Mahls klapperte sie den ganzen Schwarzwald ab, um den General zu finden, aber vergebens. «Hier könnt ihr nicht bleiben, ich bin beauftragt, alle Reisenden, die auf Visa warten, ins Untersuchungsgefängnis zu bringen. Ihr arme, arme Fraue!»

Also wieder ab ins Auto, das uns ins Untersuchungsgefängnis brachte. Dort wurden wir schon von einem barschen deutschen Schnauzbart erwartet. Der wollte uns gleich alles Gepäck samt den Eheringen abnehmen, was mir dann doch zu weit ging: «Wir sind weder Kriminelle noch Verbrecher, nicht einmal die Holländer und die Chinesen haben sich an Eheringen vergriffen, und im angeblich zivilisierten Deutschland sollen wir sie abgeben?»

«Aber liebe Frau! Hier wird so viel gestohlen, das tun wir nur zu Ihrer eigenen Sicherheit.»

«Was, im Gefängnis wird gestohlen, und das unter Ihren Augen? Das kann doch nicht wahr sein!» Er war ratlos, schüttelte den Kopf und verschwand, um die Auseinandersetzung seinem Vorgesetzten mitzuteilen. Wir harrten der Dinge, die auf uns zukommen würden. Immerhin bekamen wir nach einer halben Stunde einen Teller Suppe mit einem Stück Brot gereicht. Dann hieß es wieder warten. Plötzlich erschien ein Besen von einer Wärterin und schnauzte augenblicklich los: «Aus China wollet ihr komme? Das glaubt euch ja der stärkste Mensch nicht.» Widerrede war zwecklos, wir waren im Gefängnis. Wir folgten ihr einen Gang entlang, durch eine Gittertür hindurch, die auf- und zugeschlossen wurde. Dahinter war der eigentliche Zellentrakt mit kleinen Gitterfenstern in den Türen. Unsere Wärterin warf durch jedes einen Blick, dann hatte sie wohl die geeignete Zelle für uns gefunden. Ich sah zuerst das Porzellan-WC, daneben zwei Doppelstock-Holzpritschen und ein vergittertes Fenster. Auf der linken Seite stand eine einzelne Pritsche, auf der eine Frau mittleren Alters lag. Sie sah merkwürdig verwildert aus und hatte die Augen verbunden.

«Ich bin politisch verfolgt», nuschelte sie immer wieder vor sich hin, eine andere Unterhaltung war mit ihr nicht möglich. Unsere reizende Wärterin erklärte uns, wir sollten Anstand und Ruhe bewahren, und verriegelte die Tür hinter sich. Da standen wir beide etwas ratlos in der Zelle herum.

Viel Zeit zum Sinnieren hatte ich nicht, schon wurde die Tür entriegelt, und die Wärterin rief: «So, Ihr Fraue, raus zum Spaziergang!» Unsere «politisch Verfolgte» schleuderte der Wärterin die unflätigsten Worten an den Kopf und schrie, sie habe Schmerzen. Dann blieb sie einfach auf ihrer Pritsche liegen. Später erfuhren wir, dass sie sich mit einer Zelleninsassin gerauft hatte und ihr dabei die Augen blau geschlagen und büschelweise Haare vom Kopf gerissen worden waren.

Wir beiden Frauen wollten uns den «Spaziergang» nicht entgehen lassen, und Frau Wohlleber setzte ihr Strohhütchen auf. «Hier brauchen Sie keinen Hut, so vornehm sind wir hier nicht», versetzte die Aufseherin.

«Lassen Sie der alten Dame ihren Hut», erwiderte ich scharf, nahm Frau Wohlleber am Arm und führte sie aus der Zelle. Aus allen Türen strömten junge und alte Frauen heraus und gingen mit uns in den Hof hinunter. Dort befand sich ein ovaler Grasplatz, den wir offenbar hintereinander umrunden sollten, was man meiner armen Gefährtin aber nicht zumuten konnte. Da sah ich einen Gartenstuhl am Rande des Trampelweges, holte ihn und ließ Frau Wohlleber darauf Platz nehmen. Ich hatte aber nicht mit unserer Aufsicht gerechnet und wurde kräftig zusammengestaucht: Dieser Stuhl sei ausschließlich für die Aufseherin bestimmt, die uns beim Spaziergang zu beobachten hatte. Ich sah der aufgebrachten Wärterin in die Augen, kramte meine autoritäre tiefe Stimme hervor und sagte so ruhig, wie ich es in dieser absurden Situation vermochte: «Sie wollen doch nicht verlangen, dass die herzkranke alte Dame an diesem Dauerlauf teilnimmt. Sie bleibt auf diesem Stuhl sitzen, und damit basta!» Der «Besen» gab tatsächlich nach: «In diesem Fall nur, ausnahmsweise.» Ich aber reihte mich in die Kolonne und marschierte in kleinen Schritten mit den anderen um das Oval. «Eins, zwei, eins, zwei ...», zählte die nun stehende Bewacherin und klatschte den Takt mit den Händen. Vor mir ging ein junges Mädchen, das sich nach zwei Runden vorsichtig zu mir umdrehte: «Warum sitzen Sie hier ein?»

«Wir wollen in die Schweiz, uns fehlte hierfür nur der Sichtvermerk im Pass, der vor einigen Tagen eingeführt wurde.»

«Mir geht es auch so, ich bin schon drei Tage hier und habe kein Geld, um die französischen Beamten zu bestechen.» Schon wurden wir angeschnauzt, dass jegliches Reden verboten sei. Wir sollten uns trennen und uns um drei Personen in der Reihe verschieben. «Wer miteinander redet, bekommt Karzer im Keller bei halber Kost, und das drei Tage lang.»

Beim Zurückgehen in die Zellen sollten sich Frauen zum

Kartoffelschälen melden. Ich gab meinen Namen an. Die Wärterin schaute nur auf meine Hände: «Sie mit Ihre feine Händche! Ich glaube nicht, dass Sie auch nur eine Kartoffel schälen können.»

«In Ihrem Stall hier muss man doch was tun, sonst wird man ja verrückt», sagte ich laut. Alles lachte, aber meine Arbeitskraft wurde nicht angenommen. So ließ ich mich mit meiner lieben Frau Wohlleber wieder in die Zelle einsperren, allerdings bat ich noch um Papier und Bleistift, um dem General einen Brief zu schreiben, aber mein Wunsch wurde nicht erfüllt. Zum Abendessen gab es wieder einen Teller dünne Suppe mit einem Stück Brot. Dann legten wir uns hin, müde und völlig ratlos, wie es weitergehen sollte. Frau Wohlleber holte wie jeden Abend das Neue Testament hervor und las laut vor. Unsere Zellengenossin stöhnte und machte sich über jeden Satz lustig, dann wetterte und fluchte sie, dass sich die Balken bogen.

Nun kam die Theologin in Frau Wohlleber durch: Sie verteidigte jedes Wort, erklärte, legte aus und predigte. Ein richtiger Disput entstand, dagegen kam unsere «politisch Verfolgte» nicht an. Sie wurde ganz ruhig und schmollte vor sich hin. Frau Wohlleber sprach das Abendgebet, dann wünschten wir uns eine gute Nacht und schliefen tatsächlich ein.

Den Schnauzbart, der am nächsten Morgen nach uns beiden sah, bat ich ebenfalls um Papier und Bleistift. Er versprach sogar, meinen Brief zur Hauptgendarmerie zu bringen. Kurz vor Mittag durften wir wieder unsere Runden drehen. Auch unseren wirren Mithäftling zog es diesmal hinaus. Die Frau war viel stiller geworden in unserer Gesellschaft. Als ich unser Geschirr nach dem Abendessen von meinem Oberbett auf ein Kästchen stellte, das über dem Bett unserer Zellengenossin hing, sah ich darauf etwas Graues, völlig Verstaubtes liegen. Ich beugte mich vor und ergriff ein Büchlein mit dem Titel Reclams Universum aus dem Jahr 1911, das Kurzgeschichten und einige Gedichte enthielt. «Kinder», jubelte ich, «ich muss euch etwas vorlesen.» Dann las ich eine schmalztriefende Geschichte von einer natürlich liebreizenden verarmten Englischlehrerin und einem deutschen Leutnant, die ihre Liebe zueinander in Verwicklungen führte. Der Leutnant musste traurigen Abschied nehmen, weil er in die Kolonien versetzt wurde. Wir hatten unseren Spaß an dieser hanebüchenen Erzählung. Unsere Zimmergenossin sprang auf, setzte sich aufrecht hin und hörte mit offenem Mund zu. Ich ließ meine Beine baumeln und las mit viel Rührung und Betonung in der Stimme weiter. Die alte Dame unter mir lächelte still vor sich hin, denn die Geschichte schien liebe Erinnerungen ihrer Jugendzeit zu wecken.

Plötzlich trat der Schnauzbart ein: «Ihr zwei Frauen, ihr seid frei. Es stimmt ja doch, dass ihr aus China kommt!» Wir lachten erlöst, aber unsere Zellengenossin begann zu weinen: «Es war so schön mit euch zusammen! Nun bin ich wieder ganz allein.» Schnell suchten wir unsere Siebensachen zusammen, da erschien die unausstehliche Wärterin und lächelte honigsüß. Sogar der Herr Gefängnisdirektor wollte sich persönlich entschuldigen. Beim Abschied gab ich ihm nicht die Hand, sondern sagte nur: «Sie sollten sich etwas mehr um Ihre Gefangenen kümmern und mehr Menschlichkeit walten lassen. Und Sie», damit wandte ich mich unserem «Besen» zu, «dürften etwas höflicher zu den gefangenen Frauen sein. Auf Wiedersehen sage ich nicht.»

Unsere «politisch Verfolgte» stand heulend vor ihrem Bett. Ich nahm sie spontan in die Arme und wünschte ihr alles Gute. Die ganze Welt hätte ich in diesem Moment umarmen mögen.

Immerhin trug man unser Gepäck noch bis zum Bahnhof Lörrach, wo ich die Träger mit Zigaretten belohnte. Unser großes Gepäck stand jedoch in Weil am Rhein. Die beiden netten Dienstmänner boten an, es in einem großen Handwagen herzubringen. Ich gab ihnen die Gepäckquittungen und eine Erklärung dazu, dann noch einige Schachteln Zigaretten, und nach zwei Stunden waren sie tatsächlich wieder da. Zum Dank gab ich ihnen die letzten «Lucky Strike».

Im Bahnhofshotel bekamen wir zwei Betten und Brombeertee, den wir gewaltig mit Würfelzucker aus unserem Vorrat süßten, um einige Kohlenhydrate gegen das schreckliche Hungergefühl zu uns zu nehmen. Hand in Hand, wie ein Liebespaar, schliefen wir glücklich nach den überstandenen Aufregungen ein.

Morgens gab es wieder nur Tee. In der Zwischenzeit hatten wir auch unsere Umtauschquittungen gegen Reichsmark einwechseln können. Unsere Übernachtung konnten wir damit bezahlen, da wir aber keine Lebensmittelkarten besaßen, konnten wir nichts zu essen bekommen. Und wir hatten Hunger. Schließlich erfuhren wir von dem Bahnbeamten, dass wir von Lörrach aus gar nicht direkt in die Schweiz reisen konnten. Der Weg ging grundsätzlich über die Station Weil am Rhein und von dort zu Fuß über den Otterbach zur Grenzstation. Da saßen wir armen Weiber wieder. Keine Zigaretten mehr, keine Bahnhofsmission, keine Rot-Kreuz-Hilfe. Und dann das Riesengepäck. Unser Hunger war mittlerweile mehr als heftig. Ich entschied kurzerhand, die alte Dame mit dem Gepäck im Warteraum zu lassen und zu Fuß die rund sechs Kilometer nach Weil am Rhein zur Grenze zu gehen.

Es war ein wunderbarer Morgen. Ich wünschte mir, den Weg durch die Wiesen und Felder genießen zu können, doch ich war schwach und schleppte mich mühsam vorwärts. Ich sammelte Fallobst und verschlang es, um etwas im Magen zu haben. Dann endlich erreichte ich den Schlagbaum am Otterbach. Derselbe Zöllner wie am vergangenen Sonntag lehnte darauf. Heute war Donnerstag. Er winkte mir zu und ließ mich gleich durch. Aus der Zollbaracke kam der französische Gendarmeriezöllner, auch derselbe wie am vergangenen Sonntag. «Bonjour, Madame. Wie geht es Ihnen? Bedauerlich, dass Sie einige Tage ins Gefängnis mussten, ich habe davon gehört. Wo ist Ihre ältere Begleiterin?» Ich erzählte unsere Geschichte, auch, dass ich die alte Dame mit dem Taxi abholen lassen wolle. Er drückte den Stempel in meinen Pass und sagte: «Sie können passieren, Madame!»

16 «Wo soll ich mit deinem Mann hin?»

Nur ein paar Schritte weiter war die Schweizer Grenze. Hinter dem Schlagbaum stand der Zöllner und lächelte mir zu. Ich konnte mein Glück kaum fassen, ich war tatsächlich heimgekommen. Der Zöllner schien meine Rührung zu bemerken: «Wo chömet Sie denn her?» – «Aus China!» Ich gab ihm meinen Pass, in dem er verwundert blätterte. Er starrte die chinesischen Stempel an: «Aber die kommen doch alle über Bordeaux.» – «Wir werden wohl die Ersten sein, die über Bremerhaven kommen.» Mittlerweile waren mehrere Grenzer aus dem Zollhäuschen gekommen und schauten mich an, als käme ich von einem anderen Stern. Mein Pass machte die Runde. Ich versuchte zu erklären, dass meine Begleiterin in Lörrach auf mich wartete, und bat um ein großes Taxi, um die alte Dame mit dem Gepäck abzuholen. Bezahlen würde ich das Taxi in Basel über das Rote Kreuz. Meine Verwandtschaft würde mir das Geld dann schicken. Einer der Zöllner griff gleich nach dem Telefon. «Ich besitze keinen roten Rappen, um das Telefonat zu bezahlen. Ich habe nur zwei Shanghai-Silber-Dollar, die ich Ihnen gern dafür gebe.»

«Nei, nei», sagte der Zöllner, «für eine Landsmännin habe ich das Telefongespräch wohl noch übrig!»

Eine Stunde später war Frau Wohlleber mit unserem ganzen Gepäck auf der Schweizer Seite. Wir mussten zur Kontrolle einige Gepäckstücke öffnen, man fand aber alles in Ordnung. Dann fuhr uns der Taxifahrer nach Basel zum Badischen Bahnhof. Dort ging ich zuallererst zum Roten Kreuz, um Geld für die Taxifahrt zu bekommen. «Wo chömed Ihr her?»

«Us Shanghai via Bremerhaven.»

«Da müsset Ihr erst in Quarantäne, und geimpft werden müsset Ihr au.»

«Das ist nicht nötig, wir sind gegen alles geimpft worden, unser Impfpass liegt unseren Pässen bei.»

Der zuständige Arzt schaute sich misstrauisch die Zertifikate an. «Wem gehört das Auto mit dem vielen Gepäck da draußen?»

«Uns.»

«Was, Sie fahren ohne Geld mit einem Taxi in der Gegend herum, wie wollen Sie denn das bezahlen?»

«Das lassen Sie mal unsere Sorge sein. Unsere Verwandten werden uns sofort telegraphisch Geld senden. Ich bin noch nie jemandem etwas schuldig geblieben.»

«Und wer sind Ihre Verwandten?», fragte er spitz. Ich nannte ihm die Adresse meiner Schwester Louise bei Frauenfeld. «Und wie hieß Ihr Vater?» Ich brachte nur noch «Ernst Wildhaber» hervor, dann setzte mein Hirn aus. Ich rieb meine Stirn, schaute zu Frau Wohlleber und sah gerade noch, dass sie drauf und dran war, vom Stuhl zu fallen. Ich stürzte zu ihr hin und rief der Schwester, die allem mit offenem Mund gelauscht hatte, zu: «Um Gottes willen, geben Sie uns bitte etwas zu essen!»

Während wir langsam einen Pfefferminztee schlürften und ein Schinkenbrötchen zu uns nahmen, erschien der Herr wieder: «Frau Hake, Ihre Angaben stimmen. Ihre Schwester ist am Apparat, überglücklich, dass Sie hier sind. Wollen Sie sie selbst sprechen?» – «Nein, ich kann nicht, sonst muss ich heulen, und das will ich nicht.»

Man empfahl uns, die Nacht in einem Hotel in Basel zu verbringen, zu baden, zu schlafen und zu essen. Morgen würde man uns in den Zug setzen. Wir bedankten uns herzlich, aber wir wollten gleich heim zu unseren Lieben. Es war erst früher Nachmittag und Zeit genug, um nach Hause zu fahren. Ich fragte noch nach unserem großen Gepäck. «Das ist bereits unterwegs nach Frauenfeld.» – «Aber die Koffer sind doch nicht abgeschlossen!» – «Wir leben hier in der Schweiz und nicht in China», rügte mich der Rot-Kreuz-Mann. Jedem von uns wurde noch ein kleiner Korb mit Schinkenbrötchen und Obst übergeben, und dann ging die Reise los. Wir waren erlöst von einem bösen Albtraum. Welches Datum war heute? Himmel, der 29. August, Gustels Geburtstag! Vierundfünfzig Jahre alt war mein Mann nun und saß seit sechs Jahren in Gefangenschaft.

Frauenfeld. Louise stand direkt vor der Waggontür, Schwager Urs im Hintergrund vor einem Pferdewagen. «Mein Gott, Claire, wie siehst du aus! Ganz gelb, und die Kleider hängen nur so an dir herunter.» Ich half Frau Wohlleber beim Aussteigen und stellte sie vor. «Sie muss nach Münchwilen fahren.» – «Aber das Wiler Bähnli fährt gleich ab», rief Louise, «Urs, die Frau muss nach Münchwilen!» Mein Schwager rannte zu dem wartenden Zug hinüber und versuchte, die Abfahrt hinauszuzögern. In aller Eile verabschiedete ich mich nun von meiner Reisegenossin, die mir Gottes Segen mitgab. Vier Jahre hatten wir noch Briefkontakt, dann starb die gute Frau.

Die Sonne stand schon sehr tief, als wir im Pferdewagen zum Hof meines Schwagers fuhren. Durch den übereilten Abschied von Frau Wohlleber war ich wie gespalten und innerlich ganz taub. Louise und ich hielten uns an den Händen. Ich wollte weinen, konnte es aber nicht, wollte reden und konnte auch dies nicht. Louisli holte dann einen Henkelmann hervor mit Suppe, Fleisch, Gemüse, Kartoffeln und Nachtisch. «Am Telefon hieß es, du seist halb verhungert.» Aber ich brachte keinen Bissen herunter, mein Magen war wie zugenäht. Im letzten Licht erreichten wir das schöne Gehöft, auf dem die Familie Abderhalden mit den Söhnen und den Schwiegereltern lebte.

Ich wurde liebevoll begrüßt, erst von den alten Abderhaldens, dann von Peter, dem zweiten Sohn, schmal und zäh gewachsen und schelmisch grinsend. Er war fast zwanzig Jahre alt. Dann von Hans, dem Jüngsten, den ich gar nicht einschätzen konnte. Der älteste Sohn Urs war nicht daheim. Er studierte schon und lebte in Zürich.

Wir riefen sofort Heinz an, der fast jeden Tag telefonisch nachgefragt hatte, ob Louise etwas von mir gehört hätte. Meine Briefe von Port Said waren alle angekommen, danach aber nichts mehr. Seine Freude, als er meine Stimme vernahm, war unbeschreiblich. Die seelische Verkrampfung schien mich in diesem Augenblick zu verlassen, und ich heulte und schluchzte hemmungslos drauflos. In diesem Moment fühlte ich mich das erste Mal seit Jahren wieder aufgefangen und aufgehoben. Dieser gute Freund hatte mich all die Jahre innerlich begleitet und für mich gebetet, ein Liebesgeschenk, das mit nichts auf der Welt zu vergelten war.

Am nächsten Tag brachte man mir einen riesigen Blumenkorb mit rosa Nelken. Der war noch nicht in der Stube, da stand Louises Schwiegermutter schon in der Tür und rief: «Von wem sind die Blumen?» – Ich schaute in die Karte: «Von Pater Leo, von Heinz.» – «Welch Schande!», sagte sie giftig.

Heinz kam am Sonntag mit der Bahn. Nach dem Mittagessen spazierten wir zu zweit oberhalb des Hofes am Waldrand entlang. Die Gardinen in Mutter Abderhaldens Wohnung bewegten sich, und wir wanderten weiter, bis wir uns nicht mehr beobachtet fühlten und freier reden konnten. Ich erzählte ihm, dass ich hoffte, alle Auslagen für mich begleichen zu können, sobald unser Guthaben in Holland frei würde. «Wir haben in Hamburg bei meiner Schwiegermutter auch noch wertvolle Münz- und Briefmarkensammlungen von Gustels Vater. Das Haus hat den Bombenterror überstanden, und so sind die Werte wohl gerettet», sagte ich.

«Claire, verlass dich nicht auf den Wert dieser Sammlungen und erst recht nicht auf die Freigabe eurer Guthaben in den Niederlanden. Ich sehe da sehr schwarz. Die Holländer werden eure Bankguthaben für die Wiedergutmachung einbehalten. Wenn es hart auf hart kommt, seid ihr völlig mittellos. Wende dich bitte an mich, wenn ich dir irgendwie finanziell helfen kann. Ich kann und werde alles für dich regeln.» Heinz sah mich ernst an. Ich aber wischte die Bedenken beiseite, denn für mich gab es vorerst nur eines: mit meinem Mann wieder vereint zu werden. Alles andere würde sich dann schon ergeben.

«Lass erst Gustel zurück sein», sagte ich, «dann sieht die Welt wieder ganz anders aus. Zu zweit ist ein Neubeginn leichter anzupacken.»

«Ich bewundere deine Zuversicht, aber ihr seid nicht mehr

die Jüngsten. Bitte hab keine Scheu, mich jederzeit um Hilfe
zu bitten. Ich helfe euch gern. Was hältst du davon, eine
Woche bei mir in Flüelen Ferien zu machen? Ich miete für
dich ein Zimmer und hole dich jeden Morgen zu einem Berg-
ausflug ins Blaue ab. Ausspannung und gute Bergluft hast
du sichtbar nötig.»

«Die Welt ist voll böser Zungen.» Ich deutete unmissverständlich zurück Richtung Haus. «Ich bin verheiratet und
möchte in dieser engstirnigen Umgebung keinen Schatten
auf meine Ehe kommen lassen.»

«Du hast recht», erwiderte er nachdenklich, «ich will mit
Urs sprechen, vielleicht lässt er Louise eine Woche mit dir
zusammen Ferien machen.»

Mit Erlaubnis meines Schwagers reisten Louise und ich
einige Tage später nach Flüelen. Der Hotelbesitzer empfing
uns mit den netten Worten: «Gelt, Sie sind die Schwester von
Pater Leo, Sie gleichen einander sehr!» Ich lächelte und ließ
ihn in seinem Glauben. Es wurden traumhafte Ferien, nie
zuvor in meinem Leben war ich so viele Tage hintereinander
mit Heinz zusammen gewesen. Jeden Tag wanderten wir
bei schönstem Sonnenschein durch die friedliche Bergwelt,
über den Klausenpass, auf die Gitschenenalb und durchs
Isental. Wir waren auf dem Furkapass und auf den Höhen
über Schattdorf. Wie unbeschreiblich schön war doch meine
Heimat. In meinem Herzen trug ich meinen geliebten Mann
all die Tage bei mir. Wie lange würde diese furchtbare Trennung noch dauern?

Kaum zurück auf dem Hof, half ich Äpfel sortieren. Es
gab eine gewaltige Obsternte, und Urs war froh über jede
Hand. Von dem dabei verdienten Geld schickte ich über die

Schweizerischen Freikirchen Lebensmittelpakete an meinen Sohn Gustav in die Lüneburger Heide und an meine Schwiegermutter nach Hamburg. Die Antworten darauf hätten nicht unterschiedlicher sein können: Gustav freute sich riesig, meine Schwiegermutter aber schrieb in einer für alle lesbaren Postkarte, dass es sicher besser sei, wenn ich die folgenden Pakete immer an ihre Adresse schickte, damit sie selbst die Verteilung übernehmen könnte. Zum Schluss wagte sie zu schreiben: «Wenn dein Mann zurückkommt» – nicht: «mein Sohn Gustav» – «was soll ich dann mit ihm machen? Kurt und Viola liegen mir schon auf der Tasche und nehmen mir Wohnraum weg. Wo soll ich dann noch mit deinem Mann hin?» Wie konnte eine Mutter so etwas nach diesem Weltuntergang schreiben?

Der Heilige Abend war sehr bedrückend für mich. Ich dachte nur an Gustel und unsere Söhne. Bei jedem Gedanken an Kurt schoss ein heißer Schmerz in mich hinein. Dass er einfach «verschwunden» war, wurde mir erst jetzt, da ich mich selbst in Sicherheit fühlte, bewusst. Ich verbat mir immer wieder die grauenvolle Vorstellung, dass er wirklich tot sein sollte. Und wo war mein Mann? Noch in Indien, unterwegs nach Hause oder schon gar in Hamburg? Gustav war sicher auf dem Hof in der Heide, wo er seine landwirtschaftliche Lehre machte. Hoffentlich hatte er Freude an meinen Geschenken. Ich kannte meinen eigenen Sohn ja kaum mehr.

Zu Silvester erhielt ich die wundervolle Nachricht, Gustel sei in Deutschland und am 21. Dezember 1946 aus dem Entlassungslager Neuengamme bei Bergedorf entlassen worden. Er wohne in Hamburg bei seiner Mutter. Die Weihnachtstage hatte er zusammen mit Gustav verbracht. Nun gab es für mich nur noch eines: meine baldige Reise zu ihm zu organisieren und den schnellsten Weg nach Hamburg zu finden. Telefonieren konnten wir nicht miteinander, man kam einfach nicht durch nach Deutschland. Über Heinz erfuhr ich von einer anderen Schweizerin, die ebenfalls zu ihrem Mann nach Hamburg wollte. Ihr Mann hatte in Hamburg einen Weg ausfindig gemacht, der nur unter größter Verschwiegenheit und Vertraulichkeit und mit der Zahlung von ausreichend Schweigegeld gegangen werden konnte. Ich nahm gleich Verbindung mit einer internationalen Spedition in Schaffhausen auf und sollte dort einen gewissen Herrn Stocher sprechen. Dieser tat sehr geheimnisvoll und meinte, dass er eine erneute Personenspedition kaum bewerkstelligen könne. Er habe gerade unter schwersten Mühen jemanden nach Norddeutschland bringen können und damit ziemlichen Ärger bekommen. Ich fragte ihn, wie viel Geld er für so eine große Mühe brauche.

«Zweitausend Schweizer Franken würden wohl reichen.»

Ich gab sie ihm. Eine Quittung bekam ich nicht. Er wollte mich telefonisch auf dem Laufenden halten und bedankte sich.

In Zürich besuchte ich meine alte Freundin Miggi, die ich auf meiner ersten Reise nach Sumatra kennengelernt hatte. Sie hatte ihren Derk damals geheiratet und lebte seit vielen Jahren in der Schweiz. Als sie erfuhr, dass mein Mann in Hamburg auf mich wartete, beschwor sie mich, so schnell wie möglich zu ihm zu reisen. «Fahr, sobald du kannst, bevor sich eine andere zwischen euch drängt. Die Männer sind nach so vielen Jahren Enthaltsamkeit schwach.» Miggi hatte

recht, wer weiß, was meine Schwiegermutter alles unternehmen würde, nur um wieder etwas «Aufregendes» zu erleben.

Währenddessen setzte Heinz Tod und Teufel in Bewegung,
um etwas über Kurt herauszufinden. Wir erfuhren, dass
seine Einheit im Februar 1945 bei Kämpfen in der Nähe des
Plattensees in Ungarn fast vollständig aufgerieben worden
war und es praktisch keine Gefangenen gegeben hatte. Ich
musste mich darauf einstellen, dass ich meinen geliebten
Sohn nie wieder in die Arme schließen würde. Die Vorwürfe,
die ich mir bereits in den vergangenen Jahren gemacht hatte,
nagten an mir. Warum war ich nicht stark genug gewesen,
die Kinder damals Heinz anzuvertrauen? Warum hatte ich
sie in dieses schreckliche Deutschland gebracht? Warum
hatte mein Schwager Kurt zugelassen, dass unser Sohn zur
SS kam? Er war selbst Offizier, er hätte erreichen können,
dass sein Neffe nicht an die Front geschickt worden wäre.

Und Kurt selbst? Wollte er zur SS? Hatte er keine andere
Wahl? Freute er sich, Deutschland zu verteidigen, oder hatte
er Angst? Das Land war doch schon am Ende, als er eingezogen wurde. Ob er in der Hölle des Krieges den Lebensmut und die Liebe zum Leben behalten konnte? Und die
schlimmste aller Fragen: Wenn er tot war, wie war er ums
Leben gekommen? Hatte er leiden müssen? Diese Gedanken
zermürbten mich nur noch mehr. Ich versuchte, meinen
Sohn in meinem Herzen wiederzufinden.

• • • • • • • •

Als 1943 die Luftangriffe auf den Flugplatz in Fassberg zunehmen,
geben Claires Schwager Kurt und ihre Schwägerin die Hake-Söhne
zur Sicherheit auf ein Internat in Dingelstädt im Eichsfeld. Die Ein-

richtung ist ein Ableger der Nationalpolitischen Erziehungsanstalten, kurz «Napola» genannt, in denen die Nationalsozialisten den «Führernachwuchs» heranziehen. In dieser Schule durchlaufen die beiden neben dem normalen Unterricht auch eine vormilitärische Ausbildung. Der neunzehnjährige Kurt ist ein sehr guter Schüler, er ist beliebt und im Gegensatz zu seinem Bruder Gustav außerordentlich sportlich. Sein weiterer Lebensweg ist dadurch vorbestimmt und führt über den Arbeitsdienst zur Waffen-SS. Als Absolvent dieser Eliteschule bleibt ihm praktisch keine andere Wahl. Zunächst kommt er nach Kurland, wird dort im Herbst 1944 schwer verwundet und verlebt seinen Genesungsurlaub bei Bruder, Tante und Onkel in Fassberg. Dort verbringen die vier noch ein lustiges Silvesterfest. Dann muss er zurück zu seiner Einheit und wird in den Kämpfen um Budapest eingesetzt. Ab diesem Zeitpunkt gibt es kein Lebenszeichen mehr von ihm.

Bei dem sechzehnjährigen Gustav lässt Claires Schwager dann Vorsicht walten, als dessen komplette Klasse als Flakhelfer in Halle tätig werden soll. Als Kommandant des Flugplatzes von Fassberg hat er genügend Autorität, seinen Neffen auf seinem Flugplatz einsetzen zu dürfen. Der an allem Handwerklichen interessierte Junge hilft in den Werkshallen im Flugzeugbau und in der Reparatur.

· · · · · · ·

Vor der Abreise musste ich noch einmal mit Heinz sprechen. Er sah mich nicht gern reisen: «Willst du wirklich nach Hamburg? Ich habe Angst um dich. Du bist noch nicht einmal richtig erholt und fährst in ein zerstörtes Land. Wovon wollt ihr leben? Außerdem ist deine Schwiegermutter eine hartherzige Frau, ich kenne sie aus ihren Briefen.»

«Wie gern bliebe ich hier in der Schweiz, aber ich gehöre

zu meinem Mann. Gustel ist im Januar und Februar zum Schneeschieben auf dem Jungfernstieg eingesetzt worden, seine Mutter hat ihn völlig fertiggemacht. Wenn Titel, Glanz und Geld weg sind, vergisst sie ihre eigenen Kinder. Aber man nimmt bei den Arbeitslosen keinerlei Rücksicht auf Alter oder Herkunft, das ist unglaublich demütigend für ihn. Ich kann ihn in dieser Situation doch nicht alleinlassen. Er braucht mich, ich fühle das.»

Am 27. April 1947 verabschiedete ich mich von meiner Schwester, ihrer Familie, die mir so viel geholfen hatte, und von meinem geliebten Heimatland. In Schaffhausen erhielt ich bei der Spedition letzte Weisungen. Dann ging es zur Fremdenpolizei, wo mich der Beamte bat, mein gewagtes Unternehmen nochmals genau zu überdenken. Wenn ich aus der Schweiz ausreise, müsse er meinen Namen aus der Liste der Personen streichen, die eine langfristige Aufenthaltsbewilligung genossen. Ein Zurück gäbe es dann nicht mehr. Er zeigte mir meinen Namen und die Registriernummer. «Ich muss jetzt diesen Namen durchstreichen.» – «Streichen Sie ihn bitte durch!» Mit einem Federstrich war mein Name gelöscht. Schon wieder stand ich vor einer Reise ins Ungewisse.

Der Beamte lud mein Gepäck in seinen Wagen, und wir fuhren nach Thayngen. Vor der Abfertigungsbaracke des französisch-deutschen Zolls hielten wir an. Als ich ausstieg, nahm er meine Hand: «Frau Hake, ich kann Sie wieder mit zurücknehmen. Bitte denken Sie jetzt genau nach, bevor ich Sie den Franzosen übergebe. Den Rüffel meiner Behörde bei Ihrer Rückkehr in die Schweiz nehme ich gern auf mich.» Aber ich bat ihn, mich weiterreisen zu lassen. Eine unsichtbare Macht trieb mich vorwärts.

Der französische Zollbeamte, der mich empfing, bat mich, mit meinem Gepäck in die Zollbaracke zu kommen. Mein Gepäck wurde auf den langen Zolltisch gelegt und von einem deutschen Grenzer durchsucht. In diesem Augenblick fuhr ein Kleinlastwagen vor, der Fahrer sprang heraus und rief mir zu: «Sind Sie Frau Hake?» – «Ja, die bin ich.» – «Ich bin Sepp Stricker, Studienrat aus Schopfheim, der Freund Ihres Schwagers Kurt Hake.» Ich wusste gleich Bescheid und war heilfroh, dass mein Schwager ihn mobil gemacht hatte. Bei dem Namen Stricker-Sepp wurde der deutsche Zollbeamte aufmerksam und rief: «Mensch, Sepp, dass du auch noch lebst! Ich dachte, die Würmer hätten dich schon zerbröselt.» Das freudige Wiedersehen der zwei Kriegskameraden erheiterte alle und verkürzte die Durchsuchung. Die Koffer brachten wir zum Kleinlaster und hofften nun, nach Schopfheim fahren zu können. Aber schon kam ein französischer Zöllner und verlangte, dass ich mit zwei Gendarmen nach Singen zur Hauptgendarmerie fuhr. Stricker folgte uns mit dem Gepäck, wenigstens das war schon in Sicherheit.

In der Hauptgendarmerie wurden wir von einer Sekretärin empfangen. Ich sagte gleich: «Ich möchte bitte Monsieur de Lignière sprechen und ihm Grüße von Monsieur Stocher der Firma Sims aus Schaffhausen ausrichten.» Sie schüttelte den Kopf, Monsieur de Lignière käme heute nicht mehr, ich würde wohl bis morgen in einer Untersuchungszelle warten müssen. Zurzeit sei es nicht möglich, Einzelpersonen in die britische Besatzungszone reisen zu lassen, aus Sicherheitsgründen gäbe es nur Sammelfahrten. Mein Gott, ging dieser Zauber schon wieder los? Ich bat Herrn Stricker, mein Gepäck zu sich nach Hause zu bringen, ich würde mich schon melden, wenn ich durchgekommen sei. Aber da kannte man Stricker schlecht: Er nahm sich der Sekretärin auf das Liebevollste an. Mit schönen Augen säuselte er ihr ins Ohr, dass hier Menschlichkeit vor Recht und Gesetz stehen müsse und die sich derzeit ständig ändernde Gesetzgebung sowieso keine Rechtskraft habe. Dann verschwanden die beiden. Nach kurzer Zeit kamen sie wieder, und die Sekretärin begann ganz gelassen in aller Welt herumzutelefonieren und fand nach einer halben Stunde tatsächlich den gesuchten Herrn. Er erschien dann höchstpersönlich.

«Monsieur de Lignière, ich möchte Ihnen die herzlichsten Grüße von Monsieur Stocher der Firma Sims aus Schaffhausen ausrichten.» Er sah mich verständnislos an, doch dann erhellte sich sein Gesicht und er säuselte: «Ah, Monsieur Stocher, ja, ich verstehe, mein Bekannter aus Schaffhausen.» – «Bitte helfen Sie mir wie abgesprochen weiter!»

Ich hatte den Eindruck, dass er das Gespräch beenden wollte, aber da mischte sich die Sekretärin ein: «Bitte, Monsieur, setzen Sie sich für Frau Hake ein, dies ist ein Sonderfall, und auch Herr Stocher aus Schaffhausen ist sehr daran interessiert, dass alles glattläuft.» Das Gesicht des Franzosen erhellte sich ein wenig, und er gab Anweisung, einen Begleitbrief aufzusetzen, der Text sei ja bekannt. Nach einer Viertelstunde hatte ich mein Durchreisedokument für Einzelreisende mit allen nötigen Stempeln. Ich war frei.

Auf der langen Fahrt nach Schopfheim mussten wir bei einer Sägerei noch einige Säcke Kleinholz kaufen, damit wir überhaupt bei Stricker zu Hause ankamen. Den Lastwagen mit Holzvergaser hatte der findige Stricker von einem Metzger geliehen. Am nächsten Abend telegraphierte Gustel, dass er mir bis Karlsruhe entgegenkommen würde. Telegramme nach und von Hamburg gingen hin und her, und wir vereinbarten Tag, Treffpunkt und Zugankünfte in Karlsruhe. Wie sehnte ich mich nach meinem Liebsten.

Am 29. April 1947 fuhr ich mit dem Zug nach Karlsruhe. Das große Gepäck hatte ich per Bahnspedition nach Hamburg aufgegeben. Diese Transportmöglichkeit war die sicherste, denn es wurde viel gestohlen. Als ich in Schopfheim in den Zug einsteigen wollte, rutschte mir das Herz in die Hose. Vor dem Zug stand eine französische Kontrolle, und wer prüfte die Papiere? Der Gendarm, der in Weil am Rhein meine Personalien aufgenommen hatte und bei dem ich bestätigen musste, dass ich die französische Zone nie mehr betreten würde. Mit gesenktem Kopf übergab ich den Passierschein, den ich in Singen bekommen hatte, und machte mich an meinem Gepäck zu schaffen. Endlich kam der erlösende Satz: «Passieren Sie bitte!» Ich saß am Fenster und hielt mein Gesicht hinter der schmutzigen Gardine versteckt, um nicht im letzten Augenblick erkannt zu werden. Die Beamten schritten am Zug auf und ab und kontrollierten weiter. Endlich fuhren wir ab.

Bahnhof Karlsruhe. Ich konnte kaum aus dem Zug steigen und wurde gedrückt und geschoben von den Menschenmassen, die gleichzeitig hinein und heraus wollten. Mein Herz klopfte bis zum Hals. Hilflos sah auf dem Bahnsteig umher, um Gustel in dem Gewühl zu finden, aber er war nirgends zu sehen. Da rief ich einfach laut: «Gepäckträger, Gepäckträger!» Und meine Stimme wurde erhört.

• • • • • • •

Am 10. November 1946 verlässt eine Kolonne von Autobussen das Lager Dehra Dun am Fuß des Himalaja. Sie fahren die deutschen Kriegsgefangenen zum nächsten Bahnhof. Die Männer blicken noch einmal zurück auf die imposante Bergwelt und denken an die vielen Wanderungen und Exkursionen, die sie in den vergangenen dreieinhalb Jahren hatten machen dürfen. Sie verlassen einen Ort, der ihnen, wenn auch unter Zwang, ein Stück Heimat geworden ist. Mehr als sechs Jahre haben die Männer hinter Stacheldraht verbracht, in die Freude vor der neu geschenkten Freiheit mischt sich nun die Angst vor der Zukunft. Manche meinen, sie könnten wieder dort beginnen, wo sie vor dem Krieg aufgehört haben. Andere ahnen, dass sie mit einer vollkommen neuen Realität konfrontiert sein werden und die Welt sich fundamental verändert hat.

Am Hafen von Bombay wartet der Truppentransporter, der die Männer nach Hamburg bringen soll. Bei seinem Anblick erschauern sie: Auf dem Schiff weht die niederländische Flagge. Doch die Marinesoldaten sind junge, freundliche Kerle. Die Gefangenen ahnen nur, was in Deutschland auf sie zukommt. Werden sie ihre Frauen und Kinder wiedersehen? Wird sich nach so langer Zeit eine Ehe wieder aufnehmen und weiterführen lassen? Noch tragen die Männer ihre Tropenkleidung, auf den Winter in der Heimat sind sie nicht vorbereitet. Am 3. Dezember läuft ihr schnelles Schiff im Hamburger Hafen ein. Als die Männer am nächsten Morgen von Bord gehen, erwarten sie schwerbewaffnete britische Soldaten. In Hamburg herrscht eine ungewöhnliche Kälte mit Temperaturen bis minus sechzehn Grad. Mit den alten Strohhüten und verbeulten Tropenhelmen auf dem Kopf, nur wenige von ihnen im warmen Mantel, geben sie ein merkwürdiges Bild ab. In offenen Viehwaggons bringt man sie bis zum Gelände des ehemaligen Hamburger Konzentrationslagers Neuengamme. Auf der Fahrt sehen sie, wie

Eisenbahner die Zigarettenstummel auflesen, die sie unachtsam aus dem Zug geworfen haben. Ihnen beginnt zu dämmern, in was für ein Land sie zurückgekehrt sind. Ein Mann ist auf dem Weg erfroren.

Die Lebensbedingungen im Camp sind menschenunwürdig. Hinter einem Zaun befindet sich das Lager für Nazihäftlinge. «Wissen Sie, dass in diesem KZ mehr als fünfzigtausend Menschen umgekommen sind?», werden die Männer aus Britisch-Indien von einem Aufseher gefragt. Das wissen sie nicht. Sie lesen die eingeritzten Namen der ehemaligen KZ-Häftlinge an ihren Barackenwänden und Pritschen, und sie sehen die ausgemergelten Gestalten hinter dem Stacheldraht. Mitleid haben sie mit beiden Gruppen, denn sie kennen den Stacheldraht selbst seit sechseinhalb Jahren.

Nach dem 10. Dezember werden Fragebögen ausgeteilt, die peinlich genau beantwortet werden müssen. Panische Angst macht sich breit, ob ihnen irgendetwas aus der Vergangenheit angelastet werden könnte. Einzeln werden die Männer zu Verhören geholt. Die meisten von ihnen finden sich in den nächsten Tagen vor dem Tor des Lagers wieder, den Entlassungsschein in der Hand. Wer nicht weiß, wohin, wird gleich in ein Flüchtlingslager eingewiesen.

Mein Großvater hat es nicht weit bis zu seiner Mutter nach Hamburg. In ihrer großen Wohnung leben außer der Inhaberin und der alten Haushälterin Lene zwangsweise noch weitere neun Personen. Auf dem Dachboden, in einer der unbeheizbaren «Mädchenkammern», haust sein Bruder Kurt mit seiner Frau Viola. In die andere zieht nun er und wartet darauf, dass er Claire wieder in die Arme schließen kann.

17 Der fremde Sohn

«Gepäckträger! Gepäckträger …!» Dort, rechts von mir, ganz vorn, löste sich ein Mann aus der Menschenmenge und kam zögernd auf mich zu. Ich sah ihn an, fragend, unsicher.

«Gustel», sagte ich kaum wahrnehmbar, mein Hals war wie zugeschnürt, und mein Herz drehte sich im Leib herum vor Freude, Liebe und Mitleid. Wie schmal er geworden war, wie schrecklich dünn. So hilflos in seinem schäbigen Internierungslager-Mantel mit dem zu kleinen grünen Filzhut auf dem Kopf, den ich unserem Sohn aus der Schweiz geschickt hatte. Tränen traten in meine Augen. Seine aber strahlten, als er auf mich zueilte, dann hielten wir uns in den Armen, alles versank um mich herum vor Glück. Er hielt mich fest an sich gepresst. «Dass du nur da bist!», flüsterte er. Ich schaute zu ihm hoch, konnte aber vor lauter Tränen sein Gesicht kaum erkennen. Versunken in Wonne und Glück lehnte ich mich wieder an seine Brust und schluchzte. Ich weiß nicht, wie lange wir uns so fest in den Armen hielten, plötzlich aber sagte eine Stimme dicht neben mir: «Gnädige Frau, Sie haben nach einem Gepäckträger gerufen?» Da kehrte ich in die Wirklichkeit zurück. «Ja, dort ist mein Gepäck.» Der alte Mann packte es auf seinen Karren und fragte, wohin wir wollten. «Ich weiß es noch nicht, vermutlich ins Bunkerhotel.» Das kannte ich ja von meiner letzten Reise durch Karlsruhe. Ich schaute auf die Uhr. Das Hotelauto würde gleich abfahren, denn es war fast vier Uhr. Wir bekamen gerade noch zwei Betten in einem großen Raum für acht Personen, wieder ein mehr als bescheidenes Quartier. Essen gab es keines, aber ich hatte aus der Schweiz Landjäger, ein großes Stück Brot und zwei Orangen mitgebracht. Köstlichkeiten für Gustel, der Lebensmittel nun schon seit einigen Monaten nur über Marken erhielt.

Nach unserer Brotzeit krochen wir gleich auf unser Strohlager. Wir hatten uns so viel zu erzählen. Immer wieder hielten wir uns fest, um zu sehen, ob unser Zusammensein nicht nur ein Traum war. So ging es bis spät in die Nacht, bis wir von anderen Zimmerbewohnern freundlich daran erinnert wurden, dass es schon spät war. In einem unglaublichen Glücksgefühl schlief ich ein.

· · · · · · · ·

Meine Großeltern dürfen in Hamburg mit behördlicher Erlaubnis eine der beiden ungeheizten Dachkammern über der Wohnung von Gustavs Mutter beziehen. Als vierzehnte Mitbewohnerin teilt sich meine Großmutter in der unteren 160-Quadratmeter-Wohnung Küche und Bad nach einem genauen Zeitplan mit den anderen Parteien. Antonie Fuhrmann, geschiedene Hake, geht auf die Achtzig zu und macht den vom Wohnungsamt eingewiesenen Menschen das Leben nicht gerade leicht. In ihrem Verlangen nach Unterhaltung begünstigt sie bisweilen Spannungen und Neidereien zwischen den Wohnparteien. Die Lebensmittelpakete aus der Schweiz lösen sich auffallend schnell in nichts auf. Jeder Nachbar, jeder Ladeninhaber weiß Bescheid über die Gewohnheiten der lästigen Untermieter oder des «langweiligsten» Ehepaars der Welt, wie sie ihren Sohn und seine Claire tituliert, und mit der Wahrheit nimmt sie es dabei nicht immer genau.

Mein Großvater verlässt morgens um sechs in Overall und

Schirmmütze das Haus, um – siebenundfünfzigjährig – als Gärtnergehilfe in Volksdorf zu arbeiten. Seine Mutter schämt sich seiner und grüßt ihn nicht, wenn sie ihn in diesem Aufzug auf der Straße trifft. Die zusätzlichen Lebensmittelkarten aber, die ihm als «Schwerarbeiter» zustehen, nimmt sie dankend an. Sie giert geradezu nach Essen und rafft jedes Paket aus der Schweiz an sich, bis meine Großmutter den Konflikt wagt und die Pakete in der Dachkammer hinter Schloss und Riegel verwahrt. Bei der Briefmarkensammlung wie auch bei der Münzsammlung sind die Siegel aufgebrochen. Sie sind wertlos. Um überhaupt über die Runden zu kommen, strickt Claire in Heimarbeit Kniestrümpfe aus Zuckersackwolle für das Modehaus «Berni».

Von Schwager Kurt und Schwägerin Viola lassen sich meine Großeltern aus der Jugend ihrer beiden Söhne berichten. Die Kinder sind offenbar gut und liebevoll erzogen worden. So wenig meine Großmutter ihre Schwägerin schätzt, sie spürt die Zuneigung zu den beiden Jungen aus jedem ihrer Sätze und ist dankbar und einigermaßen versöhnt.

Eines Abends tritt ein junger, groß gewachsener Mann in die Halle, wo alles beim Abendessen sitzt. Claire beachtet ihn nicht und hält ihn für Besuch der anderen Untermieter. Der junge Mann geht auf sie zu und fragt leise: «Mutti! Erkennst du mich nicht mehr?» Sie blickt auf und schämt sich im selben Moment, ihren eigenen Sohn nicht wiedererkannt zu haben. Dieser schlaksige junge Mann ist nicht mehr ihr anhänglicher zehnjähriger «Gustlibub». Eine Welle der Traurigkeit überkommt sie. Wo ist sein Bruder Kurt? In diesem Augenblick hat sie ihre beiden Kinder endgültig verloren.

Beim Essen beobachtet sie ihren Sohn, sucht nach Ähnlichkeiten in Aussehen, Gestik und Mimik, freut sich über jedes Wiedererkennen in seinem Wesen. Sie lauscht seinen Erzählungen und versucht sich ein Bild zu machen von seinem Leben, seinen Interessen, seinen Vorlieben und Abneigungen. Sie muss ihn neu kennenlernen.

• • • • • • •

Gustel und ich waren stolz, einen so netten Sohn zu haben. Aber welche Zukunft hatte er vor sich als Landwirtschaftslehrling ohne Geld und Besitz? Er war gesund und kräftig, ein realistisch denkender Mensch mit viel Verhandlungsgeschick. Dumm war er nicht, er würde sich schon irgendwie durchbeißen.

• • • • • • •

Mein Großvater wird vorübergehend Berater für den Tabakanbau in Norddeutschland bei der Firma Reemtsma. Er klappert die Dörfer ab und versucht, Landwirte davon zu überzeugen, auf den Tabakanbau umzuschwenken. Dies ist eine recht gut bezahlte Tätigkeit. In den Augen seiner Mutter ist er vom Straßenkehrer zum «Beratungsdienstleiter» bei Reemtsma aufgestiegen, mit dem man in der Gesellschaft wieder Eindruck machen kann. Doch dies ändert sich schlagartig mit der Einführung der D-Mark.

Reemtsma kann mit der neuen Währung zu besseren Bedingungen und besseren Qualitäten Tabak aus aller Welt importieren. Also zieht mein Großvater den Overall wieder an und wird Friedhofsgärtner. Seine Mutter, die von allen nur noch «der Drachen» genannt wird, spuckt Gift und Galle. An ein Weiterleben in der «Drachenburg» ist nicht mehr zu denken, und durch einen Wohnungsringtausch gelingt es meinen Großeltern, endlich auszuziehen.

Das Vermögen auf den niederländischen Konten ist tatsächlich einbehalten worden. Den «feindlichen Untertanen» hat man das gesparte Geld ganz offiziell von den Konten geholt. Zunächst sieht es sogar so aus, als würden alle Deutschen, die in Niederländisch-Indien gearbeitet haben, nicht einmal eine Rente erhalten. Dies ist ein Schlag ins Gesicht, haben manche Männer doch zwanzig, dreißig oder gar vierzig Jahre in die holländische Privat-Rentenversicherung eingezahlt. Da sie nach dem Krieg alle zu Sozialfällen geworden wären und dem deutschen Staat auf der Tasche gelegen hätten, wird auf diplomatischem Weg erreicht, dass die private niederländische Versicherungsgesellschaft zu einer minimalen Rentenzahlung verpflichtet wird. Dies garantiert zumindest den Lebensunterhalt, und Claire kann mit der Heimarbeit aufhören. Zwanzig Jahre lang hatte mein Großvater auf das Ziel hingearbeitet, mit dem fünfzigsten Lebensjahr in Rente gehen zu können, was schließlich der Anreiz war für die harten Jahre auf Sumatra. Die Enttäuschung, nach Hause zu kommen und seiner Frau und den Kindern gar nichts bieten zu können und dann der eigenen Mutter noch dankbar sein zu müssen, treibt so manchen der traditionell erzogenen Männer in die Verzweiflung, bisweilen sogar in den Selbstmord. Viele Ehen gehen nach der jahrelangen Trennung vollständig in die Brüche.

Dazu macht den Repatriierten die seelische «Enge» in Deutschland zu schaffen: Sie sind es über Jahrzehnte gewohnt gewesen, mit den verschiedensten Kulturen in direktem Kontakt zu leben. Sie haben eine geistige Freiheit kennengelernt, von der ihre Mitmenschen im Nachkriegsdeutschland nur träumen können. Es ist unerträglich für sie, sich dem deutschen Beamtenapparat mit seinen Gesetzen, Verordnungen, Vorschriften und Paragraphen stellen zu müssen. Mein Großvater schreibt devote Bettelbriefe an die verschiedenen Behörden. Ohne eine Frau wie Claire würde er dies nicht schaffen. Sie vermittelt ihm Lebensmut, Selbstbewusstsein und das Gefühl, trotz allem gebraucht zu werden.

Bis zu seiner Verrentung mit neunundsechzig Jahren arbeitet mein Großvater auf der Hamburger Stülcken-Werft als Magazinverwalter. Claire wird Mitglied in zwei Frauenvereinen, gegründet von Schweizerinnen, die in Hamburg leben. Die Treffen geben ihr ein Stück Heimat und Geborgenheit im kühlen Norden. Die Ferien werden Jahr für Jahr in der Schweiz auf dem Hof von Louise und Urs verbracht.

Einer der wenigen Höhepunkte ihres weiteren Lebens ist sicher die Hochzeit ihres Sohnes Gustav mit einer Harburgerin. Wie gern würde sie mit Sohn, Schwiegertochter und den sich einstellenden drei Enkeltöchtern in ein Haus ziehen. Doch als mein Großvater in Rente geht, ziehen die beiden alten Leute nach Süddeutschland in die Nähe der Freundin Paula Mayer und der geliebten Schweiz. Als Enkelin sehe ich meine «süddeutschen» Großeltern ein-, zweimal im Jahr. Am liebsten bin ich bei ihnen. Ihre Wohnung hat einen eigenen, ganz besonderen Geruch, der sicher auch durch die Kampfertruhe und andere Erinnerungsstücke aus Asien herrührt, Erinnerungsstücke von Urgroßvater Theodor Hake.

Über dem Schreibtisch meines Großvaters hängt ein Selbstporträt von Leonardo da Vinci, seinem größten Vorbild. Über dem Esstisch schaut Sohn Kurt als Achtzehnjähriger ernst auf seine Eltern herab, der Fotorahmen ist mit vertrockneten Blumen geziert. Jeden Abend schmaucht mein Großvater eine Zigarre Sumatra-Deckblatt.

Als ich etwa zwölf bin, überrascht mich meine Großmutter mit der bewusst bis dahin nie wahrgenommenen Fähigkeit, jedem Volkslied sofort eine zweite Stimme in Terzen unterlegen zu können. Eine Himmelsgabe, die ich bewundere. Dann schenkt sie mir die alte japanische Gitarre, die ihr der Sohn der Familie Hirschberger 1942 im Krankenhaus in Kobe gegeben hatte. Claire hat eine diebische Freude daran, dass ihre Enkelin sich frei für die gesangliche und musikalische Laufbahn entscheidet, die ihr selbst versagt geblieben ist.

Antonie Fuhrmann stirbt einen Monat vor ihrem einundneunzigsten Geburtstag. Der alte «Drachen» ist einsam geworden, aber schimpfen kann sie immer noch: «So'n Schietkram! Das sage ich euch, wenn alles zu Ende ist, will ich wieder auf die Welt kommen. Ich will wissen, wie's hier weiterläuft. Was hab ich gern gelebt! Wisst ihr was? Ich war euch doch allen überlegen!» Die Testamentseröffnung ist eine Farce. Sie hat einfach vergessen, dass sie noch einen Sohn Gustav und einen Enkelsohn hat.

Kurz darauf stirbt Oskar «Dody» Dormann. Die Beerdigung ist eine Art Prominententreffen, und Claire kommt sich dort wieder wie eine Landpomeranze vor.

Vera lässt es sich nicht nehmen, den fünfundsiebzigsten Geburtstag ihres Bruders Gustav auszurichten. Wer umarmt meine Großmutter stürmisch auf dem Bahnhof? «FF» – Fritz Feldhaus. Er belebt den Festtag mit seinen pfiffigen Gedanken. Am Nachmittag nimmt er Claire zur Seite: «Jetzt begreife ich Sie erst richtig. Ihr Gustel hat so etwas Vornehmes, Feines und Nobles an sich. Ich verstehe, warum Sie den vielen Verführungen in Shanghai nicht erlegen sind.» Das ist sicher eine späte Genugtuung für sie. Die beiden Männer verstehen sich glänzend. Auch die Goldene Hochzeit meiner Großeltern wird hauptsächlich von Vera finanziert, im Nobelhotel unserer Kleinstadt. Sie bleibt bis ins hohe Alter fit, reist mit «FF» um die halbe Welt und schneit alle paar Jahre bei uns herein. Dann geht man gemeinsam essen, und zwar immer auf ihre Kosten und in den vornehmsten Restaurants. Dass die Trinkgelder dabei höher sind als das wöchentliche Haushaltsbudget meiner Mutter, ist für diese nur schwer auszuhalten.

Veras Mitbringsel sind immer exquisit und originell: Als ich etwa sieben Jahre alt bin, bringt sie mir und meiner Schwester kleine Transistorradios mit. Damit können wir zwar noch nicht viel anfangen, aber allein der «Geruch» der großen, weiten Welt fasziniert uns.

Als ich in die Pubertät komme, lebt meine Großmutter Claire für mich natürlich «voll hinterm Mond», und doch bewundere ich sie für die Rebellionen ihrer Jugendzeit. Wann immer ich mich gegen meine Eltern durchzusetzen habe, ist sie mir Vorbild. Manchmal will ich es einfach auch nur besser machen als sie, die es so schwer hatte, dem eigenen Vater selbstbewusst entgegenzutreten. Ich liebe sie dafür, dass sie mir ein zu ihrer Zeit in den Tropen bekanntes Verhütungsmittel anpreist, an dessen Namen sie sich als «Dr. Soundsos Woman's Friend» erinnert. Dabei ist es völlig egal, ob es heute noch angeboten wird. Aber dass sie mir Tipps zu diesem Thema gibt, macht sie geradezu modern und uns zu Gleichgesinnten.

Mein Großvater kann schlecht alt werden, als seine Kräfte nachlassen, wird er ungehalten. Dass er nicht mehr im Garten arbeiten kann, macht ihn grantig, er fühlt sich nutzlos. Nach Norddeutschland in die Nähe seines Sohnes mag er nicht ziehen, denn in den dortigen Altersheimen seien nur «Arbeiter, Zuhälter und Asoziale» untergebracht. Sein Altersstarrsinn wird immer ausgeprägter. Die Beatles waren schon vom Teufel, und die Dixieland-Band seiner Enkelin weigert er sich erst recht anzuhören.

Claire übernimmt fast seine gesamte Pflege. Dann können sich beide schließlich zum Umzug in ein Altersheim in der Nähe der

Schweizer Grenze durchringen. Bei der Feier zum Auszug hockt der alte Mann zusammengesunken in seinem Sessel, mit der Seele weit weg. Spricht man ihn an, zuckt er zusammen und begibt sich mühsam wieder ins Hier und Jetzt.

Radikal und unsentimental sortiert Claire den Inhalt ihrer Schränke aus und verschenkt den größten Teil. Mein Großvater feiert seinen neunzigsten Geburtstag kurz nach dem Wechsel ins Altersheim. Dort verschlechtert sich sein Zustand rapide, er ist zu oft umgezogen in seinem Leben und mag sich nicht mehr an die neue Umgebung gewöhnen. Keinen Pfleger will er an seinen gebrechlichen Körper heranlassen. In einer Rehaklinik, in die er mit aufgenommen wird, nachdem Claire sich einen Arm gebrochen hat, soll er Bewegungstherapie bei einem Philippino erhalten. Doch den Anweisungen eines Asiaten Folge zu leisten, dazu ist er nicht mehr bereit. Das hat nichts mit «Ausländerfeindlichkeit» im landläufigen Sinn zu tun, sondern mit einer erlernten Haltung «Eingeborenen» gegenüber. Als «Herr» einer Plantage war er den Einheimischen und Kulis gegenüber zu Distanz verpflichtet gewesen. Koloniale Standesunterschiede mussten strikt eingehalten werden, wollte man «im Busch» überleben. Obwohl diese Zeit rund fünfzig Jahre zurückliegt, wird er als Hochbetagter unerwartet wieder mit ihr konfrontiert und kann sich in der neuen Welt nicht mehr zurechtfinden. Verbittert und depressiv sitzt er in dem winzigen, mit Möbeln und Erinnerungen vollgestopften Zimmer.

Er lebt nur noch für seine Claire und die Familie des Sohnes. Nachrichten von uns beglücken ihn bis zum Schluss, mir und meiner Schwester gegenüber strömt er trotz allem immer etwas «Heiteres» aus. Seine Briefe an mich unterschreibt er mit: «Stets dein oller Opa».

Claire arbeitet bis zur Erschöpfung, mehrmals am Tag reinigt sie mit der Hand die Bett- und Leibwäsche. Ihr Mann muss Entwässerungstabletten einnehmen, akzeptiert aber keine Windeln. Dann stürzt Claire vor dem Briefkasten und bricht sich den Oberschenkelhals. Sie kommt ins Krankenhaus.

• • • • • • •

Mir war alles egal, es tat mir so wohl, die Fürsorge und die Hilfe der Schwestern zu empfangen. Endlich Ruhe, wenn auch unter Schmerzen. Und dann der Schmerz in meiner Seele, immer daran denkend: Was wird aus Gustel?

• • • • • • •

Am Tag nach dem Unfall bringt ein Taxi meinen Großvater ins Hospital. Zum letzten Mal sind die beiden Eheleute zusammen. Claire will versuchen, ihren Mann als Pflegefall wieder mit aufnehmen zu lassen. Aber er winkt nur ab, er habe nicht mehr die Kraft, noch irgendwo hinzugehen in seinem Leben, er wolle endlich seinen Frieden finden.

• • • • • • •

Wie weh tat mir der Abschied. Wir weinten beide still vor uns hin und umarmten uns, jeder von uns ahnte, dass dies der Abschied für immer war. Ein sanfter Händedruck, ein letztes Streicheln. «Leb wohl, Claire!» – «Leb wohl, Gustel!» Er saß gebrochen und schief in Mantel und Hut im Rollstuhl. Mit starrem, in weite Ferne gerichtetem Blick wurde er aus dem Zimmer geschoben.

• • • • • • •

Dann gehen noch einige kurze Briefe zwischen ihnen hin und her.

• • • • • • •

4. Dezember: «Mein Schatz! Es geht so leidlich. Knie sehr
schlecht. Laune miserabel. Alles muss gesucht werden, nichts
ist an seinem gewohnten Platz. – Behalt mich lieb! Stets dein
Gustel»

4. Dezember: «Mein Gustel! Ich komme um vor Sorgen um
Dich! Ich leide große Schmerzen, aber es muss überstanden
werden. Verliere den Mut nicht, es ist schrecklich für Dich,
mein Herz! Behalte mich auch lieb, Du bist immer mein
Gustel. Deine Claire»

6. Dezember: «Geliebter Schatz! Morgen werde ich operiert,
bin froh, wenn es hinter mir liegt! Hier tun sie alles für mich,
sei getrost! Claire»

6. Dezember: «Liebchen, ... morgen alles Gute, es wird ein
mühsamer Tag. Ich bin bei dir immer, immer! Verliere den
Glauben an mich nicht! – Du wirst dort operiert. Ich bin im
Geist immer bei dir. Dein Gustel»

• • • • • • •

Mein Großvater stirbt in der Nacht zum 7. Dezember 1982. Er
erhängt sich mit einem Ledergürtel, den sein Sohn, mein Vater,
für ihn am Schrank befestigt hatte, damit er sich leichter aus dem
Bett hochziehen konnte. Kein TÜV hätte diese Konstruktion abgenommen: Mein Vater hatte nur eine einzige Schraube durch eines
der Gürtellöcher in den Eichenschrank gebohrt.

18   Abschied

Wenn ich zurückschaue, so ist mir, als hätte ich sieben Leben gelebt: Das erste war meine behütete Kindheit in der Schweiz, die mir jetzt im Alter wieder seltsam nahe rückt. Dann ging es hinaus aus der Enge in die Welt, wo ich dem wichtigsten Menschen dieses Lebens begegnen durfte und mit ihm die Freuden und Leiden eines Pflanzerehepaars zu kosten bekam. 1940 stürzte der Himmel für uns ein, und mein drittes Leben in Gefangenschaft begann. Mein viertes Leben verbrachte ich in Japan und Shanghai. Danach folgte die Heimkehr und das ersehnte Wiedersehen, aber ein bescheidener Neubeginn auf Trümmern, mein fünftes Leben in Hamburg. Nummer sechs war unser gemeinsames Alter, eine stille, friedvolle Zeit der Einkehr, die so jäh mit dem Einzug ins Altersheim und dem Abschied von meinem geliebten Gustel endete. Mein letztes und siebtes Leben als Witwe ist ein Leben des Rückblickes und des Richtens. Vielleicht schreibe ich auch deshalb meine Lebensgeschichte auf.

1924 zog ich aus meiner Heimatstadt hinaus in die Welt, um das Fürchten zu lernen. Bis heute blieb mir das Fürchten erspart, aber ein tiefes Grauen hat mich immer wieder erfasst angesichts der Barbarei, zu der die Menschheit fähig ist und wohl immer wieder sein wird.

Mein eigenes, ganz persönliches Grauen aber war der unbändige Hass auf meinen geliebten Mann, der mich ohne Warnung überflutete, als wir beiden alten Leutchen im Altersheim lebten. Was war innerhalb weniger Wochen aus unserer glücklichen und geprüften Ehe geworden. Ein Scherbenhaufen. Das Weiterleben-Müssen in dieser Trostlosigkeit wurde mir zur Qual, ein Zuhause hatte ich nicht mehr, Gustels Inneres war mir mit einem Mal versperrt. Das Leben mit ihm war zur Hölle geworden. Was sollte ich tun? Tabletten nehmen und nicht mehr aufwachen? Aber hatte ich Gustel nicht in der Nacht, bevor er von den Holländern abgeholt wurde, versprochen, sogar durch die Hölle gehen zu wollen? Immer hatte ich gemeint, die Gefangenschaft und die jahrelange Trennung seien diese Hölle gewesen – wie sehr hatte ich mich geirrt.

Als bei dem Sturz vor dem Briefkasten meine Knochen brachen, brach auch meine mühsam zusammengehaltene Lebenskraft in sich zusammen. Ich machte mir keine Illusionen: Das war das Ende. Die letzte Begegnung mit Gustel im Krankenhaus war ein bewusster Abschied aus diesem Leben, erstaunlicherweise aber nicht für mich, sondern für ihn. Eine Putzfrau aus dem Altersheim kam zwei Tage später vorbei und brachte einen Brief, der an mich adressiert war: Schwägerin Viola kondolierte mir zum Tod von Gustel.

Nun stürzte meine Welt völlig in sich zusammen. Ich wusste, dass er sich das Leben genommen hatte. Wie sehr hoffte ich nun, auch hinüberschlummern zu dürfen, aber nach jeder Operation wachte ich unter Qualen wieder auf.

Am 6. Januar 1983, dem Dreikönigstag im Jahr nach Gustels Tod, öffnete ich schließlich die Blechschachtel auf meinem Nachttisch. Sie enthielt all die Briefe, die ich in der letzten Zeit bekommen hatte. Die meisten hatte ich noch gar nicht gelesen, weil mir alles so zuwider gewesen war. Da lag obenauf ein kleiner Brief von Gustel, an den ich mich gar nicht mehr erinnern konnte. Wo kam dieser Zettel plötzlich her? Ich nahm ihn zur Hand und begann zu lesen. Es war sein Abschiedsbrief an mich, in seiner letzten Stunde geschrieben. Die Schrift war krakelig und die Satzfolge durcheinander, er musste völlig verwirrt gewesen sein. Trotzdem dachte er, kurz bevor er in den Tod ging, voller Liebe an mich. Ich sah vor mir wieder den ganzen Trümmer- und Scherbenhaufen. Ich wollte schreien und mein Inneres ausdrücken und warf den Kopf hin und her, wie ein eingesperrtes Tier im Käfig.

Plötzlich sahen mich zwei strahlend blaue Augen an: Die Augen meines Liebsten, verschmitzt, wie er oft und gern geschaut hatte. Es war so warm und ganz nah. Ein heißes Glücksgefühl durchströmte mich, denn ich wusste, dass er bei mir war, mich liebte und immer bei mir bleiben würde. Seine Augen verblassten zwischen den Zeilen, und ich konnte endlich weinen. Ich wusste nun, dass ich meine Heimat wiedergefunden hatte. Er war bei mir gewesen, hatte mich getröstet und mir den Lebensmut wiedergegeben. Ich hatte die Hölle überwunden.

Nun bin ich jeden Augenblick bereit, von dieser Weltbühne abzutreten. Vor dem Tod habe ich keine Angst, ich erwarte ihn voller Freude, denn er ist doch nur ein Übergang in jene andere Welt, in der Gustel und unser lieber Sohn weilen.

• • • • • • •

Ein Sonntagmorgen im Sommer 1986. Die Klosterkirche steht mitten in dem kleinen Wallfahrtsort. Aus ihrem Inneren hört man leises Orgelspiel und den Gesang der Gemeinde, die Messe ist also noch im Gange. Während ich langsam auf die barocke, von der Sonne grell erleuchtete Fassade zuschlendere, werde ich von hinten überholt. Offenbar ein Bauer, der zu spät zur Messe kommt. Er öffnet das mittlere Kirchenportal, und die Musik ist für kurze Zeit über den ganzen Platz zu hören. Dann Stille. Wieder öffnet sich die Tür, mehrere Menschen eilen heraus. So geht es ein paarmal. Schließlich traue ich mich auch hinein, das ständige Kommen und Gehen schien die Messe nicht zu stören.

Im Inneren muss ich mich erst an die Dunkelheit gewöhnen. Alle Kirchenbänke sind besetzt. Dahinter stehen etliche Menschen, die offenbar nur kurzzeitig am Gottesdienst teilnehmen, ein Gedränge von Männern, Frauen und erstaunlich vielen Kindern. Schon wieder hasten einige hinaus. Ein gregorianischer Mönchsgesang hebt an. Ich stelle mich auf die Zehenspitzen und erspähe hinter einer schmiedeeisernen Chorschranke den barocken Hochaltar. Die singenden Mönche sind nur zu erahnen. Nach dem Choral verlasse ich die Kirche wieder, ich fühle mich nicht zugehörig. Also setze ich mich auf eine Bank in die Sonne vor der Klosterpforte und warte.

Nach einer halben Stunde läuten die Glocken, und ein Strom von Menschen ergießt sich aus dem Gotteshaus in die umliegenden Gasthäuser und die geparkten Fahrzeuge. Langsam werde ich nervös. Sicherheitshalber warte ich noch eine Viertelstunde, dann läute ich an der Klosterpforte. Ein kleines Fenster wird geöffnet, und ein junger Benediktinermönch begrüßt mich freundlich.

«Mein Name ist Nicoline Hake, ich komme aus Deutschland. Ist es möglich, Pater Leo zu sprechen?»

«Selbstverständlich. Kommen Sie doch bitte herein!»

Er führt mich durch einen gekalkten Kreuzgang in ein Besucherzimmer. Dann geht er den Pater suchen. Ich setze mich auf einen der beiden Stühle, die sich, durch einen Tisch getrennt, gegenüberstehen. Durch die geöffnete Tür sehe ich in den grünen Innenhof des Kreuzganges, ein friedliches Bild. Ich schaue mich in dem kargen, aber freundlich eingerichteten Raum um. Wie viele Tränen mögen hier geflossen sein, wie viel Trost wurde hier gespendet? Über dem Tisch hängt ein Kruzifix.

Endlich betritt ein hochgewachsener Mann mit leisen, aber festen Schritten den Raum. Ich erhebe mich und erkenne ihn sofort, obwohl ich sein Gesicht nur auf Fotos gesehen habe.

«Guten Tag, ich bin Pater Leo. Was kann ich für Sie tun?»

«Ich bin Nicoline Hake, die Enkelin von Claire Hake.»

In seinem Gesicht ist keine Regung auszumachen. Ruhig schaut er mich an, weist auf den Stuhl und sagt: «Bitte setzen Sie sich doch wieder. Was führt Sie zu mir?» Er nimmt mir gegenüber Platz und legt die Arme auf den Tisch, die Hände übereinander. Das hat etwas Zupackendes.

«Ich hatte beruflich in der Schweiz zu tun. Als ich feststellte, dass Ihr Kloster sich ganz in der Nähe befindet, kam ich auf die Idee, Sie zu besuchen und Ihnen von meiner Großmutter zu erzählen. Sie wird sich freuen, wenn sie erfährt, dass ich bei Ihnen war.»

Er lächelt. «Wie viel Zeit haben Sie?»

«Heute? So viel ich will, ich habe noch eine Woche Ferien.»

«Was halten Sie davon, wenn ich Ihnen im Gasthaus ein Zimmer besorge und wir den Tag gemeinsam verbringen? Ich lade Sie ein. Nehmen Sie ein gutes Mittagessen zu sich, und danach treffen wir uns zu einem Spaziergang. Ich zeige Ihnen unser Kloster, und Sie erzählen mir von Ihrer Großmutter.»

Am Nachmittag kommt mir Pater Leo schon auf dem Kirchvorplatz entgegen. Der Mann muss über achtzig sein, er wirkt aber zwanzig Jahre jünger. «Tropenjahre zählen doppelt», sagt ein Sprichwort, und bei meinen Großeltern schien dies zuzutreffen, ich habe sie immer als alt erlebt. Mein Großvater ging schon mit siebzig am Stock.

Der Mann, mit dem ich nun durch die Kirschplantage des Klosters spaziere, hat sich offenbar sein Leben lang körperlich fit gehalten. Mit erstaunlicher Leichtigkeit erklimmt er die Leiter, die an einem hohen Kirschbaum lehnt, klettert unerschrocken durchs Geäst und pflückt ein Eimerchen voller schwarzer, saftiger Früchte, während ich unten stehe und wir uns weiter unterhalten. Behände wie ein Eichhörnchen klettert er wieder hinab und reicht mir die Früchte. Wir stapfen weiter in den Klostergarten bis zu einem von Büschen umwachsenen kleinen Paradies.

«Hier stehen meine Bienenkörbe. Seit ich den Ruhestand hier im Kloster verlebe, sind die Bienen meine Aufgabe.»

«Wenn der Krieg nicht dazwischengekommen wäre, hätte mein Großvater nach der Rückkehr nach Deutschland auch Bienen züchten wollen.»

«Gustav? Das wusste ich nicht. Was dieser unselige Krieg alles verhindert hat ...» Schweigend gehen wir weiter. Ich lerne das Kloster von innen kennen, wir wandeln durch helle Gänge, durch die Bibliothek und Seminarräume, und plötzlich finde ich mich im Chorraum der Klosterkirche hinter der schmiedeeisernen Chorschranke vor dem Hochaltar wieder. Pater Leo weist auf das Chorgestühl. «An diesem Platz hier sitze ich.» – «Singen Sie auch die Choräle mit?» – Er lächelt verschmitzt. «Na, so gut meine Stimme noch mitmacht.»

Der Friede hinter diesen Klostermauern ist mit Händen zu greifen, und von meinem Begleiter geht eine Heiterkeit aus, die die Seele wärmt. Wir gehen zurück ins Kloster und setzen uns in einen Gesprächsraum. «Nicoline, darf ich fragen, wie alt Sie sind?»

«Sechsundzwanzig.»

«So alt wie Ihre Großmutter, als sie Ihren Großvater geheiratet hat ... Ich habe Sie, glaube ich, vor vielen Jahren einmal kennengelernt, da waren Sie vielleicht fünf oder sechs Jahre alt. Daran werden Sie sich wohl kaum erinnern.»

«Doch, ganz schemenhaft an etwas Freundliches im langen schwarzen Mantel.» Wir müssen beide lachen.

«Nun erzählen Sie: Wie sind Sie auf die Idee gekommen, mich zu besuchen?»

«Ich wollte den Mann kennenlernen, der meine Großmutter ihr ganzes Leben lang aus der Ferne begleitet hat. So eine Freundschaft ist doch etwas Besonderes.»

Mein Gegenüber schweigt und blickt aus dem Fenster. Dann wendet er sich mir wieder zu und lächelt. «Sind Sie die Enkelin, die so gern zuhört?»

«Ja, wenn ich meine Großmutter am Wochenende besuche, erzählt sie mir von Sumatra oder Shanghai. Also interessiere ich mich auch für die Menschen, die in ihrem Leben wichtig waren. Claire schreibt seit zwei Jahren an ihren Lebenserinnerungen.»

«Sie schreibt ihre Memoiren? Davon wollte Ihr Großvater aber gar nichts wissen.»

«Nein, aber jetzt kann er ja keinen Einspruch mehr erheben. Sie verarbeitet wohl eine ganze Menge auf diese Weise. Der Tod meines Großvaters vor vier Jahren war ein schwerer Schock für sie. Es tat mir so gut zu hören, dass Sie nach den Operationen zu ihr gefahren sind und so lange bei ihr sein konnten. Diese Seelsorge hätten wir gar nicht übernehmen können, schon gar nicht in der kurzen Zeit, in der wir bei ihr waren.»

«Sie hatte damals keinen Lebensmut mehr. Ich bin froh, dass sie sich zum Weiterleben entschlossen hat. Zeitweise habe ich sehr daran gezweifelt. Sie hat Ihren Großvater *sehr* geliebt.»

«Als Claires Oberschenkelhals das zweite Mal brach, hat keiner von uns daran geglaubt, dass sie es schafft. Sie war so schwach und lebensmüde. Doch plötzlich kam von irgendwoher ein Lebenswille. Sie sagte mir, dass ihr in einem kurzen Augenblick mein Großvater innerlich ‹erschienen› sei. Da habe sie gewusst, dass es ihm gutgehe und die Liebe zwischen ihnen wieder geheilt sei. Von da an konnte sie weiter leben.»

Pater Leo sieht mir in die Augen: «Von dieser kostbaren Seelenbegegnung hat sie mir auch erzählt. Welchen Eindruck haben Sie, wie geht es ihr jetzt?»

«Wenn sie nicht an ihrer Biographie sitzt, schreibt sie Briefe. Sie korrespondiert immer noch mit Freunden in aller Welt. Ihre größte Freude aber ist die alljährliche Fahrt zu ihrer Schwester Louise nach Sankt Gallen. Mein Vater bringt sie immer für zwei Wochen hin.»

«Ich sehe sie dann immer für ein paar Tage. Peter, Louises Sohn, kümmert sich rührend um die beiden Damen, die sich ja nur noch an Krücken fortbewegen können. Beim letzten Besuch führte Peter seine Mutter an einen Laternenpfahl, weil er den Autositz verschieben musste. So schnell konnte ich gar nicht dazuspringen. Da hielt sich die alte Dame etwas schwankend am Pfahl aufrecht, Ihre Großmutter stand unsicher daneben, stützte sich auf die Gehhilfen und sagte trocken: «Louisli, was ist bloß aus den beiden hübschen Wildhabertöchtern geworden? Zwo alti grusli Wiber!» Er lacht. «Ihren Humor hat sie nicht verloren.»

«Der Abschied von Louise ist immer wieder schwer für sie.»

«Wir müssen ja alle damit rechnen, dass wir uns im nächsten Jahr nicht mehr wiedersehen. Aber ich habe den Eindruck, dass Claire sich sehr bewusst auf das Sterben vorbereitet.»

«Es hat für sie gar nichts Beängstigendes. Sie sehnt sich danach, wieder mit meinem Großvater vereint zu sein. Neulich bat sie mich, ihr beim nächsten Besuch ein altes Schumann-Album mitzubringen. Ihr ginge immer ein Lied durch den Kopf, aber an einer Stelle fehle ihr der Text. Es war die ‹Widmung› von Rückert. Ich glaube, sie singt innerlich für meinen Großvater.»

«Wie schön. Und nun erzählen Sie mir von Ihrer Familie. Wie geht es Ihren Eltern?»

Am Abend verabschieden wir uns. Es war ein überraschend heiterer Besuch für mich.

Widmung

Du meine Seele, du mein Herz,
Du meine Wonn', o du mein Schmerz,
Du meine Welt, in der ich lebe,
Mein Himmel du, darein ich schwebe,
O du mein Grab, in das hinab
Ich ewig meinen Kummer gab!

Du bist die Ruh, du bist der Frieden,
Du bist vom Himmel mir beschieden.
Dass du mich liebst, macht mich mir wert,
Dein Blick hat mich vor mir verklärt,
Du hebst mich liebend über mich,
Mein guter Geist, mein bess'res Ich!

Friedrich Rückert

***

Mittwoch, 3. Januar 1990. Lieber Pater Leo, gestern Morgen gegen Viertel nach acht ist meine Großmutter verstorben. Sie saß mit der Familie, bei der sie als Pflegefall lebte, beim Frühstück. Gemeinsam sahen sie die Nachrichten im Fernsehen. Als die Bilder von der Erschießung des rumänischen Diktators Nicolae Ceausescu gezeigt wurden, schimpfte sie über die selbstherrlichen Tyrannen der Welt. Einen Augenblick später sagte sie, ihr sei schlecht, sie wolle sich vielleicht

wieder hinlegen. Dann fiel sie vom Stuhl. Der herbeigerufene
Arzt konnte nur noch den Tod feststellen.

Mir war ganz feierlich zumute, als ich es erfuhr. Können
Sie das nachvollziehen? Ich bin so dankbar, dass ihr Tod
schnell und schmerzlos kam, und ich weiß, dass es ihr nun
gutgeht.

Heute waren wir beim Bestattungsunternehmen, das eine
kleine Tischlerei hier im Dorf hat. Die Meistersfrau fragte
uns, ob wir die Verstorbene noch einmal sehen wollten. Zur
Überraschung meiner Eltern sagte ich ja. Ich gräme mich
heute noch, dass ich die Gelegenheit bei meinem Großvater
nicht wahrgenommen hatte. Also ging ich mit der Dame,
während meine Eltern im Auto warteten. Neben der Kapelle
befand sich ein kleines Nebengebäude, wo eigentlich nur die
Särge aufbewahrt wurden. Die Frau ließ mich einen Augenblick warten, um den Sargdeckel abzunehmen. Dann durfte
ich eintreten, und sie wartete vor der Tür.

Meine Großmutter lag da, als ob sie schliefe. Jeden Augenblick erwartete ich, dass sie die Augen öffnete und sagte: «Na,
mein liebes Nicolinchen!» Ich hatte schließlich noch nie
einen toten Menschen gesehen. Entspannt und friedlich sah
sie aus. Auf ihrer Brust lagen die Rosen, die ihr mein Vater
gestern mit in den Sarg gegeben hatte. Der Raum aber war
furchtbar, gefliest und gekalkt wie eine Waschküche. Der
Sargdeckel lehnte an der Wand, das Milchglasfenster war
gekippt, und man hörte dahinter Autos fahren, eigentlich
fehlten nur Eimer und Wischlappen in der Ecke ... Trotz alledem war die Stimmung heiter, und ich sagte innerlich: «Wo
haben sie dich bloß hingelegt!» Da hatte ich das Gefühl, als

hörte ich sie lachen und sagen: «Ich habe in meinem Leben Schlimmeres erlebt. Jetzt stört mich das nicht mehr.» Da bedankte ich mich bei ihr für alles, was sie mir gegeben hatte, und blieb noch lange bei ihr stehen. Als ich aus der «Abstellkammer» trat, hatte die Frau vom Bestattungsunternehmen Tränen in den Augen. Vermutlich war ihr der Raum furchtbar peinlich.

Freitag, 6. Januar 1990. Heute fand die Beerdigung statt. In einer schönen kleinen Dorfkirche gab sich der Pfarrer redliche Mühe, den Lebenslauf zusammenzustoppeln. Doch er ist neu in der Gemeinde und kannte meine Großmutter gar nicht, daher ging einiges daneben. Ich musste immer wieder schmunzeln. Zum Abschluss sang ich den «Sonnengesang» des Franz von Assisi, dem Geistesbruder der heiligen Clara.

Meine Mutter hat mir den Ehering meiner Großmutter gegeben. Er kommt mir irgendwie «geweiht» vor. Ich werde einen Stein einsetzen lassen und ihn weitertragen.

Lieber Pater Leo, es war mir ein Anliegen, Ihnen von diesen Tagen zu berichten. Nach Louislis Tod vor zwei Jahren sind Sie der letzte noch lebende Freund meiner Großmutter aus alten Tagen. Ich denke sehr gern an den Besuch bei Ihnen im Kloster zurück. Hoffentlich geht es Ihnen gut. Alles Liebe wünscht Ihnen Ihre Nicoline Hake.

Danksagung

Ohne die unermüdlichen, jahrelangen Versuche meines Vaters Gustav Hake jun., die Biographie meiner Großmutter Freunden und Verwandten ans Herz zu legen und sie eventuell zu veröffentlichen, hätte ich nie den Mut zu einer Bearbeitung gefunden. Seine mit dem Alter immer lebendiger werdenden Erinnerungen an die Kindheit in den Tropen, auch seine zwei Urlaubsreisen nach Sumatra auf der Suche nach den Pflanzerhäusern seiner Eltern haben uns intensive Gespräche führen lassen und uns auf eine ganz neue Art verbunden.

Meiner Münchener Cousine Beate danke ich für ihre «Anfeuerung», ihre moralische Unterstützung und die Tagebuchbriefe ihrer Großmutter. Außerdem war sie nicht ganz unbeteiligt an der Wahl des Buchtitels. Ihrem Bruder Ingo verdanke ich so manchen Rat in Sachen Vertrags- und Persönlichkeitsrecht.

Meiner Freundin Astrid Schimmelpfennig danke ich für das «Erstlektorat», das jede Menge Schreibfehler und Verständnisfragen zutage förderte. Das Lob ihres geübten Buchhändlerblicks tat mir in der Zeit des Schreibens sehr gut.

Dem Journalisten und Autor Stefan Schomann gebührt ein besonderer Dank: Nach stundenlangen intensiven Telefonaten hat er das Shanghai-Kapitel gelesen und mir neben vielen Anregungen den Kontakt zu einer großartigen Agentin vermittelt:

Christine Proske – ihre echte Begeisterung für das Manuskript, ja, ihre Liebe zu Claires Lebensgeschichte ließen gar keinen Zweifel am Gelingen unseres Projektes zu und steckten offenbar auch Susanne Frank vom Rowohlt Verlag an.

Claudia Göbel hat als Lektorin außerordentlich klug und verantwortungsvoll den schweren Part des Bearbeitens übernommen und so manche Unebenheit geglättet. Sich innerhalb kurzer Zeit in so viele exotische Schauplätze und geschichtliche Hintergründe einzuarbeiten, nötigt mir jede Menge Respekt ab.

Renate Jährling vom Vorstand des «Studienwerkes Deutsches Leben in Ostasien e. V.» (StuDeO) hat mir durch die Zusendung der informativen StuDeO-Hefte und anderer Quellen sehr geholfen.

Ebenso danke ich etlichen betagten Shanghai-Deutschen für intensive Gespräche und das Überlassen von Bildmaterial und anderen Informationen. Namentlich danken möchte ich Peter Cortum für die Erlaubnis, seine Lebenserinnerungen zu lesen und zu verwenden. Ganz besonders gefreut habe ich mich über Telefonate mit Ische Drebing und der seinerzeit hundertjährigen Ilse Vornhecke, zwei alten Freundinnen meiner Großmutter aus Sumatra und Shanghai. Außerdem danke ich Ursula Schrewe, die mir nach dem Tod ihrer Mutter Ilse Vornhecke drei Stunden Videoaufzeichnung mit deren Lebenserinnerungen anvertraute.

Und dass mein Mann und meine Kinder mehr als ein Jahr lang die vielen, nicht selten nächtlichen Stunden Arbeit am Buch nicht nur geduldet, sondern sogar aktiv mitgetragen haben, soll schließlich auch noch gewürdigt werden. Ich danke euch.

Nicoline Hake

Literatur

Die im Folgenden aufgeführte Literatur habe ich, Nicoline Hake, als Informationsquellen für die Darstellung der historischen Ereignisse und Hintergründe in diesem Buch benutzt. Meine Großmutter Claire verfasste ihre Geschichte nur aus ihrem Gedächtnis und musste dazu keine Literatur zurate ziehen.

3. *Merkblatt über die Lage der Deutschen in Niederländisch-Indien,* August 1941, Nachlass von Claire Hake, Privatbesitz der Autorin

BRIESSEN, FRITZ VAN: *Grundzüge der deutsch-chinesischen Beziehungen,* Darmstadt 1977. – Die Darstellung des Lebens in Shanghai in den Kapiteln 13 und 14 basiert zum Teil auf Informationen aus dieser Veröffentlichung.

CORTUM, PETER: *Erinnerungen an Shanghai, unveröffentlichte Lebenserinnerungen.* – Die Darstellungen in Kapitel 14 sowie in Kapitel 15 basieren zum Teil auf Informationen aus diesen Memoiren.

FREYEISEN, ASTRID: *Shanghai und die Politik des Dritten Reiches,* Würzburg 2000. – Die Darstellung des Lebens und der Ereignisse in Shanghai in den Kapiteln 13 und 14 basiert zu einem großen Teil auf Informationen aus dieser Veröffentlichung.

GLATHE, ALFRED: *Die Behandlung der Deutschen in Niederländisch-Indien von 1940 bis jetzt,* Archiv Studienwerk Deutsches Leben in Ostasien e. V.

KEBINGER, ANGELIKA: *Eine andere Welt.* Pflanzer in Niederländisch-Indien, Dokumentarfilm von Deutschland 1991. – Die Darstellung der wirtschaftlichen Verhältnisse, des Lebens und der politischen Ereignisse in Niederländisch-Indien vor allem in den Kapiteln 1 und 2 basiert zum Teil auf Informationen aus dieser Veröffentlichung.

KERTSCHER, WALTER LEOPOLD: *Lebenserinnerungen,* Archiv des Studienwerkes Deutsches Leben in Ostasien e. V. – Die Darstellung der
Freilassung der deutschen Kriegsgefangenen in Kapitel 18 basiert zum
großen Teil auf Informationen aus diesen Memoiren.

KUAN, YU CHIEN: *Mein Leben unter zwei Himmeln.* Eine Lebensgeschichte
zwischen Shanghai und Hamburg, Frankfurt am Main 2008

LULOFS, MADELON: *Gummi,* aus dem Niederländischen von Walter Hjalmar
Kotas, Berlin 1934

MAK, GEERT: *Das Jahrhundert meines Vaters,* aus dem Niederländischen
von Gregor Seferens und Andreas Ecke, München 2003. – Der Vater von
Geert Mak war Pfarrer in Medan. Die Familie erlebte die japanische
Besetzung Indonesiens am eigenen Leib. Die Darstellung der Verhältnisse in Niederländisch-Indien in Kapitel 2 sowie die Darstellung des
Schicksals der internierten deutschen Männer in Kapitel 12 basieren
zum Teil auf Informationen aus dieser Veröffentlichung.

MESSMER, MATTHIAS: *China.* Schauplätze west-östlicher Begegnungen, Wien
2007. – Die Darstellung des Lebens in Shanghai in den Kapiteln 13 und
14 basiert zum Teil auf Informationen aus dieser Veröffentlichung.

RULAND, BERND: *Deutsche Botschaft Peking.* Das Jahrhundert deutsch-
chinesischen Schicksals, Bayreuth 1982. – Die Darstellung der Vorgänge
in China im Kapitel 14 basiert zum Teil auf Informationen aus dieser
Veröffentlichung.

SCHELLER, WALTER: *Erinnerungen an Indonesien,* unveröffentlichte
Lebenserinnerungen, Privatdruck. – Die Darstellung des Lebens in den
Kolonien in den Kapiteln 6 bis 8 basiert zum Teil auf Informationen aus
dieser Veröffentlichung.

SCHOMANN, STEFAN: *Letzte Zuflucht Schanghai.* Die Liebesgeschichte von
Robert Reuven Sokal und Julie Chenchu Yang, München 2008. – Eine
großartige Informationsquelle für alle Shanghai-Interessierten, da
sie sowohl vom Leben der Europäer und Emigranten als auch von

dem der Chinesen erzählt. Die Darstellung des Lebens in Shanghai in den Kapiteln 13 und 14 basiert zum großen Teil auf Informationen aus dieser Veröffentlichung.

Surbek, Gret: *Im Herzen waren wir Indonesier. Eine Bernerin in den Kolonien Sumatra und Java 1920–1945*, Zürich/Basel 2007

Telefongespräch der Autorin mit Ilse Vornhecke, 30. Oktober 2008 – Aus diesem Gespräch stammt die Information in Kapitel 14, dass es möglicherweise nicht Chiang Kai-shek war, der für die Rückkehr der Frauen aus Niederländisch-Indien aufkam, sondern die Amerikaner.

«Überlebensbericht», Archiv des Studienwerkes Deutsches Leben in Ostasien e.V., Schwäbische Zeitung vom 26. April 1965